国家级一流本科专业建设点配套教材

高等院校经济管理类专业"互联网+"创新规划教材

金融工程学理论与实务

（第4版）

主　编　谭春枝　王忠玉　谢　军
副主编　莫国莉　刘骞文　潘冬涛
参　编　胡　旻　唐菁菁　潘　永
　　　　陈超惠　张甜迪　滕莉莉
　　　　谢玉华　李　彦　岳桂宁
　　　　金　磊　姚晓丹

内 容 简 介

本书体系完整。全书分为3篇：基本理论篇、金融工具篇和技术运用篇。基本理论篇内容包括金融工程导论、金融工程的基本分析方法、金融创新、无套利分析的简单模型；金融工具篇内容包括远期、期货、互换、期权、期权定价理论、实物期权；技术运用篇内容包括外汇风险的管理、利率风险的管理、股票风险的管理、信用风险的管理及投机和套利。

本书不仅注重基本理论的介绍，还注重较复杂定价模型的理论推导，并且重视这些理论模型所蕴含的基本思想和基本理念的阐述，用通俗平实的语言对复杂的理论和模型进行透彻的分析，对重要的问题进行深入浅出的阐述，以使学生能尽快地掌握理论和模型的实质。与此同时，本书提供了大量的图表和例题，以使复杂的问题直观化和简明化。此外，本书还配备了许多经典案例，尤其是中国的案例，以使读者对金融工程在中国的发展和运用有更好的认识。

本书适合作为高等院校金融学及相关专业高年级学生和研究生学习金融工程的教材，同时也适合作为金融和财务实际工作者了解金融工程的参考书籍。

图书在版编目(CIP)数据

金融工程学理论与实务/谭春枝，王忠玉，谢军主编. —4版. —北京：北京大学出版社，2023.9

高等院校经济管理类专业"互联网+"创新规划教材

ISBN 978-7-301-33912-1

Ⅰ. ①金… Ⅱ. ①谭…②王…③谢… Ⅲ. ①金融学—高等学校—教材 Ⅳ. ①F830

中国国家版本馆CIP数据核字(2023)第061105号

书　　　名	金融工程学理论与实务（第4版） JINRONG GONGCHENGXUE LILUN YU SHIWU （DI-SI BAN）
著作责任者	谭春枝　王忠玉　谢　军　主编
策划编辑	王显超
责任编辑	翟　源
数字编辑	金常伟
标准书号	ISBN 978-7-301-33912-1
出版发行	北京大学出版社
地　　　址	北京市海淀区成府路205号　100871
网　　　址	http://www.pup.cn　新浪微博：@北京大学出版社
电子邮箱	编辑部 pup6@pup.cn　总编室 zpup@pup.cn
电　　　话	邮购部 010-62752015　发行部 010-62750672　编辑部 010-62750667
印　刷　者	天津中印联印务有限公司
经　销　者	新华书店
	787毫米×1092毫米　16开本　21印张　491千字 2008年8月第1版　2012年9月第2版 2018年2月第3版 2023年9月第4版　2025年6月第2次印刷
定　　　价	58.00元

未经许可，不得以任何方式复制或抄袭本书之部分或全部内容。
版权所有，侵权必究
举报电话：010-62752024　电子邮箱：fd@pup.cn
图书如有印装质量问题，请与出版部联系，电话：010-62756370

第 4 版前言

本书第 3 版自 2018 年 2 月出版以来，受到了兄弟院校广大师生的厚爱，他们不但给予本书充分的肯定和鼓励，也提出了诸多宝贵意见；与此同时，该书也得到了广西壮族自治区、广西大学相关领导和专家学者及北京大学出版社一如既往的认可。正是广大读者和相关领导、专家的关爱和肯定，才促成了本书第 4 版的出版。

与第 3 版相比，本版的修订主要集中在以下方面。

（1）为了给授课教师提供一定的教学便利，给自学的读者提供一些学习指导，在每一章的具体内容之前加上了"学习目标及思维导图"，阐述了本章的主要内容、学习重点和难点，展示了本章各知识点的全貌及学习目标或要求等。

（2）为了方便教师进行线上线下混合式教学，本书通过二维码的形式链接了诸多线上学习资源，具体包括：课程讲解、拓展视频、拓展案例、阅读资料、线上测试及答题分析等。

（3）为了反映金融工程理论界和实践界的最新发展，我们对本书绝大部分章节的有关内容进行了优化和更新。

（4）为了更好地整合各方面的资源，优化该教材的内容，我们进一步充实了写作人员并进行了一定的调整，具体如下：第 1 章（潘永）、第 2 章（李彦、谭春枝）、第 3 章（唐菁菁、金磊）、第 4 章（王忠玉）、第 5 章（谢玉华、李彦）、第 6 章（滕莉莉、谭春枝）、第 7 章（谭春枝、莫国莉）、第 8 章（滕莉莉、姚晓丹）、第 9 章（谭春枝、张甜迪）、第 10 章（谭春枝、谢军）、第 11 章（唐菁菁、刘骞文）、第 12 章（潘冬涛、岳桂宁）、第 13 章（莫国莉、陈超惠）、第 14 章（陈超惠、谭春枝）和第 15 章（谭春枝、胡旻）。他们分别来自广西大学、河南财经政法大学、湖北工业大学、广西财经学院、广东科技学院、中国银河证券股份有限公司和中银国际证券股份有限公司等，目前从事金融工程及相关课程的教学、理论研究或实务工作。此外，博士生刘俊杰和时祖静，硕士生江煜慧、陈泮、韦家道、王益豪、杨铠屹、梁梦璇、程子懿、孙梦玥、陈灼、李沅锴以及张嘉欣等参与了部分资料的收集整理工作。

第 4 版教材在进行修订的同时，还保留了前 3 版的诸多特色。第一，写作宗旨不变，依然秉承"促进我国应用型金融工程人才培养"的宗旨；第二，教材的整体框架不变，全书依然分为基本理论、金融工具和技术运用三篇；第三，依然坚持"难易适中、内容先进、通俗易懂"的写作原则；第四，适用对象不变，依然适合作为高等院校金融学及相关专业高年级学生和研究生学习金融工程课程的教材，同时也适合作为金融和财务实际工作者了解金融工程的参考书籍。

本版教材由谭春枝、王忠玉和谢军担任主编，由莫国莉、刘骞文和潘冬涛担任副主编。广西大学谭春枝教授负责第 4 版大纲的拟定、最后的统改和定稿等。

本版教材得以顺利完成，得到了众多专家、学者以及北京大学出版社领导和编辑们的大力支持和帮助；同时，本书在编写过程中，参考和引用了大量国内外有关研究成果和文献，在此一并表示衷心的感谢。由于编者水平有限，不当和错漏之处在所难免，恳请广大读者继续批评指正。

编　者

2023 年 6 月

【资源索引】

目 录

第 1 篇 基本理论篇

第 1 章 金融工程导论 3
学习目标及思维导图 3
1.1 金融工程概述 4
1.2 金融工程的基本框架 6
1.3 金融工程的应用 8
思考与练习 11
在线答题 11

第 2 章 金融工程的基本分析方法 12
学习目标及思维导图 12
2.1 现代资本结构理论 13
2.2 无套利分析法 17
2.3 积木分析法 30
思考与练习 33
在线答题 33

第 3 章 金融创新 34

学习目标及思维导图 34
3.1 金融创新概述 35
3.2 金融创新的背景和动因 39
3.3 金融创新的影响 42
3.4 金融衍生品的创新方法 46
思考与练习 55
在线答题 55

第 4 章 无套利分析的简单模型 56
学习目标及思维导图 56
4.1 基本概念和假设 57
4.2 无套利原则 59
4.3 简单二叉树模型 60
思考与练习 61
在线答题 62

第 2 篇 金融工具篇

第 5 章 远期 65
学习目标及思维导图 65
5.1 远期概述 66
5.2 远期利率协议* 68
5.3 远期外汇合约 77
5.4 远期合约的定价* 82
思考与练习 88
在线答题 89

第 6 章 期货 90
学习目标及思维导图 90
6.1 期货概述 91
6.2 期货价格与现货价格及远期价格的关系 103
6.3 金融期货合约的定价 108

思考与练习 114
在线答题 114

第 7 章 互换 115
学习目标及思维导图 115
7.1 互换概述 116
7.2 互换的基本原理 120
7.3 利率互换的定价* 128
7.4 货币互换的定价 135
思考与练习 140
在线答题 142

第 8 章 期权 143
学习目标及思维导图 143
8.1 期权概述 144
8.2 期权价格的特征 152

8.3 期权交易策略 ··············· 165
思考与练习 ····················· 177
在线答题 ······················· 177

第9章 期权定价理论 ············ 178
学习目标及思维导图 ············· 178
9.1 布莱克-斯科尔斯期权定价模型 ····· 179
9.2 风险中性定价 ··················· 186
9.3 二叉树期权定价模型 ············· 188
9.4 蒙特卡洛模拟法定价理论 ········· 194

思考与练习 ····················· 196
在线答题 ······················· 197

第10章 实物期权 ··············· 198
学习目标及思维导图 ············· 198
10.1 实物期权概述 ················· 199
10.2 实物期权法与净现值法的比较 ··· 201
10.3 实物期权的价值计算及其应用 ··· 203
思考与练习 ····················· 209
在线答题 ······················· 211

第3篇 技术运用篇

第11章 外汇风险的管理 ········· 215
学习目标及思维导图 ············· 215
11.1 金融风险及其基本的管理方法 ··· 216
11.2 外汇风险概述 ················· 221
11.3 利用远期或期货管理外汇风险 ··· 224
11.4 利用货币互换管理外汇风险 ····· 234
11.5 利用期权管理外汇风险 ········· 236
11.6 外汇风险管理策略的比较 ······· 246
思考与练习 ····················· 249
在线答题 ······················· 249

第12章 利率风险的管理 ········· 250
学习目标及思维导图 ············· 250
12.1 利率风险概述 ················· 251
12.2 利用远期或期货管理利率风险 ··· 252
12.3 利用互换管理利率风险 ········· 263
12.4 利用期权管理利率风险 ········· 267
12.5 利率风险管理策略的比较 ······· 272
思考与练习 ····················· 274
在线答题 ······················· 274

第13章 股票风险的管理 ········· 275
学习目标及思维导图 ············· 275

13.1 股票风险概述 ················· 276
13.2 利用期货管理股票风险 ········· 277
13.3 利用期权管理股票风险 ········· 281
13.4 股票风险管理策略的比较 ······· 289
思考与练习 ····················· 291
在线答题 ······················· 291

第14章 信用风险的管理 ········· 292
学习目标及思维导图 ············· 292
14.1 信用衍生品概述 ··············· 293
14.2 信用风险及信用风险管理 ······· 299
14.3 利用信用衍生品管理信用风险 ··· 302
14.4 信用风险管理策略的比较 ······· 308
思考与练习 ····················· 310
在线答题 ······················· 310

第15章 投机和套利 ············· 311
学习目标及思维导图 ············· 311
15.1 投机 ························· 312
15.2 套利 ························· 316
思考与练习 ····················· 325
在线答题 ······················· 325

参考文献 ························· 326

第 1 篇

基本理论篇

第 1 章 金融工程导论

学习目标及思维导图

本章主要介绍金融工程的基本概念、金融工程的发展过程和基本框架,以及金融工程的应用。其中,金融工程的基本概念和基本框架是本章的重点;了解金融工程的应用并且理解金融工程功能是本章的难点。

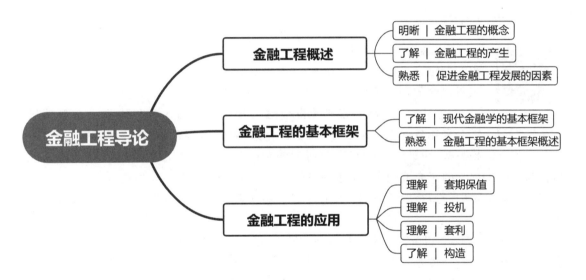

1.1 金融工程概述

金融(finance)是指资金的融通，工程(engineering)则是"应用科学知识使自然资源为人类服务的一种专门技术"①，两者之间原本并不搭界，但是随着世界经济的发展、信息技术的进步以及学科之间的交叉渗透，工程的思想与理念逐步在金融领域得到应用，并逐渐发展成一门新的交叉学科——金融工程。二十大报告明确提出要加强新兴学科、交叉学科的建设。随着金融工程的发展，其技术、方法和手段被广泛运用于解决日益复杂的金融、财务问题，对金融业和世界经济的发展产生了深远的影响。

1.1.1 金融工程的概念

【1-1 拓展视频】

"金融工程"一词是 financial engineering 的中译名，是"金融"与"工程"的结合，早在20世纪50年代就曾出现在有关文献中，但最早提出金融工程概念的是美国金融学教授约翰·芬纳蒂(John Finnerty)。

1988年，约翰·芬纳蒂将金融工程定义为将工程思维引入金融领域，综合采用各种工程技术方法(主要有数学建模、数值计算、网络图解、仿真模型等)设计、开发和实施新型的金融产品，创造性地解决各种金融问题。他认为金融工程学的研究范围主要包括三个方面：一是新型金融工具的设计与开发；二是为降低交易成本的新型金融手段的开发；三是为解决某些金融问题提供创造性的解决方案和方法。

1993年，美国罗切斯特大学西蒙管理学院教授克里弗德·史密斯(Clifford W. Smith)和大通曼哈顿银行经理查尔斯·史密森(Charles W. Smithson)在他们合著的《金融工程手册》(The Handbook of Financial Engineering)中将金融工程定义为用基础的资本市场工具组合成新工具，创造出导致非标准现金流的金融合约的工程。

1995年，英国金融学家劳伦斯·格利茨(Lawrence Galitz)在其著作《金融工程学：管理金融风险的工具和技巧》(Financial Engineering: Tools and Techniques to Manage Financial Risk)一书中，将金融工程定义为应用金融工具，将现有的金融结构进行重组以获得人们所希望的结果。

这些定义从不同的角度诠释了金融工程的内涵，其中被广为接受的是约翰·芬纳蒂所作的解释。

1992年，国际金融工程师学会常务理事马歇尔(Marshall)等认为，约翰·芬纳蒂的定义对金融工程的研究范围做出了准确的概括，并做了进一步的阐述。在定义中提到的金融

---

① 中国大百科全书出版社《简明不列颠百科全书》编辑部：《简明不列颠百科全书(第3卷)》，中国大百科全书出版社，1985，第413页。

产品是广义的,它包括所有在金融市场交易的金融工具,如股票、债券、期货、期权、货币互换等金融产品,也包括金融服务,如结算、清算、发行、承销等;而设计、开发和实施新型的金融产品的目的也是创造性地解决金融问题,因此,金融问题的解决也可看作是金融产品的创新。

从实践的角度看,金融工程被广泛应用于公司理财、投资与现金管理、金融交易、风险管理(risk management)等领域。其中,风险管理被认为是金融工程最重要的内容。从总体上看,金融工程结合经济和金融理论、数学、现代信息技术,形成了系统性的原理、方法和工具,着重于金融领域问题的创造性解决。

1.1.2 金融工程的产生

虽然金融工程的思想早就存在于人类经济活动的实践中,但是金融工程的理论和学科却始于 20 世纪 80 年代后期。从发展的过程来看,金融工程是在金融理论与实践的基础上,作为金融学科的一个方向,逐步发展并演变成一门独立学科的。

【1-2 拓展视频】

20 世纪 50 年代以前,金融学处于定性分析阶段,这一阶段有影响的研究成果包括 1896 年美国经济学家欧文·费雪(Irving Fisher)提出的"一项资产的价值等于其产生的未来现金流的价值之和"的重要论断;1934 年本杰明·格雷厄姆(Benjamin Graham)和戴维·多德(David Dodd)发表的关于证券分析的著作;1938 年弗雷德里克·麦考利(Frederick Macaulay)提出的关于久期(duration)和利率免疫(interest rate immunization)的论点。

1952 年,哈里·马科维茨(Harry Markowitz)在奥斯本(Osberne)的股票价格遵循随机游走的期望收益率分布的基础上,在《金融杂志》上发表了关于资产组合选择的论文,把投资的收益或回报定义为各种可能结果的期望值,把风险定义为平均值的方差,将均值-方差准则应用于资产组合选择的决定,该理论奠定了现代金融定量分析的基础,被认为是现代金融学理论的开端。此后,一些重要的金融理论成果相继形成,1958 年弗兰科·莫迪利亚尼(Franco Modigliani)和默顿·米勒(Merton Miller)提出了关于企业资本结构与企业价值关系的 MM 理论和无套利分析法(no arbitrage analysis)方法;法马(Fama)则在奥斯本通过理性无偏的方式设定投资者主观概率的基础上,提出了有效市场假说(Efficient Market Hypothesis,EMH);1960 年利兰·约翰逊(Leland Johnson)和杰尔姆·斯坦(Jerome Stein)提出了套期保值理论;1964 年威廉·夏普(William Sharpe)、约翰·林特纳(John Lintner)和简·莫辛(Jan Mossion)提出了资本资产定价理论及其模型(Capital Asset Pricing Model,CAPM);1973 年费希尔·布莱克(Fisher Black)和迈伦·斯科尔斯(Myron Scholes)成功推导出期权定价的一般模型——布莱克-斯科尔斯模型,罗伯特·默顿(Robert Merton)则将模型进一步扩展成"布莱克-斯科尔斯-默顿(Black-Scholes-Merton)期权定价模型";1976 年 S·A·罗斯(S. A. Ross)提出套利定价理论(Arbitrage Pricing Theory,APT)及其模型。

在 20 世纪 70 年代,以有效市场假说为基础、以现代资产组合理论和资本资产定价模型为支撑的标准金融理论体系得以确立,成为当代金融理论的主流和范式,也正是这些金融理论，为金融工程的现实应用和理论发展奠定了坚实的基础。

20世纪70年代以后，发达国家的金融机构所面临的经营环境日趋复杂多变，金融市场价格波动频繁、剧烈，导致金融风险与日俱增。为了生存和发展，金融机构不断进行金融创新，形成了20世纪80年代的金融创新发展新局面。在创新浪潮的推动下，发达国家的银行业务、公司理财业务、投资业务得到了迅速的扩张和发展，并因此产生了更广泛、更复杂、更严格的风险管理要求。在此前金融理论的基础上，信息技术、数学建模、数值计算、网络图解、仿真模拟等工程化的方法论和技术手段被创新性地引入并结合到金融领域，从而促进了金融工程的产生和发展。因此，金融工程是金融创新活动发展的产物，是金融学的工程化，它顺应了世界经济、金融竞争与发展的内在需求和趋势，是当代金融科学发展的一个重要方向。

1.1.3 促进金融工程发展的因素

从金融工程的发展历程可以看出，促进金融工程发展的因素包括以下几个方面。

(1)金融理论的发展为金融工程发展提供了理论基础。这些理论既包括有效市场假说等较为宏观的金融理论，也包括资产组合理论、套利定价理论、资本资产定价理论等微观金融理论，正是这些理论为金融工程的发展奠定了坚实的理论基础。

(2)技术进步为金融工程发展提供了必要的技术支持。技术进步，尤其是常用计算机技术和远程通信技术的进步，促进了金融工程的发展。常用计算机技术的进步，提高了对海量数据的处理能力，在降低交易成本的同时提升了交易效率；远程通信技术的发展则使得不同市场间的联系更紧密，使得交易的完成更迅速、更安全，产生了更多的套利机会和避险机会。面对技术进步带来的新机会，敏锐的金融工程师们通过创新，设计出各种金融工具，以抓住和利用这些机会促进金融工程的进一步发展。

(3)市场发展变化形成的需求，是促进金融工程发展的内在驱动力。市场的发展变化，既包括交易品种、交易方式的日益多样化，也包括价格波动的日益复杂化，还包括市场监管等其他方面的变化，这些变化会形成经济主体对套利、风险管理的需求。正是市场变化引起的经济主体对套利、风险管理等方面的需求，成为促进金融工程发展的长期的内在驱动力。

1.2 金融工程的基本框架

1.2.1 现代金融学的基本框架

现代金融学包括宏观金融学与微观金融学两部分。宏观金融学主要涉及货币理论、利率理论、汇率理论、内外均衡理论、金融监管理论、中央银行理论、商业银行理论、货币政策理论等方面的内容，主要是从宏观的角度，着重探讨金融的运行机制和原理、金融变量变动对经济的影响等问题；微观金融学是以企业、个人的金融决策和金融市场作为研究对象，研究的是金融资产定价、资产组合、融资策略、资金成本等具体的金融问题，主要涉及货币时间价值理论、贴现现金流模型、有效市场假说、资本资产定价理论、资金机会成本理论、期权定价理论、融资次序理论等方面的内容。当然，宏观金融学与微观金融学并不是孤立存在的，两者之间存在紧密的内在关联，共同构成现代金融学的完整框架。

现代金融学是目前的主流金融学，并且依然处在不断地修正与发展过程之中，其中，非对称信息理论在金融领域的应用、行为金融理论的发展和金融工程的发展，在极大丰富了金融学内容的同时，大大提高了金融学理论对金融现象的解释力。

1.2.2 金融工程的基本框架概述

金融工程作为一门学科，具有较为系统和完整的框架，主要包括金融工程的理论基础、金融工具、金融工程技术3部分内容。

1. 金融工程的理论基础

金融工程的理论基础是支撑金融工程的知识体系，主要涉及金融理论、经济学理论、数学和统计学知识、会计及法律知识等方面，核心的基础理论是估值理论、资产组合理论、有效市场假说、套期保值理论、期权定价理论、汇率及利率理论等。面对金融领域出现的各种问题，金融工程以这些理论为基础，结合需要解决问题的具体状况，运用金融工具和金融工程技术，设计出适宜的解决问题的思路、方案、方式和方法，这就是金融工程的应用。

当然，金融工程的应用除了依赖理论基础，还必须依靠相关的数理分析技术、计算机通信技术、人工智能技术等应用性技术的支持，否则就会大大降低现实的操作性。这些应用性技术虽然不是金融工程理论基础的构成部分，但是却对金融工程的应用提供了强有力的技术支撑，是与理论基础同样重要的支撑力量。

2. 金融工具

金融工具是指用于投资、融资、结算等金融交易过程中的各种工具，包括基础金融工具（underlying financial instruments）和衍生金融工具（derivative financial instruments）。基础金融工具是指能够产生衍生金融产品的传统金融产品，主要有股票、债券、现金、商业票据等；衍生金融工具是以某种基础金融工具的存在为前提，其价格亦由基础金融工具决定，主要包括远期、期货、期权、互换4种基本衍生金融工具以及由它们通过变化、组合、合成等方式再衍生出来的一些变种。这些不同种类的金融工具，适用于不同的金融问题，是解决现实金融问题的常用工具。

3. 金融工程技术

金融工程技术是运用金融理论和金融工具解决具体金融问题的技术和方法，不仅包括解决问题的思路、方案、流程的技术，还包括对金融工具进行改造的技术。在金融工程的整体框架里，最为核心的部分是金融工程技术及其应用。这些理论和工具都是为了解决问题服务的，如何运用这些理论和工具决定着问题解决的方式及结果，因此，金融工程技术的应用是金融工程的关键环节。

从应用的角度看，凡是解决现实金融问题的做法，都可以视为金融工程技术。具体而言，金融工程技术可分为三个层次：第一层次是金融领域中新思想的形成和新观念的出现,如第一份期权合约的产生,这一层次创新性最强;第二层次是对已有观念的拓展和重新理解与运用,如在商品交易所推出金融期货作为新品种,该层次创新性次之;第三层次是指对已有的金融工具进行分解或重新组合,形成新的金融工具或新的解决金融问题的方案,该层次创新性相对最弱。

很显然,现代金融学理论是金融工程的基础,金融工程仍处在金融学的框架内,而不是独立于金融学的框架之外。离开了金融领域,金融工程就不能再称作金融工程。因此,金融工程与现代金融学并不冲突,而是金融学的新发展,是现代金融学的一个重要组成部分,也是金融学的一个发展方向。

1.3 金融工程的应用

金融工程的应用是指运用金融工程技术解决现实金融问题的过程。从实践看,金融工程技术在金融领域的应用呈现出日益广泛的趋势,尤其是在金融风险管理方面,金融工程技术发挥着非常重要的作用。从应用的目的看,金融工程常用于套期保值、投机、套利以及通过构造的方式获利和降低风险等方面。

1.3.1 套期保值

套期保值通常是指利用远期交易、期货交易、期权交易等手段对冲现存交易的风险,从而较好地锁定收益的行为。正是因为套期保值在管理风险和获取收益方面能够发挥良好的作用,所以它成为被广泛应用的一项交易技术。

【1-3 拓展视频】

至于选择何种交易方式做套期保值,首先取决于可供交易者选择的交易方式的种类,然后是交易者根据自己的权衡做出套期保值交易方式的选择。如果仅有期货市场存在,交易者就只能选择期货交易方式作为套期保值策略,而如果同时存在远期市场、期货市场、期权市场等,交易者就可以根据自己的情况来选择具体的套期保值策略。从套期保值策略的具体操作看,存在多头套期保值和空头套期保值两种方式。如果交易者现存交易形成的是多头头寸,那么需要采取空头套期保值的交易策略;反之则需要采取多头套期保值的交易策略。

以最常见的国际贸易套期保值为例,为了管理外汇风险以锁定收益,预计未来有外汇收入的出口商需要采取空头套期保值的策略,即将预计的外汇收入通过远期、期货或期权的方式卖出;而预计未来需对外付汇的进口商就需要采取多头套期保值的策略。

对于持有固定利率有价证券的投资者来说,为了防止利率上升而使有价证券的价格下跌,该交易者可通过出售利率期货合约的方法(即作空头套期保值交易)来固定有价证券的价格。如果未来利率上升,那么该交易者在现货市场上的损失可以由期货市场的盈利来补偿,如果利率未涨反跌,那么亦可用现货市场的收益来抵补期货市场的亏空,从而有效地将收益固定在目前的水平上。

案例1-1

某出口企业半年后将收到一笔美元外汇,该企业现在打算通过远期外汇市场按照固定汇率(如1美元=6.37元人民币)把美元卖出。这样,无论半年后美元实际汇率如何变化,该企业的财务状况都不会受到影响,达到了风险转移的目的,以确定性代替了不确定性。风险由该企业转移到了交易对手身上。

1.3.2 投机

"投机"在中文中一直具有浓厚的贬义,被理解为通过不正当手段获取有违正道的利益;而"投机"的英文是speculation,其义是"预测",是一个中性词。从市场经济的发展实践看,"投机"被认为是活跃市场的正常交易行为,并不被人们所指责。更为重要的是,在金融市场中,投机与投资并无严格的界限。

投机交易是指交易者基于自己对价格走势的判断所进行的以获取价差为目的的先卖后买或先买后卖的交易。投机者如果对市场看涨时价格上升了或对市场看跌时价格下跌了,则会因为正确的预测而获得利润;但当对市场看涨时价格下跌了或对市场看跌时价格上升了,则会由于预测错误而遭受损失。因此,投机的实质是投机者以承担风险为代价来获取投机利润。

通常来说,交易者既可通过现货市场进行投机交易,也可通过期货市场进行投机交易,还可通过远期交易、期权交易进行投机。以期货市场为例,期货投机是指投机者通过对价格的预期,首先在判断价格上升(下跌)时买进(卖出),然后在将来某个时间再卖出(买进)原期货合约,以期获取利润的活动。如果市场价格走势符合其判断,则投机者平仓出局后可获取投机利润;如果价格走势与判断相反,则投机者平仓出局后承担投机损失。因为投机的目的在于赚取价差收益,所以期货投机者一般只是平仓了结,而不会进行实物交割。

案例1-2

某投机者在6月预计9月玉米的期货价格将上升,则可以在6月决定买进9月玉米合约若干手,如果玉米价格走势符合预期,则该投机者就可以在合约到期之前卖出合约平仓,并获得扣除手续费后的价差收益。若预测错误,则该投机者会遭受损失并支付手续费。如果该投机者预计9月玉米期货价格将下跌,则他应在6月卖出期货,然后伺机补进以获利。

显然,期货投机的关键在于对期货市场价格变动趋势的分析、预测是否准确。由于影响期货市场价格变动的因素有很多,特别是心理、突发事件等因素难以预测,因此,做出正确判断的难度比较大,投机的风险也比较大。

通过现货市场、远期市场、期权市场也可以进行投机交易,并且操作原理大致与期货市场一样。当然,由于不同市场并不完全相同,而且各具特点,因此,尽管投机的原理一样,但是在具体的操作方面,不同市场还是存在一些差异的。正是这些特点与差异,为不同的交易者提供了不同的投机策略选择,从而更好地满足了不同交易者的各种交易需求。

1.3.3 套利

套利是指交易者利用市场上暂时存在的不合理的价格关系,通过同时买进和卖出相同或相关资产,从中赚取价格差异的交易行为。理论上的套利是没有风险的,交易者可以在不需要期初投资支出的条件下获取无风险报酬。但在现实世界中,大部分套利都存在风险,并且至少需要一些适量的投资。套利操作既可以在商品市场进行,也可以在金融市场进行。金融市场上的套利交易是一种常见的交易活动,它能够增加市场交易的活跃度,对于纠正市场存在的价格偏离和提高市场的效率具有重要的作用。

金融市场上暂时存在的不合理价格关系主要包括 3 种:①同一金融资产在不同时间段内存在不合理价格差异;②相关金融资产在同一时间段内存在不合理的价格差异;③同种金融资产在不同金融市场之间存在不合理的价格差异。根据不合理价格关系的 3 种情况,套利交易主要可分为以下 3 种形式。

1. 跨时间套利交易

跨时间套利交易是指利用同一种类交易标的在不同时间存在的价格差异进行的套利活动。以期货市场为例,交易者可以利用同一交易所同一种有价证券的不同交割期限的期货价格的差异进行套利交易活动。若远期期货合约价格上涨幅度大于近期期货合约价格上涨幅度或远期期货合约的价格下跌幅度小于近期期货合约价格下跌幅度,则进行卖空近期期货合约并买空远期期货合约的套利交易。与此相反,若远期期货合约的价格上涨幅度小于近期期货合约的上涨幅度或远期期货合约的价格下跌幅度大于近期期货合约的价格下跌幅度,则进行买空近期期货合约并卖空远期期货合约的套利交易。

2. 跨品种套利交易

跨品种套利交易是指在买进或卖出一种交易标的资产的同时,卖出或买进另一种交易标的资产的套利活动。以期货市场为例,交易者可以在买进某种有价证券期货合约的同时卖出另一种有价证券期货合约,以期用不同的有价证券期货之间的价差获取收益。

3. 跨市场套利交易

跨市场套利交易是指利用同一交易品种在不同交易地点的价差获取收益的套利行为。外汇市场的两地套汇和三角套汇就属于典型的跨市场套利交易。

11 月初,受利空因素的影响,苏黎世市场黄金 1 月期货价格为 396 美元/盎司;同时伦敦市场 1 月黄金期货价为 402 美元/盎司。某投资基金者注意到这一反常价差状况,并判断不久价格还将下降,于是果断入市进行套利操作。1 周后,两市场的价格均降为 394 美元/盎司,投资者获取了套利利润。

1.3.4 构造

金融工程中所说的构造又称组合分解交易技术,它是指通过对基础金融工具及其衍生品进行分解、组合，从而构造出新的金融产品以管理风险或获得收益的交易技术，是金融工程的核心技术。

从理论上讲，虽然金融市场上的各种价格应该是均衡的，但是由于市场的不完善以及外在因素的干扰，市场中的各种价格经常偏离理论上的均衡价格，这就为交易者提供了获取利润的环境和空间。采用组合分解技术，利用基础的金融产品（如股票、债券等）和衍生的金融产品（如远期协议、期货、期权、互换等）作为零部件来重新组合成新的具有特定流动性和收益/风险特性的金融产品，或将其进行分解并在分解后加以重新组合，就可以创造出新的获利机会或降低、转移风险。例如，如果现有金融产品的风险较高，交易者参与的积极性较低，那么可以采用金融工程的分解技术来降低风险或转移风险，从而提高该产品的交易活跃度；如果现有金融产品的风险是市场参与者不愿接受的，那么可以采用金融工程技术设计出符合他们的收益/风险偏好的新产品。

从应用的角度看，组合分解技术一般有以下几种：①资产证券化技术是一种现有金融资产的集中与分割技术，用于能够产生可预见现金流收入但缺乏流动性的资产的风险管理；②远期、掉期、互换组合技术常用于利率、汇率风险管理；③期货套期、套利与投机技术常用于商品现货、股票、债券与现汇的未来价格的风险管理；④期权套期与套利技术可用于现货、期货、股权的风险管理；⑤资本组合与分解技术常用于企业资产负债管理；⑥资产重组——资产的组合与分解技术常用于企业收购与兼并；⑦投资组合技术常用于证券投资基金的风险管理；⑧信用风险的度量技术主要用于信用风险管理。

在金融实践中，大部分的组合交易是通过现货与期货、现货与远期、期货与期货、期货与期权、即期与远期、远期与期权之间的组合套作进行的。例如，如果对行情看跌，那么可以采用以下 4 种组合交易策略来防范标的物价格下降的风险：卖出期货合约、买进看跌期权、卖出看涨期权、卖出期货合约同时买入相关期货看涨期权。如果对行情看涨，那么可以采用另外 4 种组合交易策略来防范标的物价格下降的风险：买进期货合约、买进看涨期权、卖出看跌期权、买入期货合约同时卖出相关期货看跌期权。而对于一个看不清楚涨跌方向的行情，可以有 3 种组合交易策略防范价格剧烈波动的风险：买进双重期权；买入期货合约，卖出看涨期权，同时买进看跌期权；卖出期货合约，买进看涨期权，同时卖出看跌期权。

显然，构造技术很有用，但是也有一定的难度。交易者不仅必须对基础金融工具和衍生金融工具有深刻的理解，而且要有丰富的交易经验。此外，还要善于洞察和把握蕴含于市场变化中的各种机会。

【第 1 章小结】

思考与练习

1. 什么是金融工程？
2. 金融工程产生和发展的基础是什么？
3. 金融工程的基本框架是什么？
4. 金融工程的应用领域有哪些？
5. 投机与套利的区别及联系是什么？

【第 1 章在线答题】

第 2 章　金融工程的基本分析方法

学习目标及思维导图

本章主要介绍 MM 理论的基本假设和基本结论，以及金融工程的两大基本分析法：无套利分析法和积木分析法。其中，无套利分析法的基本思想与应用是本章的重点和难点。

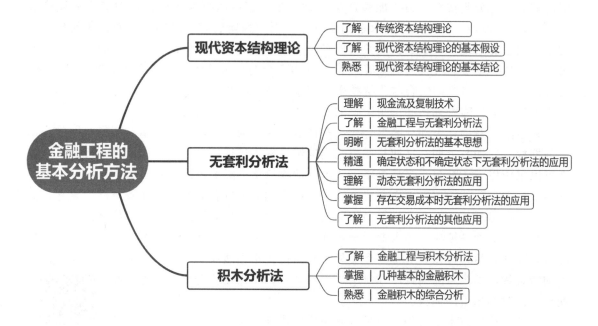

2.1 现代资本结构理论

2.1.1 传统资本结构理论

资本结构是指企业各种长期资金来源的构成和比例关系。通常来说，长期资金来源包括长期债务资本和股权资本，因此，资本结构通常是指企业长期债务资本和股权资本的构成比例关系。资本结构理论认为，企业的财务目标就是使企业价值最大化，而企业价值是由股权资本价值和债务资本价值构成的，股权资本和债务资本之间的比例称为企业的融资结构或资本结构。企业财务目标是要确定两者之间的最佳比例结构，从而使企业价值达到最大化。对这一问题的研究形成了资本结构理论。在西方国家，先后出现净收益理论、营业收益理论和折中理论，这3种理论都属于传统的资本结构理论。

1. 净收益理论

净收益理论认为，利用债务可以降低企业的加权平均资本成本。负债程度越高，加权平均资本成本就越低，企业价值就越大。

2. 营业收益理论

营业收益理论认为，企业在增加成本较低债务资本的同时，企业风险也增加了，这会导致股权资本成本提高，一升一降，企业加权平均资本成本没什么变动，因此，该理论认为企业不存在最优的资本结构。

3. 折中理论

折中理论是净收益理论和营业收益理论的折中。该理论认为，企业虽然在负债多、风险大的同时导致股权资本成本的上升，但是在一定程度内不会完全抵消利用成本较低债务所带来的好处，因此，股权资本成本的上升会使加权平均资本成本下降，企业价值上升。但一旦超过其限度，股权资本成本的上升就无法再由债务的低成本抵消，因此，加权平均资本成本又会上升。由下降变为上升的转折点，便是加权平均资本成本的最低点，此时，企业的资本结构达到最优。

2.1.2 MM 理论*

1958 年，弗兰科·莫迪利亚尼(Franco Modigliani)和默顿·米勒(Merton Miller)发表了著名的论文——《资本成本、公司财务和投资理论》，现代资本结构理论(又称 MM 理论)就此诞生，该理论的提出震惊了金融学术界，弗兰科·莫迪利亚尼和默顿·米勒因此荣获诺贝尔经济学奖。他们的理论成果中包含的无套利分析思想在后来产生了巨大的影响，成为

---

* 表示相对较难的内容，余同。

现代金融学的方法论革命。

1. MM 理论的基本假设

企业资本结构的最简单含义是企业负债和权益的比例结构。MM 理论揭示出企业资本结构与企业的价值无关,由此引申出企业的金融活动本质上并不创造价值,并阐明企业价值究竟是如何创造的,企业的金融(财务)活动又是通过什么途径来创造企业价值的。当然,MM 理论的这些结论都是在一定的假设条件下得出的,归纳起来,MM 理论的基本假设有以下几个方面。

(1)市场是无摩擦的,即不存在交易成本、代理成本和破产成本,不存在企业所得税和个人所得税。

(2)个人和企业可以按照同样的利率进行借贷,同时无论举债多少,个人和企业的负债都不存在风险。

(3)经营条件相似的企业具有相同的经营风险。

(4)不考虑企业增长问题,所有利润全部作为股利分配。

(5)企业的任何信息都可以无成本地传递给市场的所有参与者。

2. MM 理论的基本结论

(1)MM 理论第一命题:在 MM 理论假设条件下,企业价值与其资本结构无关。

下面通过一个简单的例子来说明 MM 理论的第一命题,并学习无套利均衡分析法。

【例 2-1】假设有 A、B 两家公司,它们的经营风险相同,资产性质也完全相同,但资本结构(负债/权益)不同。在没有所得税的情况下,公司所有净收益都将以股利的形式分配给股东。两家公司每年创造的息税前收益(Earnings Before Interest and Tax,EBIT)都是 1 000 万元人民币。A 公司的资本全部由股本权益构成,共 100 万股。根据公司未来收入现金流的风险性质,金融市场对于该公司股票的预期收益率 $r_A=10\%$;B 公司的资本中有 4 000 万元的负债,年利率是 8%,并假设 B 公司债务没有风险,也没有到期日。那么,B 公司的权益价值究竟是多少?

理论上,A、B 两家公司永远存在,那么 A 公司的市场价值可计算如下:

$$\sum_{t=1}^{\infty} \frac{\text{EBIT}}{(1+r_A)^t} = \sum_{t=1}^{\infty} \frac{1\,000}{(1+10\%)^t} = \frac{1\,000}{10\%} = 10\,000 \text{(万元)}$$

A 公司的每股股票价格即为 10 000/100=100(元/股)。

B 公司的资本中有 4 000 万元的负债,可以认为是公司发行的债券,年利率是 8%。假设 B 公司债务没有风险,也没有到期日,则市场的无风险利率为 8%。因此,企业负债的市场价值就可计算如下:

$$\sum_{t=1}^{\infty} \frac{4\,000 \times 8\%}{(1+8\%)^t} = \frac{4\,000 \times 8\%}{8\%} = 4\,000 \text{(万元)}$$

在无税条件下,企业的收益也必须先付利息,剩余的才能分给股东,因此,每年可以分配给股东的收益是 EBIT 减去 320(4 000×8%)万元。不妨假定 B 公司的股份数是 60 万股,则在上述条件下,可以断定 B 公司的股票价格是 100 元/股。

如果 B 公司的股票价格不是 100 元/股,是 110 元/股,则投资者采取以下策略就可以进行无风险套利,即买入 1% 的 A 公司的股票(即 1 万股),同时卖空 1% 的 B 公司的债券(价值 40 万元)和股票(6 000 股)。交易产生的现金流见表 2-1。

表 2-1　无风险套利的现金流

套利头寸	即时现金流/万元	未来每年的现金流/万元
买入 1%A 公司股票	−100	EBIT 的 1%
卖空 1%B 公司股票	66	−(EBIT−320)的 1%
卖空 1%B 公司债券	40	−3.2
净现金流	6	0

这样,该投资者在理论上可以既不花费任何成本又不承担任何风险地获取 6 万元的净利润,这说明 B 公司的股票价值被高估了。因套利行为所产生的供需不均衡的市场力量会将其价格向下压至每股 100 元的均衡价格为止。同样道理,如果 B 公司股票价格低于 100 元,如 90 元/股,则套利者可以构建相反的套利头寸,同样获得无风险利润。套利产生的市场力量也会推动其价格回升到均衡价位。

在市场处于均衡状态时,不存在无风险套利机会。若出现了无风险套利机会,就说明市场处于不均衡状态,而套利力量将会推动市场重建均衡状态,市场一旦恢复均衡状态,套利机会就会消失。在均衡市场时无套利机会,这就是无套利分析法的依据。市场效率越高,重建均衡状态的速度就越快。

因为 B 公司的股票价格也是 100 元/股,所以 B 公司的权益市场价值应为 6 000 万元(100 元/股×60 万股)。B 公司的市场价值就应该是 10 000 万元(4 000 万元的负债市值加上 6 000 万元的权益市值),与 A 公司的企业价值相等。由此,可以得出 MM 理论的第一命题:在 MM 假设条件下,企业价值与其资本结构无关。

企业的价值是由其增值能力所决定的,与该公司的融资方式及股本结构无关。即融资活动本身并不创造任何价值。资产的增值能力为资产负债表的左栏,股本结构和融资方式则属于资产负债表的右栏。公司发放红利的水平、公司增发股票的数量、公司资产和债务的比例等都发生在资产负债表的右栏,因而都与公司的盈利能力无关,也不会影响到企业的市场价值[①]。

(2) MM 理论第二命题:在 MM 理论假设条件下,资金成本取决于资金的运用,而不是资金的来源。

如果一家公司为某个投资项目融资,那么投资该项目所获得的融资成本,只取决于该投资项目本身的盈利能力和风险水平,而不是资金来源。如果该投资项目被市场认为是有较好的收益且风险较低时,那么该公司能轻易地从市场获得低成本资金;如果该投资项目被市场认为是高风险低收益时,那么该公司只能以较高的成本筹集资金。

在 MM 理论假设条件下,企业的加权平均资本成本(Weighted Average Cost of Capital,WACC)按下式计算:

---

① 默顿·米勒教授后来对 MM 理论作出一定的修正,即在有税收的情况下,公司的贷款行为可以通过将贷款利息抵扣税前收入而创造价值。

$$\text{WACC} = r_e \frac{E}{D+E} + r_f \frac{D}{D+E} \quad (2-1)$$

式中：D 和 E——分别是企业负债和权益的市场价值；

r_e——资本权益的预期回报率；

r_f——无风险收益率。

由式(2-1)可以导出权益资本成本为

$$r_e = \text{WACC} + (\text{WACC} - r_f)\frac{D}{E} \quad (2-2)$$

从式(2-1)是否可以得出以下结论，即如果公司从银行得到的贷款利率低于公司资本权益的预期回报率，那么增加贷款就可以降低资金成本。

答案是否定的。MM理论认为，有负债的公司的权益资本成本等于同一风险等级的无负债公司的权益资本成本加上风险补偿，风险补偿的比例因子是负债权益比，具体可见式(2-2)。这是因为公司的资本权益的预期回报率 r_e 会随着该公司的负债比例的升高而增加；同时，这种新增加的预期回报率，正好被投资人所承担的额外风险所抵消，即投资人只是同步地增加了其投资的风险和回报。

因为企业的市场价值是以企业的加权平均资本成本为折现率对企业的未来收益现金流折现以后得到的现值，由MM理论可以推出：在MM理论假设条件下，企业的加权平均资本成本与企业的资本结构无关，由式(2-2)也可以看出这一点。

(3) MM理论第三命题：在一定的条件下，公司的市场价值与其除息政策无关。

MM理论第三命题认为公司的价值依赖股票持有者可获得的收入总量，而不依赖除息采取的形式。更具体地讲，MM理论第三命题表明减少除息，代之以回购部分公司股权，公司的价值不变。这里关键在于公司当前的市场价值能够用未来收入现金流减去投资支出的预期净现值表示。值得注意的是，除息的现金流没有出现在预期现值的表达式中，因此，如果除息不影响公司收入或投资支出的现金流，那么公司的市场价值与除息现金流无关，即MM理论第三命题成立。

MM理论第三命题应该注意以下4个方面的问题。

① MM理论第三命题的另一种表述为，两个采取不同除息政策的公司，如果其他情况一致，那么其市场价值相同。原因在于除息的不同刚好被资本的增减所抵消，因此，公司权益市场价值不变。虽然除息的时间和资本的增减不同，但是两个公司股票持有人的总收益是相等的。

② 在应用MM理论第三命题时，主要的问题是除息的变化常伴随某些公司"真正的"[1] 行动，若同时发生，则很难将除息的影响与其他事件的影响区分开来。

③ MM理论第三命题认为，改变企业收入的分配影响企业的价值。具有真实意义[2]（指影响企业收入或投资支出的现金流）的企业战略决策对企业的价值有影响。

---

[1] MM理论成立的前提是在"完善市场的条件下"，除息的变化对公司价值的变化不造成影响，但实际情况是股利政策并不是公平的交易，公司的管理层与公司股票持有者（股东）之间存在着"代理-委托成本"，除息的变化会对公司的价值产生影响。

[2] 例如，公司的盈利不进行分红而是进行投资，这会影响公司的现金流，从而影响公司的价值。

④ 为了保证 MM 理论第三命题有效，对股票的持有人来说，除息的收入与拥有股票的资本的收益必须是相等的。这种情况隐含的一个需要证明的假设就是，除息与来自资本的收益两者在税收方面是没有区别的。

案　例

1997 年东南亚金融危机爆发，为了应对投机商从银行借款兑换美元，进而做空这些国家的货币，东南亚各国的中央银行采取了一项被默顿·米勒教授斥之为"火上浇油"的政策：提高本币的贷款利率。他们认为，通过提高利率，使得从银行贷款的投机商要承担更高的利率，这样就可以打击投机商。不幸的是，这项政策颁布以后，这些国家的货币以更快的速度贬值，最终造成了不可逆转的危机。

默顿·米勒教授认为，提高利率的做法属于人为地增加了投机商的融资成本，而根据 MM 理论，一项资产（如美元）的价值和其融资成本（如泰国铢的贷款利率）无关。因此，提高利率增加了投机商成本的做法根本不能阻断投机商看好美元。以泰国为例，当时该国的中央银行将隔夜拆借利率甚至提高到 15% 的水平，但投机商依然看好美元，继续在即期借入泰国铢，换成美元，然后在远期卖出美元，泰国铢就此一路贬值①。

资料来源：周洛华，2004. 金融工程学[M]. 上海：上海财经大学出版社.

如果根据 MM 理论看当时东南亚各国中央银行的决定就会发现：提高利率的做法属于紧缩性货币政策，必然会影响该国的经济发展，从长远看，更是降低了该国货币的价值，因而对投机商来说，他们看好的资产（美元）当然会相对于泰国铢进一步升值。无论投机商的融资成本有多高，都不能改变美元升值的前景。因此，东南亚各国的中央银行在危机中采取提高利率的做法不仅违背了 MM 理论，而且也成全了投机商。

2.2　无套利分析法

2.2.1　现金流及复制技术

1. 现金流

在现实经济生活中，任何一项经济活动，一般都可以用其产生的现金流来分析和描述。个人和家庭的生活消费、厂矿企业的生产经营、政府机构的运转等都会有现金流与之相随，在金融领域的表现就更为密切。简单地说，现金流就是支出或收入的款项。收入款项形成了现金流入，而支出款项则形成了现金流出。现金流通常由三部分构成：一是现金流的大小或数量；二是现金流的方向（流入/流出）；三是现金流发生的时间。缺少任何一部分的现金流在金融和财务上都没有实际意义。现金流是以货币的形式来表示的，用现金流描述资金的这种运动是一种清晰、方便的做法。

---

① 默顿·米勒教授曾坦言："这场危机的根本原因是因为那些东南亚国家的中央银行的领导者们都是哈佛大学的毕业生，如果他们来芝加哥大学学习，那么这场危机就可以避免。"

现金流量图是把资金流动作为时间的函数用图形和数字展示出来。作图时横轴指向右侧，代表时间的增加，横轴上的坐标代表各个时间点，从各个时间点引出的纵向箭线表示发生在那一时间点上的现金流量。箭头朝上表示资金的流入，箭头朝下表示资金的流出，流量的大小由箭线旁边的数字表示。

图 2-1 是一个现金流量图，表示在 0 时刻有 600 单位的现金流出，在 1、2 时刻各有 500 单位的现金流入。

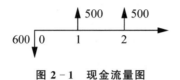

图 2-1　现金流量图

现实中，经济活动的周期有长有短，但一般来说，大多数经济活动持续的时间较长。用来描述某一特定经济活动的现金流往往表现为一个在时间上有先有后的现金流序列或收支序列。一个现金流序列可能是确定的，更多的可能是不确定的。现金流序列的确定分析与研究是财务金融活动的重要内容。一个现金流序列的确定性大小可以用来衡量与其相关的经济活动的风险，现金流序列的确定性越大，则与其相关的经济活动的风险就越小。现金流的分析和研究不只在金融学，在企业管理学和会计学中都具有重要价值。

在现金流的分析中，不但要考虑现金流入与现金流出的数额，而且还必须要考虑每笔现金流发生的时间。同样数额的现金流入或流出在不同时间点上的金融意义完全不同。

2. 复制技术与被复制资产的现金流

复制技术是无套利分析[①]的具体方法之一，它是指利用一项（或一组）金融资产来复制另一项（或一组）金融资产，这种"可复制性"表现在资产或组合的现金流特征上，其要点是使复制组合的现金流与被复制组合的现金流完全相同，复制组合的头寸与被复制组合的头寸可实现完全的对冲。即，如果两个资产或资产组合是复制与被复制的关系，那么它们未来的现金流（或损益）一定相等。

显然，以相反头寸同时持有互相复制的两组资产，因现金流的抵消而使投资风险得到消除。换一个角度讲，一项资产能用其他资产予以复制，意味着资产是可以根据特定的目的来进行组合和分析的，这一点对金融分析和金融工程非常重要。例如，人们可以利用相关金融工具来"组装"以满足特定收益和风险要求的创新产品，或者可以通过将资产的收益和风险进行分解并加以重新配置，从而获得新的金融结构，具备特殊的风险管理能力，因此，复制技术亦属于组合和分解技术。

现金流量是一种很有用的资金运动分析方法，它可以清楚地反映出每一时刻资金的流动方向和数量（即资金的收入和支出），复制标的资产的现金流是金融工程中一项很重要的技术方法。

---

① 本节将重点讲解无套利分析法。

2.2.2 金融工程与无套利分析法

西方主流经济学研究的基本分析方法是供给和需求的均衡分析,其着眼点通常在均衡的存在性和均衡的变动情况,以至于被人们调侃为"让鹦鹉学会了供给和需求,它也可以成为经济学家"。20 世纪 50 年代后期,弗兰科·莫迪利亚尼和默顿·米勒在研究企业资本结构和企业价值的关系(MM 理论)时首先提出的无套利分析方法,成为现代金融学的方法论革命。之后,无套利分析法在金融学科体系中得到了广泛的应用。

【2-3 拓展视频】

无套利分析法,也称无套利均衡分析法,是金融工程的基本分析方法。信息技术和工程方法对金融工程研究的支持,从最基本的方法论角度来说,应该都是围绕无套利分析法展开的。可以说,不懂得无套利分析法就是不懂得现代金融学的基本方法论,当然也就不懂得金融工程的核心思想和基本方法论。就像不懂得供需均衡分析,就不懂得西方经济学的基本方法论一样。无套利分析法贯穿金融工程的始终,是金融衍生品定价的核心技术。金融工程的所有定价问题,从最简单的利率复利的计算,到复杂的奇异期权价格的计算,都可以通过无套利分析法加以解决。现代金融理论后来所取得的一系列突破性成果,都是灵活运用这种无套利分析法而得到的,如著名的布莱克-斯科尔斯(B-S)期权定价公式就是这种分析方法应用的体现。

无套利分析法用到了现金流复制技术,这种现金流复制技术既可用于金融资产和金融工具的定价,也可用于风险规避,进行套期保值,甚至还可用于发现和寻找套利机会。复制技术的基本原则是构造两个投资组合,若两者的期末价值相等,则其期初价值一定相等,否则就存在套利机会,即如果存在套利机会,通过卖出期初价值较高的组合而买入期初价值较低的组合并持有至期末,套利者可获得无风险收益;套利行为促使期初价值高的组合的价格下降而期初价值低的组合的价格上升,最终套利机会消失,组合的期初价值相等。简言之,如果两个组合的期末价值相等,那么构造这两个组合的成本就应该相等。

金融工程研究的一项核心内容是对金融市场中的某项金融资产或金融工具进行估值和定价,分析的基本方法是利用复制技术,将这项金融资产与市场中其他金融资产组合起来,形成一个与无风险资产具有相同现金流的投资组合,该组合在市场均衡时只能获取无风险利润,由此测算出该项金融资产在市场均衡时的价值,即均衡价格。当市场处于不均衡状态时,金融资产的价格偏离了其应有的价值,由此就出现了套利机会。而套利力量将会推动市场重建均衡,提高金融市场的效率。市场一旦恢复均衡,金融资产的价格又回归其应有的价值水平,套利机会就会消失。理论上的套利是没有风险的,被称为金融市场中唯一的"免费午餐",但现实中,套利是有成本的,有些套利机会可能会因成本太高而无法进行。

2.2.3 无套利分析法的基本思想

无套利即金融市场不存在套利机会,即市场有效。在有效的金融市场上,如果存在套利机会,那么套利者就可以构造套利组合(买进低估的金融资产,卖出被高估的金融资产),从而使得被低估的金融资产的需求增加,

【2-4 拓展视频】

被高估的金融资产的供给增加，被低估的金融资产的价格上升，被高估的金融资产的价格下降。由于套利的自融资性①，从理论上来说，一个投资者就可以构造任意大的套利组合。由于金融市场的有效性，套利者可以在很短的时间内完成套利组合的构建。因此，只要有套利机会，投资者就可以在很短时间内使得被低估的金融资产的需求无限增大，被高估金融资产的供给无限增大，直到套利机会消失。在有效的金融市场上，金融资产在市场的合理价格是这个价格使得市场不存在无风险套利机会，这就是无套利分析法的基本思想，或者称为无套利定价原理。

根据无套利分析法的基本思想，在有效的金融市场上，任何一项金融资产的定价应当使得利用该项金融资产进行无风险套利的机会不复存在。换言之，如果某项金融资产定价使得套利机会存在，那么该资产的定价就不合理，而且套利活动会促使该资产的价格发生变化，直到套利机会消失，市场重新回到无套利均衡状态。

那么，什么情况下的市场不存在无风险套利机会呢？如果未来具有相同损益或现金流的两个资产或资产组合，其现在的价值或价格相等，那么市场就不存在无风险套利机会。

一个资产或资产组合未来的损益或现金流可能是确定的，也可能是不确定的。一般来说，固定收益类证券（如债券），它未来的损益或现金流是确定的；而股权类证券，它的未来损益或现金流是不确定的。无论是确定状态的损益或现金流，还是不确定状态的损益或现金流，都可以应用无套利分析法来进行定价。

2.2.4　无套利分析法的应用

1. 确定状态下无套利分析法的应用

【例2-2】假设两个零息票债券A和债券B，两者都是在1年后的同一天到期，其面值为100元（到期时都获得100元现金流，即到期时具有相同的损益）。如果债券A的当前价格为97元，假设不考虑交易成本和违约情况，试问债券B的当前价格应该为多少？如果债券B的当前价格只有97.5元，是否存在套利机会？如果存在，如何套利？

按照无套利分析法，债券B与债券A未来具有一样的损益（现金流），所以债券B当前的合理价格也应该为97元。

当债券B的市场价格为97.5元时，说明债券B的价值被市场高估了。那么债券B与债券A之间存在套利机会。实现套利的方法是卖空债券B，获得97.5元，用其中的97元买进债券A，这样套利的盈利为0.5元。1年后债券到期时，债券A的面值刚好用于支付卖空债券B的面值。

【例2-3】假设3种零息票债券面值都为100元，它们当前的市场价格分别为1年后到期的零息票债券的当前价格为97元；2年后到期的零息票债券的当前价格为95元；3年后到期的零息票债券的当前价格为92元。

假设不考虑交易成本和违约情况。如果有一个债券A的息票率为10%，1年支付1次利息，期限为3年。试问债券A的当前价格应该为多少？如果该债券A的当前价格为118

---

① 在市场允许卖空的情况下，套利可以不需要资金的投入。

元,是否存在套利机会?如果存在,如何套利?

首先,画出债券 A 的现金流量图。债券 A 的息票率为 10%,面值为 100 元,每年支付 1 次利息,3 年后到期。其现金流量如图 2-2 所示。

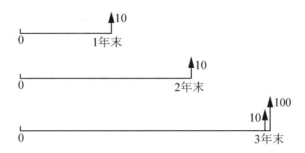

图 2-2 债券 A 的现金流量图

其次,根据图 2-2 所示,构造与债券 A 未来损益相同的复制组合。

(1) 购买 0.1 张 1 年后到期的零息票债券,其损益刚好为 $100 \times 0.1 = 10$(元)。
(2) 购买 0.1 张 2 年后到期的零息票债券,其损益刚好为 $100 \times 0.1 = 10$(元)。
(3) 购买 1.1 张 3 年后到期的零息票债券,其损益刚好为 $100 \times 1.1 = 110$(元)。

该复制组合的价格或价值为

$$0.1 \times 97 + 0.1 \times 95 + 1.1 \times 92 = 120.4(元)$$

上述复制组合未来的损益与债券 A 未来的损益一样。根据无套利分析法,债券 A 的当前价格应与该复制组合的价格或价值相等,即为 120.4 元。

如果债券 A 的当前价格为 118 元,小于其应有的价格 120.4 元,市场低估了债券 A 的价值,根据无套利分析法,存在套利机会。套利策略是买进债券 A,然后卖空无套利定价原理中的复制组合,具体策略如下。

(1) 买进 1 张息票率为 10%,1 年支付 1 次利息的 3 年后到期的债券 A。
(2) 卖空 0.1 张 1 年后到期的零息票债券。
(3) 卖空 0.1 张 2 年后到期的零息票债券。
(4) 卖空 1.1 张 3 年后到期的零息票债券。

这样可以获取的套利利润为

$$120.4 - 118 = 2.4(元)$$

2. 不确定状态下无套利分析法的应用

【**例 2-4**】假设有一个风险证券 A,当前的市场价格为 102 元,1 年后的市场价格会出现两种可能的状态:在状态 1 时风险证券 A 价格上升至 110 元,在状态 2 时风险证券 A 价格下跌至 90 元。同样,有一个风险证券 B,它在 1 年后的损益为在状态 1 时上升至 110 元,在状态 2 时下跌至 90 元。假设不考虑交易成本。试问风险证券 B 的合理价格为多少?如果风险证券 B 的价格为 98 元,是否存在套利?如果存在,如何套利?

风险证券 A 与风险证券 B 未来的损益完全相同,根据无套利分析法,风险证券 B 的合理价格应该与风险证券 A 的价格相等,也为 102 元。

当风险证券 B 的价格为 98 元,市场低估了风险证券 B,因此,存在套利机会。只要卖空风险证券A，买进风险证券B，就可实现套利利润4元。

【例2-5】假设有一个风险证券A，当前的市场价格为100元，1年后的市场价格有两种状态：在状态1时风险证券A的价格上升至110元，在状态2时风险证券A的价格下跌至90元。同样，有一个风险证券B，它在1年后的损益为在状态1时上升至118元，在状态2时下跌至105元。假设无风险年利率均为2%（1年计一次复利），并且不考虑交易成本。试问风险证券B的合理价格为多少？如果风险证券B的现在价格为110元，是否存在套利？如果存在，如何套利？

风险证券B未来的损益与风险证券A不同，两个风险证券的损益状态如图2-3所示。现在考虑如何利用风险证券A和无风险证券来构建一个与风险证券B未来损益相同的组合。

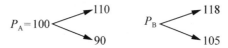

图2-3 风险证券A和风险证券B的损益状态

构建一个组合：x份风险证券A的多头和现在价值为L的无风险证券多头，使该组合未来的损益与风险证券B的损益完全相同（即该组合就是证券B的复制组合）。无风险证券现在的价值为L，1年后的价值为$(1+2\%)L$。因此有两个方程为

$$110x + 1.02L = 118, \quad 90x + 1.02L = 105$$

解得：$x = 0.65$（份），$L = 45.59$（元）。

因此，由0.65份风险证券A的多头和价值为45.59元的无风险证券构成的组合，其未来的损益与风险证券B未来的损益完全相同，所以风险证券B的价格等于该组合现在的价格，即风险证券B的价格为

$$P_B = 0.65 \times 100 + 45.59 = 110.59 (元)$$

注意：如果头寸的数值(x, L)解出来是负数，则说明与原来多头的假设相反，应该是空头。

如果风险证券B现在价格为110元，则市场低估了风险证券B，因此存在套利机会。买进风险证券B，卖出风险证券A和无风险证券组合，就可获得无风险套利利润，具体见表2-2。

表2-2 不确定状态下无风险套利现金流

套利头寸	即时现金流/元	未来现金流/元	
		状态1	状态2
买入1份风险证券B	−110	118	105
卖空0.65份风险证券A	0.65×100	−0.65×110	−0.65×90
卖空价值为45.59元的无风险证券	45.59	−(1+2%)×45.59	−(1+2%)×45.59
净现金流	0.59	0	0

3. 动态无套利分析法的应用

在例2-5中，风险证券A和风险证券B的价格变化只考虑了一个时期的定价问题。如果考虑多个时期就要用到动态无套利分析法。下面通过例2-6来讲解。

【例2-6】假设有价证券A目前的价格$P_A = 100$，其在第一期末和第一期末的市场价

格情况如图2-4所示；另有一证券B，其第一期末的市场价格情况如图2-5所示。无风险利率为2%（连续复利①），假设每一期的时间为1年。那么，证券B现在的价格P_B是多少？

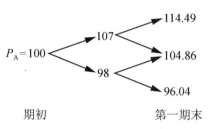

图2-4 证券A的价格变化情况

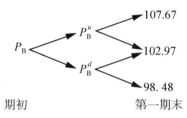

图2-5 证券B的价格变化情况

首先，从证券B的右上方开始。第一期末，市场处于上升状态，用Δ^u份证券A的多头和市场价值为L^u的无风险证券多头复制证券B，则有两个方程为

$$114.49\Delta^u + e^{2\% \times 1}L^u = 107.67; \quad 104.86\Delta^u + e^{2\% \times 1}L^u = 102.97$$

解这两个方程，可得：$\Delta^u = 0.49$（份），$L^u = 50.76$（元）

所以有 $\quad P_B^u = 107\Delta^u + L^u = 103.19$（元）

其次，按同样方法处理证券B右下方的价格变化。第一期末，市场处于下降状态，用Δ^d份证券A的多头和市场价值为L^d的无风险证券多头复制证券B，则有两个方程为

$$104.86\Delta^d + e^{2\% \times 1}L^d = 102.97; \quad 96.04\Delta^d + e^{2\% \times 1}L^d = 98.48$$

解这两个方程，可得：$\Delta^d = 0.51$（份），$L^d = 48.62$（元）

所以有 $\quad P_B^d = 98\Delta^d + L^d = 98.60$（元）

最后，在期初，用Δ份证券A的多头和价值为L的无风险证券多头复制证券B，则有

$$107\Delta + e^{2\% \times 1}L = P_B^u = 103.19; \quad 98\Delta + e^{2\% \times 1}L = P_B^d = 98.60$$

解这两个方程，可得：$\Delta = 0.51$（份），$L = 47.66$（元）

所以有 $\quad P_B = 100\Delta + L = 98.66$（元）

以上求解证券B的价格的过程，同样运用了无套利分析法的基本思想以及市场不存在无风险套利机会的条件，只是同时还应用了动态的复制组合，即根据证券价格的变化随时调整复制组合的头寸。虽然复制组合中证券A和无风险证券的头寸发生变化，如期初时用$(\Delta, L) = (0.51, 47.66)$复制证券B，到第一期末市场处于上升状态时，$\Delta$和$L$发生变化，

---

① 关于连续复利终值和现值的计算可参阅5.2.1节中的内容。

变为 $(\Delta'', L'')=(0.49, 50.76)$，但组合的市场价值没变。以第一期末上方的状态为例，有
$$107\Delta + e^{2\% \times 1}L = P_B'' = 107\Delta'' + L'' = 103.19(元)$$

这就是自融资策略。组合调整中既没有投入资金，也没有抽出资金，只靠出售部分证券 A 获取资金，投入无风险证券中。此处的"动态"就是根据证券价格的变化随时调整 Δ 和 L，在调整中保持复制组合的市场价值不变。

4. 存在交易成本时无套利分析法的应用

在前面的论述中，利用无套利分析法给金融资产定价都没有考虑交易费用。但在实际交易中，不仅需要向交易所支付一定的费用，还要向经纪公司支付一定的佣金，而且还需要缴纳一定的税收等。当存在这些交易成本时，利用无套利均衡分析就不一定能定出金融资产的确切价格，而只能定出一个价格区间，有时甚至连准确的上限和下限都很难给出；而且当存在交易成本时，所构造的套利策略也不一定能盈利，因为通过套利策略获得的盈利可能还不够支付交易成本。

【例 2-7】假设两个零息票债券 A 和债券 B，两者都是在 1 年后的同一天到期，其面值为 100 元（到期时都获得 100 元现金流，具有相同的损益）。不考虑违约情况，假设卖空 1 份债券需要支付 1.5 元的费用，买入 1 份债券需要 0.5 元的费用。如果债券 A 的当前价格为 96 元，那么，债券 B 的当前价格应该为多少？如果债券 B 的当前价格只有 97.5 元，是否存在套利机会？如果存在，如何套利？假设无风险资金的借贷或无风险证券的买卖无须支付交易费用。

按照无套利分析法，在没有交易成本时，债券 B 的合理价格应为 96 元。无论其市场价格大于或小于 96 元，都存在套利机会。如果卖空债券和买入债券需要费用，那么当债券 B 的市场价格为 97.5 元时，是否还存在套利机会？

按照不存在交易费用时的套利思路进行套利。

(1) 卖空债券 B，获得 96(97.5−1.5)元（由于卖空债券需要 1.5 元的费用）。

(2) 虽然债券 A 的价格只有 96 元，但是卖空债券 B 获得的净收益 96 元还不够用于买进债券 A 的总成本，即 96.5(96+0.5)元。

因此，在存在卖空债券费用和买入债券费用的情况下，如果债券 B 的市场价格为 97.5 元，则不存在套利机会。在这种情况下，无套利分析法无法给出明确的价格，只能给出一个定价区间。

确定债券 B 价格的下限

当债券 B 的市场价格小于无交易成本时无套利分析法计算得到的价格时，若采用卖空债券 A、买进债券 B 的套利策略，则只有买进债券 B 的总成本小于卖空债券 A 的净所得，套利策略才能盈利，即卖空债券 A 的净收入[96−1.5=94.5(元)]＞债券 B 的市场价格＋0.5 元，即当债券 B 的市场价格＜94(96−1.5−0.5)元时，存在套利机会。因此，不存在套利利润时债券 B 的价格下限为 94 元。

确定债券 B 价格的上限

当债券 B 的市场价格高于无交易成本时无套利分析法计算得到的价格时，若采用卖空债券 B、买进债券 A 的套利策略，则只有卖空债券 B 的净所得大于买进债券 A 的总成本时，套利策略才能盈利，即卖空债券 B 的净收入（债券 B 的市场价格−1.5 元）＞债券 A 的

价格 96 元＋0.5 元，也即当债券 B 的市场价格＞98(96＋1.5＋0.5)元时，存在套利机会。因此，不存在套利利润时债券 B 的价格上限为 98 元。

综上所述，在卖空债券需要 1.5 元费用和买入债券需要 0.5 元费用的情况下，债券 B 的合理价格区间为[94，98]。当债券 B 低于下限 94 元时，可以通过卖空债券 A，买进债券 B 盈利；当债券 B 高于上限 98 元时，可以通过卖空债券 B，买进债券 A 盈利。

因为债券 B 的当前价格是 97.5 元，落在此价格区间内，将无法使用套利策略获得套利利润。

虽然债券 B 的价格落在[94，98]内，它们将无法获得套利机会，但是，当债券 B 的价格大于债券 A 的价格时，投资者会倾向于购买债券 A；反之则购买债券 B。因此，事实上，债券 B 会接近于债券 A 的价格。

5. 其他应用

无套利分析法不仅在金融产品的定价中有广泛的应用，而且它还广泛应用于金融产品的设计，如金融工具的模仿与合成。

(1) 金融工具的模仿。

金融工具的模仿是指通过构建一个金融工具组合使之与被模仿的金融工具具有相同或相似的盈亏状况。

以模仿股票为例，通过买入一单位看涨期权的同时卖出一单位看跌期权，可以模仿股票的盈亏。上述看涨期权和看跌期权应当具有相同的标的资产 S、到期日 T 和执行价格，而且必须是欧式期权。

假定在 t 时刻，上述看涨期权和看跌期权的价格分别是 c 和 p，则构造模仿股票的成本是 $c-p$。在期权的到期日 T，上述组合的价值 V 就是买入期权价值与卖出期权价值的差，即

$$MS = \max(0, S_T - X) - \max(0, X - S_T)$$

如果到期日股票价格 S_T 大于执行价格 X，那么看涨期权价值是 $S_T - X$，看跌期权价值是零；反之，如果 S_T 小于 X，那么看涨期权价值是零，看跌期权价值是 $X - S_T$。因此，无论标的资产（股票）的价格怎么变化，模仿股票这个组合在期权到期日的价值总是 $MS = S_T - X$。如果只考虑模仿股票的构造成本而不考虑利息，那么期权到期时模仿股票的组合的盈亏是

$$\max(0, S_T - X) - \max(0, X - S_T) - (c - p) = S_T - X - c + p$$

【例 2-8】假设一只股票现在的市场价格是 10 元，以该价格作为执行价格的看涨期权和看跌期权的价格分别是 0.55 元和 0.45 元。一个投资者用 10 元采取两种方案进行投资：方案一是直接在股票市场上购买股票；方案二是用同样的资金购买模仿股票。试问这两种方案的投资效果如何？

10 元可以购买 100 个模仿股票[因为一个模仿股票的构筑成本是 0.55－0.45＝0.1(元)]。表 2-3 和表 2-4 比较了在股票价格上升到 10.5 元和下跌到 9.5 元时，两种投资方案的情况。

表 2-3　股票价格上升到 10.5 元时两个方案的比较

方　　案	期初投资/元	净收益/元	投资收益率/%
方案一：购买股票	10	10.5−10=0.5	5
方案二：购买模仿股票	10	100×(10.5−10−0.1)=40	400

表 2-4　股票价格下降到 9.5 元时两个方案的比较

方　　案	期初投资/元	净收益/元	投资收益率/%
方案一：购买股票	10	9.5−10=−0.5	−5
方案二：购买模仿股票	10	100×(9.5−10−0.1)=−60	−600

通过表 2-3 和表 2-4 可以看到，当股票价格上升时（即便是本例中微小的上升），购买模仿股票的收益率远大于直接购买股票；反之，当股票价格下降时，购买模仿股票的负收益率也要远大于购买股票。这两个投资方案的优劣，完全取决于投资者对未来股票价格的预期，以及投资者的风险偏好和风险承受能力。

从这个例子可以看出，运用无套利分析法创造的金融衍生品，可以丰富投资品种，为不同类型的投资者提供了满足其偏好的金融工具。事实上，还可以选择不同水平的执行价格 X，因此，可以创造的模仿股票远不止一个，而且对于不同的 X，模仿股票的盈亏特征也不相同，这就极大地丰富了投资品种。

(2) 金融工具的合成。

金融工具的合成是指通过构建一个金融工具组合使之与被模仿的金融工具具有相同价值。

以股票为例，模仿股票虽然可以再现股票的盈亏状况，但两者价值有所不同。模仿股票的价值是 $S_T - X$，股票的价值是 S_T，为消除这个差别，构造一个合成股票，它的价值可以与股票完全相同。

合成股票的构成：一个看涨期权的多头；一个看跌期权的空头和无风险债券多头。看涨期权的价格是 c，看跌期权的价格是 p。无风险债券的价值是 $Xe^{-r(T-t)}$（r 是无风险利率），看涨期权和看跌期权均是欧式期权，它们具有相同的标的资产 S、到期日 T、执行价格 X。这样，合成股票实际上是模仿股票与无风险债券的合成品，该合成股票的价值是 $c-p+Xe^{-r(T-t)}$。不难看出，在到期日由于无风险债券的价值是 X，该组合的价值（用 SS 表示）为

$$SS = \max(0, S_T - X) - \max(0, X - S_T) + X = S_T - X + X = S_T$$

这也就是股票在到期日的价值。若合成股票和标的股票在到期日有相同的价值，则在任意时刻 t，它们的价值也应该相同，即下面的等式成立。

$$S = c - p + Xe^{-r(T-t)} \qquad (2-3)$$

否则市场就会出现无风险套利活动。实际上公式(2-3)就是看跌期权与看涨期权平价公式。

还以例 2-8 加以说明，前例中模仿股票的成本是 0.1 元，现在再加上到期价值为 10 元的无风险债券，两者之和必须等于当前投资股票的成本(10 元)。于是，投资无风险债券的当前成本应该为 9.9(10−0.1)元。如果无风险债券的投资成本高于 9.9 元（如 10 元），

那么期初合成股票的成本达到 10.1 元，套利者买入股票，卖出合成股票，可以获利 0.1 元；反之，如果无风险债券的当前成本低于 9.9 元（如 9.8 元），那么合成股票的成本为 9.9 元。套利者以 9.9 元买入合成股票，以 10 元卖空标的股票，获利 0.1 元。无论是哪一种情况，套利者都实施了无风险套利，而且不需要任何投资，下面以后一种情况为例加以说明。

当无风险债券的当前成本为 9.8 元时，不管将来市场状况如何，套利者通过以 9.9 元买入合成股票并以 10 元卖出标的股票都会获利 0.1 元。当期满后股票价格低于执行价格时，套利者的看涨期权作废，其看跌期权将被行使。这时债券到期收回的现金 10 元收入，再按照 10 元的执行价格从看跌期权的买方手中买回股票，在履行期权合约的同时，恰好结清了当初做空的股票头寸。若期满后股票的价格高于执行价格时，则合成股票中看跌期权作废，套利者可以行使看涨期权，用债券到期收回的现金 10 元买进标的股票，同样用它结清做空的股票头寸。

这两种情况意味着期初套利者的净现金流量为正，期末的净现金流量却是零，而这恰好是无风险套利的典型特征。

6. 无套利分析法的应用特征

无套利分析法的应用非常广泛，通过分析以上几方面的应用，可以总结出以下 3 个应用特征。

（1）无套利分析法首先要求套利活动在无风险的状态下进行。然而，在实际的交易活动中，纯粹零风险的套利活动比较罕见。因此，实际交易者在套利时往往不要求零风险，所以说实际的套利活动有相当大一部分是风险套利。

（2）无套利分析法的关键技术是"复制"技术，即用一组证券来复制另外一组证券。在例 2-3 中，用 0.1 张 1 年后到期的零息票债券多头、0.1 张 2 年后到期的零息票债券多头以及 1.1 张 3 年后到期的零息票债券多头所构成的证券组合来复制债券 A；在例 2-5 中，用 0.65 份证券 A 的多头和价值为 45.59 元的无风险证券多头所构成的组合来复制证券 B；在例 2-6 中，用证券 A 的多头和无风险证券多头来复制证券 B，而且证券 A 和无风险证券的复制头寸根据证券价格的变化随时调整。复制技术的要点是使复制组合的现金流与被复制组合的现金流完全一致，复制组合的多头（或空头）头寸与被复制组合的空头（或多头）头寸互相之间能实现完全的对冲。由此得出的推论是，如果有两个金融资产的现金流相同，但其贴现率不一样，它们的市场价格必定不同。这时，通过对价格高者做空头、对价格低者做多头，就能够实现套利的目标。套利活动推动市场走向均衡，并使两者的收益率相等。因此，在金融市场上，获取相同资产的资金成本一定相等。产生完全相同现金流的两项资产被认为完全相同，因而它们之间可以互相复制，而可以互相复制的资产在市场上交易时必定有相同的价格，否则就会发生套利活动。

（3）假设金融市场允许卖空，那么无风险套利活动从即时现金流看是零投资组合，即开始时套利者不需要任何资金的投入，在投资期间也没有任何的维持成本。在没有卖空限制的情况下，无论未来发生什么，套利者的零投资组合的净现金流都大于零，这样的组合称为"无风险套利组合"。当金融市场出现无风险套利机会时，每一个交易者理论上都可以构造无穷大的无风险套利组合来赚取无穷大的利润。这种巨大的套利头寸成为推动市场价格变化的力量，并会迅速消除套利机会。因此，从理论上说，只需要少数套利者（甚至一位套利者），就可以使金融市场上失衡的资产价格迅速回归到均衡状态。

2.2.5 状态价格定价技术*

如果未来时刻有 N 种状态，且这 N 种状态的价格都已知，那么只要知道某种资产在未来各种状态下的回报状况和市场无风险利率水平，就可以对该资产进行定价，这就是状态价格①定价技术。状态价格定价技术运用了无套利分析法的基本思想。

假如一有风险证券 A，现在的市场价格是 P_A，1 年后市场价格会出现两种可能的情况：价格上升至 uP_A，称为上升状态，出现这种情况的概率是 q；或者价格下跌至 dP_A，称为下跌状态，出现的概率为 $1-q$。也就是说，1 年后有风险证券 A 会出现两种不同的状态价格，如图 2-6 所示。

图 2-6 风险证券 A 的价格变化

以 r_f 表示无风险利率，假设 $d<1+r_f<u$。记 $\bar{r}_f=1+r_f$，如果 r_A 是有风险证券 A 的预期收益率（即收益率的数学期望值），记 $\bar{r}_A=1+r_A$，那么有

$$\bar{r}_A=\frac{quP_A+(1-q)dP_A}{P_A}=qu+(1-q)d$$

可以算出收益率的方差和标准差是

$$\sigma^2(\bar{r}_A)=q(1-q)(u-d)^2$$

$$\sigma(\bar{r}_A)=[q(1-q)]^{\frac{1}{2}}(u-d)$$

1 个单位（如 1 元）无风险证券，1 年后无论出现哪种情况，其市场价值（价格）都应当是 $\bar{r}_f=1+r_f$。

现在来定义一类与状态相对应的假想的证券，称为基本证券。基本证券 1 在 1 年后，如果市场处于上升状态，那么其市场价值为 1 元，如果市场处于下跌状态，那么其价值为 0。基本证券 2 则相反，1 年后市场处于下跌状态时价值为 1 元，处于上升状态时价值为 0。将基本证券 1 目前的市场价格记为 π_u，基本证券 2 目前的市场价格记为 π_d。

现在可以用基本证券来复制上述的有风险证券 A。购买 uP_A 份基本证券 1 和 dP_A 份基本证券 2，由此构成的证券组合，在 1 年后无论发生何种状态，都产生和有风险证券 A 完全相同的现金流，因此，该证券组合是有风险证券 A 的复制品。由无套利分析法可知，复制与被复制证券现在的市场价格应该相等：

$$P_A=\pi_u uP_A+\pi_d dP_A$$

---

① 状态价格（state prices）是指在特定的状态发生时回报为 1，否则回报为 0 的资产在当前的价格。此类证券通常被称为"基本证券"。

即

$$\pi_u u + \pi_d d = 1 \tag{2-4}$$

与此同时，通过购买1份基本证券1和1份基本证券2构成的证券组合，1年后无论市场出现何种状态，这个证券组合的市场价值都将是1元。这是一项无风险投资，由无套利分析法可知，其收益率应该是无风险收益率 r_f，否则会存在无风险套利机会，于是有

$$\pi_u + \pi_d = \frac{1}{1+r_f} = \frac{1}{\bar{r}_f} \tag{2-5}$$

把式(2-4)和式(2-5)联立到一起形成两个方程，可解出 π_u 和 π_d：

$$\pi_u = \frac{\bar{r}_f - d}{\bar{r}_f (u-d)}$$
$$\pi_d = \frac{u - \bar{r}_f}{\bar{r}_f (u-d)} \tag{2-6}$$

由式(2-6)可以看出，基本证券1和基本证券2目前的市场价格是由有风险证券A的1年后的状态价格决定的（上面的 u 和 d，实际上是 u_A 和 d_A）。但基本证券除了可以用来复制有风险证券A之外，还可以用来复制其他证券，从而可以用来为别的证券定价，下面通过例2-9来加以说明。

【例2-9】假如证券A现在的市场价格是 $P_A = 100$ 元，$r_f = 2\%$，$d = 0.98$，$u = 1.07$，其1年后的市场价格如图2-7所示；另有一证券B，它在1年后的状态价格如图2-8所示。请问证券B的价格是多少？

图2-7 证券A的价格　　图2-8 证券B的价格

根据式(2-6)可计算出基本证券1和基本证券2目前的价格。

$$\pi_u = \frac{1.02 - 0.98}{[1.02 \times (1.07 - 0.98)]} = 0.4357$$

$$\pi_d = \frac{1.07 - 1.02}{[1.02 \times (1.07 - 0.98)]} = 0.5447$$

这两个基本证券可以用来作为证券的定价工具。

不妨先来对证券A定价。购买 uP_A 份基本证券1和 dP_A 份基本证券2来构造投资组合，该投资组合未来的现金流与证券A一致，是证券A的复制品，因此，证券A的价格应该是

$$P_A = \pi_u u P_A + \pi_d d P_A = 0.4357 \times 107 + 0.5447 \times 98 \approx 100$$

这个结论当然是正确的。

现在来计算证券B的价格，同样也是用基本证券1和基本证券2来复制证券B。做法是购买 uP_B(103)份基本证券1和 dP_B(98.5)份基本证券2构成证券组合，在1年后无论发生何种状态，该证券组合都产生和证券B完全相同的现金流，因此，该证券组合是证

B 的复制品。由无套利分析法可知，复制与被复制证券现在的市场价格应该相等。则证券 B 现在的市场价格应该是

$$P_B = \pi_u u P_B + \pi_d d P_B = 0.435\ 7 \times 103 + 0.544\ 7 \times 98.5 \approx 98.53$$

此处还是容易产生疑惑。基本证券 1 的市场价格 π_u 和基本证券 2 的市场价格 π_d 是由证券 A 的状态价格确定的，为什么还可以用来复制证券 B 呢？因为基本证券 1 和基本证券 2 构成了 1 年后市场可能出现的两个基本状态的"基"，无论是何种证券，它们 1 年后的状态价格都可以用这两个"基"来表示。这两个"基"彼此之间保持某种"独立性"（不能用其中一个来表示另一个）。只要保持这种"独立性"，无论它们目前的市场价格是多少，都可以用来复制别的证券。

但是，基本证券 1 和基本证券 2 是假想的证券，不是市场上实际存在的证券。无套利分析法的套利必须是能够在市场上实际实现的（至少在理论上）。下面用证券 A 和无风险证券来复制证券 B，用 Δ 份证券 A 和现在市场价值为 L 的无风险证券来构造复制证券 B 的证券组合。Δ（L 也是一样）如果为正，表示多头，若为负则表示空头。复制证券现在的市场价值为

$$I = 100\Delta + L$$

1 年后，无论出现何种市场状态，复制证券的市场价值都应该同证券 B 一样。若出现上升状态，那么有

$$I_u = \Delta \times 107 + L \times 1.02 = 103$$

若出现下跌状态，那么有

$$I_d = \Delta \times 98 + L \times 1.02 = 98.5$$

利用这两个方程，可解出 $\Delta = \dfrac{1}{2}$ 和 $L = \dfrac{49.5}{1.02}$，并由此计算出证券 B 现在的市场价值 $I = 98.53$。这说明前面用基本证券 1 和基本证券 2 对证券 B 的定价是正确的，否则，会出现无风险套利。

2.3 积木分析法

2.3.1 金融工程与积木分析法

积木分析法又称模块分析法，是指将各种基本金融工具进行组合或分解，形成一种新的结构，以解决相应的金融问题。如图 2-9 所示，其中有 6 种图形，可以把它们看作是 6 种金融工具，而金融工具在金融工程师眼中相当于积木，这些积木既可以单独使用，又可作为零部件组合起来。金融工程师们通过创造性思维活动，将任意两个或多个积木进行自由组合或分解，形成更复杂或更简单的金融工具，以达到某种特定的目的。例如，图 2-9 中，处在横线以上左边的图形表示资产多头交易，右边的图形表示资产看涨期权的多头（上面的线段）和看跌期权的空头（下面的线段）。这一部分图形表明若把某种资产的看涨期权和看跌期权组合在一起，可以形成该资产的多头交易。与此类似，处在横线以下左边的图形表示资产的空头交易，它可以运用多头看跌期权和空头看涨期权来组合。

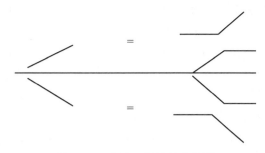

图 2-9 金融工具的组合分解

积木分析法在金融工程中占据重要的地位。混合证券的设计要依靠这种方法，金融风险的管理离不开这种方法[①]，金融工程对特定金融问题的创造性解决也要运用这种方法，一切复杂的金融结构都是用这种方法得到的。

2.3.2 几种基本的金融积木

积木分析法中的积木包括股票、债券等原生工具以及远期（forwards）、期货（futures）、期权（option）、互换（swap）等衍生工具，其中，金融工程基本的积木主要有 6 类，如图 2-10 所示，即标的资产（如股票）多头、标的资产（如股票）空头、看涨期权多头、看涨期权空头、看跌期权多头和看跌期权空头。图 2-10 中横轴反映标的资产市场价格，纵轴反映金融工具价值的变化（ΔV）或损益。

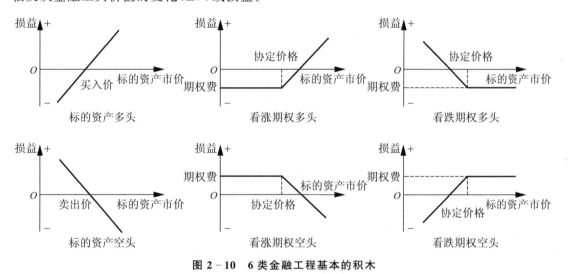

图 2-10 6 类金融工程基本的积木

2.3.3 金融积木的综合分析

为了解决不同的金融问题，金融工程师们将两种或两种以上金融积木组合起来，形成许多具有不同现金流特征的金融工具，如将标的资产多头与其看跌期权多头组合在一起

---

① 读者在第 3 篇——技术运用篇中会有更深的体会。

时，所获得的现金流或损益就等于该资产看涨期权多头的损益或现金流，具体如图 2-11 所示。将标的资产空头与其看涨期权多头组合在一起时，所获得的现金流或损益就等于该资产看跌期权多头的损益或现金流，具体如图 2-12 所示。将看涨期权多头与同标的资产看跌期权空头组合在一起时，所获得的现金流或损益就等于该资产多头的损益或现金流，具体如图 2-13 所示。将看涨期权空头与同标的资产看跌期权多头组合在一起时，所获得的现金流或损益就等于该资产空头的损益或现金流，具体如图 2-14 所示。此外，还有其他复杂的组合，像跨式组合策略、条式组合策略等，具体内容可见本书第 8.3 节。

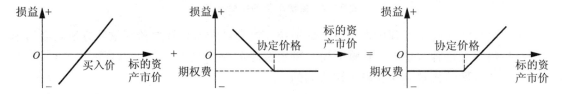

图 2-11　标的资产多头＋看跌期权多头＝看涨期权多头

图 2-12　标的资产空头＋看涨期权多头＝看跌期权多头

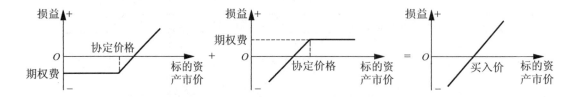

图 2-13　看涨期权多头＋看跌期权空头＝标的资产多头

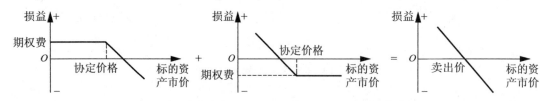

图 2-14　看涨期权空头＋看跌期权多头＝标的资产空头

【第 2 章小结】

　　总的来说，积木分析法主要通过图形分析收益/风险关系以及金融工具之间的组合/分解关系，以解决各种金融问题。除了使用损益图外，还常用一些其他的图形，如现金流量图作为金融分析的工具。

思考与练习

1. 假定外汇市场欧元兑换美元的即期汇率是 1 欧元换 1.0845 美元，欧元利率是 8%，美元利率是 4%，试问 1 年后远期无套利的均衡汇率是多少？

2. 银行希望在 6 个月后给客户提供一笔 6 个月的远期贷款。银行发现金融市场上即期利率水平为：6 个月利率为 9.5%，12 个月利率为 9.875%。按照无套利定价思想，银行为这笔远期贷款索要的利率是多少？

3. 一只股票现在价格是 40 元，该股票 1 个月后价格将是 42 元或 38 元。假如无风险利率是 8%（连续复利），运用无风险套利定价原理，求执行价格为 39 元的 1 个月欧式看涨期权的价值是多少？

4. 一只股票现在的价格是 50 元，预计 6 个月后涨到 55 元或是下降到 45 元。运用无套利分析法，求执行价格为 50 元的欧式看跌期权的价值是多少？[假如无风险利率是 10%（连续复利）]

5. 一只股票现在价格是 100 元。有连续两个时间步，每个步长 6 个月，每个单步二叉树预期上涨 10% 或下跌 10%，假如无风险利率是 8%（连续复利），运用无套利分析法求执行价格为 100 元的看涨期权的价值。

6. 假设市场上股票价格 $S=20$ 元，执行价格 $X=18$ 元，$r=10\%$，$T=1$ 年。如果市场报价欧式看涨期权的价格是 3 元，试问存在无风险套利的机会吗？如果存在，如何套利？

7. 股票当前的价格是 100 元，以该价格作为执行价格的看涨期权和看跌期权的价格分别是 3 元和 7 元。如果买入看涨期权、卖出看跌期权，再购入到期日价值为 100 元的无风险债券，就复制了该股票的价值特征（可以叫作合成股票）。试问无风险债券的投资成本是多少？如果偏离了这个价格，那么市场会发生怎样的套利行为？

8. 假设市场的无风险借贷利率为 8%，存在风险证券 A 和证券 B，其价格变化情况如图 2-15 所示，不考虑交易成本，且假设证券 A 现在的价格为 100 元。

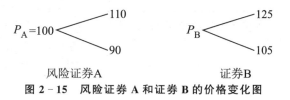

图 2-15 风险证券 A 和证券 B 的价格变化图

问题：

(1) 证券 B 的合理价格为多少？

(2) 如果证券 B 的市场价格为 110 元，是否存在套利机会？如果存在，如何套利？

(3) 如果存在交易成本，例如，每次卖空或买入费用均为 1 元（假设无风险借贷不需要支付费用），结果又如何？

第3章 金融创新

学习目标及思维导图

本章介绍金融创新的含义、层次；金融创新的理论；金融创新的特征；金融创新的种类；金融创新的背景；金融创新的动因；金融创新的影响以及金融衍生产品的创新方法。其中，认识金融创新的复杂影响以及应采取的对策是本章的重点；如何运用多种金融产品的创新方法来进行金融创新是本章的难点。

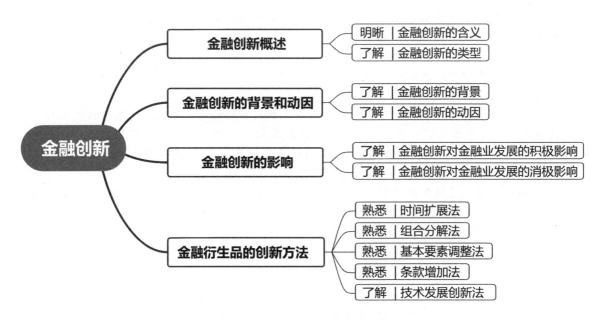

3.1 金融创新概述

金融创新与金融工程的联系非常紧密。金融工程是基于金融创新的现实背景而逐渐发展起来的一门新兴学科,其通过金融创新与运用各种创新的金融工具(产品)和金融策略创造性地解决现实中的金融问题。金融工程通过研究金融创新活动的规律,总结金融创新的基本原理和方法,为金融创新活动提供各种有效的工具和技术手段,以指导新的金融创新活动的产生;而金融创新实践的不断发展,反过来也丰富和完善了金融工程的内容和体系。

3.1.1 金融创新的含义

金融创新(financial innovation)的含义目前国内外尚无统一的解释。一般来说,在不同国家、不同场合其基本意思也存在较大的差异,且有关金融创新的定义大多是根据西方著名经济学家约瑟夫·阿洛伊斯·熊彼特(Joseph Alois Schumpeter)的观点衍生而来的。熊彼特于1912年在其著作《经济发展理论》(*Theory of Economic Development*)中对创新所下的定义为:创新是指新的生产函数的建立,也就是企业家对企业生产要素和生产条件进行重新组合而谋求最大化效益的过程。按照这个观点,创新包括技术创新与组织管理上的创新,两者均可导致生产函数或供应函数的变化。具体来讲,创新包括5种情形:①新产品的出现;②新工艺的应用;③新资源的开发;④新市场的开拓;⑤新的生产组织与管理方式的建立。二十大报告明确提出要坚持创新在我国现代化建设全局中的核心地位,优化配置创新资源,培育创新文化,营造创新氛围,形成具有全球竞争力的开放创新生态。

金融创新的定义虽然大多源于熊彼特经济创新的概念,但国内外的解释相差很大。阿诺德·希尔金(Arnold Heertje)认为创新总的来说是指所有种类新的发展,金融创新则指改变了金融结构的金融工具的引入和运用。大卫·卢埃林(David Llewellyn)指出金融创新是指各种金融工具的运用,新的金融市场及提供金融服务方式的发展。美国《银行词典》专门将金融创新定义为支付制度促进银行及一般金融机构作为资金供求中介作用的减弱或改变。我国经济学家厉以宁从目前中国的国情出发谈金融创新,他认为金融领域存在许多潜在的利润,但在现行体制下运用现行手段无法得到这个利润,因此,在金融领域必须进行改革,包括金融体制和金融手段两方面的改革,这就叫作金融创新。陈岱孙、厉以宁主编的《国际金融学说史》则是在熊彼特经济创新的定义基础上,将金融创新定义为在金融领域内建立新的生产函数,是各种金融要素的新结合,是为了追求利润机会而形成的市场改革。金融创新泛指金融体系和金融市场上出现的一系列新事物,包括新的金融工具、新的融资方式、新的金融市场、新的支付清算手段及新的金融组织形式与管理方法等内容。

综上所述,国内外不同学者对金融创新的界定不同。综合国内外的研究成果,在此将金融创新作如下定义:金融创新是金融领域内部通过各种要素的重新组合和创造性变革所创造或引进的新事物,是为了追求利润最大化而发生的金融改革。

3.1.2 金融创新的类型

根据不同的分类方法,从不同的角度,金融创新可分为不同的类型。

1. 根据金融创新的主体分类

【3-1 拓展视频】

根据金融创新主体的不同,金融创新可分为管理金融创新和市场金融创新两类。管理金融创新又称公共创新,主要来自公共部门,是政府为了达到管理的目标而做出的,涉及资金流动和货币政策执行在金融立法和管理条件方面的明确变化;市场金融创新又称私人创新,是指金融市场上自发涌现出的新的金融商品、金融工具或金融服务,是由市场主导的金融业改革。中央银行对这些金融工具一般不进行事前控制。

2. 根据金融创新的功能分类

根据金融创新所实现的功能不同,金融创新可分为风险转移金融创新、流动性增强金融创新、信用创造金融创新和股权创造金融创新 4 类。这是国际清算银行(Bank for International Settlements,BIS)提出的一种分类方法。风险转移金融创新是指允许经济行为人在他们中间转移金融头寸内的价格风险或信用风险的新工具和新技术的创新;流动性增强金融创新是指增加现有金融工具的"现金性"、流动性和可转让性,代表了加强资产流动性的新工具的创新;信用创造金融创新是指扩大了经济行为人获得信贷供应的渠道,引起经济行为人从传统信用渠道转向非传统信用渠道的创新;股权创造金融创新是指拓宽经济行为人通向股权融资渠道的创新。

3. 根据金融创新的主动性分类

根据金融创新是否主动,金融创新可分为进取型金融创新和防御型金融创新两类。进取型金融创新是指创新主体为寻求更大的发展,对现有金融资源进行拓展和开发,获取超额利润的创新;防御型金融创新是指由于需求方面环境和交易成本的变化,迫使金融机构采用创新以防御这种不利的金融环境,保持自己的市场参与份额。

4. 根据金融创新的来源分类

根据金融创新的来源不同,金融创新可分为原创型金融创新和引入型金融创新两类。原创型金融创新是指金融主体依靠自己的力量开发出原本没有的金融产品的创新;引入型金融创新是指金融主体引入国外的金融创新产品或者把别人创造的产品经过一定的改造后为自己所用的一种特殊的创新。

5. 根据金融创新的动机分类

根据金融创新的动机不同,金融创新可分为提高金融效率的金融创新、规避管制的金融创新、转移风险的金融创新和谋求最大利润的金融创新 4 类。提高金融效率的金融创新是指进行金融创新的主要动机是为了提高金融效率,主要包括金融观念的创新、金融组织的创新和金融市场的创新;规避管制的金融创新是指金融机构进行金融创新的主要动机是为了规避严格的金融管制,开发出的金融工具有可转让支付命令账户、自动转账账户、协定账户、回购协议和可转让存单等；转移风险的金融创新是指金融机构进行金融创新的主要动机是为了避免利率及汇率波动所造成的损失，开发出的金融工具有浮动利率债券、可调整优先股、金融期货、远期利率协议、货币互换和利率互换等；谋求最大利润的金融创新是指金融机构进行金融创新的主要动机是为了最大利润，主要包括金融工具的创新和清算支付系统的创新等。

6. 根据金融创新的层次分类

根据金融创新的层次不同，金融创新可分为狭义的金融创新和广义的金融创新两类。狭义的金融创新单纯指金融工具的创新，是金融机构为了规避利率和汇率风险，满足客户对金融产品的需求，开拓新业务，降低成本，追求新的获利机会而推出的各种新的金融产品。金融工具的创新是金融创新的最主要的内容。近几十年来出现的金融创新中，最显著、最重要的特征之一就是大量新型的金融工具以令人目不暇接的速度被创造出来。金融工具的创新包括金融技术创新、金融产品创新、金融交易方式或服务创新等。广义的金融创新是指发生在金融领域的一切创新活动，主要包括金融工具、金融机构、金融市场及金融制度在内的整个金融体系的创新。其中，金融机构的创新是指金融机构作为连接资金供给者和需求者的中介机构，随着金融业务的需求变化而在组织形式和业务等方面的创新，主要包括非银行金融机构的崛起、跨国银行的急剧发展和金融机构集团化发展3个方面；金融市场创新是指金融业紧跟现代社会的发展，为谋求自身的生存和发展以及实现利润最大化目标，通过金融产品和金融技术的创新，积极扩展金融业务范围，创造新的金融交易场所和网络，不断开拓新的融资环境，主要表现在金融市场的国际化和金融衍生品市场的迅速发展两个方面；金融制度创新是指各国金融当局调整金融政策，放松或加强金融管制，以促进其金融体系的稳定和规范发展。当代的金融制度创新主要表现在两个方面：金融监管制度的创新和国际货币制度的创新。

3.1.3　金融创新的特征

创新是创造出新的东西并由此引发相关领域变革和发展的过程。在此过程中，任何事物都有其自身的特征，金融创新也不例外。现代信息技术和通信技术广泛应用于金融领域，在全球经济一体化和金融自由化的推动下引发了金融产品、金融市场和金融制度的创新，每次金融创新和每次创新成果都反映出金融创新的许多特征。

【3-2 拓展视频】

1. 目的性

任何创新活动都有一定的目的，这个特征贯穿创新过程的始终。金融创新的目的之一是为了规避金融管制和约束诱导。金融管制和约束诱导对金融管理者来说是降低了金融秩序混乱带来的经营风险，而对金融机构经营者来说则是限制了其经营自由和获取最大收益的机会，增加了投资者的风险。因此，金融机构的经营者若要实现自己的经营目标，则必须规避金融管制，并设计、开发新的金融产品。

【3-3 拓展知识】

2. 风险性

风险性是金融创新最基本的特征。可以说，每次金融创新和每次创新成果都具有风险。风险在金融创新中有两方面的作用。一方面，风险为金融创新提供了动力。由于风险的存在，金融机构为了降低风险、争取利润而不断地开发新的产品。金融监管部门为了使新的金融产品得到合理投资和金融市场持续健康的发展，不断地完善金融政策，实现了金融制度的创新；另一方面，金融创新的收益和风险相伴而生，收益越大，风险越大；收益越小，风险越小。投资者要想获得大的收益，就必须承担大的风险。金融创新在为投资者提高收益的同时，也把大的风险分配给了他们。

3. 数量化

当代金融创新的一个显著特征就是在开发新的金融产品中运用了大量的数学模型和数理推导，以使金融产品的流通性和盈利性更好，并且可以通过推理，运用有效的手段进行对冲，分散风险。20世纪80年代以来，随着经济全球化和金融自由化的发展，金融工程的相关理论和方法在金融创新中得到了广泛应用，这大大提高了新式金融工具发明和发展的速度，完善了金融工具的功能和用途。

4. 信息化

全球的金融服务领域正处在一个前所未有的高速创新时期，信息技术的进步为金融创新的发展提供了技术支持、物质条件、研究手段和新的发展空间，从而使得金融创新具有了信息化的特征。从20世纪90年代开始，信息技术的发展使不同国家或地区的公司经营活动摆脱了时间和空间的限制，实现了实时和异地沟通、交易。电子化资金转移和清算系统的创建、电子化证券交易系统的开发与实施，使商业银行可利用网络化系统进行存贷款业务、异地结算业务、信用卡业务等金融活动，有利于证券机构开展网上经纪业务和无中介网上发行业务等。计算机技术和现代通信技术的应用创造了全球化的金融市场，使金融机构可开展全球性金融服务。

5. 全球化

金融全球化是指世界各国或地区的金融活动趋于一体化，各个国家的金融活动密切相关，得益于金融自由化的发展，金融创新的全球化特征日益明显，其突出表现就是跨国金融交易在种类上的增多和规模上的扩大，实现了一国的股票和债券业务可以在不同的国家进行，客户可以在本国的商业银行进行外币的存贷款业务。此外，20世纪80年代以来，一些国家的金融机构为了应对日益加剧的国际金融业竞争，获得更广阔的市场，取得更大的商业利润，积极在海外设立分支机构，竞相扩大规模、扩展业务范围和推进国际化经营。进入20世纪90年代后，一些国家也先后不同程度地放松了对别国金融机构在本国从事金融业务或设立分支机构的限制，促使各国银行和其他金融机构向海外拓展，从而推动了跨国金融机构的全球化发展。

3.2 金融创新的背景和动因

3.2.1 金融创新的背景

金融创新属于历史范畴,其发生和发展的轨迹与特定历史时期的经济发展背景密切相关。从经济发展史看,金融创新是在欧洲货币市场的兴起、国际货币体系的转变、石油危机与石油美元的回流和国际债务危机等国际经济背景下兴起的。

【3-4 拓展视频】

1. 欧洲货币市场的兴起

在第二次世界大战后的二三十年中,世界经济发生了深刻的变化。其中,生产国际化带来了市场国际化和资金国际化,欧洲货币市场就此形成。欧洲货币市场的发展与三个因素有关:一是由于东西方冷战使苏联和东欧国家持有的货币存入了欧洲国家银行;二是由于1957年英国政府加强外汇管制,促使英国的银行业转向利用美元进行融资,美元在欧洲可以自由兑换;三是自1958年起,美国的国际收支逆差增大,致使许多国家将所持有的美元投向欧洲货币市场。

在这种情况下,美国政府为了限制资本外流采取了一系列措施,如对购买外国证券的美国居民征收利息平衡税(tax on interest equalization tax)、实行对外贷款限制(the voluntary foreign credit restrain guideline)、实施Q条例和M条例①等。这些措施的出台使美国的商业银行在国内的信贷业务受阻,只得向国外市场寻求发展,导致美国资金的大量外流,促使了欧洲货币市场的兴盛。作为一个离岸金融市场,欧洲货币市场的出现本身就是一个逃避金融管制的产物。可以说,欧洲货币市场的建立开创了当代金融创新的先河,其灵活多样的经营手段为以后的金融创新树立了典范。

2. 国际货币体系的转变

1944年,英国、美国等44个国家确立了第二次世界大战后的国际货币体系——布雷顿森林体系(Bretton Woods System)。该体系实际上是以黄金为基础,以美元为最主要的国际储备货币,实行黄金-美元本位制。该货币体系实行的是"双挂钩"制度,即美元与黄金挂钩,其他国家的货币又与美元挂钩。这种以美元为中心的货币体系对第二次世界大战后的国际贸易和世界经济的发展起到了一定的积极作用。但是从1950年起,美国的国际收支出现逆差,美元大量外流。20世纪60年代中期以后,美元又多次爆发危机,国际货币体系进入了动荡时期。1971年8月,尼克松政府宣布实行"新经济政策",停止了美元与黄金的兑换。1973年2月,美元再度贬值,各国主要货币汇率开始浮动,随后不久便逐步发展成浮动汇率制。浮动汇率制的诞生,标志着布雷顿森林体系的终结。

国际货币体系由相对稳定的"双挂钩"制转变到不太稳定的浮动汇率制,给世界各国经济

---

① Q条例是美国对国内银行的定期存款利率规定了最高上限;M条例规定美国的银行对外国银行的负债须缴存累进存款准备金。

带来较大的风险,也使金融机构的经营面临的市场风险加大,成为诱发金融创新的一个背景。

3. 石油危机与石油美元的回流

1973年10月,中东战争爆发,石油输出国组织(Organization of the Petroleum Exporting Countries,OPEC)以石油为武器与西方发达国家抗衡,在加快国产化的同时,大幅度提高了油价。油价从1973年10月的3.10美元/桶上涨到了1981年10月的34美元/桶,上涨了近11倍,给世界经济带来了巨大影响,导致石油危机的发生。

随着OPEC的石油价格大幅提高,石油输出国的贸易收支出现了巨额的顺差。由于石油贸易是以美元计价并结算,并且美元在石油盈余资金中所占的比重最大,故称石油美元。石油危机造成了全球性的国际收支的严重失衡。1973—1980年世界各类国家国际收支经常项目情况见表3-1。为了弥补国际收支的平衡,逆差国纷纷进入欧洲货币市场和国际资本市场寻求资金。与此同时,石油输出国为了寻求有利的投资市场,也将巨额的石油美元投向了欧美金融市场。这样,石油美元从石油输出国返回到了石油进口国,形成了石油美元的回流。

表3-1 1973—1980年世界各类国家国际收支经常项目情况

单位:亿美元

年份	1973	1974	1975	1976	1977	1978	1979	1980
OPEC	66	678	350	400	317	50	684	1150
工业化国家	181	-132	-162	-21	-51	308	-106	-515
非产油发展中国家	-10	-369	-458	-321	-280	-362	-549	-680

资料来源:国际货币基金组织.1980年5月.世界经济展望.

石油美元的回流在一定程度上促进了国际金融市场的发展,十年间吸引了累计高达4 000多亿美元的资金。但是,由于涌入国际金融市场的资金大部分是短期金融资金,流动性大,在浮动汇率条件下,石油美元在国际上大量快速地流动,在一定程度上助长了投机活动,加剧了金融市场的动荡,由此导致的利率、汇率的频繁剧烈的波动,使融资双方要求有新的金融交易工具来规避日益增大的市场风险。金融机构一方面要满足客户的这种对新金融工具的市场需求,另一方面也是出于自身业务经营的需要,通过各种金融创新来降低市场风险。

4. 国际债务危机

20世纪70年代以来,许多发展中国家为了加速本国经济的发展,对国际金融市场上的资金需求极为旺盛。但是,由于一些发展中国家缺乏对债务结构、债务规模的宏观管理与控制的经验,不顾自身偿债能力盲目借入超过自身承受能力的外债,必然产生严重的债务问题。至1983年年底,发展中国家的债务总额已高达8 000亿美元。此外,由于石油涨价、利率提高和国际贸易中的保护主义盛行等原因,致使这些债务国家的偿债能力大打折扣,爆发了20世纪80年代初期的以南美发展中国家为主要债务国的债务危机,加剧了国际金融的不稳定性,对国际金融业影响深远。

国际商业银行面对这场严重的债务危机,纷纷缩小融资规模,改革融资方式,从而引发一大批新的融资工具和融资方式的诞生，同时还提出了许多解决债务问题的新方法，使债务危机得到了很大程度的缓解。因此，从某种意义上讲，20 世纪 80 年代的债务危机虽然造成了国际金融业的剧烈震荡，但却成就了融资工具和融资方式的改革与创新。

3.2.2 金融创新的动因

通过金融创新的背景分析可以看出，经济生活对金融有着巨大的需求。但是，金融业作为一个特殊的行业，其各种创新的出现和传播以及一些复杂的原因和条件构成了金融创新的直接动因。

【3-5 拓展视频】

1. 金融管制的放松

20 世纪 30 年代，随着西方国家经济大危机的爆发，各国为了维护金融体系的稳定，相继通过了一系列管制性的金融法令。严格的金融管制虽然促进了金融体系的稳定，但是也造成了严重的"脱媒"现象。于是，政府严格管制的逆效应产生了——金融机构通过创新来规避金融管制，寻求金融管制以外的获利空间。

后来政府发现，如果政府对金融机构的创新行为严加管制，那么会使金融机构创新的空间变得狭窄，不利于经济的发展；但如果采取默认的态度，任其打政策和法律的"擦边球"，又有纵容其违法、违规之嫌。因此，从 20 世纪 80 年代起，各国政府为了适应宏观市场经济的发展，以及微观金融主体的创新之需，逐步放宽了对金融机构的管制，掀起了一股金融创新的浪潮，成为促进国际金融业快速发展的内在动力。由此可见，金融创新需要一定程度的宽松的制度环境，否则，金融创新就会失去实践上的意义。

2. 市场竞争的日益激烈

竞争是市场经济的重要规律之一，没有竞争就没有市场经济。二十大报告明确提出要完善公平竞争等市场经济基础制度。随着现代经济的一体化和市场的国际化，金融领域的发展极为迅速，金融机构的种类、数量急剧增加，金融资本高度集中，同时向国外市场发展，由此伴随而来的金融机构之间的竞争也日趋激烈，且面临的风险增大，特别是当经济危机时，市场经济优胜劣汰的本能机制在金融领域里演绎得更加充分，金融机构倒闭、合并、重组的事件屡见不鲜。因此，为了在竞争中求生存、谋发展，在市场上立于不败之地，金融机构需要不断的改革与创新。可以说，金融业的发展史就是金融业的创新史。

3. 追求利润的最大化

利润水平的高低是衡量金融企业实力的重要标志之一，也是进一步开辟市场、发展业务的重要物质条件。发展金融业务，扩大资产负债规模的最终目的在于追求利润的最大化。影响金融企业利润的因素有很多，其中，既有内部因素，也有外部因素。例如，国家宏观经济政策，还有金融管制力度方面的变化，法律环境的改善，公众诚信度的提高，金融企业的经营管理水平以及员工素质的提高等。不少融资工具、融资方式及管理制度的创新就是在金融管制宽松的市场环境下产生的，如 20 世纪 60 年代离岸银行业务的创新，便是在不受国内金融外汇法规约束，还享受一定的税收优惠的条件下发展起来的。

4. 科学技术的进步

20世纪70年代以来，一场以计算机技术发展等为根本特征的新技术革命席卷整个世界。20世纪90年代以后，以网络为核心的信息技术飞速发展，信息产业成为新兴的产业。这些新技术也被广泛地应用到金融机构的业务处理过程中，为金融创新提供技术上的支持，成为技术型金融创新的原动力，促进了金融业的电子化发展。

金融电子化给金融业的运作带来的变革主要体现在两方面：一是以自动化处理方式代替了人工处理方式，从而降低了信息管理的费用，如信息的收集、储存、处理和传递等一系列过程；二是以自助渠道来改变客户享受金融服务和金融产品的方式。新技术革命提供的技术支持为金融业务和金融工具的创新创造了必要的条件。

3.3 金融创新的影响

【3-6 拓展视频】

20世纪70年代以来，国际金融领域的金融创新活动层出不穷，为广阔的金融世界增添了亮丽的风景。金融创新活动不仅极大地促进了所在国的金融深化和金融制度的整体变革，而且为这些国家的经济发展注入了源源不竭的动力。然而，以金融创新为主要推动力的金融全球化在推进全球贸易和经济快速增长的同时，也加大了金融机构和金融市场的风险，导致了国际资本大规模的无序流动，引发了国际金融市场的剧烈动荡，使金融监管的难度加大。金融创新好比是一把"双刃剑"，既有积极的一面，也有消极的一面。因此，客观科学地审视金融创新，全面深入地评价金融创新对金融业发展的影响是十分必要的。

3.3.1 金融创新对金融业发展的积极影响

本节从以下5个方面来分析金融创新对金融业发展的积极影响。

1. 金融创新对投资者的积极影响

（1）扩大了投资者的投资范围。

对广大投资者而言，金融创新的发展创造出了许多新的金融工具和金融服务，扩大了金融市场上金融产品和金融服务的选择性，拓展了他们的投资空间。投资者可以选择更合适的金融产品和金融服务，从而增强了金融资产的安全性和流动性，提高了持有金融资产的收益率。

（2）增强了投资者抵御风险的能力。

在国际金融市场上，利率、汇率和有价证券价格的频繁波动给广大投资者带来了巨大的投资风险。但金融期货、金融期权和金融互换等新的金融创新工具的出现能够使投资者运用正确的操作方法有效地降低投资风险。投资者通过对多种金融工具的学习和掌握，可使资产组合多元化，通过分散风险或转移风险的方法及时调整资产组合，以适应金融市场和经济环境的变化，抵御和规避投资风险。

2. 金融创新对金融机构的积极影响

(1) 金融创新提高了金融机构的盈利能力。

金融创新使得信息技术和计算机技术在金融领域得到了充分应用,极大地提高了金融机构的支付清算能力,提高了金融市场中资金的流转速度和使用效率,使金融机构的业务量得到提升,从而节约其流通费用,获得更多的利润。金融创新提供了多功能、多样化、高效率的金融工具和金融服务,满足了各种类型的金融客户对金融产品和金融服务多样化的需求,降低了成本,同时也使金融机构筹集和运用资金的能力大大提高,增加了经营收入,提高了盈利能力。

(2) 金融创新提高了金融机构的竞争能力。

随着金融创新的发展,新的金融机构不断涌现,金融机构的数量与日俱增,金融机构之间的竞争也日益激烈。各金融机构为了在激烈的金融竞争中获得生存和发展,保住甚至扩大自己的市场份额就需要不断地完善其经营管理,加强市场开拓能力和创新能力,积极引进创新的金融工具和金融服务,力求通过新工具、新业务的引进或开发抢占市场先机,获得创新带来的收益。金融创新与金融竞争是相辅相成的关系。金融创新可以提高金融机构的整体运作效率,金融竞争可以推动新的金融创新。正是通过创新—竞争—再创新这样一个持续不断的过程使金融机构的竞争能力不断增强,金融创新不断向更高的层次和阶段发展。

(3) 金融创新增强了金融机构抵御经营风险的能力。

与投资者选择金融工具规避风险一样,金融机构自身也参与金融交易,因此,可以把它看作是一个机构投资者,它也需要在交易过程中选择恰当的金融创新工具和服务来抵御风险以获得收益。为了规避利率和汇率频繁波动带来的交易风险,金融机构也需要选择适合自己的衍生产品,如期权、互换、远期利率协议、浮动利率债券等,通过构建资产组合,把风险分散或转移给交易的另一方,从而降低了经营中的各种风险,增强经营的安全性和稳定性。

3. 金融创新对金融市场的积极影响

(1) 金融创新丰富了金融市场中产品的种类和层次。

新金融工具、金融服务的不断涌现,极大地丰富了金融市场的交易品种,扩大了投资者对金融产品的可选择性。尤其是金融衍生品出现后,金融产品的种类和层次也越来越丰富。既有在对传统金融工具进行重新组合基础上产生的创新工具,如浮动利率债券等;也有基础金融工具与衍生工具的嫁接,如外汇期货、债券期货等;又有衍生工具之间的搭配,如期货期权、互换期权等由两种衍生工具组合而成的复合式衍生工具;此外还有对基础衍生工具的参数和性质重新设计后产生的创新衍生产品,如在标准看跌和看涨期权的基础上通过不同的购买组合所形成的牛市期权、熊市期权和蝶式期权等。

(2) 金融创新促进了金融市场一体化。

在金融创新的推动下,通信技术和计算机技术获得快速发展,遍布世界各地的金融市场已紧密地联系在一起,使全球的资金调拨和融通在几秒钟内就可以完成,并且全球的金融投资者可以24小时在主要的金融市场上不间断地从事金融交易活动。国际性金融机构纷纷在海外建立分支机构,形成了全球范围内综合性、多元化的经营网络。

4. 金融创新对金融制度的积极影响

(1)金融创新推动了国际货币一体化。

国际货币一体化是一些地区的若干国家组成货币联盟，在成员国之间实行统一汇率、统一货币、统一货币管理和统一货币政策。这种货币制度是一种不与国家政权相联系的，在与国家主权分离情况下实现的货币整合，它是国际货币制度创新的成果。金融创新推动了这一进程的发展，欧元的启动就是一个典型的实例。以欧元取代欧元区的货币分割，是与欧洲地区的生产关系与交换关系发展相伴随的货币制度创新活动，顺应了经济全球化和金融一体化的发展趋势。另外，中非货币联盟、西非货币联盟、阿拉伯货币基金组织和拉美地区的安第斯基金组织等区域性的货币联盟，也是货币制度创新的实例。

(2)金融创新促进了金融管制制度的发展。

在一国金融业的发展过程中，金融监管部门为了维护金融秩序稳定而对一些金融机构的业务范围、存贷款利率高低和国家的对外开放政策等采取一系列限制措施，会损害金融机构和投资者的利益。金融机构为了扩大业务范围，争取较多的客户，实现利润最大化，不断地利用金融创新来规避金融管制，而新的金融工具创新又会引发新的金融管制，在如此不间断的发展过程当中促进了金融管制制度的发展，如图3-1所示。

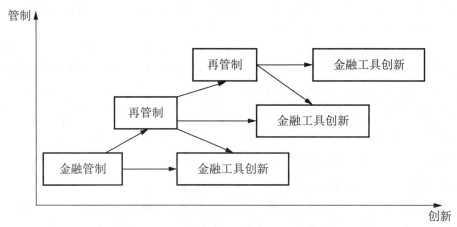

图3-1　金融管制与金融工具创新的关系

5. 金融创新对金融业的积极影响

在现代社会的发展中，金融业是对经济社会最具有影响力和作用力的行业。而在金融业的发展过程中，金融创新起到了十分重要的推动作用。金融创新不仅在业务拓展、市场扩大、就业量增加及人员素质的提高等方面促进了金融业的发展，而且提高了货币的作用效率，在金融交易过程中可以用较少的货币实现较多的经济总量，从而使货币的作用力和推动力加大，促进金融业的发展。另外，金融创新还推动了金融业产值的快速增长，直接增加了国民收入总量，加大了金融业对经济发展的贡献度，大大提升了金融业在社会各行业中地位，对现代社会的进步和经济的发展都起到了至关重要的作用。

3.3.2 金融创新对金融业发展的消极影响

1. 金融创新加大了金融风险

金融创新具有转移和分散金融风险的功能，即金融机构通过各种创新工具或者创新工具的多元化组合将部分或全部风险转移给交易的另一方，降低了自身的金融风险。但从整个金融领域来讲，金融创新只是将风险从风险厌恶者转移给了风险偏好者，以新的方式重新组合，但金融体系的总体风险并未因此而减少，并且随着金融创新活动中大量衍生品的出现又会出现许多新的、更加复杂的金融风险。

金融创新推动了金融市场一体化和资本流动国际化，不同国家形成了以资金联系为基础的伙伴关系和竞争关系，表现出很强的相关性，提高了金融效率。但这也会导致任何一个国家在金融运行中出现问题都会迅速波及其他国家甚至整个国际金融业，从而影响到国际金融体系的稳定性。

金融创新加大了金融业的表外业务风险和系统风险。随着金融业表外业务的快速发展，金融业的表外业务风险随时都可能转化成现实的风险。这些潜在风险一旦转变为现实风险将给金融机构造成巨大的损失。另外，通信技术和电子化技术在金融创新中的应用提高了金融活动效率，同时也伴生出新型的电子风险，如计算机病毒、电子犯罪等，增加了金融业的系统风险。

金融业是一个高风险行业，金融创新在一定程度上强化了金融业的经营风险。金融创新加剧了金融机构之间的竞争，而激烈的竞争又迫使各金融机构不得不进行金融创新，从事高风险的业务，这又导致金融机构经营风险的增加。二十大报告明确指出要健全国家安全体系，完善风险监测预警体系，强化经济、金融等安全保障体系建设；增强维护国家安全能力，提高防范化解重大风险能力，严密防范系统性安全风险。

2. 金融创新加大了金融监管难度

金融创新的发展促进了国内金融市场与国际金融市场相互融合，国内金融机构大量参与国际金融市场的金融交易活动，商业银行等金融机构为了逃避管制、增强竞争力，大量增加金融衍生工具的交易和其他表外业务的交易，加大了金融监管的难度。金融监管部门主要通过审核金融机构的财务报表对金融机构进行监管。但金融创新工具多以表外业务进行，并不反映在财务报表中，这就使得金融监管当局很难对金融机构的经营和财务状况进行评估和监控。虽然近年来监管部门对表外业务的管理有所增强，但由于衍生品交易的即时性和复杂性，再加上对表外业务缺乏统一公认的会计标准，因此，在处理起来还是相当困难。

3. 金融创新加大了金融市场上的过度投机

20世纪80年代以来，金融衍生品的创新如雨后春笋般纷纷涌现。各种衍生品虽有套期保值、规避风险的作用，但它们只是以新的组合方式将风险重新分配，金融体系的总体风险并没有因此减少。由于这些创新工具具有很强的"杠杆效应"和投机性，只要求交易者交付少量的保证金就可以进行相当于保证金十倍甚至几十倍的资产交易。因此，越来越多的交易者不是运用它来保值避险，而是利用其杠杆效应以小博大，赚取投机利润。但金融衍生品的潜在风险和潜在收益不像常规金融业务那样容易把握，一旦交易者对未来行情判断失误或是缺乏严格完善的风险管理措施，就会损失惨重。再者，规模庞大的资金脱离了现实的社会生产，滞留在金融衍生市场，大大增加了经济运行中的虚拟因素，使社会的虚拟资本规模不断放大，投机色彩过浓，导致虚拟经济过度膨胀，金融泡沫增加，增加了发生金融危机的可能性。

4. 金融创新削弱了各国货币政策的效力

由于金融创新涌现出大量的创新工具，加大了金融资产之间的替代性，可转让支付命令、自动转账等账户都能够在一定程度上替代货币或执行货币职能，活期存款、定期存款和储蓄存款之间的界限日趋模糊，M1、M2、M3 等货币层次也越来越难以界定，中央银行很难把握货币总量的变化，从而降低货币政策的效力。

金融创新的发展促进了资本的国际流动，资本的国际流动在一定程度上加大了货币政策的运用难度。当一个国家通过货币政策供给量来降低或提高市场利率时，国际市场上的流动资金就会在短时间内流入或流出该国，从而抵消了部分货币政策的实施效果。

总之，金融创新就好比一把"双刃剑"，有利也有弊。从整体上衡量，金融创新利大于弊，金融创新带给社会的收益远远超过它所带来的风险。因此，客观科学地审视金融创新，全面深入地评价金融创新对金融业的影响，对于经济发展和金融发展有积极的推动作用。只要对金融创新加强监管，正确引导，合理利用，就能有效降低其负面影响，使其向着有利于经济和金融的方向发展。

3.4 金融衍生品的创新方法

金融工程可以通过分解产品、修改或增加产品要素、重新组装产品，创造出新产品、新结构、新策略[①]。金融产品的创新方法主要有时间扩展法、组合分解法、基本要素调整法、条款增加法和技术发展创新法 5 种。

3.4.1 时间扩展法

远期合约、期货合约、互换合约与期权合约是金融创新中 4 种最基础的衍生金融产品，这些基础的衍生品可看作由其基础资产通过时间扩展发展而来，可以把远期汇率协议和远期利率协议看作即期汇率和即期利率在执行时间上的拓展。

以远期汇率协议为例，即期汇率给出交易双方在当前交换不同货币的比例，而远期汇率协议则规定未来某一时刻交易双方交换不同货币的比例，即按比例交换货币的时间从当前拓展到了未来的某一时刻。同样，也可视期货合约为传统现货交易行为在执行时间上的拓展，因为它规定了交易双方以确定的价格在未来某一特定日期交割一定数量的资产。同理，互换

---

① 吴冲锋，刘海龙，等：《金融工程学》，3 版，高等教育出版社，2021，第 58 页。

合约则可以看作是传统金融交易在时间和空间上的创新。它可利用各自优势或者各自需要来实现交易，通过时间和空间上的优化实现更大的利益或更低的成本。至于期权合约，也可以看作由其基础资产通过时间扩展发展而来，只不过还加入了其他的创新元素，如期权的设计不同于期货合约对未来交易行为具有刚性约定，而是使其购买者具有选择的权利，可以根据未来的实际情况选择执行或不执行，这样就使得投资者的损益具有了非线性的特征。

3.4.2 组合分解法

1. 组合法

组合法，也称静态和动态复制型金融产品创新方法，是指通过把两种或两种以上的金融产品组合成一种新的金融产品的创新方法。例如，看涨期权和基础资产可以静态复制看跌期权；有利率上限的浮动利率票据(Capped FRN)可以通过一个浮动利率票据和一个利率上限期权空头来构造；1981年在欧洲市场上推出的双重货币债券(Dual Currency Bond)也可以用固定利率债券加上一个远期货币合同来构造；可回售债券也可以由一个普通债券和一个利率期权进行复制；可赎回债券可以由一个普通债券和一个利率期权组合而成；逆向浮动利率证券(Inverse Floater)从投资者的角度来看等于一份FRN加上双份的利率互换；从投资者角度来看，本金与汇率联结证券(Principal Exchange Rate Linked Securities，PERLS)可以看作一个普通债券与一个可以购买外币的远期外汇合约的组合等。另外，期权可以用债券和基础资产动态复制。作为动态复制期权的应用，目前，我国有些基金公司正在开发的保底收益基金就是可以通过股票和债券的动态组合复制来实现的，这里不进行具体介绍。

2. 分解法

分解法是指将原有金融产品中具有不同风险和收益特性的组成部分进行分解和剥离，根据客户的不同需求分别进行定价和交易的创新方法。由于经过分解的金融产品满足市场细分中不同投资者的需要，一般可以提高金融产品价格，起到部分之和大于总体的效应，有时也可以增强流动性，甚至还可以降低交易成本或发行成本，这也正是分解技术应用于金融产品创新的重要原因。

例如，美林公司在1982年推出的第一份具有本息分离债券(Separate Trading Registered Interest and Principal Securities，STRIPS)性质的产品名为"国债投资成长收据"(Treasury Investment Growth Receipts，TIGEs)。尽管它本身不是国债，但是完全由国债作抵押担保，其信用接近于国债。由于这种创新产品的出现使得中长期附息债券通过本息分离具备了零息债券(zero coupon bond)的性质，从而给投资者带来了风险管理和税收方面的好处，对投资者产生了很大的吸引力，因此很快就获得市场的认可。此后，所罗门兄弟公司(Salomon Brothers)也推出具有本息分离债券性质的"国债自然增值凭证"(Certificate of Accrual on Treasury Securities，CATS)，后来相继出现的还有LIONS等类似产品。1985年美国财政部推出了本息分离债券，它使一些特别指定的中长期国债的本息得以分离。将国债本息剥离，每1次的现金流变成零息债券，分别卖给有需求的投资者。现在本息分离债券是国外成熟债券市场中一种常见的债券工具，它将同一附息债券未来每笔利息支付和到期本金返还的现金流进行拆分，形成各笔独立的具有不同期限和相应面值的零息债券,并各自进行独立挂牌与交易。创设本息分离债券的最基本考虑是对利息收入的再投资利率风险进行规避,此外,也有利于投资者对所持债券进行更为自由的期限结构管理,因此,自从本息分离债券(20世纪80年代以来)推出以来,其市场份额大幅增加。本息分离债券也可以应用于目前国债回购业务的金融创新中。

与上述STRIPS类似,在房地产融资业务中常见的本息剥离的抵押支持证券(Stripped Mortgage-Backed Securities,SMBS)把本金和利息分开并支付给不同类别的投资者,一类投资者仅收到本金或者大部分本金,相应的转手证券(Pass through Securities)称为PO(Principal Only);另一类投资者收到利息或者利息及部分本金,相应的过手证券称为IO(Interest Only)。这一设计将提前支付风险完全分割成两个方面:当市场利率上升,PO的内部收益率下降,而利息的支付增加,IO的内部收益率提高;相反,当市场利率下降,PO的内部收益率提高,而利息的支付减少,IO的内部收益率下降。一般IO的期限较短,PO的期限较长,将本金和利息的现金流分离,出售给不同利率预期的投资者,这就是期限的"分段"。IO与PO的效益会因不同的利率条件而产生急剧的变动,这类证券对利率变动和由此而引起的提前偿付率小幅度变动极其敏感,投资者的收益也会出现巨大差异,IO和PO证券的变动方向恰好相反,能满足具有不同预期投资者的需求。

同理,发行者可把一个固定利率债券分解为反转债券和FRN进行销售,这样可以得到高于固定利率的售价。例如,1993年墨西哥最大的电视台特莱维萨公司要发行2亿美元债券,当时的市场利率是7.6875%,该公司可以此利率融资2亿美元。但是,如果该公司把2亿美元的债券分拆发行,也许能获得超过2亿美元的融资,如发行1亿美元的下限浮动利率债券和1亿美元的下限反转浮动利率债券,前者支付6个月LIBOR[①]+3.125%的利率,后者支付12.25%-6个月LIBOR的利率。这两种债券组合的结果是一个固定利率债券,即支付7.6875%[(3.125%+12.25%)/2]的利率,这两种债券分别满足不同投资者对未来LIBOR的不同预期。预期LIBOR上升的投资者将会愿意购买LIBOR+3.125%的债券,反之,则购买12.25%-LIBOR的债券。因此,在市场上它们都比同样利率水平的固定利率债券的售价高一些,融资总额也就会超过2亿美元。因此,将固定利率债券分解开来进行销售能为发行者增加价值。

2002年以来,我国也开展本息剥离债券的尝试工作。2002年,国家开发银行陆续推出了本息剥离债券,在债券发行后,按照每笔付息和最终本金的偿还拆分为单笔的零息债券。每笔拆分出的零息债券都具有单独的代码,可作为独立的债券进行交易和持有,增强了债券的流动性。同样地,可转换债券也可分解为一般的企业债券和股票期权两种金融产品,通过剥离,在一定程度上可以提高股票期权的价格。

此外,目前我国某些金融机构推出了不同受益权信托产品业务。这种业务将信托分为一般受益权和优先受益权两类,一般受益信托资金与优先受益信托资金形成一定比例。优先受益权可获得保底收益,但不能享有产品超过保底收益部分的超额收益,一般受益权享

---

① 2023年7月3日,英国金融行为监管局(FCA)7月3号发布公告:隔夜和12个月美元伦敦银行同业拆借利率(LIBOR)设置现已永久停止,1个月、3个月和6个月的美元LIBOR设定将继续使用综合方法发布,直到2024年9月。

有剩余受益权的信托权益。因此,可获得这部分超额收益。显然一般受益权的投资者比优先受益权的投资者承担了更大的风险。对信托受益权进行分离以后的产品同样满足了不同投资者的需求,可以促进信托产品的发行,甚至可以提高产品的价格。

3.4.3 基本要素调整法

该种金融产品的创新方法是通过调整金融工具的要素来达到创新的目的。远期、期货、互换和期权合约等标准的金融工具一般都具有基本的合约要素。以期货为例,一般规定有基础资产、执行价格和交割日期等,在金融创新中可以根据实际需求,对基本合约要素进行修改和拓展,便可派生出许多新型金融产品。以普通债券为例,其合约要素包括本金、利息和到期日,通过改变基本合约要素的规定,可以派生许多债券衍生品种,如图3-2所示[1];对于标准利率互换来说,其合约中具体设定有固定本金、一方固定利率、另一方浮动利率、定期支付利息、立即起算等要素,如果对这些要素进行修改,可以派生出多种非标准互换和其他互换,如图3-3所示[2];至于期权合约,其基本要素包括基础资产、执行价格、执行日期、交易性质等,对其基本要素进行修改或重新定义可以得到门类繁多的派生期权产品,如图3-4所示[3]。

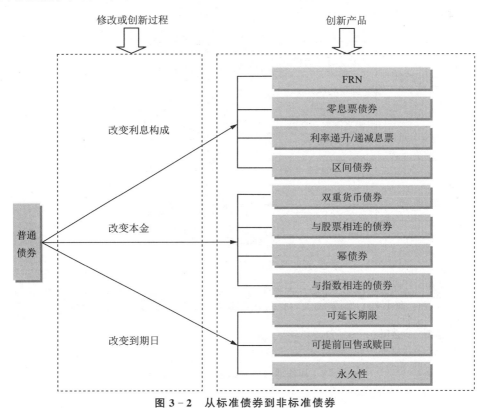

图3-2 从标准债券到非标准债券

---

[1] 吴冲锋,刘海龙,等:《金融工程学》,高等教育出版社,2005,第60页。
[2] 吴冲锋,刘海龙,等:《金融工程学》,3版,高等教育出版社,2021,第60页。
[3] 吴冲锋,刘海龙,等:《金融工程学》,高等教育出版社,2005,第59页。

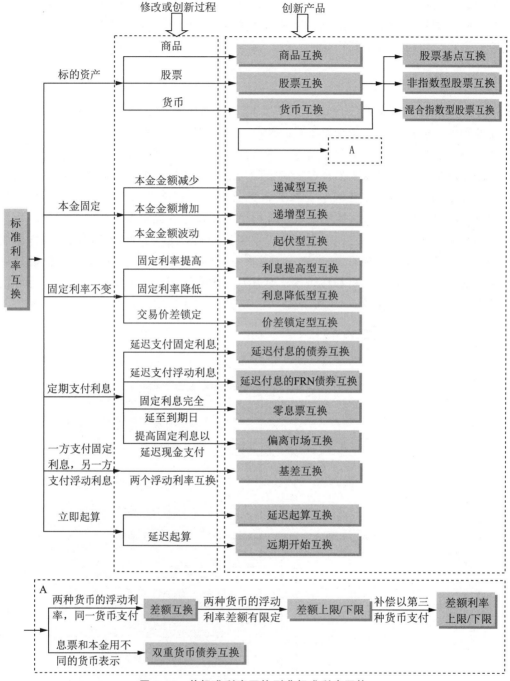

图 3-3 从标准利率互换到非标准利率互换

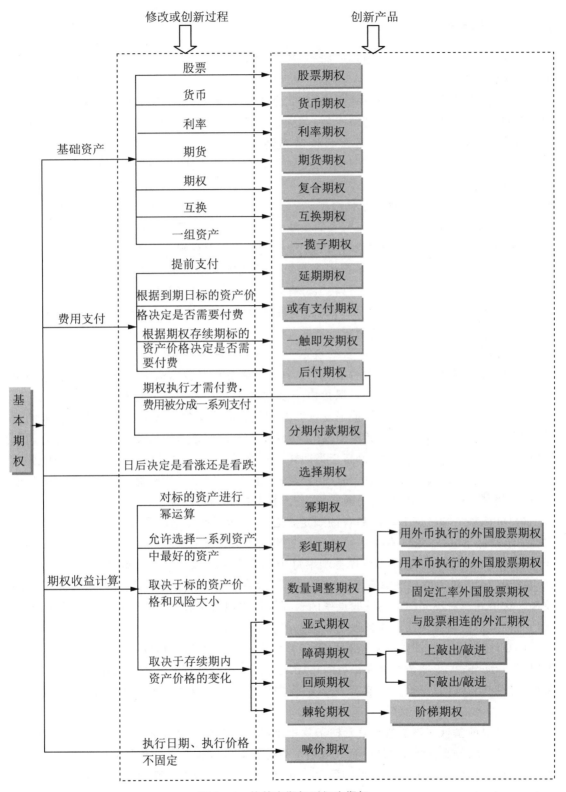

图 3-4 从基本期权到衍生期权

3.4.4 条款增加法

条款增加型的金融创新即通过增加一些特殊条款进行的创新,见表 3-2。主要增加的条款包括以下几个方面。

(1)可转换条款。即金融产品合约规定,赋予投资者转换权利的条款,使之可以将一种类型的产品转换成另一种类型的产品。例如,可转换债券就是最常见的一种,它规定在一定条件下可转换债券持有人有权利将债券转换成发行公司的股票。还可转换优先股(convertible preferred stock),其持有人可选择将优先股转换为普通股,发行者可选择将其转换为可转债。

(2)可回售条款。即金融产品合约规定,证券持有人可以在一定条件下要求发行人提前偿还证券,或以特定价格回售给发行人的条款。在产品中增加可回售条款往往是出于降低代理成本的考虑。例如,目前国内发行的绝大部分可转债都设有相关的回售条款,它是发行人为满足市场需求而设定的,赋予了投资者在特定情况下有一定的选择权。以邯钢可转债为例,在增加了时点回售条款之后,可转债持有人有权在可转债到期之前的 5 个交易日内,将持有的可转债按面值的 109.5%(含当期利息)回售给公司,该条款令其税前保底收益率高达 3.16%,远远高于同期银行存款利率,在很大程度上保护了可转债投资者的利益。

(3)可赎回条款。即金融产品合约规定,在一定条件下,发行人可在证券到期之前全部或部分地将债券或优先股赎回的条款。这种条款考虑的是发行公司的利益,可以避免市场利率下降给发行者带来的损失,保护由于限制股票上升而不马上转股的投资者的利益。赎回条款利用强制购回的手段保护了发行者的利益。以雅戈尔可转债为例,该可转债的可赎回条款规定:在公司可转债转股期内(自可转债发行之日起 6～36 个月期间),如公司 A 股股票连续 30 个交易日的收盘价高于当期转股价格的 130%,公司有权赎回未转股的公司可转债。当赎回条件首次满足时,公司有权按面值 105%(含当期利息)的价格赎回全部或部分在"赎回日"(在赎回公告中通知)之前未转股的公司可转债。

(4)可调整条款。即金融产品合约规定,合约中的利率、汇率和股息率等关键参数可以在一定条件下重新商定。例如,可调整股息率的永久性优先股(adjusted-rate perpetual preferred stock)的股息可根据基准国库券利率每个季度调整一次。一般基准利率取 3 个月期、10 年期和 20 年期国债利率中最高的那个。实际股息率等于基准利率加减一个预先确定的差额,这个差额对不同的可调整股息率的永久性优先股各不相同,它取决于市场的供求及其他有关发行公司的因素,并且限制股息率的波动范围。

(5)可延期条款。即在债券条款中规定,债券到期后可延长借款期限。例如,国家开发银行 2004 年第 11 期金融债在银行间市场发行,该债券是创新品种,期限是 3 年,并被附加了延期选择权,即投资者有权在 3 年到期后,选择是否要求将该债券的期限再延长 2 年。

(6)可提前条款。该条款与可延期条款相反,是可以让利息的支付提前进行的条款。

(7)可浮动条款。即金融产品合约规定,金融产品的存续期限中某些关键的经济变量可根据不同时期的经济条件进行浮动的条款。例如,浮动利率债券,其利率可根据市场利率每 3 个月调整一次;我国第一只通过交易所上市的浮动利率债券是 2000 年记账式国债。以财政部 2000 年 4 月 17 日采取招标方式在全国银行间债券市场发行记账式(二期)国债为例。其发行总额为 280 亿元,中标利差为 0.55 个百分点,按当时存款利率 2.25% 计,该期国债第一年付息利率为 2.80%。未来的付息利率为未来每个付息日 1 年期银行存款利率加上 0.55% 的中标利差。此外,通过证券交易所发行的,以 2000 年记账式(四期)国债为例,中标利差为 0.62%,发行总额 140 亿元,固定利差为 0.62%,第一年支付利率为 2.87%。

(8) 可固定条款。该条款与可浮动条款相反,即在金融产品设计中还规定金融产品的存续期限中某些关键变量是固定不变的。该条款可以满足一部分投资者希望锁定经济变量变化的需求。例如,固定利率存单(FX-CDs),发行人按固定利率还本付息;固定股息率优先股是一种一旦发行其股息不再变动的优先股;还有固定利率抵押贷款(fixed rate mortgage)等。

(9) 可触发/触消条款。即金融产品合约规定,某些权利在满足一定条件下可以被触发或被触消的条款。例如,障碍期权(barrier option)被分为触发期权(knock in option)和触消期权(knock out option)。这类期权在初始时都确定了两个价格水平:一个为约定价格;另一个为特定的障碍价格(barrier price)。当基础资产的价格达到或者突破障碍价格水平时,触发期权会被激活,同时触消期权的权利就会自动消失。

(10) 可互换条款。即金融产品合约规定,两种不同金融产品可以相互转换的条款。例如,伞型基金是近年在我国出现的创新基金产品之一,其中也规定了可互换条款。伞型基金是开放式基金的一种组织结构,基金发起人根据一份总的基金招募书发起设立多个相互之间可以根据规定程序进行转换的子基金。伞型基金方便投资者在同一个伞型基金之下转换,避免投资者的资金外流,同时也减少投资者额外的申购和赎回的手续费用,并帮助基金管理人减轻赎回压力。

(11) 可封顶/保底条款。即金融产品合约规定,产品的某项参数的变化具有上限或下限约束的条款。这类产品的典型代表是利率上限与利率下限。例如,1988 年由于化妆品业务下滑和公司的收购业务,雅芳公司现金流量锐减。雅芳公司为保持现金流量,决定将每股股利从 2 美元降低到 1 美元,但是,公司管理层人员担心这样简单地削减股利会使雅芳公司股票下跌,因为相当一部分投资者之所以持有雅芳公司股票,在很大程度上是因为该公司一直有较高的股利,在此之前雅芳公司也曾因下调股利而导致股价下跌。

当时雅芳公司的财务顾问建议雅芳公司将其发行在外的 7 170 万股普通股中的 1 800 万股转换成优先赎回权益累积股本(Preferred Equity-Redemption Cumulative Stock, PERCS)。为确保 2 美元的股利,PERCS 的持有人接受一个 3 年期限的价格上涨上限,3 年到期时,如果普通股股价不超过 31.5 美元,其持有人可以将每份 PERCS 转换为一股普通股,如果普通股股价超过 31.5 美元,每份 PERCS 只能转换成价值为 31.5 美元的普通股(如果 PERCS 持有者想要把每份 PERCS 转换成股票,则需要补偿差价)。这实际上等同于投资者购买普通股并卖出普通股的看涨期权。于是,投资者面临两种选择,要么继续持有股票并减少股利,要么用新发行的 PERCS 交换原普通股。最后,雅芳公司股价达到 44.125 美元,实际上 PERCS 中有 72% 转换成普通股。

PERCS 发行成功的原因在于这种产品满足了投资者的不同需求,对于那些特别偏爱高股利的投资者,该产品具有足够的吸引力,同时 PERCS 限制了其持有人在到期日将

PERCS 转换成普通股的价格上限,这对其他只能获得低股利的普通股持有人是公平的。由于该产品满足了投资者的不同需求,因此,雅芳公司成功地避免了因股利下调给股价带来的不利影响。

(12)可依赖条款。即金融产品合约规定,某种产品的价格可设计成依赖另一种产品的价格,或产品中的某项参数依赖其他经济变量的条款。例如,债券利率可以根据市场的需要设计成与汇率、通胀率或股指等其他经济变量相关,如可设计成汇率连接债券、通胀率连接债券和指数连接债券等。还可以设计债券中赎回价与货币汇价相关联,如指数化货币期权票据(index currency option notes)允许投资者对外汇汇率走势做保护性预期。举例来说,如果预期未来 12 个月美元对日元汇价上升,可以买进以美元发行的指数货币期权票据。发行者可以支付较低的息票利率,但是,票据在到期日的赎回价同美元对日元汇率挂钩,如果将来美元对日元汇价超过 1∶125,那么赎回价大于票面额,否则,赎回价即为票面额。指数连接债券还可以设计成将本金价值与通货膨胀率相关。例如,美国财政部第一笔指数连接债券,本金价值根据通货膨胀率每天进行调整,每半年支付的利息为调整过的本金价值乘以固定利率。

(13)可参与、积累、投票条款。可参与条款是金融产品合约规定,非普通股股东也可以参与普通股股东的分红的条款;可积累条款是金融产品合约规定,对股利的累积,当公司盈利不足时,未发放的股利可以记账累积,待来年盈利充足时再发放的条款;可投票条款指的金融产品合约规定,是非普通股股东与普通股股东一样,都具有投票表决权的条款。这 3 个条款都可在优先股股票的设计上得以实现。

表 3-2 通过条款增加创造的金融产品[①]

条款种类及组合	典型金融创新
①可转换	可转换债券、可换股债券、可转换可换股优先股、流动收益期权票据、优先购买基金单位、可互换金融债券
②可回售	可回售股票、可回售债券
③可赎回	可赎回债券
④可调整	可调整股息率的永久性优先股 ARPPS、可调股息率优先股 ARP、PARP
⑤可延期/可提前	延迟利息浮动利率债券、加速利息浮动利率债券、推迟确定互换
⑥可浮动/固定	FRN、浮动利率 CDs、反转债券、固定利率存单 FX-CDs、固定股息率优先股 (fixed-rate preferred stock)、固定利率抵押放款(fixed rate mortgage)
⑦可触发/可触消	触发期权、触消期权
⑧可互换	利率互换、货币互换、伞型基金
⑨可封顶/保底	利率上限/下限、PERCS、差额上限/下限、差额利率上限/下限
⑩可依赖	基于电力价格(指数)债券、交叉指数基础票据、数字式票据、指数连接债券、指数化货币期权票据、货币幅度票据、欧洲幅度票据、阶梯式幅度票据、牛市票据、熊市票据、股权指数化票据、股权幅度票据、牛市/熊市债券

---

① 吴冲锋,刘海龙,等:《金融工程学》,高等教育出版社,2005,第 70—71 页。

(续表)

条款种类及组合	典型金融创新
①+③	优先购买基金单位
①+④	可转换可调股息率优先股、利率可调整的可转换债券
①+⑥	固定/浮动利率可转换债券
⑨+⑩	赎回额上限固定的指数化货币期权票据、与某一利率区间挂钩的结构性存款
②+⑤	附加延期选择权的债券、可回售可续期短期债券
③+⑥	与某一利率指标挂钩型结构性存款
⑤+⑥	推迟确定浮动
⑥+⑨	上限/下限浮动利率债券、对称浮动
①+③+②	可转换债券(含可回售、可赎回条款)、流动收益期权票据
⑤+⑥+⑨	延迟上限浮动利率债券

3.4.5 技术发展创新法

技术发展型的创新即利用科学技术的发展而进行的创新。技术发展使得金融市场更加便捷，更高效，信息更对称，摩擦更小，产品更丰富。这主要体现在电子网络金融业务创新上，包括电子货币、电子证券交易、POS 终端、网上支付、网上银行、网上交易、网上保险、银行转账清算系统和银行间同业票据交换所支付系统等创新。

【第 3 章小结】

 思考与练习

1. 金融创新的含义是什么？它可以从哪几个层次来理解？
2. 金融创新的理论有哪些？各种理论的观点是什么？
3. 金融创新有哪些特征？
4. 金融创新有哪些类型？
5. 金融创新的产生和发展以哪些背景为基础？
6. 金融创新是在哪些直接动因下产生和发展的？
7. 如何认识金融创新的影响？为什么说金融创新是一把"双刃剑"？如何应对？
8. 金融衍生产品主要有哪几种创新的方法？

【第 3 章在线答题】

第4章 无套利分析的简单模型

学习目标及思维导图

本章在介绍头寸、可分性和流动性等基本概念和相关假设的基础上，阐述了无套利原则，并提出了满足无套利原则的简单二叉树模型。其中，无套利原则是本章的重点，满足无套利原则的二叉树模型的理解是本章的难点。

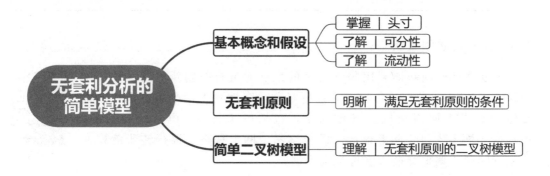

4.1 基本概念和假设

假设有两种可交易资产：一种是无风险资产；另一种是风险资产。实际情况中前者通常用政府发行的债券代替；后者通常指股票、外币、黄金或其他有风险的资产。

在本章中，假定现在时间为 t 时刻或 0 时刻，未来某个时间或到期时间为 T 时刻。

在股票交易中，头寸(position)是指投资者持有的股票的数量。1 股股票现在的价格用 S 表示，未来某个时间或到期时间的价格用 S_T 表示。对于所有投资者来说，现在的股票价格 S 是已知的，但未来的股票价格 S_T 是未知的：它可能上涨，也可能下跌。差额 S_T-S 与初始价格的比值为股票的收益率(K_S)，可表示为

$$K_S = \frac{S_T - S}{S} \tag{4-1}$$

无风险头寸是指投资于无风险证券的数量。无风险证券现在的价格用 B 表示，未来某个时间或到期时间的价格用 B_T 表示。对于所有投资者来说，无风险证券现在的价格 B 是已知的，但是与股票不同的是，无风险证券在时间 T 的价格 B_T 也是已知的，具有确定性，由证券发行机构确保支付。用与定义股票收益率同样的方法定义无风险证券的收益率(K_B)为

$$K_B = \frac{B_T - B}{B} \tag{4-2}$$

称为无风险收益率。

本章的任务是构建金融证券市场的数学模型。关键的第一步是考虑所研究对象的数学特性。下面给出一些假设，其目的是寻求现实世界的复杂性与数学模型的简化和局限性之间的一种折中，使模型更容易处理。

无风险证券的未来价格 B_T 是确定的，即它是预先知道的已知数。而在 t 时刻(即现在时间)，未来的股票价格 S_T 是未知的，是至少可以取两个不同值的随机变量。

所有的股票和无风险证券的价格是严格正的，即

$$S>0, \quad S_T>0, \quad B>0, \quad B_T>0$$

在时间 t 和 T，持有 x 股股票和 y 份无风险证券的投资者的总财富分别为 V 和 V_T，则有

$$V = xS + yB \tag{4-3}$$
$$V_T = xS_T + yB_T \tag{4-4}$$

数对 (x,y) 被称为资产组合(portfolio)，V 和 V_T 分别是这个资产组合在现在时间(又称 0 时刻或 t 时刻)和未来某个时间(T 时刻)的价值(value)。

在 t 时刻和 T 时刻间，资产价格的增长决定资产组合的价值变化，即

$$V_T - V = x(S_T - S) + y(B_T - B)$$

这个差额与资产组合初始价值的比值称为资产组合的收益率(K_V)，即

$$K_V = \frac{V_T - V}{V} \tag{4-5}$$

股票或无风险证券的收益率是资产组合收益率的特殊情况（分别为 $x=0$ 或 $y=0$）。注意，因为 S_T 是随机变量，所以 V_T 以及相应的 K_S 和 K_V 也都是随机变量。但无风险投资的收益率 K_B 是确定的。

【例 4-1】设 $B=100$ 美元，$B_T=110$ 美元，则证券投资的收益率为 $K_B=10\%$。
另外，设 $S=50$ 美元，且假设随机变量 S_T 取两个值，

$$S_T = \begin{cases} 52, & \text{概率为 } p \\ 48, & \text{概率为 } 1-p \end{cases}$$

对某一个 $0<p<1$，则股票的收益率为

$$K_S = \begin{cases} 4\%, & \text{如果股票上涨} \\ -4\%, & \text{如果股票下跌} \end{cases}$$

【例 4-2】假设债券和股票价格与例 4-1 相同，在 t 时刻，由 $x=20$ 股股票，$y=10$ 份债券构成的资产组合的价值为 $V=2\,000$。
在 T 时刻，该资产组合的价值为

$$V_T = \begin{cases} 2\,140, & \text{如果股票上涨} \\ 2\,060, & \text{如果股票下跌} \end{cases}$$

于是该资产组合的收益率为

$$K_V = \begin{cases} 7\%, & \text{如果股票上涨} \\ 3\%, & \text{如果股票下跌} \end{cases}$$

尽管与实际情况相去甚远，但为了数学上的方便，允许资产组合中的风险资产的数量 x 和无风险资产的数量 y 为任意实数，包括负数和分数，因此，一般情况下，对交易头寸没有附加任何限制，即

$$x, y \in R$$

可分性（divisibility）是指投资者持有的股票数量和无风险证券的数量可以是分数。

流动性（liquidity）是指任何资产都可以按照市场价格进行任意数量的买入或者卖出。从数学的角度来说，流动性也就是对头寸 x 或头寸 y 不加任何的限制。这显然是数学的理想化，实际上，交易量是有限制的，大交易量会影响价格。

如果在资产组合中持有的某种证券的数量是正的，我们称投资者持有多头头寸（long position）。否则，我们称持有空头头寸（short position），或者称投资者卖空资产。无风险证券的空头头寸包括正在发行和销售的证券。利率是由证券价格决定的，偿还贷款及利息可认为是终止（closing）空头。

股票的空头头寸可以通过卖空（short selling）来实现。即投资者可以先借股票，然后再卖出股票，利用得到的收益作为其他投资的资金。股票的持有者仍对股票拥有所有的权利，特别是，股票持有者具有得到红利和在任何时刻卖出股票的权利。因此，投资者必须有足够的财力来履行合约，特别是能够通过回购股票并归还给股票持有人来结清风险资产的空头头寸。类似地，投资者可以利用归还贷款和利息来结清无风险证券的空头头寸。有时，考虑到这些特殊的限制，可以假设投资者的财富在任何时间都是非负的，即 $V \geq 0, V_T \geq 0$。

4.2　无套利原则

假设市场不允许具有无初始投资的无风险利润。当市场的参与者出现错误时，这样的收益或许会发生。

【例 4-3】假设纽约的交易商 A 以 $d_A=1.62$ 美元兑换 1 英镑的汇率购买英镑，而交易商 B 在伦敦以 $d_B=1.60$ 美元兑换 1 英镑的汇率卖出英镑。一个没有任何初始投资的投资者可获得每英镑 $d_A-d_B=0.02$ 美元的利润，其方法是同时取得交易商 B 的空头头寸和交易商 A 的多头头寸。更多的投资者实施类似操作，会促使交易商重新调整汇率，使获得财富的机会逐渐消失。

例 4-4 表明在单期模型下没有初始投资时获取无风险利润的情况。

【例 4-4】假设纽约的交易商 A 一年以后按汇率 $d_A=1.58$ 美元兑换 1 英镑购买英镑，同时，在伦敦的交易商 B 以汇率 $d_B=1.60$ 美元兑换 1 英镑卖出英镑。进一步假设美元可以按年利率 4% 借入，英镑可以在银行账户以 6% 的利率投资。虽然没有如前所述的那么显而易见，但这样也能创造在没有初始投资的情况下获得无风险利润的机会。

例如，一个投资者借入 10 000 美元，并以汇率 $d_B=1.60$ 美元/英镑的价格兑换成 6 250 英镑，然后存入银行账户中。1 年以后，375 英镑的利息加在储蓄中，总量变为 10 467.50 美元（根据年初与交易商 A 签订的协议）。归还 10 000 美元贷款及贷款利息 400 美元之后，投资者将得到 67.50 美元的利润。

显然，一个或两个交易商的汇率报价发生错误就可能被投资者利用。更多的投资者实施类似操作，会促使交易商重新调整汇率，减少 d_A 或者增加 d_B 以使利润消失。

在例 4-3 和例 4-4 中，尽管不需要初始投资，但利润是确定的。还有一种情形是在没有遭受损失的风险和不需要初始投资的情况下，获利更微小的可能性，这样的利润不再是确定的。

无套利原则：不存在满足如下条件的资产组合 (x, y)，其初始价值 $V=0$，$V_T \geq 0$ 的概率为 1 且 $V_T > 0$ 的概率非零，其中 V 和 V_T 由式（4-3）和式（4-4）给出。

换言之，如果资产组合的初始价值为零，即 $V=0$（没有初始投资），并且 $V_T \geq 0$（即不会遭受损失），如果 $V_T=0$（无收益）的概率为 1，则意味着投资者无风险且没有初始财富就不能锁定利润。如果存在违背这个原则的资产组合，则称为存在套利（arbitrage）机会。

在现实中，套利机会很少存在。如果套利机会存在，通常地，与交易量相比收益不大，小投资者很难利用套利机会。另外，套利机会与上面例子相比更难把握。一般来说，违背无套利原则的情况是短暂的，难以把握。追求套利利润的投资者（称为投机者）的行为有效地消除了套利机会。

在数学模型中排除套利十分贴近现实，这是最重要、最合适的假设。基于无套利原则的论证是金融数学的主要工具。

4.3 简单二叉树模型

本节只考虑非常简单的例子,在这个例子中,股票价格 S_T 只取两个不同的值。尽管非常简单,但这种情形对后来发展的理论是十分有意义的。

【例 4-5】设 $S=100$ 美元,S_T 可取两个值,

$$S_T = \begin{cases} 125, & 概率为 p \\ 105, & 概率为 1-p \end{cases}$$

其中 $0<p<1$,债券的价格 $B=100$ 美元,$B_T=110$ 美元。因此,如果股票上涨,股票收益率 K_S 为 25%;如果股票下跌,股票收益率为 5%。无风险收益率 $K_B=10\%$,股票价格变化如树形图 4-1 所示。

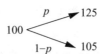

图 4-1 股票价格的单期二叉树

注意:在 T 时刻,股票的两个价格都高于 0 时刻的股票价格。价格"上涨"或"下跌"是指相对于 T 时刻的其他状态的价格,而不是指相对于 0 时刻的价格而言的。也可以允许"上涨"状态时的值低于"下跌"状态时的值。例如,如果资产是货币,一些投资者可能认为汇率下跌更为有利。实际上,汇率上涨意味着转换率下跌。把"上涨"和"下跌"的价格运动看作是两个不同结果的抽象表示是最好的处理方法。

一般地,在二叉树模型中,选择股票和债券价格是按照无套利原则,在 T 时刻,假设可能上涨也可能下跌的股票价格为

$$S_T = \begin{cases} S_u, & 概率为 p \\ S_d, & 概率为 1-p \end{cases}$$

其中 $S_d < S_u$ 且 $0<p<1$。

命题:在二叉树模型中,必须满足约束

$$\frac{S_d}{S} < \frac{B_T}{B} < \frac{S_u}{S}$$

否则将出现套利机会。

证明如下:

首先,假设 $\dfrac{B_T}{B} \leqslant \dfrac{S_d}{S}$

则现在(或 0 时刻)借入数额为 S 的无风险资产,同时用 S 买入 1 股股票。

利用这种方法持有资产组合 (x, y),其中股票数量 $x=1$,债券数量 $y=-\dfrac{S}{B}$,则在 0 时刻,该资产组合的价值为 $V=0$。

第4章 无套利分析的简单模型

在时间 T，该资产组合的价值变为

$$V_T = \begin{cases} S_u - \dfrac{S}{B}B_T, & \text{如果股票上涨} \\ S_d - \dfrac{S}{B}B_T, & \text{如果股票下跌} \end{cases}$$

这两个可能价值中的第一个值是严格正的，而另一个值是非负的，即 V_T 是非负的随机变量，并且满足 $V_T > 0$ 的概率为 $p > 0$。这个资产组合提供了一个套利机会，违背了无套利原则假设。

其次，假设 $\dfrac{B_T}{B} \geqslant \dfrac{S_u}{S}$

则现在卖空 1 股得到金额 S，同时投资金额 S 于无风险资产。

利用这种方法持有一个资产组合 (x, y)，其中股票数量 $x = -1$，债券数量 $y = \dfrac{S}{B}$，其初始价值仍为零，即 $V = 0$。

在 T 时刻，该资产组合的价值变为

$$V_T = \begin{cases} -S_u + \dfrac{S}{B}B_T, & \text{如果股票上涨} \\ -S_d + \dfrac{S}{B}B_T, & \text{如果股票下跌} \end{cases}$$

V_T 是非负的，其中第二个值是严格正的。因此，V_T 是非负的随机变量，满足 $V_T > 0$ 的概率为 $1 - p > 0$。再一次出现套利机会，违背无套利原则假设。

在以上证明中，买卖资产来赚取价差的做法是：买入价格低的资产，同时卖出（或者卖空）价格高的资产。

【第4章小结】

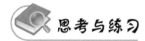

思考与练习

1. 设债券现在的价格 $B = 90$ 美元，T 时刻的价格 $B_T = 100$ 美元，股票现在的价格 $S = 25$ 美元，并且设 T 时刻股票的价格为

$$S_T = \begin{cases} 30, & \text{概率为 } p \\ 20, & \text{概率为 } 1-p \end{cases}$$

其中 $0 < p < 1$。资产组合由 $x = 10$ 股股票，$y = 15$ 份债券构成，计算资产组合现在的价值 V 和 T 时刻的价值 V_T 以及资产组合的收益率 K_V。

2. 假设股票和债券价格与第 1 题相同，求在 T 时刻的价值为

$$V_T = \begin{cases} 1\,160, & \text{如果股票上涨} \\ 1\,040, & \text{如果股票下跌} \end{cases}$$

的资产组合在 t 时刻的价值是多少？

3. 某年 7 月 19 日，纽约的交易商 A 和伦敦的交易商 B 利用如下汇率交易欧元（€）、英镑（£）和美元（$）。

交易商 A	买入	卖出
€1.000 0	$1.020 2	$1.028 4
£1.000 0	$1.571 8	$1.584 4

交易商 B	买入	卖出
€1.000 0	£0.632 4	£0.640 1
$1.000 0	£0.629 9	£0.637 5

问题：指出在没有初始投资的情况下获取无风险利润的机会。

【第 4 章 在线答题】

第 2 篇

金融工具篇

第 5 章 远　　期

学习目标及思维导图

本章主要介绍远期合约的要素和种类，远期利率、远期汇率的确定，远期价格和远期价值的关系。此外，还介绍了远期合约的理论定价，包括无收益资产远期合约的定价、支付已知现金收益资产远期合约的定价和支付已知收益率资产远期合约的定价。其中，远期合约的要素和种类，远期利率、远期汇率的确定，远期价格和远期价值的关系是本章的重点，远期合约的定价是本章的难点。

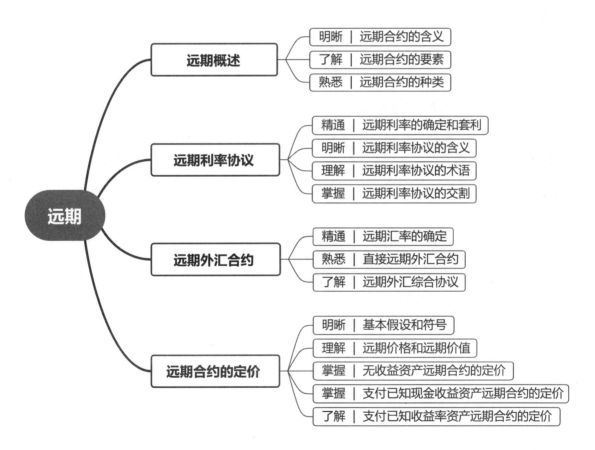

5.1 远期概述

5.1.1 远期合约的含义

远期合约是指交易双方约定在未来一个确定的时间,按照某一确定的价格,买卖一定数量某种资产的协议或合约。

远期合约是商品经济发展到一定阶段的产物,是生产者和经营者在商品经济实践中创造出来的一种规避风险或稳定预期收益的工具。早期出现的远期合约是农作物远期合约。众所周知,农作物的播种与收获之间需要较长的时间,如果没有远期交易,那么一个农场主(或农民)的命运就完全取决于其农作物收获时的现货价格,由此产生了商品的价格风险。但如果能够在播种时就确定农作物收获时的卖出价格,那么农场主(或农民)就可以安心从事农作物的生产。随着商品经济和金融市场的发展,期货合约、互换合约、期权合约等衍生产品,都先后在远期合约的基础上逐渐发展起来了。

【5-1】
拓展视频

5.1.2 远期合约的要素

【5-2】
拓展视频

一份远期合约的签署是合约双方协商约定的结果,其内容视双方的具体情况而定,可多可少,但至少应包括多(空)双方、标的资产、交割价格、合约期限等一些基本要素。

1. 多(空)双方

多(空)双方是指签署远期合约的双方,是合约的主体。远期合约是交易双方直接签订的合约,不涉及第三方。远期合约中同意在将来某个确定日期以某个确定价格购买某种标的资产的一方,称为"多头头寸"(long position)或多头方(简称"多方");而在合约中同意在同样的日期以同样的价格出售该标的资产的另一方,称为"空头头寸"(short position)或空头方(简称"空方")。

2. 标的资产

远期合约中,用于交易的资产称为标的资产(underlying asset)或标的物,是合约的客体,它可以是有形的商品,如农产品、金属、石油等,也可以是无形的金融产品,如利率、汇率、股票价格指数等。

3. 交割价格

远期合约中,双方约定的标的资产在未来某一时间的买卖价格即为交割(delivery)价格,又叫执行价或远期价格。远期合约到期时,无论标的资产当时的市场价格是多少,双方都必须按照合约中约定的价格买卖标的资产。若到期时的市场价格高于执行价,远期合约的"多方"盈利,"空方"亏损;反之,若到期时的市场价格低于执行价,远期合约的"多方"亏损,"空方"盈利。

4. 合约期限

远期合约的期限是指合约从签订至到期的时间。签约双方可根据各自的具体情况进行协商或约定,没有统一的期限标准,也可根据各自的需求而定。一般情况下,远期合约的期限多为1个月、2个月、3个月、半年、1年甚至更长。

除上述4个基本要素之外,远期合约还包括交易数量、交割地点、标的物的品质和等级以及双方约定的其他事项。由于远期合约是双方通过谈判后签署的非标准化合约,没有固定、集中的交易场所,合约具体内容千差万别,因此,远期合约具有很大的灵活性,可以尽可能地满足交易双方的需求,适于各种标的物的未来交易。

5.1.3 远期合约的种类

远期合约根据其标的资产的不同,可分为商品远期合约和金融远期合约。本书对商品远期合约略去不讲,下面仅介绍金融远期合约。金融远期合约主要包括远期利率协议、远期外汇合约和远期股票合约。因远期股票合约出现时间不长,且仅在小范围内有交易记录,故本书对其也不做阐述。

【5-3 拓展视频】

1. 远期利率协议

远期利率协议(Forward Rate Agreement,FRA)是交易双方现在(t 时刻)约定从未来某一时刻(T 时刻)开始到未来另一时刻(T^* 时刻,$T^* > T$)结束的 $T^* - T$ 时期内,按协议规定的利率(又称协议利率)借贷一笔数额确定、以具体货币表示的名义本金的协议。该协议是金融远期合约的一种,是利率市场化的产物。远期利率协议是场外交易,不在固定的交易所进行,参与者多为大银行,交易币种多是美元、英镑、日元等可自由兑换的货币。具体内容详见5.2节。

【5-4 拓展视频】

2. 远期外汇合约

远期外汇合约(Foreign Exchange Forward Transaction)是指交易双方现在约定在将来某一时间,按约定的汇率买卖一定金额某种外汇的合约,它也是金融远期合约的一种。按照远期开始的时间划分,远期外汇合约可分为直接远期外汇合约(Outright Forward Foreign Exchange Contracts)和远期外汇综合协议(Synthetic Agreement for Forward Exchange,SAFE)两种。

(1)直接远期外汇合约。

直接远期外汇合约是指远期外汇合约的期限直接从签约时(现在)开始算起,至合约的到期日。签约双方在签订合同时,应确定好将来进行交割时的远期汇率,并就将来交割的币种、金额、日期、地点等条款进行约定。具体内容详见5.3.2。

(2)远期外汇综合协议。

远期外汇综合协议是指远期的期限从未来某个时点开始计算,是远期的远期外汇合约。具体内容详见5.3.3。

5.2 远期利率协议*

5.2.1 预备知识：连续复利

利息的计算有单利和复利两种方法。

单利是指在规定期限内只就本金计算利息，每期的利息收入在下一期不作为本金，不产生新的利息收入。本金 A 以年利率 r 投资 n 年后，以单利计算的到期总回报（或本利和）是 $A(1+nr)$。

复利又称"利滚利"，它是指每期的利息收入在下一期转为本金，产生新的利息收入。下一期的利息收入由前一期的本利和共同生成。本金 A 以年利率 r 投资 n 年，若利率按 1 年 1 次复利计算，则投资的终值是 $A(1+r)^n$。若每年计息 m 次，则终值为

$$A\left(1+\frac{r}{m}\right)^{mn}$$

【例 5-1】一张面值为 1 000 元的债券，年利率为 10%，每年付息一次，期限为 3 年，该债券每年年底的价值是多少？

第一年年底的价值为 $1\,000 \times 1.10 = 1\,100$（元），第二年年底的价值为 $1\,000 \times (1+10\%)^2 = 1\,210$（元），第三年年底的价值为 $1\,000 \times (1+10\%)^3 = 1\,331$（元）。

复利的概念非常重要，它充分体现了资金时间价值的意义。企业一旦掌握了可供使用的资金，应尽快将其投入合适的使用方向，以获取新的收益。如果不能及时使用，将会造成资金的浪费。在讨论资金时间价值时，都采用复利的概念。

金融活动中一般使用连续复利的利率。货币时间价值与计算次数有关，当 $A\left(1+\dfrac{R}{m}\right)^{mn}$ 中计息次数 m 趋于无穷大时为连续复利，即

$$\lim_{m \to \infty} A\left(1+\frac{R}{m}\right)^{mn} = A\mathrm{e}^{R_c n} \tag{5-1}$$

式中：R_c——连续复利的利率；

n——计息年数。

通常认为连续复利与每天计算复利等价。若 $A=100$ 元，$n=1$ 年，$R=10\%$，$m=365$，则终值为 110.52 元。而以连续复利计算的终值为 $A\mathrm{e}^{0.1 \times 1} = 110.52$（精确到小数点后两位），两者数值相同，见表 5-1。

表 5-1 复利频率与终值

复利频率	100 元在 1 年年末的终值（两位小数，年利率 10%）
每年（$m=1$）	110.00
每半年（$m=2$）	110.25
每季度（$m=4$）	110.38
每月（$m=12$）	110.47

(续表)

复利频率	100元在1年年末的终值（两位小数，年利率10%）
每周($m=52$)	110.51
每天($m=365$)	110.52
连续复利	110.52

假设 R_c 是连续复利的利率，R_m 是与之等价的每年计 m 次复利的利率，根据式 $A\left(1+\dfrac{R}{m}\right)^{mn}$ 和式（5-1），可得

$$A\mathrm{e}^{R_c n}=A\left(1+\dfrac{R_m}{m}\right)^{mn}$$

即

$$R_c=m\ln\left(1+\dfrac{R_m}{m}\right) \tag{5-2}$$

$$R_m=m(\mathrm{e}^{R_c/m}-1) \tag{5-3}$$

式（5-2）和式（5-3）可以将复利频率为每年计 m 次的利率和连续复利的利率进行转换。

当 $m=1$ 时，有

$$R_c=\ln(1+R_1)$$

【例5-2】数额 A 以连续复利 R 投资 n 年，其终值是多少？n 年后的一笔金额为 I 的资金，按连续复利 R 折现，其现值是多少？

数额 A 以连续复利 R 投资 n 年，其终值为 $A\mathrm{e}^{Rn}$；

n 年后的一笔金额为 I 的资金，按连续复利 R 折现，其现值为 $I\mathrm{e}^{-Rn}$。

5.2.2 远期利率的确定和套利

1. 远期利率的期限

远期利率是指将来某一时点开始，到更远将来某一时点结束的一定期限内的利率。远期利率的表示方法比较特殊，如"1×4"远期利率表示1个月后开始4个月后结束（期限为3个月）的远期利率；"3×6"远期利率表示3个月后开始6个月后结束（期限为3个月）的远期利率；"3×9"远期利率表示的是3个月后开始9个月后结束（期限为半年）的远期利率。标准的远期利率协议的期限一般为3个月、6个月、9个月、12个月，具体表示方法见表5-2。

表5-2 远期利率协议的期限表示方法

3个月	6个月	9个月	12个月
1×4	1×7	1×10	1×13
2×5	2×8	2×11	2×14
3×6	3×9	3×12	3×15

(续表)

3个月	6个月	9个月	12个月
4×7	4×10	4×13	4×16
5×8	5×11	5×14	5×17
…	…	…	…

2. 远期利率的确定和套利

理论上讲，远期利率是由一系列即期利率决定的。伴随着不同期限即期利率的不断波动，远期利率又该如何变动？为计算方便，这里假定借款到期一次还本付息，每年计一次复利，请参看例 5-3。

【例 5-3】假设 1 年期的即期利率是 8%，2 年期的即期利率是 8.4%（每一年计一次复利），若客户需要的是"12×24"的远期贷款 1 000 万元，请问：1 年后开始 2 年后结束的期限为 1 年的远期利率应该是多少？用图形表示可参照图 5-1 远期利率示意图。

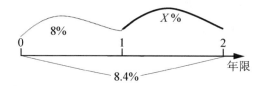

图 5-1 远期利率示意图

图 5-1 中的 $X\%$ 表示的就是远期利率。要弄清楚这个 $X\%$ 是多少，需要先了解远期对远期贷款。

(1)远期对远期贷款。

自 20 世纪 70 年代起，国际金融市场上利率波动日益剧烈和频繁，一些公司的客户开始向金融机构寻求某种金融工具来避免利率波动所带来的风险。银行为满足客户的这种需求，推出了一个解决办法，即远期对远期贷款。

接例 5-3，银行为了提供"12×24"的远期贷款，且为了不承担（规避）利率风险，须于即期借入 2 年期的资金（金额应是 1 年后 1 000 万元的现值），利率是 8.4%。由于这笔 2 年期限的负债包含了客户不需要资金的 1 年时间，所以银行可以在借入资金时以 8% 的利率贷出去 1 年时间，1 年后收回贷款本息和 1 000 万元，同时借给承诺了远期对远期贷款的客户。这样一来，银行在期初只需借入的资金为 925.925 9[1 000/(1+8%)]万元。1 年后，一边收回贷款本息和 1 000 万元，同时提供给了需要款项的客户，另一边 2 年的借款期限仍未到期，不需要归还。请大家思考这样一个问题：银行以较高的利率 8.4% 借入，同时以较低的利率 8% 贷出，银行岂不亏损？

(2)远期利率的计算。

然而，银行借入的是 2 年期借款，为了在 2 年到期还本付息时不至于亏损，银行必须从 1 年后开始 2 年后结束的那笔贷款上面想办法。于是，2 年后的银行借款本息和，很容易就算出来为 =1 088.014 8 万元[925.925 9(1+8.4%)^2]，那么，"12×24"的远期贷款

1 000万元到期的本息和,在理论上应该与之相等。

从图 5-1 中可知远期利率为 $X\%$,于是由 $1\,000(1+X\%)=1\,088.014\,8$,得出 $X=8.8$,因此,银行向客户提供的"12×24"的远期利率理论上不应低于 8.8%,也就是
$$(1+8\%)\times(1+8.8\%)=(1+8.4\%)^2$$

其实,远期利率的计算是运用了无套利分析法的基本思想。下面再看一个确定远期利率的例子。

【例 5-4】假设现在 6 个月即期年利率为 10%(连续复利,下同),1 年期的即期利率是 12%。如果市场给出的 6 个月到 1 年期的远期利率为 11%,那么这个远期利率的定价是否合理,这样的市场行情能否产生套利活动?

设远期利率为 x。根据无套利分析法的基本思想,先将 1 元的本金以 10% 的利率存款 6 个月,再把得到的本利和以利率 x 存款 6 个月,所获得的本利和应该等于直接以 12% 的利率存款 12 个月的本利和,即 $1\times e^{10\%\times 0.5}\times e^{x\times 0.5}=1\times e^{12\%\times 1}$,可计算出 $x=14\%$。

因此,市场给出的 11% 的远期利率不合理,存在套利机会。每借入 1 元的资金就可获得 0.016 8 元的套利利润。远期利率套利现金流量表见表 5-3。

表 5-3 远期利率套利现金流量表

单位:元

套利头寸	当前现金流	6 个月末现金流	12 个月末现金流
① 按 10% 的利率借入 1 元,期限 6 个月	+1	$-1\times e^{10\%\times 0.5}$	0
② 将借入的 1 元按 12% 的利率存入银行 1 年	-1	0	$+1\times e^{12\%\times 1}$
③ 签订一份协议(远期利率协议),该协议规定套利者 6 个月后可以按 11% 的价格借入资金 $1\times e^{10\%\times 0.5}$ 元,期限 6 个月	0	$+1\times e^{10\%\times 0.5}$	$-1\times e^{10\%\times 0.5}\times e^{11\%\times 0.5}$,期限 6 个月
合计	0	0	0.016 8

将这一结论推而广之。

用 t 表示现在时刻;T 和 T^* 分别代表将来时刻(且 $T^*>T$);r 表示 T 时刻到期的即期利率;r^* 表示 T^* 时刻到期的即期利率;则现在时刻 t 签订的 T 至 T^* 期间的远期利率 $\hat{r}$ 可通过式(5-4)求得

$$e^{r(T-t)}\times e^{\hat{r}(T^*-T)}=e^{r^*(T^*-t)} \tag{5-4}$$

于是
$$r(T-t)+\hat{r}(T^*-T)=r^*(T^*-t)$$

简化为
$$\hat{r}=\frac{r^*(T^*-t)-r(T-t)}{T^*-T} \tag{5-5}$$

式(5-5)中的 $\hat{r}$ 就是远期对远期贷款的利率。接例 5-3,根据题意,套式(5-5)解得:
$$\hat{r}=8.8\%$$

但是，远期对远期贷款在20世纪70年代末出现后，并没有流行开来，其原因是远期对远期贷款有一个很大的缺陷：银行资本收益率的下降。远期对远期贷款需要银行从贷款承诺日起就借入资金（因为商业银行的资金都是不断流动的，并且市场利率又波动频繁），一笔1年期的远期对远期贷款，需要银行借入2年期的资金，并且在借入资金后的第1年只能以8%（较8.4%低）的利率贷出，降低了银行的利润率；同时，远期对远期贷款属于银行的表内业务，据巴塞尔协议对资本充足率的要求，银行开展一笔这样的远期对远期贷款业务，需要在两年的时间内持有足够的自有资本以支持资产负债表的平衡。

这种状况自然会使银行想到：如果存在某个方法能够使远期对远期贷款不反映在资产负债表上，即不进行实际贷款本金支付，只进行利息的交换，那么银行就可以不受资本充足率的约束，从而恢复资本应有的报酬率。于是，远期利率协议在这种需求的推动下产生了。

5.2.3 远期利率协议的含义

远期利率协议作为替代"远期对远期贷款"的资产负债表之外的金融衍生产品，它的出现，为人们从事利率保值或投机提供了一种灵活的手段，对银行和广大客户都有很大的吸引力。远期利率协议（FRA）的定义见5.1.3节中的"1. 远期利率协议"，这里不再重复，下面仅就FRA的基本含义做以下两点解释。

（1）FRA的双方均是名义借贷人，并不需要真实的借贷。远期利率协议的买方是"名义借款人"，其订立远期利率协议的目的是规避利率上升的风险。例如，一家房地产公司是FRA的名义借款人（协议的买方），其参与目的主要是防范未来利率上升风险，至于真实的借款要待6个月后才需要，到时该房地产公司可以与FRA的对方签订借贷合同，也可以另找银行借款。当然，FRA的买方也并不一定都是未来的资金需要者，也可能是通过自己对未来利率走势的预期，纯粹为了投机。远期利率协议的卖方则是"名义贷款人"，其订立远期利率协议的目的则是规避利率下降的风险，或者是基于对未来利率走势的预期进行投机。

（2）FRA的交易过程中，没有实际本金的流动。在整个交易过程中，不需要实际贷款的发生，因而没有实际本金的支付。FRA双方以名义本金额的大小为依据计算利息，不存在实际借贷资金的流动，因此，尽管FRA已经签订，但对FRA的双方来说，由于没有实际资金的流出、流入，因此也就不列入资产负债表内，也不需要满足严格的资本充足率的要求。只是在结算日根据协议利率与参照利率的差距和名义本金额，计算出利息差额，由交易一方支付给另一方即可，其具体收付情况可参见5.2.5"远期利率协议的交割"。

5.2.4 远期利率协议的术语

远期利率协议自1983年在瑞士金融市场上诞生之日起，发展很快，到1984年年底，伦敦金融中心就已经形成了FRA的银行间交易市场，之后被欧洲和美国的市场参与者广泛接受，交易量不断增加。为了规范和促进FRA的进一步发展，1985年英国银行家协会（British Bankers Association，BBA）同外汇和货币经纪人协会（Foreign Exchange & Currency Deposit Brokers Association，FECDBA），颁布了FRA的标准化文本，即《英国银行家协会远期利率协议》（简称FRABBA）。这一标准化文本对FRA的交易内容和规则进行了详细的说明和解释，推动了 FRA 的规范化发展，大大地提高了交易的速度和质量，并有效地降低了交易成本和信用风险。

FRABBA 的主要条款有 FRA 交易的定义、报价标准、交易文件式样、建议条款等。实践中，几乎所有的 FRA 都遵守 FRABBA，这一文件除建立了规范的法律文本外，还定义了许多基本术语（重要词汇）。现就 FRA 的有关术语列举如下。

(1)合同金额(contract amount)：协议本金，名义上的未来借贷金额。

(2)合同货币(contract currency)：协议金额的货币币种。

(3)交易日(dealing date)：协议的成交时间，确定协议利率的日期。

(4)即期日(spot date)：协议成交后，正式开始计算时间的日期。

(5)结算日(settlement date)：又称交割日，协议的名义借贷开始的日期，或称起息日(value date)，交易双方计算并支付利息差额的日期。

(6)基准日(fixing date)：又称确定日，协议中参考利率确定的日期。

(7)到期日(maturity date)：协议中名义借贷到期的日期。

(8)协议期限(contract period)：结算日至到期日之间的期限。

(9)协议利率(contract rate)：协议中商定的固定利率。

(10)参考利率(reference rate)：在基准日用以确定交割数额的以市场利率为基础的利率，且是结算日前两个营业日的市场利率。

(11)交割金额(settlement sum)：又称结算金额，在结算日，根据协议利率与参考利率之间的差额，由一方支付给另一方的金额。

为了更直观地了解远期利率协议中的期限和不同的日期，现用如图 5-2 所示的示意图表示。

图 5-2 中，交易日至即期日、基准日至交割(结算)日一般都为两天时间。

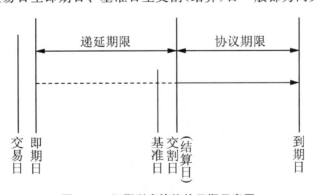

图 5-2 远期利率协议的日期示意图

【例 5-5】假设今天是 2019 年 5 月 13 日(星期一)，甲乙双方协商同意成交一份"1×4"、金额 100 万人民币、利率 5.25% 的远期利率协议。那么在这份远期利率协议中相关的日期如何确定？

"1×4"是指名义上的即期日与交割日之间为 1 个月，从即期日到贷款到期日之间为 4 个月。则在这份远期利率协议中相关的日期如下。

交易日：5 月 13 日星期一。

即期日：5月15日星期三。

基准日：6月13日星期四①。

交割(结算)日：6月17日星期一②。

到期日：9月16日星期一。

协议期限：92天(6月17日到9月16日)。

国际市场上美元按一年360天、英镑按一年365天计算，一般情况下，若无特殊说明，无论什么货币，都按每月30天计。

若基准日6月13日的SHIBOR③为6%，则基准利率与协议利率之差为0.75%(6%－5.25%)。则在交割日6月17日星期一，甲乙双方谁向谁支付？双方实际结算的具体金额又是多少？这就涉及远期利率协议的交割问题。

5.2.5 远期利率协议的交割

远期利率协议的交割是在交割日(结算日)进行的。交割的金额不是远期利率协议的合同金额，而是根据远期利率协议的合同金额、协议利率与参考利率之差、协议期限共同决定的利息差额。利息通常是贷款到期时才支付，而远期利率协议中利息清算是在名义借贷的开始日，因此，在结算日交割的利息差实际是在到期日应该支付的参考利率与协议利率之差的贴现值，用公式表示为

$$I = \frac{A \times \frac{L-R}{360} \times D_F}{1 + \frac{L}{360} \times D_F} \quad (5-6)$$

式中：I——交割金额；

　　　A——协议本金；

　　　L——参考利率；

　　　R——协议利率；

　　　D_F——协议期限。

远期利率协议中买方(名义借款人)并没有从卖方(名义贷款人)那里借款，他只是想确定将来的借款成本，几个月以后买方还是要到市场上去借款。这样一来，买方将来的借款成本应如何固定？

名义借款人从市场上以参考利率来借款，如果参考利率超过协议利率，那么其借款成本就会大于协议利率下的成本，此时，名义借款人(买方)可得到名义贷款人(卖方)支付的参考利率与协议利率之差的现值；通过卖方支付两者的价差给买方，其借款成本仍然固定在远期利率协议规定的协议利率水平；反之则相反。

因此，对于式(5-6)，当L大于R时，I为正值，由协议中的卖方(名义贷款人)向买

---

① 确定参考利率的基准日一般是交割日(又称结算日)前两个营业日。

② 按国际惯例，交割日若是非营业日，则往后顺延。6月15日是星期六，则将交割日往后顺延至6月17日。

③ 上海银行间同业拆放利率。

方(名义借款人)支付利息差额的现值,即交割金额 I;反之,当 L 小于 R 时,I 为负值,则由协议中的买方(名义借款人)向卖方(名义贷款人)支付利息差额的现值 I。

如果远期利率协议的交易者是基于对利率的预期而进行投机,那么对于式(5-6),当参考利率高于协议利率时,协议中预期利率下降的卖方(名义贷款人)因预测错误而要向预期利率上升的买方(名义借款人)支付 I;反之,当参考利率低于协议利率时,协议中预期利率上升的买方(名义借款人)因预测错误而要向预期利率下降的卖方(名义贷款人)支付 I。

因为在签订远期利率协议时,买方(名义借款人)的预期是市场利率(参考利率 L)上升,如果预期正确,那么表明 L 大于 R,故其利差损失部分的现值 I 就要从 FRA 的对方那里得到弥补;若预期错误,则表明 L 小于 R,买方(名义借款人)就要向 FRA 的对方支付 I。当然,在签订远期利率协议时,买方(名义借款人)的预期如果是市场利率(参考利率 L)下降的话,那么该 FRA 就不可能签订或者作为 FRA 的卖方(名义贷款人)签订协议,买卖地位就发生了变化。

【例 5-6】假设某软件公司计划在两个月后筹集 3 个月期的资金 100 万人民币,为避免两个月后市场利率上升带来的筹资成本增加,该软件公司与一家商业银行签订了一份"2×5"的 FRA,该 FRA 的协议利率为 8%,协议期限为 90 天,市场参考利率为 3 个月期的 SHIBOR。

试问:(1)若基准日的 SHIBOR 为 7.8%,该软件公司的具体收付情况如何?

(2)若基准日的 SHIBOR 为 8.2%,该软件公司的收付情况又会怎样?

依题意可知,该软件公司预期两个月后的市场利率将要上升,可能要高于 8%,于是与银行签订了该 FRA,将两个月后的筹资成本固定在 8% 的水平上。

(1)因为协议利率 $R=8\%$,若基准日的 SHIBOR 为 7.8%,则参考利率 L 小于协议利率 R,表明该软件公司预测错误,因此,应该向银行支付利息差额。

由式(5-6)知

$$I = \frac{A \times \frac{L-R}{360} \times D_F}{1 + \frac{L}{360} \times D_F}$$

可得

$$I = \frac{100 \times \frac{7.8\% - 8\%}{360} \times 90}{1 + \frac{7.8\%}{360} \times 90} = -0.049\,044(万元)$$

(2)若基准日的 SHIBOR 为 8.2%,即参考利率 L 大于协议利率 R,表明该软件公司预测正确,则其利差 0.048 996 万元应该从商业银行收取。

【例 5-7】甲公司将在 3 个月后收入 1 000 万元,并打算将这笔资金用作 3 个月的投资,该公司预计市场利率有可能下降,为避免投资收益减少,决定卖出一项 FRA 来避免利率风险,其交易的具体内容如下。

买方:乙银行。

卖方:甲公司。

交易类型：3×6。
协议利率：5%。
交易日：3月3日。
即期日：6月5日。
交割日：6月5日。
到期日：9月5日。
参考利率：3个月期的上海银行同业拆放利率SHIBOR。
清算账户：甲公司在乙银行的账户。
试分析6月3日3个月的SHIBOR为4.5%和5.5%两种情况下的资金流向和公司的收益状况。

(1) 3个月后，市场利率下跌。6月3日，3个月的SHIBOR为4.5%。此时有$L=4.5\%$，$R=5\%$，$D_F=92$，$A=10\,000\,000$元。

将以上数据代入公式(5-6)中，可计算出交割金额为

$$I = \frac{A \times \frac{L-R}{360} \times D_F}{1 + \frac{L}{360} \times D_F} = \frac{10\,000\,000 \times \frac{0.045-0.05}{360} \times 92}{1 + \frac{0.045}{360} \times 92}$$

$$= -12\,632.50(元)$$

由于甲公司卖出远期利率协议，因此，获得这部分交割金额，甲公司的资金变为

$$10\,000\,000 + 12\,632.50 = 10\,012\,632.50(元)$$

若将这部分资金进行投资，甲公司可获得的收益额为

$$10\,012\,632.50 \times 4.5\% \times 92/360 = 115\,145.27(元)$$

则甲公司的投资收益率为

$$\frac{12\,632.50 + 115\,145.27}{10\,000\,000} \times \frac{360}{92} = 5\%$$

(2) 3个月后，市场利率上升。6月3日，3个月的SHIBOR为5.5%。此时，$L=5.5\%$，$R=5\%$，$D_F=92$，$A=10\,000\,000$元。

将以上数据代入公式(5-6)中，可计算出交割金额为

$$I = \frac{A \times \frac{L-R}{360} \times D_F}{1 + \frac{L}{360} \times D_F} = \frac{10\,000\,000 \times \frac{0.055-0.05}{360} \times 92}{1 + \frac{0.055}{360} \times 92}$$

$$= 12\,600.67(元)$$

甲公司需支付12 600.67元给远期利率协议的买方乙银行，甲公司的资金变为

$$10\,000\,000 - 12\,600.67 = 9\,987\,399.33(元)$$

这部分资金若进行投资，则甲公司可获得的收益额为

$$9\,987\,399.33 \times 5.5\% \times 92/360 = 140\,378.45(元)$$

则甲公司的投资收益率为

$$\frac{140\,378.45 - 12\,600.67}{10\,000\,000} \times \frac{360}{92} = 5\%$$

因此，无论 3 个月后市场利率发生怎样的变动，甲公司的预期投资收益率都固定在协议利率的水平上。

5.3 远期外汇合约

什么情况下需要远期外汇合约？

中国沿海某进出口公司，产品多出口日本市场，出口收入也是以日元为主。该公司在生产过程中发现需要进口一台设备。故于 2023 年 5 月，经董事会研究决定从美国引进，遂与美国一家公司签订了贸易合同。合同约定，进口美国某设备，价款 100 万美元，期限 3 个月，货到付款。贸易合同签订时的汇率是 1 美元＝115 日元，经预测，日元在今后 3 个月将贬值，即意味着 3 个月后货到付款时，100 万美元的价款需要更多的日元。对于该公司而言，将面临损失，日元成本增加。那么如何固定日元成本呢？读者自然会想到：找银行签订一份远期外汇合约，把将来日元贬值的风险转嫁出去，固定自己的成本和收益。

在 5.1.3 "远期合约的种类"中，已经对远期外汇合约的概念做了简单介绍，但并没有具体分析远期外汇合约中的汇率是怎么确定的，直接远期外汇合约和远期外汇综合协议的有关内容也没有展开叙述，因此，这里就远期汇率的确定、直接远期外汇合约和远期外汇综合协议做进一步的分析。

5.3.1 远期汇率的确定

远期汇率的计算可以根据无套利分析法的原理来进行，即远期汇率是在即期汇率的基础上，考虑到两种货币的利率之差计算出来的。

【例 5-8】假设英镑兑美元的即期汇率是 1 英镑＝2 美元，若英镑的年利率为 10%，美元的年利率为 5%，假设是在美国的外汇市场上，试计算 3 个月期的远期汇率。

1 英镑 3 个月期的本利和为 $1×(1+10\%×3/12)=1.025$（英镑）

2 美元 3 个月期的本利和为 $2×(1+5\%×3/12)=2.025$（美元）

设 3 个月期的远期汇率为 x，1 英镑 3 个月期的本利和与 2 美元 3 个期的本利和应该相等，即两种货币等值，否则会存在无风险套利机会，于是有以下方程：

$$1.025×x=2.025$$
$$x=1.976$$

因此，3 个月期的远期汇率为 1 英镑＝1.976 美元时，投资者的两种货币等值。

根据无套利分析法，如果市场上 3 个月的远期汇率偏离 1 英镑＝1.976 美元，套利机会便会出现。

假设市场上 3 个月的远期汇率为 1 英镑＝1.900 美元，则可构建套利头寸进行无风险套利。每借入 1 英镑就可获得 0.077 5 美元的套利利润，具体见表 5-4。

表5-4　英镑远期的套利现金流量表

套利头寸	期初现金流	期末现金流
① 借入1英镑，期限3个月	+1英镑	$-1\times(1+10\%\times3/12)=-1.025$ 英镑
② 将借入的1英镑按即期汇率换成美元	-1英镑 +2美元	0
③ 将兑换1英镑所获得的美元存入银行，期限3个月	-2美元	$+2\times(1+5\%\times3/12)=2.025$ 美元
④ 买入3个月期英镑远期合约，数量为1.025英镑	0	+1.025英镑 -1.025×1.900美元
合计	0	0.077 5美元

【例5-9】假定货币市场上欧元年利率是6%，美元年利率是10%；外汇市场上欧元与美元的即期汇率是1欧元兑换1.8美元。请问：1年期的远期汇率是多少？如果市场上给出的欧元对美元的1年期远期汇率为1欧元兑换1.9美元，那么是否存在套利机会？若存在，如何套利？（假设在美国的外汇市场上）

1欧元1年期的本利和为 $1\times(1+6\%)=1.06$（欧元）

1.8美元1年期的本利和为 $1.8\times(1+10\%)=1.98$（美元）

根据无套利分析法，1年后，1.06欧元应该与1.98美元相等，否则会存在无风险套利机会。因此，1年后，有1欧元=1.98/1.06美元，即1欧元=1.867 9美元。

如果市场上给出的欧元对美元的1年期远期汇率为1欧元兑换1.9美元，那么市场高估了欧元的远期价格，因而存在套利机会。每借入1.8美元就可获得0.034美元的套利利润，具体见表5-5。

表5-5　欧元远期的套利现金流量表

套利头寸	期初现金流	期末现金流
① 借入1.8美元，期限为1年	+1.8美元	$-1.8\times(1+10\%)=-1.98$ 美元
② 将借入的1.8美元按即期汇率换成欧元	-1.8美元 +1欧元	0
③ 将1欧元存入银行，期限为1年	-1欧元	$+1\times(1+6\%)=1.06$ 欧元
④ 卖出1年期欧元远期合约，数量为1.06欧元	0	+1.06×1.9美元 -1.06欧元
合计	0	0.034美元

5.3.2　直接远期外汇合约

直接远期外汇合约是指远期的期限直接从签约的时候开始，到规定日期进行交割的外汇合约，它实际上仅是双方的一种约定，在签约时任意一方不需要向另一方支付任何款项。

1. 合约的主体

合约的主体即远期外汇交易的主体，它包括合约中的外汇需要者和外汇提供者，前者主要有进口商、短期外币债务人和对外汇远期看涨的投机者;后者主要有出口商、短期外币债权人和对外汇远期看跌的投机者。商业银行等金融机构通常作为远期外汇合约的主要角色,在外汇远期交易中发挥着重要作用。

2. 合约的特点

(1)非标准化。在直接远期外汇合约中,价格、币种、交易金额、清算日期、交易时间等内容均因时、因地、因对象而异,由买卖双方议定,无通用的标准和限制。

(2)无保证金要求。直接远期外汇合约大多在银行之间进行,个人和小公司参与的机会很少,除银行偶尔向小客户收一点保证金外,绝大多数合约的签订都不需要保证金。正因为如此,直接远期外汇合约存在信用风险。

(3)期限较短。与期货合约相比,直接远期外汇合约的期限一般较短,大多是1个月、2个月、3个月、半年,也有长达1年的,其中,3个月的远期合约比较常见,这是因为伴随着汇率的波动,期限越长,汇率风险越大。

3. 合约的种类

直接远期外汇合约按交割日期是否固定可以分为以下两类。

(1)固定交割日期外汇合约:简称定期外汇远期合约,即典型的直接远期外汇合约,它是指买卖双方在成交的同时就确定了未来的交割日期,交割日既不能提前也不能推迟,可以理解为从成交日起顺延相应远期期限后进行交割的远期外汇合约。

(2)择期外汇合约:指不固定交割日期的远期外汇合约。交易双方在签订远期合约时,只确定交易的货币、金额、汇率和期限,具体的交割日不固定,而是规定一个期限,双方可在此期限内选择交割日。

择期外汇合约比固定交割日期外汇合约更具灵活性,与期权合约有相似之处,都有选择的权利,但择期合约只是对交割日的选择,而期权合约则是对交割行为的选择(美式期权也可以选择交割日)。

在银行与客户签订的择期外汇合约中,交割日的选择权往往在客户手中,银行处于被动状态,因此,银行会在特定的范围内选择一个对自己有利的汇率作为择期交易的报价。

5.3.3 远期外汇综合协议*

远期外汇综合协议(Synthetic Agreement for Forward Exchange,SAFE)又称固定汇率协议,它是交易双方为规避利率差或外汇互换价差,或者为了在两者波动上进行投机而签订的远期外汇协议,它在许多方面与远期利率协议有相似之处,但它是以汇率风险为操作对象的金融衍生工具。

1. SAFE 的含义

SAFE 是交易双方为规避利率差或外汇掉期价差,或者为了在两者波动上进行投机而签订的协议。如果说 FRA 是一种非资产负债表形式的远期对远期贷款的话,那么 SAFE 就是一种非资产负债表形式的远期对远期互换,它是对未来利差(或掉期点数)变化进行保值或投机的双方所签订的协议。由于 SAFE 在某种程度上比 FRA 更趋于专业化,因此,它在市场上的应用面相对窄一些,流动性也差一些。

与 FRA 类似,SAFE 的交易双方所进行的也是名义上的远期对远期互换,交易中并无本金的交易,交割的只是市场汇率差与协定汇率差的差额,也属于表外业务。

在 SAFE 交易中,涉及两种货币:一种称为"原货币"(或"初级货币")(如例 5-8 中的英镑);另一种称为"次货币"(或"次级货币")(如例 5-8 中的美元)。当提到"某种货币的 SAFE"时,都是指原货币。两种货币将于未来某日(该日为结算日)进行首次兑换,然后在到期日再兑换回原来的货币。结算日与到期日交易的货币名义本金数量在大多数情况下是相等的。

SAFE 的买方是指结算日买入原货币,再在到期日出售原货币的当事人;卖方在结算日卖出原货币,再在到期日买入原货币。当双方同意进行 SAFE 交易时,实际上是就名义本金进行兑换的汇率达成协议,但实际上并没有发生本金的兑换。在结算日,根据协议里商定的汇率与结算日市场通行的汇率之差计算结算金额,由交易的一方向另一方支付现金。

SAFE 的功能是锁定远期对远期货币兑换的汇率,或者是锁定两个远期汇差。SAFE 是在 20 世纪 80 年代末发展起来的一种金融衍生交易工具,它与 FRA 一样是一种在场外交易的产品。国际市场上主要货币都可以通过 SAFE 进行交易,其常见期限从 1 个月到 12 个月不等。

2. SAFE 的基本术语

SAFE 的基本术语同 FRA 类似,也由英国银行家协会出版的《英国银行家协会远期外汇综合协议》(SAFEBBA)进行统一规范,但 SAFE 的词汇更为复杂,下面是一些常见的 SAFEBBA 词汇。

A_1:第一个协议数额(the first contract amount),即原货币名义本金数额。

A_2:第二个协议数额(the second contract amount),即原货币名义本金数额。

OER:完全汇率(the outright exchange rate),合约约定的结算日的远期汇率。

CFS:合同远期差额(the contract forward spread),合约约定的到期日与结算日的汇差。

SSR:即期结算汇率(the spot settlement rate),在结算日交割时的参考汇率的实际值。

SFS:远期结算差额(the settlement forward spread),在结算日市场,到期日远期汇率与当日市场汇率的汇差。

SAFE 中有关结算日、到期日的规定与远期利率协议关于日期的确定一致。例如,一份"1×4"的 SAFE,结算日在即期日 1 个月之后,到期日在即期日 4 个月后,而即期日则通常由交易日决定,一般是交易日之后的两个营业日。

在交易日,交易双方将就原货币(初级货币)A_1 和 A_2 的名义数额达成一致,分别在交割日和到期日进行交换,通常这些数额是相同的。同时,交割日和到期日进行交换的汇率也在协议里固定下来,以此计算出次货币的名义数额。

3. SAFE 的交割

SAFE 的交割方式与交割数额的计算与 FRA 很相似。交割数额的计算公式为

$$S = A_2 \times \frac{\text{CFS} - \text{SFS}}{1 + \left(i \times \dfrac{D}{B}\right)} \tag{5-7}$$

式中：S——交割数额；

　　A_2——第二个协议原货币名义本金数额；

　　CFS——合同约定的到期日与交割日的汇差；

　　SFS——在交割日市场上远期结算差额（到期日远期汇率与当日汇率的汇差）；

　　i——次货币的利率；

　　D——协议期限的天数；

　　B——次货币天数的计算惯例（美元 360 天、英镑 365 天）。

按照式(5-7)，计算结果若为正值，则意味着卖方向买方支付；若为负值，则意味着买方向卖方支付。按照市场惯例，合约的面额都是用初级货币表示的，但交割额却都是用次级货币表示的。例如，对于一份面额为 1 000 英镑的英镑对美元的"1×13"的 SAFE，交割数额都是用美元表示的。

【例 5-10】 假设某日市场上的利率和汇率水平见表 5-6。

表 5-6　某日市场上的利率和汇率水平

	即期汇率	1 个月	3 个月	1×4 个月
英镑/美元	1.8	53/56	212/215	158/162
英镑利率		6%	6.25%	6.3%
美元利率		9.625%	9.875%	9.88%

某投资者预期"1×4"的英镑和美元的远期利差会进一步增大，于是卖出"1×4"，合同金额 1 000 000 英镑的远期外汇综合协议。

1 个月后的市场利率和汇率水平见表 5-7。

表 5-7　1 个月后的市场利率和汇率水平

	即期汇率	3 个月
英镑/美元	1.8	176/179
英镑利率		6%
美元利率		10%

试计算该投资者的盈亏情况。

解： 依题意，投资者卖出"1×4"的 SAFE。其中，

$A_1 = A_2 = 1\,000\,000$，CFS $= 0.016\,2$，SFS $= 0.017\,6$，$i = 10\%$，

$D = 90$，$B = 360$

交割数额 $S = A_2 \times \dfrac{\text{CFS} - \text{SFS}}{1 + \left(i \times \dfrac{D}{B}\right)} = 1\,000\,000 \times \dfrac{0.016\,2 - 0.017\,6}{1 + \left(10\% \times \dfrac{90}{360}\right)} = -1\,365.85\,(\text{美元})$

结算金额为负值，说明远期外汇综合协议的买方要向卖方支付 1 365.85 美元，即该投资者的收益为 1 365.85 美元。

5.4 远期合约的定价

远期合约的定价是运用无套利分析法，为远期合约从理论上进行定价。本节重点分析无收益资产远期合约的定价、支付已知现金收益资产远期合约的定价和支付已知收益率资产远期合约的定价3个部分。为了便于对不同资产远期合约进行理论上的定价，不只需要一些基本假设和统一符号，更需要分清楚远期价格和远期价值的关系。

5.4.1 基本假设和符号

1. 基本假设

(1) 市场无摩擦，即市场上无交易费用、无保证金要求、交易数量无限可分。
(2) 所有交易的利润适用于相同的税率。
(3) 市场参与者能以相同的无风险利率借入或贷出资金。
(4) 远期合约没有违约（信用）风险。
(5) 允许现货卖空行为。
(6) 市场参与者都是财富的追求者，或者说都是套利机会的追逐者。
(7) 不存在无风险的套利机会，或者说，当市场出现套利机会时，市场参与者将参与套利活动，市场价格将不断调整，从而使套利机会消失。

2. 符号

t：现在的时间（年），不到1年的以分数或小数计。
T：远期合约到期时间（年），不到1年的以分数或小数计。
S：远期合约标的资产在t时刻的价格。
S_T：远期合约标的资产在T时刻的价格（在t时刻这个值是未知的）。
K：远期合约中的交割价格。
f：远期合约多头在t时刻的价值。
F：t时刻远期合约中标的资产的远期理论价格，在本书中如无特别注明，均指远期或期货价格。
r：T时刻到期的以连续复利计算的t时刻的无风险利率（年利率），在本书中如无特别注明，利率均指连续复利。

符号中的T和t是从远期合约生效的某个日期（具体是什么时刻无关紧要）开始计算的。在后面的分析中，常用的时间变量是$T-t$，它代表以年为单位的远期合约的剩余时间，通常是远期合约的期限。

5.4.2 远期价格和远期价值

远期价格（或称远期理论价格），从理论上讲，是指使得远期合约价值f为零的交割价格。远期价格的高低与远期合约中标的资产的现货价格紧密相连。通常情况下，远期价格是指远期合约中的标的资产的理论价格，用F表示，它与远期合约中的交割价格K不是一回事，交割价格 K 是远期合约双方协商确定的，而远期价格 F 是根据相关因素计算出来的理论值。

远期价值则是指远期合约本身的价值，是远期合约能够为交易者带来的价值。在交易双方签署远期合约时，若交割价格 K 等于远期价格 F，则此时的远期合约价值就为零。但是随着时间的推移，远期价格 F 会随着相关因素的变化而改变，而原有远期合约的交割价格 K 则是不可能改变的，因此，原有远期合约的价值 f 就可能不再为零了。

如果市场上的信息是对称的，且远期合约双方对未来的预期相同，那么远期合约双方所选择的交割价格 K 就应该使得远期合约的价值在签署时等于零，这就意味着无须成本就可以处于远期合约的多头或空头地位。

远期合约签署时，其价值为 0 后，其价值既可能为正也可能为负，这取决于标的资产价格的变动。例如，如果合约签署之后不久该标的资产价格上涨很快，那么远期合约多头的价值变为正值而远期合约空头的价值变为负值。合约到期时，远期合约的价值就取决于标的资产到期时的市价与交割价格。

那么，远期合约中标的资产的远期理论价格到底如何确定呢？由于远期合约中的标的资产种类不同，所以其定价方法也不完全一样。下面按远期合约中标的资产本身有无收益，分别介绍无收益资产远期合约的定价、支付已知现金收益资产远期合约的定价和支付已知收益率资产远期合约的定价。

1. 无收益资产远期合约的定价

无收益资产是指在远期合约的有效期内，不支付红利或无其他现金流入的资产，而不是资产本身没有任何收益，如不分红的股票和折现债券（又称零息票债券）等。

运用无套利分析法，给无收益资产远期合约定价，其基本思路是构建两个投资组合，让其终值相等，则其现值一定相等，否则就存在套利机会，所以考虑如下两个资产组合。

组合 A：一份远期合约多头加上一笔数额为 $Ke^{-r(T-t)}$ 的现金；

组合 B：一单位的标的资产。

在组合 A 中，数额为 $Ke^{-r(T-t)}$ 的现金，以无风险利率 r，投资 $T-t$ 期限，到 T 时刻，其本息和将达到 K。这是因为 $Ke^{-r(T-t)}e^{r(T-t)}=K$，或者理解为将来的现金数量 K，以无风险利率 r，期限 $T-t$，折现到 t 时刻的现值就是 $Ke^{-r(T-t)}$。

在远期合约到期的 T 时刻，组合 A 中的 $Ke^{-r(T-t)}$ 这笔现金的终值 K，正好可以用来交割到期的远期合约，换来一单位的标的资产；而组合 B 本身就是一单位的标的资产。这样，根据无套利原则，两组合在时刻 t 的价值也应该相等，否则，套利者就可以通过购买相对便宜的组合，出售相对昂贵的组合来获得无风险利润，因此公式为

$$f+Ke^{-r(T-t)}=S$$

即

$$f=S-Ke^{-r(T-t)} \tag{5-8}$$

式(5-8)表明：无收益资产远期合约多头的价值 f 等于标的资产现货的价格 S 与远期合约交割价格 K 的现值的差额。或者说，一单位无收益资产远期合约多头的价值是由一单位标的资产多头和 $Ke^{-r(T-t)}$ 单位的无风险负债组成的。

由于远期合约标的资产理论价格(F)就是使合约价值(f)为零的交割价格(K),即当 $f=0$ 时,$F=K$。据此可以令式(5-8)中的 $f=0$,则有

$$0 = S - Ke^{-r(T-t)}$$
$$S = Ke^{-r(T-t)}$$

将远期合约标的资产理论价格 F 替代交割价格 K,则有

$$S = Fe^{-r(T-t)}$$

即

$$F = Se^{r(T-t)} \tag{5-9}$$

这就是无收益资产远期合约的理论定价公式。该定价公式又称无收益资产现货——远期平价定理。该式也表明:对无收益资产而言,远期价格等于其标的资产现货价格的终值。

【例 5-11】 设某只不支付红利的股票,现在价格为 30 元/股,3 个月期的无风险利率为 5%(年),试问:一份 3 个月期股票远期合约的远期理论价格应为多少?

依题意可知
$S=30$,$r=5\%$,$T-t=3/12=0.25$
根据式(5-9)有

$$F = Se^{r(T-t)} = 30e^{0.05 \times 0.25} = 30.38(元)$$

因此,该份 3 个月期股票远期合约的远期价格理论上应该是 30.38 元。

如果实际的远期价格大于 30.38(假如是 32)元,套利者将会以 5% 的利率借 30 元,期限 3 个月,用借来的 30 元买 1 股股票(现实中,合约里的买卖数量不可能只是 1 股股票),同时以 32 元的价格卖出远期合约(即合约中卖出股票的一方)。3 个月到期时,按合同价 32 元交割远期合约,同时归还借款本息 30.38($30e^{0.05 \times 0.25}$)元。这样,套利者借入 30 元购买 1 股股票,就可以获得套利利润:$1.62(F-Se^{r(T-t)}=32-30.38)$ 元。

反之,如果实际的远期价格小于 30.38(假如是 29)元,则套利者可以卖空股票,价格为 30 元/股,将所得收入进行其他投资,同时以 29 元/股的价格购买远期合约(即在合约中买入股票)。3 个月到期时,按合同价 29 元/股交割,这样卖空 1 股股票就可以获得 $1.38(Se^{r(T-t)}-F=30.38-29)$ 元的套利利润。

【例 5-12】 现有一份 3 个月期的远期合约多头,标的资产是 1 年期的折现债券,交割价为 950 元,3 个月期的无风险年利率(连续复利)为 5%,若该债券的现在价格为 940 元,试问:该远期合约多头的价值是多少?该债券 3 个月远期价格应为多少?

(1)因为折现债券属于无收益资产,依题意可知
$$S=940,K=950,r=5\%,T-t=0.25$$
由式(5-8)可算出该远期合约多头的价值为
$$f = 940 - 950e^{-0.05 \times 0.25} = 940 - 938.20 = 1.80(元)$$

相应地,该远期合约空头的价值为 -1.80 元。

(2)该债券 3 个月远期价格由公式(5-9)可得
$$F = Se^{r(T-t)} = 940e^{0.05 \times 0.25} = 951.82(元)$$

【例 5-13】 假设某种不支付红利的股票，6 个月远期的价格为 20 元，目前市场上 6 个月至 1 年的远期利率为 8%，求该股票 1 年期的远期价格为多少？

根据式(5-11)可知，该股票 1 年期的远期价格为

$$F^* = Fe^{\hat{r}(T^*-T)} = 20e^{0.08 \times 0.5} = 20.82(元)$$

类似地，可以推导出支付已知现金收益资产远期合约和支付已知收益率资产远期合约的不同期限远期价格之间的关系，在此不再赘述。

2. 支付已知现金收益资产远期合约的定价

支付已知现金收益的资产是指在合约到期前，会产生完全可以预测的现金流的资产，如附息债券和支付已知现金红利的股票。以这些资产为标的的远期合约，在合约有效期内，标的资产将为持有者提供完全可以预测的现金收益。黄金、白银等贵金属资产本身不产生收益，但需要花费一定的存储成本，存储成本可以看作合约有效期内的负收益。于是，令已知现金收益的现值为 I，那么，黄金、白银的现金收益就为 $-I$。

与无收益资产远期合约定价方法的思路一样，为了给支付已知现金收益资产远期合约定价，可以构建如下两个组合。

组合 A：一份远期合约多头加上一笔数额为 $Ke^{-r(T-t)}$ 的现金；

组合 B：一单位标的资产加上以无风险利率借入、期限为从现在到现金收益派发日、本金为 I 的资金（即负债）。

由于合约标的资产的现金收益正好可以用来偿还借款的本息，因此，在 T 时刻，组合 B 与一单位标的资产具有相同的价值，换句话说，就是在 T 时刻组合 B 的价值等于一单位标的资产；而组合 A 在 T 时刻的价值也等于一单位标的资产。根据无套利原则，在 t 时刻这两个组合的价值也应该相等，即

$$f + Ke^{-r(T-t)} = S - I$$
$$f = S - I - Ke^{-r(T-t)} \tag{5-10}$$

式(5-10)表明，支付已知现金收益资产的远期合约多头的价值 f 等于标的资产现货价格 S 扣除现金收益现值 I 后的余额与交割价格 K 的现值之差。或者说，一单位支付已知现金收益资产的远期合约多头，可以由一单位标的资产现值和 $I + Ke^{-r(T-t)}$ 单位的无风险负债共同构成。

又由于远期价格 F 就是使 $f = 0$ 的 K 值，故由式(5-10)可得

$$0 = S - I - Fe^{-r(T-t)}$$
$$S - I = Fe^{-r(T-t)}$$
$$F = (S - I)e^{r(T-t)} \tag{5-11}$$

这就是支付已知现金收益资产的现货——远期平价公式，它表明支付已知现金收益资产的远期价格等于标的资产现货价格 S 与已知现金收益 I 差额的终值。

【例 5-14】 已知某只股票现在的价格是 45 元/股，该股票在 3 个月、6 个月和 9 个月后均有 0.75 元/股的红利，所有到期日的无风险利率(连续复利)都是年利率 8%，现有一份 10 个月期、交割价为 50 元/股的远期合约，试问：该远期合约多头的价值是多少？投资者应该持有多头还是空头？为什么？该股票 10 个月远期的理论价格应为多少？

(1) 因为该股票是属于支付已知现金收益的资产，依题意可知
$$S=45, K=50, r=8\%, T-t=10/12=0.8333$$
已知现金收益 I 的现值为
$$I=0.75e^{-0.08\times 3/12}+0.75e^{-0.08\times 6/12}+0.75e^{-0.08\times 9/12}=2.162(元)$$
将上述已知条件代入式(5-10)$f=S-I-Ke^{-r(T-t)}$ 可得远期合约多头的价值为
$$f=S-I-Ke^{-r(T-t)}=45-2.162-50e^{-0.08\times 0.8333}=-3.937(元)$$
故投资者应该持有该远期空头，因为合约多头的价值为负，不能给投资者带来价值。

(2) 由式(5-11)$F=(S-I)e^{r(T-t)}$ 可知该股票10个月远期的理论价格应为
$$F=(S-I)e^{r(T-t)}=(45-2.162)e^{0.08\times 0.8333}=45.79(元)$$

因此，套利者可以根据计算出来的理论价格与远期合约价格比较，若远期合约价格低于45.79元，则套利者可以卖空股票，购买远期合约（即持有合约多头）；若远期合约价格高于45.79元（本例题中是50元），则套利者就可以卖出远期合约（即持有合约空头），买入股票。到期按50元的价格交割远期合约，获得套利收益。

【例5-15】 假设目前黄金的现价为450美元/盎司，其存储成本是每年2美元/盎司，在年底支付，无风险的连续复利利率为7%，求1年期黄金的远期价格是多少？

依题意可知
$$S=450, r=7\%, T-t=1$$
$$I=-2e^{-0.07\times 1}=-1.865$$
由式(5-11)可得1年期黄金的远期价格为
$$F=(S-I)e^{r(T-t)}=(450+1.865)e^{0.07\times 1}=484.6(美元/盎司)$$

【例5-16】 假设一种3年期的债券，票面金额为1000元，利率为12%，每半年付息一次，现在的市场价格是990元，6个月和1年的无风险利率分别为9%和10%，若该债券1年期的远期合约的交割价为1001元，试问：该远期合约多头的价值是多少？该债券1年期的理论价格应该是多少？

(1) 依题意可知该债券是支付已知现金收益的资产，半年和1年的现金收益分别为60元($1000\times 12\%\times 1/2$)，因此，已知现金收益 I 的现值为
$$I=60e^{-0.09\times 0.5}+60e^{-0.1\times 1}=111.65(元)$$
又已知
$$S=990, K=1001, r=10\%, T-t=1$$
根据式(5-10)可得远期合约多头的价值为
$$f=S-I-Ke^{-r(T-t)}=990-111.65-1001e^{-0.1\times 1}=-27.39(元)$$
(2) 由式(5-11)可得该债券1年期的理论价格为
$$F=(S-I)e^{r(T-t)}=(990-111.65)e^{0.1\times 1}=970.73(元)$$
由上述计算结果可知，投资者应该按现在的市场价格990（高于理论价格970.75）元卖出该标的债券，期限为1年，或者说持有该远期合约空头。

3. 支付已知收益率资产远期合约的定价

支付已知收益率的资产是指在到期日之前，将产生与该资产现货价格成一定比率的收益的资产。属于这类资产的有：①外汇，是最典型代表，其收益率是该外汇发行国的无风

险利率;②已知红利收益的股票;③股票价格指数也可以近似地看作支付已知收益率的资产,虽然各种股票的红利率是可变的,但是作为反映市场整体水平的股票价格指数,其红利率是较易预测的;④远期利率协议;⑤远期外汇综合协议。

与"无收益资产远期合约的定价"和"支付已知现金收益资产远期合约的定价"的思路一样,为了给支付已知收益率资产的远期合约定价,现构建以下两个组合:

组合 A:一份远期合约多头加上一笔数额为 $Ke^{-r(T-t)}$ 的现金;

组合 B:$e^{-q(T-t)}$ 单位的标的证券,并且所有收入都再投资于该证券,其中,q 为该资产按连续复利计算的已知收益率。

从以上分析可知,组合 A 在 T 时刻的价值等于一单位标的证券。组合 B 拥有的证券数量则随着获得红利的增加而增加,在 T 时刻,正好拥有一单位标的证券。根据无套利均衡分析,在 t 时刻,两组合的价值也应该相等,即

$$f + Ke^{-r(T-t)} = Se^{-q(T-t)}$$

或者

$$f = Se^{-q(T-t)} - Ke^{-r(T-t)} \tag{5-12}$$

式(5-12)表明,支付已知收益率资产的远期合约多头的价值等于 $e^{-q(T-t)}$ 单位证券的现值与交割价格 K 的现值之差,或者说,一单位支付已知收益率资产的远期合约多头可由 $e^{-q(T-t)}$ 单位标的资产和 $Ke^{-r(T-t)}$ 单位无风险负债构成。

令 $f=0$ 时,远期理论价格 F 就等于交割价格 K,于是有

$$F = Se^{(r-q)(T-t)} \tag{5-13}$$

这就是支付已知收益率资产的现货——远期平价公式,它表明支付已知收益率资产的远期价格等于按无风险利率(r)与已知收益率(q)之差计算的现货价格 S 在 T 时刻的终值。

若用 r_f 表示外汇发行国连续复利的无风险利率,S 表示以本币表示的一单位外汇的即期价格(即直接标价法),则外汇远期理论价格公式为

$$F = Se^{(r-r_f)(T-t)} \tag{5-14}$$

实际上这也是国际金融领域著名的利率平价关系,它表明若外汇的利率大于本国的利率($r_f > r$),则该外汇的远期汇率应小于即期汇率;若外汇的利率小于本国的利率($r_f < r$),则该外汇的远期汇率应大于即期汇率。

【例 5-17】某股票现在的价格是每股 24 元,年平均红利率为 4%,无风险利率为 10%,若该股票 6 个月的远期合约的交割价为 26 元,求该股票远期合约的价值及远期价格各是多少?

依题意可知

$S=24$,$q=4\%$,$T-t=0.5$,$K=26$,$r=10\%$

由式(5-12)可得远期合约多头的价值为

$$f = 24e^{-0.04 \times 0.5} - 26e^{-0.1 \times 0.5} = 23.52 - 24.73 = -1.21(元)$$

远期价格由式(5-13)可得

$$F = 24e^{(0.1-0.04) \times 0.5} = 24.73(元)$$

【例 5-18】已知美元兑人民币的即期汇率是 1 美元=7.57 元人民币,美元和人民币的 3

个月期无风险利率分别是 0.875% 和 1.71%,求 3 个月远期美元兑人民币的汇率是多少?

依题意可知

$S=7.57$,$r=1.71\%$,$r_f=0.875\%$,$T-t=3/12=0.25$

由式(5-14)可得

$$F=7.57e^{(0.0171-0.00875)\times 0.25}=7.59(元)$$

因此,3 个月远期美元兑人民币的汇率应为 1 美元=7.59 元人民币。

【第 5 章 小结】

思考与练习

1. 假设 3 个月期的即期年利率为 5.25%,12 个月期的即期年利率为 5.75%,试问:3 个月后执行的 9 个月期(3×12)的远期利率是多少?(设此处的利率都为连续复利)

2. A 银行计划在 3 个月后筹集 3 个月短期资金 1 000 万元,为了避免市场利率上升带来筹资成本增加的损失,该银行作为买方与另一家银行签订了一份 FRA,协议利率为 8.00%,协议金额为 1 000 万元,协议天数为 91 天,参考利率为 3 个月的 SHIBOR,试问:在以下两种情况下,该银行的利息收支的差额情况如何?

(1) 在基准日 SHIBOR 为 7.90%。

(2) 在基准日 SHIBOR 为 8.10%。

3. 假设现在市场上的利率和汇率水平见表 5-8。

表 5-8　现在市场上的利率和汇率水平

	即期汇率	1 个月	3 个月	1×4 个月
欧元/美元	1.800 0	53/56	212/215	158/162
欧元利率		6.00%	6.25%	6.30%
美元利率		9.625%	9.875%	9.88%

又假设投资者预期 1×4 个月的欧元与美元的远期利率差会进一步增加,如果 1 个月后的市场上的利率和汇率水平变为表 5-9,试分析投资者的盈亏情况和现金流。

表 5-9　1 个月后的市场上的利率和汇率水平

	即期汇率	3 个月
欧元/美元	1.7 000	166/169
欧元利率		6.00%
美元利率		10.00%

4. 假设现在 6 个月即期年利率为 9%(连续复利,下同),1 年期的即期利率是 10%。如果市场给出的 6 个月到 1 年期的远期利率为 10.5%,那么这个远期利率的定价是否合理?这样的市场行情能否产生套利活动?若存在,如何套利?

5. 假定货币市场上欧元年利率是 6%,美元年利率是 10%;外汇市场上欧元与美元的即期汇率是 1 欧元兑换 1.85 美元(1∶1.85)。请问 6 个月期的远期汇率是多少?如果市场上给出的欧元对美元的 1 年期远期汇率为 1 欧元兑换 1.9 美元,请问是否存在套利机会?若存在,如何套利?(假设在美国的外汇市场上)

6. 假设一只无红利支付的股票，目前市价为25元/股，无风险连续复利的年利率为8%。求该股票3个月期的远期价格是多少？

7. 假设某股票目前的市价为30元/股，预计在2个月和5个月后每股分别派发1元股息，所有期限的无风险连续复利年利率均为6%，一投资者持有该股票6个月期的远期合约空头，试问：

(1)该股票6个月的远期价格应为多少？

(2)3个月后，该股票价格涨到35元/股时，该合约空头的价值和远期价格各是多少？

8. 已知现在白银的价格为80元/盎司，存储成本为每年2元/盎司，于每3个月月初支付一次，所有期限的无风险连续复利率均为5%，求9个月后交割白银的远期价格是多少？

9. 有一份远期合约，其标的资产是现在股价为50元/股的股票，合约交割价是51元/股，期限为10个月。假设所有到期日的无风险连续复利都是8%，且3个月、6个月、9个月后都有0.75元/股的红利支付，求该合约多头的价值和远期价格各是多少？

10. 已知美元兑日元的即期汇率为1美元＝120日元，一远期合约多头美元的交割价为119日元，且美元和日元3个月的无风险利率分别是1.025%和0.725%，求：

(1)该远期合约多头的价值是多少？

(2)3个月远期美元兑日元的汇率应为多少？

11. 某存款账户年利率为12%(按连续复利计息)，但是利息是按季度支付的，那么10 000元本金每季度可得的利息收入是多少？

12. 某存款账户年利率为12%(按季度复利计息)，一笔10 000元的本金存期为6个月，投资者在存款期满后将得到多少本利和？

13. 某存款账户年利率为12%(按半年复利计息)，但是利息按季度支付，那么10 000元本金每季度获得的利息是多少？

【第5章在线答题】

第6章 期 货

学习目标及思维导图

本章主要介绍标准化期货合约的要素、种类及交易机制，在比较期货合约与远期合约的联系与区别的基础上，进一步分析期货合约与现货、远期之间的价格关系，并着重分析外汇期货、股票价格指数期货、利率期货定价的原理。其中，期货合约与现货、远期之间的价格关系是本章的重点，外汇期货、股票价格指数期货、利率期货定价的原理是本章的难点。

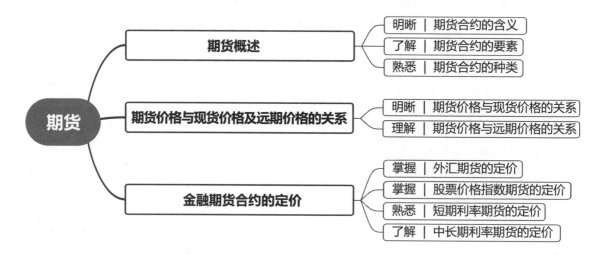

6.1 期货概述

6.1.1 期货合约的含义

远期市场出现的时间可以追溯到古希腊时期,而真正有组织的期货市场直到19世纪才初露端倪。期货市场是远期交易发展的产物,为什么会出现期货市场呢?首先来看看远期交易者经常遇到的一些难题。

情形一:商品供求双方为了回避货物价格波动的风险,事先对货物的未来交易签订合同,即便买卖双方已经建立长期的供求关系,为了避免交易上的纠纷,每次签订远期交易合同都要在详细审查定夺每一项条款上花费时间、精力和金钱。

情形二:商品供求双方签订了远期交易的合同,在合同到期执行前,由于商品市场价格的变动,使得其中一方违约得到的利益大于遵守协议所遭受的损失,于是信用风险出现,因商品价格的变化而得利益的一方不惜撕毁合同,直接在市场上交易商品,获取更多的利益。

情形三:当远期合同中包含的权利义务关系出现转让的主观要求时,会遇到市场无法对远期合约的交易进行合理的定价以及合同条款对转让的约束问题,导致客观上很难找到合同的受让方,最终影响合约的正常履行。

有没有一种更好的交易方式可以克服远期交易中经常遇到的上述问题呢?答案是肯定的。期货交易的出现丰富了交易手段,增加了回避价格变动风险的方式,使交易制度的发展向前跨越了一大步。

【6-1 拓展视频】

1865年,美国的芝加哥期货交易所(Chicago Board of Trade,CBOT)在从事远期交易的基础上,推出了第一份真正意义上的标准化期货合约——玉米期货合约,它由交易所统一制定合同规定在未来特定日期交割的各项条款,并只允许在交易所内进行合同交易,参与者必须向交易所缴纳与合约价值相应的保证金(margin),由交易所担当买卖双方的信用担保和中介。这一制度的创新标志着期货交易(futures trade)的出现。

期货交易,是指交易双方在特定的场所,依照特定的规则和程序,买卖某种标准化期货合约的交易。期货合约(futures contract),是由交易所统一制定,规定在将来某一时间和地点,按照规定价格买卖一定数量和质量的实物商品或金融商品的标准化合约。

期货交易是在专门的期货交易所内进行的,期货交易所内聚集着该商品的众多买方和卖方,这使得交易者寻找各自的交易对手比较容易。同时,又由于期货合约是标准化的,唯一的变量是价格,这就使得买卖双方得以在合约到期日以前进行与原来买卖部位方向相反的操作,以解除双方在合约到期后进行实物交割的责任,这种操作方式在期货交易中被称为"对冲平仓"(hedging and closing positions)。一份期货合约达成以后,直至合约交割期到来之前这段时间内,通常会多次买进或卖出,最后进行实物交割的期货合约比例很小。

这种买卖期货合约的"纸上交易"既为经营者提供了转移价格变动风险的渠道，又为投机者创造了频繁买卖期货合约赚取价差收益的机会。同时，由于在期货交易中买卖双方也可以选择实物交割方式来了结交易，这使得期货市场和现货市场紧密地联系在一起，保证期货价格真实地反映现货市场价格的变动情况，确保期货市场套期保值功能的正常发挥。

【6-2 拓展视频】

表6-1为郑州商品交易所的优质强筋小麦（强麦）期货合约；表6-2列举了世界主要的期货交易所及交易的主要标的资产；表6-3列举了中国主要的期货交易所及交易的主要标的资产。

表6-1 优质强筋小麦（强麦）期货合约

交易单位	20 吨/手
报价单位	元（人民币）/吨
最小变动价位	1 元/吨
每日价格波动幅度限制	不超过上一交易日结算价的±4%及《郑州商品交易所期货交易风险控制管理办法》相关规定
合约交割月份	1、3、5、7、9、11月份
交易时间	每周一至周五（北京时间 法定节假日除外） 上午 9:00～11:30；下午 1:30～3:00
最后交易日	合约交割月份的第 10 个交易日
最后交割日	合约交割月份的次月 20 日
交割品级	符合《中华人民共和国国家标准 小麦》（GB 1351—2008）的三等及以上小麦，且稳定时间、湿面筋等指标符合《郑州商品交易所期货交割细则》规定要求
交割地点	交易所指定交割地点
最低交易保证金	合约价值的 5%
交割方式	实物交割
交易代码	WH

资料来源：http://www.czce.com.cn

表6-2 世界主要的期货交易所及交易的主要标的资产

交易所名称	交易的期货品种
芝加哥期货交易所（CBOT）[①]	大豆、小麦、稻谷、豆油、玉米、燕麦、豆粕、道琼斯指数、美国国债、美国联邦基金利率
芝加哥商品交易所（CME）	活牛、饲牛、瘦肉、牛奶、标普500指数、日经225指数、纳斯达克100指数、富时中国50指数、标普印度股指、欧元兑美元、墨西哥比索兑美元、澳元兑美元、日元兑美元、瑞郎兑美元、加元兑美元、英镑兑美元、巴西雷亚尔兑美元、卢布兑美元、欧洲美元、人民币兑美元、新西兰元兑美元

---

① 2006 年 CBOT 与 CME 合并，合约仍然注明原来所交易的市场，可理解为不同的板块。

(续表)

交易所名称	交易的期货品种
纽约商业交易所（NYMEX）	轻质原油、天然气、RBOB汽油、取暖油、棉花、咖啡、可可、糖、钯、铂、美国钢卷
纽约商业期货交易所（COMEX）	黄金、铜、白银
纽约泛欧证券交易所（NYSE：NYX）	玉米、粉状小麦、油菜籽、菜籽油、脱脂奶粉、无盐黄油、甜乳清粉、木屑颗粒、个股期货、巴黎CAC40指数、葡萄牙PSI20指数、比利时Bel20指数、荷兰AEX指数、英镑兑美元、欧元兑美元、英镑兑欧元
伦敦金属交易所（LME）	铜、铝、铅、锌、镍、锡、钴、钼、塑料、聚丙烯、钢坯
新加坡交易所（SGX）	澳元兑日元、澳元兑美元、人民币兑美元、新加坡元兑人民币、韩元兑美元、印度卢比兑美元、泰铢兑美元、海峡时报指数、日经225指数、富时中国A50指数、MSCI印尼指数、原油、燃料油、煤、电、铁矿石、黄金、橡胶、聚丙烯、欧洲美元、欧洲日元、日本政府债券
香港交易所（HKEX）	恒生指数、H股指数、个股期货、股息期货、美元兑人民币、欧元兑人民币、日元兑人民币、澳元兑人民币、伦敦铝、伦敦铜、伦敦锌、伦敦镍、伦敦锡、伦敦铅、港元利率

表6-3 中国主要的期货交易所及交易的主要标的资产

交易所名称	交易的期货品种
上海期货交易所	铜、铝、锌、铅、橡胶、沥青、钢材、热卷、黄金、白银、锡、镍、燃油
大连商品交易所	铁矿石、豆油、棕榈油、大豆、豆粕、玉米、塑料、PVC、焦炭、焦煤、鸡蛋、胶合板、纤维板、聚丙烯、玉米淀粉
郑州商品交易所	强麦、普麦、棉花、白糖、PTA、菜籽油、早籼稻、甲醇、玻璃、油菜籽、菜籽粕、动力煤、粳稻、晚籼稻、硅铁、锰硅
中国金融期货交易所	股票价格指数期货、国债期货

资料来源：各交易所网站。

【6-3 拓展视频】

【6-4 拓展视频】

6.1.2 期货合约的要素

期货合约是标准化的契约，合约中对交易品种、交易单位、交割月份、到期时间等内容都有详尽的要求。归纳起来，期货合约的要素主要有以下几个方面。

1. 合约交易的品种

期货合约的品种是指期货合约交易的标的资产。能够进行期货交易的标的资产主要分为两大类：一类是实物商品；另一类是金融商品。期货交易的品种由交易所确定，不同交易所推出的交易品种各不相同（见表6-2），在具体的行情表中，交易品种经常用代码来表示。

2. 合约单位

合约单位也称交易单位，它是指一份期货合约所包含的商品或金融工具数量的多少以及数量单位。交易所统一交易单位的好处是买卖合约时只需说明买卖几张（手）合约，而不必特别指明具体的数量和数量单位，这给交易带来了便利。

例如，芝加哥商品交易所的活牛期货每手为 40 000 磅，牛奶为 200 000 英担，大豆期货每手为 5 000 蒲式耳（5 000Bushel，约 136 吨），欧元兑美元每手为 125 000 欧元，日元兑美元每手为 12 500 000 日元，澳元兑日元每手为 200 000 澳大利亚元，日经股价指数（Nikkei Stock Average）一份合约的价值为 500 日元与指数点位的乘积。芝加哥期货交易所美国 5 年期国债期货（5-Year T-Note Futures）、10 年期国债期货合约（10-Year T-Note Futures）每手为 100 000 美元。我国上海期货交易所推出的铜、铝金属期货交易单位为每手 5 吨；大连商品交易所交易的大豆、玉米期货合约交易单位为每手 10 吨；郑州商品交易所的棉花、菜籽油期货合约交易单位为每手 5 吨，小麦为每手 10 吨；中国金融期货交易所的 5 年期国债期货合约每手为面值 100 万元人民币中期国债。

3. 合约月份

合约月份是指进行实物交割的期货合约买卖双方履行各自的权利义务、交收货物使合约得以履行的月份。期货合约的合约月份由交易所规定，它根据各种具体商品的生产和流通情况的不同而有所区别，短的有几个月，长的可达 20 年以上。由于农产品的生产和消费有很强的季节性，许多农产品期货的交割月份就具有明显的季节性特点，同一种标的资产的不同期货品种是按照合约月份来区分的。

例如，同样是小麦期货合约，根据合约月份的不同，有 3 月小麦、5 月小麦、7 月小麦等不同合约品种，交易者可以根据交易需要进行选择。许多交易所对合约月份用代码来表示，见表 6-4。

表 6-4 期货合约月份代码

月份	代码	月份	代码
1 月	F	7 月	N
2 月	G	8 月	Q
3 月	H	9 月	U
4 月	J	10 月	V
5 月	K	11 月	X
6 月	M	12 月	Z

---

① 英担（Hundredweight），重量单位，1 英担＝112 磅＝50.802 千克。

4. 最小变动价位

最小变动价位是指在进行期货交易时,买卖双方报价所允许的最小变动幅度(Tick),每次报价时价格的变动值必须是这个最小变动价位的整数倍。最小变动价位乘以交易单位就可以得到该合约的最小变动值。合约报价的最小变动价位依据合约规格的大小、标的资产种类的不同以及该资产价格波动的剧烈程度而有所不同。

例如,芝加哥期货交易所 10 年期美国国债期货的最小变动价位是 1 000 美元(one point)的 1/32 的一半(1/32×1/2),即每份合约最小的价值变化是 15.625 美元。玉米期货合约的最小变动价位是合约报价单位"每蒲式耳 0.01 美元"的四分之一,即每份合约 12.5 美元。芝加哥商品交易所的标准普尔 500 指数期货合约直接交易的最小变动的点位是 0.10 点,即 25 美元(250$×0.10)。日历价差交易的最小变动的点位是 0.05 点,即 12.5 美元(250$×0.05)。日经股价指数一份合约的最小变动点位为 5 个点,价值 2 500 日元(500￥×5)。上海期货交易所交易的铜期货合约的最小变动价位是 10 元/吨,每份合约的最小变动值是 50 元。郑州商品交易所的小麦期货合约的最小变动价位是 1 元/吨,每份合约的最小变动值则为 10 元。

5. 每日价格最大波动幅度限制

每日价格最大波动幅度限制又称涨跌停板,它是指当日某期货合约的成交价格不能高于或低于该合约上一交易日结算价的一定幅度,达到该幅度则暂停该期货合约的交易。每种期货合约的当日价格的最大波动限幅根据具体的交易品种及该商品的市场特性的不同而有较大的区别。

例如,芝加哥期货交易所的大豆油期货每日价格最大波动幅度限制是每磅 0.02 美元,折合每张合约 1 200 美元,燕麦则为每张合约 100 美元。芝加哥商品交易所的活牛期货合约每磅的价格幅度限制是 0.03 美元,折合成每张合约为 1 200 美元;标普 500 股票价格指数合约的隔夜(从下午 5:00 点到次日上午 8:30)涨跌幅限制是 5% 的上下振幅,此外还分别设定 7%、13% 和 20% 的向下熔断线。中国金融期货交易所对 5 年期国债期货合约设置的每日价格最大波动幅度是上一交易日结算价的 ±1.2%,对沪深 300 股票价格指数期货合约的每日价格最大波动幅度限制是上一个交易日结算价的 ±10%。上海期货交易所的铜期货合约每日价格最大波动幅度限制为不超过上一交易日结算价的 ±3%,燃料油每日价格最大波动为上一交易日结算价的 ±5%。郑州商品交易所的优质强筋小麦期货合约每日价格最大波动限制为不超过上一交易日结算价的 ±3%。但并非所有的期货合约都设定价格的涨跌幅度,一些发达国家的期货交易所根据交易对象的市场成熟度,逐渐取消了一些品种的价格波动幅度限制。

6. 交易时间

在每个正常的交易日中,期货合约在期货交易所内都有具体的交易时间。

例如,芝加哥期货交易所的玉米、大豆、小麦、豆粕、豆油期货的交易时间为美国中部时间(Central Time,CT)上午 9:30 到下午 1:15;10 年期美国国债期货的交易时间为周日到周五的下午 5:00 到次日下午 4:00,每日下午 4:00 到 5:00 间仅休息一个小时。我国的上海期货交易所、郑州商品交易所、大连商品交易所的日盘交易时间为每周一至周五上午 9:00 到 11:30，下午 1:30 到 3:00；夜盘交易时间为 21:00 开始到次日凌晨 2:30。夜盘的推出是在国际大宗商品期货价格相互影响的客观环境下，减少时区的因素导致的中国期货市场日间开盘有可能出现的价格隔夜跳空现象，方便期货市场交易者进行风险管理。

7. 最后交易日

最后交易日是指期货合约停止买卖的最后截止日期，每种期货合约都有一定的月份限制，到了合约月份的一定日期就要停止合约的买卖，准备通过交割来履行合约。不准备进行交割平仓的合约持有者必须在最后交易时间到来之前通过对冲平仓来了结手中的合约。

不同交易所及不同品种合约的最后交易时间不同。例如，芝加哥期货交易所的玉米、大豆、小麦期货合约的最后交易日为合约到期月份 15 个日历日的前一个交易日，10 年期美国国债期货合约的最后交易日为交割月最后营业日往回数的第 7 个营业日。上海期货交易所的铜、铝、锌、天然橡胶等期货合约的最后交易日为交割月份的 15 日（遇法定假日顺延）。大连商品交易所的玉米、大豆、豆粕等合约的最后交易日为合约月份的第 10 个交易日。

8. 合约到期日

合约到期日是指期货合约交割过程的最后一天。在合约到期日以前，买卖双方就要对持有的合约进行清算以了结所持有的头寸。具体的交割方式包括实物交割和现金清算两种。商品期货以实物交割为主，在交易所指定的仓库进行。金融期货的交割多数采用现金清算的方式，在交易所指定的银行完成。

【6-5 拓展视频】

例如，芝加哥期货交易所的 10 年期国库券期货合约的最后交易日为交割月份的最后一个交易日。大连商品交易所玉米的最后交割日为最后交易日后第 3 个交易日，豆粕为最后交易日后的第 4 个交易日，大豆为最后交易日后的第 7 个交易日（遇法定节假日顺延）。上海期货交易所多数合约的交割日期是最后交易日后连续 5 个工作日。

6.1.3 期货合约的种类

按照期货标的资产的不同性质，期货合约可以分为商品期货和金融期货两大类。

1. 商品期货（commodity futures）

【6-6 拓展视频】

商品期货是以普通商品为标的资产的期货合约，它主要包括农产品期货、金属期货和能源期货等。世界主要商品期货品种见表 6-5。

表 6-5 世界主要商品期货品种

农林产品	谷物：玉米、小麦、大麦、燕麦、粳米、籼米等
	油籽及其产品：大豆、大豆油、大豆粉、油菜籽、菜籽油、葵花籽等
	畜产品：活牛、瘦猪肉、奶粉、牛奶、奶酪等
	食品和饮料：糖、咖啡、可可、马铃薯、橙汁等
	纤维：棉花、蚕茧、生丝等
	林产品：原木、板材、纸浆、胶合板等
塑料	聚乙烯、聚丙烯、聚氯乙烯
天气	气温、降雪、飓风、降雨、霜冻
金属	金、银、铜、铝、铅、铂、镍、锌、铀、线材等
能源	原油、煤、汽油、柴油、燃料油、天然气、液化气(丙烷)、丁烷、乙醇等

2. 金融期货(financial futures)

在 20 世纪 70 年代以前，世界期货市场交易的主体仍然是各种商品期货，但在 1972 年，伴随着金融期货合约的引入，期货市场发生了巨大的变化。虽然金融期货远不如商品期货历史悠久，但其发展速度却比商品期货快得多。目前，金融期货交易已成为金融市场的主要内容之一，在许多重要的金融市场上，金融期货交易量甚至超过了其基础金融产品的交易量。

依据金融资产的种类不同，金融期货一般被划分为外汇期货、利率期货、股票价格指数期货 3 种。

(1) 外汇期货(forex futures)。

外汇期货合约是指期货交易所制定的一种标准化合约，合约对交易币种、合约金额、交易时间、交割月份、交割方式及交割地点等内容都有统一的规定，唯一变动的是价格。例如，在美国芝加哥商品交易所交易的主要外汇期货品种的合约内容见表 6-6。

表 6-6 芝加哥商品交易所交易的主要外汇期货品种的合约内容

外汇品种	合约单位	最小变动价位（美元）	合约的最小变动值（美元）	交割月份	交易时间	最后交易日
澳大利亚元（AUD/USD）	100 000AUD	0.000 05	5.00	3、6、9、12	周日到周五的下午 5 点到次日下午 4 点	交割月份的第三个星期三之前的第二个交易日
英镑（GBP/USD）	62 500GBP	0.000 1	6.25			
加拿大元（CAD/USD）	100 000CAD	0.000 05	5.00			
欧元（EUR/USD）	125 000EUR	0.000 05	6.25			
日元（JPY/USD）	12 500 000JPY	0.000 0005	6.25			
人民币（RMB/USD）	1 000 000RMB	0.000 1	10			

（续表）

外汇品种	合约单位	最小变动价位（美元）	合约的最小变动值（美元）	交割月份	交易时间	最后交易日
新西兰元（NZD/USD）	100 000NE	0.000 05	5.00	3、6、9、12	周日到周五的下午5点到次日下午4点	交割月份的第三个星期三之前的第二个交易日
瑞士法郎（CHF/USD）	125 000CHF	0.000 1	12.50			

资料来源：www.cme.com.

（2）利率期货（interest rate futures）。

利率期货合约是指标的资产价格依赖于利率水平的期货合约。利率期货可以分为两类：一类是短期利率期货，例如欧洲美元期货（eurodollar futures）和美国联邦基金期货（federal funds futures）；另一类是中长期利率期货，例如美国中期国债（10-Year T-Note Futures）和美国长期国债期货（U.S. Treasury Bond Futures），中国5年期、10年期国债期货等。

①30天美国联邦基金期货。30天美国联邦基金期货（30 Day Federal Funds Futures）由CBOT推出，活跃度居CME利率期货产品的前10位。其合约单位为票面金额5 000 000美元的美国国内银行间存单（domestic interbank deposit in the amount of $5 000 000），报价方式为100减美国联邦基金的隔夜利率，假如美国联邦基金隔夜利率为1.25%，则合约报价为98.75（100－1.25）美元。当临近交割月份时，该合约的最小价格波动幅度是0.002 5，即利率市场一个基点（basis point）的1/4（1/4 of 0.01%），对于一份合约而言，这相当于合约价值变动了10.417 5美元。30天美国联邦基金期货以现金方式交割，不涉及实物券的交收。

②欧洲美元期货。欧洲美元期货（eurodollar futures）由CME推出，是CME所有利率期货品种中交易量最大的热门品种。其交易标的物为"欧洲美元定期存单"（eurodollar interbank deposit）。合约单位为100万美元，期限为3个月，一个基点为0.01%的利率，最近月份的合约最小变动价位为利率0.01%的四分之一（每张合约6.25美元①），其他月份的合约为0.01%的二分之一。欧洲美元期货以指数形式报价，若3个月期的欧洲美元存款年利率为5.36%，则该欧洲美元定期存单期货报价为94.64美元。

【例6-1】某欧洲美元期货的报价为94.35，则该欧洲美元期货合约标的资产的价格是多少？

欧洲美元期货合约标的资产的价格为

$$10\ 000 \times 100 \times [1-(90/360) \times (1-94.35\%)] = 985\ 875(美元)$$

③中长期利率期货。国际金融市场中长期利率期货主要有芝加哥期货交易所推出的美国长期国债期货、美国10年期国债期货合约、美国5年期国债期货合约。例如，美国10

---

① 6.25＝100万 * 0.01% * (90/360) * (1/4)。

年期国债期货合约的单位为 100 000 美元面值的中期国债,合约报价时每个点价值为 1 000 美元,最小变动价位为 1/32 点的四分之一(每张合约 7.812 5 美元);假如合约的报价表示为 125—16,则相当于 $125\frac{16}{32}$,合约的价值为 125 500 美元,120—165 则相当于 $120\frac{16.5}{32}$,合约的价值为 120 515.63 美元;合约的交易时间为美国中部时间(CT)当日下午 5:00 到次日下午 4:00,合约月份为 3 月、6 月、9 月、12 月的循环季月,最后交易日是从交割月最后营业日往回数的第七个营业日,最后交割日是合约月份的最后一个营业日;可用以交割的债券可以是在合约月份的第一天起算,距离到期日不少于 6.5 年、不长于 10 年的国债。发票金额[①]的计算方法是:期货结算价格乘以转换因子加上孳生的利息,其中标准券的合约名义利率为 6%,交割方式采取联储电子过户簿记系统,具体可见表 6-7。美国 5 年期国债期货的合约单位为面额 10 万美元的中期国债。可供交割的债券是从交割月份的第一天算起距离到期日不超过 5 年零 3 个月,不少于 4 年零 2 个月的中期国债。合约的最小价格波动是一个点(1 000 美元)的 1/32 点的四分之一,假如合约的报价表示为 110—16,相当于 $110\frac{16}{32}$,110—162 相当于 $110\frac{16.25}{32}$,110—165 则相当于 $110\frac{16.5}{32}$,110—167 相当于 $110\frac{16.75}{32}$。最后交易日可以是合同到期月份的最后一个营业日,最后交割日是最后交易日后的三个工作日。美国长期国债的最小变动价位为 1/32 点(每张合约 31.25 美元),合约的标准券是票面利率为 6%、期限为 20 年的国债,可供交割的债券为交割月份的第 1 天算起距离到期日不超过 25 年、不少于 15 年的长期国债。

表 6-7　美国 CBOT 10 年期国债期货合约主要条款

CONTRACT UNIT	Face value at maturity of ＄100,000
PRICE QUOTATION	Points and fractions of points with par on the basis of 100 points
TRADING HOURS	CME Globex: Sunday—Friday 5:00 p.m. —4:00 p.m. CT (6:00 p.m. —5:00 p.m. ET). Monday—Thursday 4:00 p.m. —5:00 p.m. CT (5:00 p.m. —6:00 p.m. ET) daily maintenance period.
	TAS: Sunday—Friday 5:00 p.m. —2:00 p.m. CT (6:00 p.m. —3:00 p.m. ET) CME ClearPort: Sunday 5:00 p.m. —Friday 5:45 p.m. CT with no reporting Monday—Thursday from 5:45 p.m. —6:00 p.m. CT
	TAS: Sunday 5:00 p.m. (6:00 p.m. ET) —Friday 2:00 p.m. —(3:00 p.m. ET) with a pause from 2:00 p.m. —6:00 p.m. CT (3:00 p.m. —7:00 p.m. ET), Monday—Thursday

---

① 在期货交易中,期货多头希望能收取高票息率、已积累较高利息的债券,而空头方希望交割较便宜、息票率较低且刚过付息日不久的债券,为了解决这一利益矛盾,根据实际交割债券票息率和交割时间调整发票金额——为获得交割债券而支付的金额。

(续表)

MINIMUM PRICE FLUCTUATION	Outright: 1/2 of 1/32 of one point (0.015625) = \$15.625
	TAS: Zero or +/− 4 ticks in the minimum tick increment of the outright CALENDAR SPREAD 1/4 of 1/32 of one point (0.0078125) = \$7.8125
PRODUCT CODE	CME Globex: ZN CME ClearPort: 21 Clearing: 21 TAS: ZNS
LISTED CONTRACTS	Quarterly contracts (Mar, Jun, Sep, Dec) listed for 3 consecutive quarters
	TAS becomes available for a new contract month on the 15th day 3 months prior to the first day of the contract month. Two TAS months (and corresponding calendar spread) are supported for the two weeks prior to the nearer month's termination.
SETTLEMENT METHOD	Deliverable
TERMINATION OF TRADING	Trading terminates at 12:01 p.m. CT, 7 business days prior to the last business day of the contract month.
	TAS trading terminates at 2:00 p.m. CT on the last business day of the month prior to the contract month.
TAM OR TAS RULES	Trading at Settlement (TAS) is subject to the requirements of Rule 524. A. TAS trades off a "Base Price" of zero (equal to the daily settlement price) to create a differential versus the daily settlement price in the underlying futures contract month. The TAS clearing price equals the daily settlement price of the underlying futures contract month plus or minus the TAS transaction price.
	TAS Table
SETTLEMENT PROCEDURES	Treasury Settlement Procedures
POSITION LIMITS	CBOT Position Limits
EXCHANGE RULEBOOK	CBOT Chapter 19
BLOCK MINIMUM	Block Minimum Thresholds
PRICE LIMIT OR CIRCUIT	Price Limits
ALL OR NONE MINIMUM	All or None Minimums
VENDOR CODES	Quote Vendor Symbols Listing
DELIVERY PROCEDURE	Federal Reserve book−entry wire−transfer system.
LAST DELIVERY DATE	Last business day of the delivery month.

	(续表)
GRADE AND QUALITY	U. S. Treasury notes with a remaining term to maturity of at least six and a half years, but not more than 10 years, from the first day of the delivery month. The invoice price equals the futures settlement price times a conversion factor, plus accrued interest. The conversion factor is the price of the delivered note ($1 par value) to yield 6 percent

中国金融期货交易所推出两种国债期货合约中,10年期国债期货合约交易相对活跃,其主要条款如表6-8所示。

表6-8 中国10年期国债期货合约主要条款

合约标的	面值为100万元人民币、票面利率为3%的名义长期国债
可交割国债	发行期限不高于10年、合约到期月份首日剩余期限不低于6.5年的记账式附息国债
报价方式	百元净价报价
最小变动价位	0.005元
合约月份	最近的三个季月(3月份、6月份、9月份、12月份中的最近三个月循环)
交易时间	9:30～11:30,13:00～15:15
最后交易日交易时间	9:30～11:30
每日价格最大波动限制	上一交易日结算价的±2%
最低交易保证金	合约价值的2%
最后交易日	合约到期月份的第二个星期五
最后交割日	最后交易日后的第三个交易日
交割方式	实物交割
交易代码	T

资料来源:http://www.cffex.com.cn/(中国金融期货交易所)。

(3)股票价格指数期货(stock index futures)。

股票价格指数期货简称股指期货,它是以股票市场的指数为标的资产的期货。

1982年2月,堪萨斯城市交易所推出了道·琼斯综合指数期货合约,它标志着股指期货交易的产生。此后,芝加哥商品交易所推出了标准普尔500股指期货交易,日本、新加坡等地也先后开始了股票价格指数的期货交易,股指期货交易从此走上了蓬勃发展的道路。

股票价格指数期货合约的价值是用指数的点数乘以事先规定的单位金额而得到的。以芝加哥商业交易所交易最活跃的股价指数期货品种迷你(E-mini)标准普尔500股价指数期货为例,其合约价值为期货价格指数乘以50美元(每一指数点的价格),最小变动价位为0.25个指数点,即一份合约的最小变动为12.5美元。如果股价指数期货以2 000点成交,则合约价值为10 000美元(2 000点×50美元)。股指期货在交割时,采用现金交割的方式,按照合约约定价格与到期时现货价格的金额差异,按持有头寸交付现金进行结算。例如,在交割日,现货指数为2 060点,而期货合约指数为20 00点,则合约的卖方须支付3 000美元[(2 060

−2 000)点×50 美元]；如果现货指数为 1950 点，则买方须支付 2 500 美元[（2 000−1 950)点×50 美元]。表 6−9 为芝加哥期货交易所交易最活跃的迷你道·琼斯股票价格指数的合约。

表 6−9 E-mini Dow（$5）Futures

CONTRACT UNIT	$5×Dow Jones Industrial Average index
PRICE QUOTATION	U.S. dollars and cents per index point
TRADING HOURS	CME Globex： Sunday 6:00 p.m.—Friday—5:00 p.m. ET (5:00 p.m.—4:00 p.m. CT) with a daily maintenance period from 5:00 p.m.—6:00 p.m. ET (4:00 p.m.—5:00 p.m. CT) BTIC：Sunday—Friday 6:00 p.m.—4:00 p.m. ET CME ClearPort： Sunday 6:00 p.m.—Friday 6:45 p.m. ET (Sun 5:00—Fri 5:45 p.m. CT) with no reporting Monday—Thursday 6:45 p.m.—7:00 p.m. ET (5:45 p.m.—6:00 p.m. CT)
MINIMUM PRICE FLUCTUATION	1.00 index point = $5.00
PRODUCT CODE	CME Globex：YM CME ClearPort：YM Clearing：YM BTIC：YMT
LISTED CONTRACTS	Quarterly contracts (Mar, Jun, Sep, Dec) listed for 4 consecutive quarters
SETTLEMENT METHOD	Financially Settled
TERMINATION OF TRADING	Trading terminates at 9:30 a.m. ET on the 3rd Friday of the contract month BTIC trading terminates at 4:00 p.m. ET on the Thursday before the 3rd Friday of contract month
SETTLEMENT PROCEDURES	Settlement Procedures
POSITION LIMITS	CBOT Position Limits
EXCHANGE RULEBOOK	CBOT 27
PRICE LIMIT OR CIRCUIT	Price Limits
VENDOR CODES	Quote Vendor Symbols Listing

6.1.4 期货合约与远期合约的比较

【6−7 拓展知识】

期货合约是远期合约的发展产物，是远期合约的标准化。但这两者之间仍有很大的不同，主要表现在以下几个方面。

（1）合约产生的方式不同。期货合约是由期货交易所根据市场需求和变化推出的，合约的交易规模、标的资产的品质、交割日期和交割地点都由交易所确定，买卖双方进入交易所买卖合约就意味着接受了合约的内容。远期合约是由商品买卖双方通过协商达成的,是为了满足双方要求特别制定的合约。

(2)合约内容的标准化不同。期货合约的内容都是标准化的,由交易所在合约上做明确的约定,无须买卖双方自行协商,节约了交易时间、提高了交易效率,期货合约的唯一变量是价格;远期合约的条款则是由买卖双方协商约定的,具有很大的灵活性。

【6-8 拓展视频】

(3)合约的交易地点不同。期货合约在交易所内进行集中买卖,有固定的交易时间和地点,交易行为需要遵循期货交易所依法制定的交易规则;远期合约在交易所场外达成,具体时间、地点由交易双方自行商定。

(4)价格的确定方式不同。期货合约众多买方和卖方选择适合自己的合约后,按照各自的意愿出价和报价,通过经纪人在交易所汇合,以竞价方式来确定成交价格;远期合约的交易价格则是由买卖双方私下协商确定、一对一达成的。

(5)交易风险不同。期货交易所通过实行严格的保证金制度,为买卖双方提供了信用担保,使得市场参与者只面临价格波动的风险,不承担信用风险;远期合约交易不但存在价格风险,还要面对信用风险,因而买卖双方一般要根据对方信用状况在合约中约定违约赔偿的条款,以降低信用风险,但即便远期合约在签约时采取了缴纳定金、第三方担保等措施,在交易中的违约、毁约现象仍时有发生。

(6)合约的流动性不同。期货合约可以在到期前转让、买卖,可以通过相反的交易,即对冲平仓来了结履约责任;远期合约受条款个性化的限制,很难找到交易对手,因此多数情况下只能等到期时履行合约,进行实物交割,否则就属于违约。

(7)结算方式不同。期货交易每天都要由结算机构根据当天的结算价格对所有该品种期货合约的多头和空头计算浮动盈余或浮动亏损,并在其保证金账户上体现出来,如果账户出现亏损,使得保证金账户可动用的余额低于维持保证金水平,会员或客户就会被要求追加保证金,否则交易所会对其合约进行强行平仓;远期合约签订后,只有到期才能进行交割清算,其间均不能进行结算。

6.2 期货价格与现货价格及远期价格的关系

6.2.1 期货价格与现货价格的关系

期货市场是在现货市场的基础上发展起来的,因此期货价格与现货价格之间有着密切的联系。现货价格是期货价格变动的基础,而期货价格通过交易者对未来价格的预期作用来调节和引导现货价格,实物交割使期货价格在期货合约到期时收敛于现货价格。

1. 期货价格与现货价格变动的同向性

从理论上讲,成熟的期货市场中期货价格与现货价格之间具有同升同降和收敛一致的特点,如图6-1所示,其主要原因是影响现货市场的因素同样影响期货市场。当现货价格上升时,期货价格也上升;当现货价格下降时,期货价格也下降,两者变动幅度可能不同,但变动方向大多数情况下是相同的；而且，在期货合约成交后，随着交割月日益临近，持仓费随之逐步下降，现货价格与期货价格之间的价差日益缩小，两者必将收敛一致。

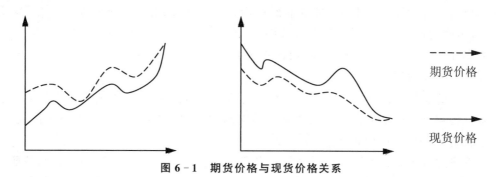

图 6-1　期货价格与现货价格关系

2. 期货价格与现货价格之间的价差分析

某种资产期货与现货的价格关系是通过基差(basis)的变化反映出来的，也就是期货价格与现货价格的差额，其计算方法为：基差＝现货价格－期货价格。在一个时间段里，如果期货价格与现货价格的变动完全并行一致，那么基差不变，即交易结束时的基差等于交易开始时的基差；反之，如果在交易过程中，期货价格与现货价格的变动不一致，就会引起基差的变化。在现实中，基差呈现出以下3种状况。

(1)基差为负。在这种情况下，期货价格高于现货价格，被称为正向市场状况。根据期货价格的基本理论——持有成本理论，持有期货意味着只有在未来的特定时间才能进行交割，在这期间，期货的所有人要付出仓储费用、保险费用、资金被占用的利息和货物损耗的成本，因此在正常的情况下，期货价格高于现货价格。负基差的上限是其绝对值不超过持有成本，否则将诱使交易商囤积现货、卖空期货，造成现货供给量的减少和价格的上升，期货价格下降，导致期货与现货的价差缩小，基差又回到合理的水平。

(2)基差为正。在这种情况下，现货价格高于期货价格，被称为逆向市场状况。这种现象一般在现货市场出现商品供应不足的时候出现，当现货短缺得到缓解、供求状况恢复正常时，逆向市场情况会改变。由于农产品受自然因素影响较大，其生产有强烈的季节周期性，因此在新作物收获期前或歉收年份容易出现逆向市场状况。

(3)基差为零。随着期货合约到期日临近时，期货价格中的持有成本逐渐消失，其价格与现货价格接近直到几乎相等，此时呈现基差为零的情况。

期货价格收敛于现货价格的过程中，基差会随着期货价格和现货价格变动幅度的差距而变化。当现货价格的上升幅度大于期货价格的上升幅度或现货价格的下降幅度小于期货价格的下降幅度时，基差会随之增强或变大。当期货价格的上升幅度大于现货价格的上升幅度或期货价格的下降幅度小于现货价格的下降幅度时，基差会随之减弱或变小。图 6-2 展示了基差的变化情况，其中图 6-2(a)表示基差增强，图 6-2(b)表示基差减弱。

3. 期货与现货平价理论

无套利分析法认为：如果能构建两种投资组合，让其终值相等，那么其现值一定相等，否则就会存在无风险套利机会。下面以不支付收益资产期货合约的定价为例，理解期

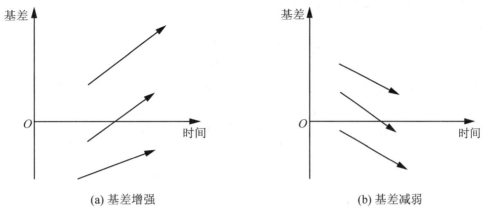

图 6-2 基差的变化情况

货合约与现货之间的平价定理。

(1)基本假设如下。

① 没有交易费用和税收。

② 市场参与者能以相同的无风险利率借入和贷出资金。

③ 期货合约没有违约风险。

④ 允许现货卖空行为。

⑤ 当套利机会出现时,市场参与者将参与套利活动,从而使套利机会消失,此时算出的理论价格就是在没有套利机会下的均衡价格。

⑥ 期货合约的保证金账户支付同样的无风险利率,这意味着任何人均可不花成本地取得期货的多头和空头地位。

(2)符号规定如下。

T:期货合约的到期时间,单位为年。

t:现在的时间,单位为年,$T-t$ 代表期货合约中以年为单位表示的剩下的时间。

S:标的资产在 t 时刻的价格。

S_T:标的资产在 T 时刻的价格(在 T 时刻这个值是个未知变量)。

K:期货合约中的交割价格。

f:期货合约多头在 t 时刻的价值。

F:t 时刻期货合约标的资产的理论价格,简称期货价格。

r:t 时刻按连续复利计算的无风险利率(年利率)。

(3)为了给无收益资产的期货定价,可以构建如下两种组合。

组合 A:一份期货合约多头(该合约规定多头在到期日可按交割价格 K 购买一单位标的资产)加上一笔数额为 $Ke^{-r(T-t)}$ 的现金。

组合 B:一单位标的资产。

在组合 A 中,$Ke^{-r(T-t)}$ 的现金以无风险利率投资,投资期为 $T-t$。到 T 时刻,其金额将达到 K,这是因为 $Ke^{-r(T-t)}e^{r(T-t)}=K$。

在期货合约到期时,这笔现金刚好可用来交割换来一单位标的资产。这样,在 T 时

刻，两种组合都等于一单位标的资产。由此可以断定，这两种组合在 T 时刻的价值相等，即

$$f+Ke^{-r(T-t)}=S$$
$$f=S-Ke^{-r(T-t)} \tag{6-1}$$

式(6-1)表明，无收益资产期货合约多头的价值等于标的资产现货价格与交割价格现值的差额。

期货价格(F)就是使合约价值(f)为零的交割价格(K)，即当 $f=0$ 时，$K=F$。据此可以令

$$f=S-Ke^{-r(T-t)} \text{ 中的 } f=0$$

则有

$$F=Se^{r(T-t)} \tag{6-2}$$

这就是无收益资产的现货-期货平价定理(spot - futures parity theorem)，它同样适用于远期合约的定价。这个定理表明，对于无收益资产而言，期货价格等于其标的资产现货价格的终值；如果 $F=Se^{r(T-t)}$ 不成立，则获得无风险套利机会。假设 $F>Se^{r(T-t)}$，即期货价格大于现货价格的终值，在这种情况下，套利者可以按无风险利率 r 借入现金 S，期限为 $T-t$，然后用 S 购买一单位标的资产，同时卖出一份该资产的期货合约，交割价格为 F。在 T 时刻该套利者就可将一单位标的资产用于交割期货合约换来现金 F，并归还借款本息 $Se^{r(T-t)}$，这就实现了 $F-Se^{r(T-t)}$ 的无风险利润。若 $F<Se^{r(T-t)}$，即期货价格小于现货价格的终值，套利者就可进行反向操作，即卖空标的资产，将所得收入以无风险利率进行投资，期限为 $T-t$，同时买进一份该标的资产的期货合约，交割价为 F。在 T 时刻，套利者收到投资本息 $Se^{r(T-t)}$，并以现金 F 购买一单位标的资产，用于归还卖空时借入的标的资产，从而实现 $Se^{r(T-t)}-F$ 的利润。

【例6-2】一份标的资产为某公司股票的6个月期货合约多头，其交割价格为120元，6个月期的无风险年利率(连续复利)为6%，该股票的现价为100元，在合约期间内该股票不支付股息。此时该期货合约的价格是多少？该期货合约多头的价值是多少？

根据期货与现货平价理论，此时该期货合约的价格是：$100e^{0.5 \times 0.06}=103.05$(元)

期货合约多头的价值是：$f=100-120e^{-0.5 \times 0.06}=100-116.45=-16.45$(元)

4. 期货价格与预期将来现货价格的关系*

在期货定价的理论当中，期货价格与预期将来的现货价格之间的关系存在3种传统的理论观点，它们分别是：预期假设理论、现货溢价理论和期货溢价理论。当前，这3种理论又被纳入了现代资产组合理论当中。

(1)预期假设理论认为期货价格应该等于未来即期价格的期望值，即 $F=E(S_T)$。这个假设的前提是所有市场参与者都是风险中性的，多头的期望盈利为 $E(S_T)-F$，空头的期望盈利为 $F-E(S_T)$，而 $F=E(S_T)$，则双方的期望盈利为零。但由于现实生活中交易成本的存在以及风险厌恶等因素的影响，往往期货价格并不等于而只是近似等于预期将来的现货价格，即 $F \approx E(S_T)$。当期货价格低于预期未来现货价格时称为现货溢价；而当期货价格高于预期未来现货价格时称为期货溢价。该定价理论忽略了风险补偿的问题。

以无收益资产为例,从资本市场风险和收益平衡的角度来说明期货价格与预期将来的现货价格之间的关系。根据预期收益率的概念有

$$E(S_T)=Se^{R(T-t)}$$

其中,$E(S_T)$表示现在市场上预期的该资产在T时刻的市价,R表示该资产的连续复利预期收益率,r为按连续复利计算的无风险利率,S为当前的资产价格,t为现在时刻,与此同时有

$$F=Se^{r(T-t)}$$

比较以上两式可知,R和r的大小决定了F和$E(S_T)$的大小,而R的大小取决于标的资产的系统性风险。根据资本资产定价原理,若标的资产的系统性风险为0,则$r=R$、$F=E(S_T)$;若标的资产的系统性风险大于零,则$R>r$、$F<E(S_T)$;若标的资产的系统性风险小于零,则$R<r$、$F>E(S_T)$。在现实生活中,大多数标的资产的系统性风险都大于零,因此,在大多数情况下,$F<E(S_T)$。

(2)现货溢价理论认为大多数商品的供应者都是规避价格变动风险的套期保值者,商品供应者为了能够规避价格下跌的风险在期货市场顺利卖出合约进行套期保值,就要给投机者提供期望收益,吸引他们成为交易对手。例如,某铜矿冶炼公司想通过卖空期货合约来规避铜价下跌的风险,只有在他提供的期货价格低于将来即期价格的预期值时,投机者才会因想获得$E(S_T)-F$的预期利润而做多头。投机者预期盈利就是套期保值者的预期损失,为了规避价格变动的不确定性,套期保值者愿意承担这一确定的损失。现货溢价理论认为期货价格与将来即期价格之差会随着合约到期日的临近逐渐上升,直到最后$F=E(S_T)$。这一理论认识到了风险溢价在期货市场中的重要性,但它是基于整体风险而不是系统风险的。

(3)期货溢价理论与现货溢价理论相反,它认为自然的套期保值需求者是商品的购买者而并非商品的供给者。例如,某铜金属加工商需要购买铜作为原材料,为了规避购进原材料价格上升所带来的风险,他要买进期货合约进行套期保值锁定购买成本,于是他通过向投机者支付期货溢价来吸引他们做期货空头,使他们可以获得$F-E(S_T)$的利润。

显然,任何商品都有买期保值者和卖期保值者,于是折中的观点认为,买期保值和卖期保值数量的多少决定着F与$E(S_T)$的大小。

(4)现代资产组合理论对3种传统假设理论进行了完善,提炼出了用于决定风险溢价的风险概念,即认为如果资产有正的系统风险,那么期货价格就会比预期的未来即期价格低。以某只不支付红利的股票为例,$E(S_T)$为对股票未来价格的期望,k为股票的必要收益率(连续复利率),r为按连续复利计算的无风险利率,股票的当前价格S等于其期望未来收益的现值,即

$$S=E(S_T)e^{-k(T-t)}$$

从期货与现货平价理论可以得到

$$S=Fe^{-r(T-t)}$$

由于上两式右边等价可以求解出

$$F=E(S_T)e^{(r-k)(T-t)}$$

从上式可以看出F与$E(S_T)$孰高孰低取决于r与k,当$k>r$时,F小于期望的未来即

期价格 $E(S_T)$，这意味着当资产的系统风险为正时，合约的多头会获利。

6.2.2 期货价格与远期价格的关系

期货合约与远期合约的结算制度不同，期货合约是逐日进行结算的，当无风险利率恒定，且所有期限的利率均相同时，交割日相同的远期合约的远期价格和期货价格相等，但是现实当中，利率是变动的，这使得理论上期货价格和远期价格出现不一致的情况。例如，当标的资产的价格 S 与利率高度正相关，当 S 上升时，持有期货多头头寸的交易者就会因为每日结算而获利，这种正相关关系还使得这个交易者可以将获得的利润进行再投资，实现更高的收益。同样，当 S 下降时，交易者会遭受损失，为弥补流出的现金（如追加保证金），投资者可以在市场上以较低的利率获得融资。而持有远期合约多头头寸的交易者将不会因为利率变动而受到上述影响。因此，当 S 与利率高度正相关时，期货价格要高于远期价格；当 S 与利率高度负相关时，远期价格高于期货价格，比如，理论上利率期货的价格会比远期价格要低。期货价格和远期价格的差异还取决于合约有效期的长短。对于有效期较短的期货合约与远期合约来说，二者的价格差异非常小，所以往往可以忽略不计。此外，税收、交易成本、保证金、违约风险和流动性等因素都会导致远期价格与期货价格的不一致。

现实生活中，期货合约和远期合约的价格差异往往可以忽略不计。因此，在大多数情况下，仍可以合理假定期货价格与远期价格相等，第 5 章中对远期合约的定价同样适用于期货合约。

6.3　金融期货合约的定价

6.2 节以不支付收益证券的期货合约的定价为例，分析了期货与现货平价理论。本节具体讲述金融期货合约的主要品种：外汇期货、股票价格指数期货、短期利率期货，从而进一步理解期货合约的定价理论。

6.3.1 外汇期货的定价

外汇属于收益率已知的资产，其收益率是该外汇发行国连续复利的无风险利率，用 r_f 表示，而用 r 表示本国连续复利的无风险利率。

下面用 S 表示以本币表示的 1 单位外汇的即期价格，K 表示期货合约中约定的以本币表示的 1 单位外汇的交割价格，即 S、K 均为用直接标价法表示的外汇的汇率。从 t 时刻开始用本币 S 在国内投资到 T 时刻结束可以得到的收益为 $Se^{r(T-t)}$。如果在 t 时刻用 S 以当前汇率兑换 1 单位外汇，到了 T 时刻可以获得 $e^{r_f(T-t)}$ 的收益，将这些收益以 T 时刻的汇率 K 兑换为本国货币，应该要与 $Se^{r(T-t)}$ 相等，否则就会出现无风险套利机会，这就是利率平价理论（interest rate parity theory），也是利用无套利分析法获得的结果。

根据期货与现货平价公式可以得出外汇期货合约的价值为

$$f = Se^{r(T-t)} - Ke^{r_f(T-t)}$$

当 $f=0$ 时，市场没有套利机会，此时，$K=F$，所以得到外汇期货的定价公式为
$$F=Se^{(r-r_f)(T-t)} \tag{6-3}$$

【例 6-3】在美国外汇市场上 t 时刻买入 1 单位英镑需要 1.8 单位的美元，美元的年利率为 5%（按连续复利计），英镑为 6%；6 个月后到期的英镑期货合约对美元的汇率为 F 美元/英镑，F 的合理价格是多少？
$$F=1.8e^{(0.05-0.06)\times 0.5}=1.7910$$

即英镑的 6 个月期货合约汇率的合理定价是 1.791 0 美元/英镑。

假如半年期的期货合约汇率低于这个水平，假设是 1.780 0，套利者以每年 6% 的利率借入 1 单位英镑，可以兑换为 1.8 美元，并以 5% 的利率在美国投资半年；同时签署一份期货合约，半年后将数量为 1.845 6（即 $1.8e^{0.5\times 0.05}$）单位的美元以 1.780 0 的汇率兑换为英镑，将得到 1.036 85 单位的英镑。半年后，英镑借款到期，套利者需要支付本息为 1.030 46 单位的英镑。0.006 39（即 1.036 85－1.030 46）单位的差额就是期货套利者获取的无风险套利利润。

6.3.2 股票价格指数期货的定价

支付已知收益率的资产是指在到期前将产生与该资产现货价格成一定比率的收益的资产。股票价格指数通常被看作是支付已知收益率的金融资产的价格，该金融资产是构成股票价格指数的一系列股票的组合，金融资产支付的股利是这一股票组合的持有人所取得的收益，尽管股利不是完全没有风险的，但与股价的不确定性相比，其不确定性还是很小的，在短期内是高度可预测的。

根据式（5-13）可以得到股票价格指数期货的定价公式为
$$F=Se^{(r-q)(T-t)} \tag{6-4}$$

这就是支付已知红利率资产的期货与现货平价公式，它表明，支付已知收益率资产的期货价格等于按无风险利率与已知收益率之差计算的现货价格在 T 时刻的终值。

【例 6-4】假定香港恒生指数当前点位为 10 000 点，计算该指数的股票红利回报率为每年 3%（连续复利），1 年期无风险利率为 6%（连续复利）。一年期的股票价格指数期货的当前价格是多少？如果当前期货交易价格是 10 400，那么是否存在套利机会？如果存在，应如何套利？

根据式（6-4）有
$$F=Se^{(r-q)(T-t)}=10\ 000\times e^{(0.06-0.03)\times 1}=10\ 304.55$$

由于恒生指数期货合约每一点的价值为 50 港币，因此该合约的价值为 $10\ 304.55\times 50=515\ 227.5$（港币）。

忽略交易成本及税收的情况下，如果当前期货的交易价格是 10 400.00，则存在套利机会。投资者做期货空头，并以 6% 的无风险利率借钱购买香港恒生指数的成分股票，可以获得套利利润，其套利现金流见表 6-10。

表 6-10 套利现金流

单位：港币

套利头寸	期初现金流	期末现金流
① 借入 50 港币 × 10 000 = 50 万港币	+500 000	$-500\ 000 \times e^{0.06 \times 1}$
② 用 50 万港币购买香港恒生指数的成分股票组合	$-500\ 000$	恒生指数成份股组合的价值：$S_T \times 50$ 红利：$e^{0.03 \times 1} \times 500\ 000 - 500\ 000$
③ 卖空一单位恒生指数期货	0	$(10\ 400 - S_T) \times 50$
合　计	0	4 309

注：S_T 为香港恒生指数期货到期时（T 时刻）香港恒生指数的点数。

如果股利的发放是投资期末一次性取得，用 Q 表示，此时，为了给支付已知现金收益的股票价格指数期货合约定价，可以构建组合如表 6-11，并假定股票价格指数的合约乘数是 1，即每一点值一个单位货币。

表 6-11 股票价格指数组合现金流

头　寸	期初现金流	期末现金流
① 借入 S	$+S$	$-Se^{r(T-t)}$
② 用 S 购买可以复制指数的股票组合	$-S$	$S_T + Q$
③ 卖空股票价格指数期货	0	$F - S_T$
合　计	0	$F - Se^{r(T-t)} + Q$

组合中第一步借款取得的资金 S，期末按照连续复利计算的无风险利率支付本息，第二步股票投资获得金额为 Q 的股利收益，第三步卖空股指期货合约的损益是 $F - S_T$。根据无套利分析法，期末 $F - Se^{r(T-t)} + Q$ 应该等于 0，否则就会出现无风险套利机会。因此，股指期货平价公式为

$$F = Se^{r(T-t)} - Q \qquad (6-5)$$

从以上分析可以看出，股票价格指数期货的定价取决于现货市场上的股票价格指数、市场无风险利率和股票投资收益率（股利收益）三个因素。在现实中要构造一个完全与股票价格指数一致的投资组合是相当困难的，特别是股票市场规模较大的时候投资组合就越难复制指数。其次，不同公司会有不同的股利收益发放时间和数量，因此股利收益率的计算也相当困难。此外，受到交易成本的影响，实际股票指数期货的价格与理论价格会出现一定幅度的偏离。

6.3.3　短期利率期货的定价

短期利率期货合约的标的资产，主要是欧洲美元存单。

从短期来看，期货价格与远期价格相等，因此可以用远期利率的计算公式来确定欧洲美元期货的价格。

例如，芝加哥商品交易所推出的欧洲美元期货合约的定价为

$$10\,000 \times \left[100 - (100 - 期货的报价) \times \frac{90}{360}\right]$$

欧洲美元期货合约是在到期月第三个星期三之前的第二个伦敦营业日用现金来结算的，合约的结算价格等于

$$10\,000 \times \left(100 - R \times 100 \times \frac{90}{360}\right)$$

R 为当时报出的按照季度计算复利的 90 天期欧洲美元存款的实际利率。因此，欧洲美元期货是基于利率的期货合约。

6.3.4 中长期利率期货的定价 *

1. 中长期国债期货报价与现金价格的关系

长期国债期货合约以 100 美元面值的债券为报价单位，最小变动价位是 1 美元的 32 分之一的一半，由于合约规模为面值 10 万美元，因此当面值为 100 美元的债券以 90-25 报价，意味着面值 10 万美元的价格是 90 781.25 美元，即 10 万美元÷100×90$\frac{25}{32}$，也可以理解为 1 000 张 100 美元面额的债券，每张的交易价格是 90$\frac{25}{32}$美元；若报价是 124-165，则等同于 100 美元面值的债券交易价格是 124$\frac{16.5}{32}$美元，面值 10 万美元的合约交易价格是 124 515.625 美元。

应该注意的是，合约交割时报价与购买者所支付的现金价格（cash price）是不同的。现金价格与期货报价的关系为

$$现金价格 = 期货报价 + 自上一个付息日以来的累计利息 \quad (6-6)$$

【例 6-5】 假设现在是 2016 年 3 月 5 日，某国债的息票率为 12%，2026 年 7 月 10 日到期，该国债的报价为 95-16（95+16/32，即 95.5），由于美国政府债券均为半年付息一次，而最近的一次付息日是 2016 年 1 月 10 日，因此下一次付息日将是 2016 年 7 月 10 日。求：100 美元 10 年期国债的现金价格是多少？

由于 2016 年 1 月 10 日到 3 月 5 日之间的天数是 55 天，而 2016 年 1 月 10 日到 7 月 10 日之间是 182 天，一个 100 美元的债券在 1 月 10 日到 7 月 10 日的利息额都是 6$\left(100 \times 12\% \times \frac{1}{2}\right)$美元，因此，1 月 10 日到 3 月 5 日以来的累计利息为

$$6 \times \frac{55}{182} \approx 1.81(美元)$$

所以，该国债的现金价格是

$$95.50 + 1.81 = 97.31(美元)$$

2. 交割债券与标准债券的转换因子

以美国芝加哥期货交易所 30 年期长期利率期货合约为例，其交割的标准券是期限为 30 年、息票率为 6% 的国债。在交割时，期货合约卖方可以将离到期日或初次赎回日不少

于 15 年的国债按照一定比例折算后,代替标准债券提供给买方,这个比例就叫作"转换因子"(conversion factor)。它等于面值为 1 美元的各种非标准债券的现金流按 6% 的年利率(每半年计复利一次)贴现到交割月第一天的价值,再扣除该债券累计利息后的余额。计算转换因子的方法有多种,以下为其中一种

$$TC = \left[\frac{R}{r} \times \frac{(1+\frac{r}{2})^n - 1}{(1+\frac{r}{2})^{\frac{m}{6}}} + \frac{100}{(1+\frac{r}{2})^{\frac{m}{6}}} - R \times \frac{6-u}{12} \right] \div 100$$

式中:TC——转换因子;
R——债券的票面年利率;
r——债券远期合约规定的息票率(收益率);
n——债券剩余付息次数(半年一次);
m——债券剩余月数(从交割结束日至到期偿还的月数);
u——从交割结算日至下次付息的月数。

一般情况下,转换因子由交易所计算并公布。

当转换因子已知后,就可以计算出空方交割 100 美元面值的债券应收到的现金:

空方收到的现金 = 期货报价×交割债券的转换因子+交割债券的累计利息　(6-7)

【例 6-6】某长期国债息票率为 14%,距到期日还有 18 年 3 个月,3 个月的累计利息为 3.50 美元,标准债券期货报价为 90-00,转换因子为 1.570 5 美元,求:空方用 10 万美元该债券进行交割应收到的现金是多少?

根据式(6-7)可得到:

空方收到的现金 = 1 000×(90.00×1.570 5+3.50) = 144 845(美元)

所以,空方用 10 万美元该债券进行交割应收到的现金是 144 845 美元。

3. 最便宜可交割债券

利用转换因子使所有可交割的债券能够互相替代,使每一种长期债券期货合约都有许多合格的、但具有不同到期日和不同息票利率的现货债券作为其交割对象。作为期货卖方,会在各种可供交割的现券中选择最经济合算的一种提供给买方,这种债券被称为最便宜可交割债券(cheapest-to-deliver bond)。

由于空头方收到的价款为:(期货报价×转换因子)+累计利息,而购买债券的成本为:债券报价+累计利息。所以,交割最便宜的债券就是购买交割券的成本与空方收到的现金之差最小的债券。也就是

交割差距 = 债券报价+累计利息-[(期货报价×转换因子)+累计利息]
　　　　 = 债券报价-(期货报价×转换因子)　　　　　　　　　　　　　(6-8)

【例 6-7】假设可供空头方选择用于交割的 3 种国债的报价和转换因子见表 6-12,同时期货的报价是 93-16(即 93$\frac{16}{32}$ 或 93.50),请问:最便宜可交割债券品种是哪一个?

表 6-12 可供交割的国债报价和转换因子

国债品种	报价	转换因子
1	99.80	1.038 0
2	121.50	1.261 3
3	143.50	1.518 8

根据表 6-12 的数据，可以计算出各种国债的交割差距为

国债 1：99.80－(93.50×1.038 0)＝2.747

国债 2：121.50－(93.50×1.261 3)≈3.568

国债 3：143.50－(93.50×1.518 8)≈1.492

所以，最便宜可交割债券品种是国债 3。

4. 长期利率期货价格的确定

长期利率期货的标的资产是付息债券，这种资产在到期前会产生完全可预测的现金流，属于支付已知现金收益的资产，因此第 5 章公式(5-11)：$F=(S-I)e^{r(T-t)}$ 适用于长期利率期货的定价。其中，F 是长期利率期货的现金价格，S 是债券的现金价格。

但由于长期利率期货的报价和交割制度比较特殊，使得公式的运用较为复杂，要通过以下 4 个步骤来确定国债期货的价格。

第一步：根据最合算可交割债券的报价，运用式(6-6)算出该交割债券的现金价格。

第二步：根据交割券的现金价格，运用式(5-11)算出期货的现金价格。

第三步：根据期货的现金价格，用式(6-6)计算期货报价。

第四步：用期货报价除以最合算可交割债券的转换系数计算标准券期货合约的报价。

【例 6-8】某国债期货合约的最便宜交割债券的息票利率为 10%，每半年付息一次，转换因子为 1.200，270 天后进行交割。上次付息日是在 50 天前，下一次是在 132 天后，再下一次付息是在 315 天后，利率期限结构是平坦的，连续复利计算的无风险利率是 6%。该债券当前的报价为 110-08 美元，计算该最便宜交割债券的期货报价和标准期货合约的报价各是多少？

本题的时间图如图 6-3 所示。

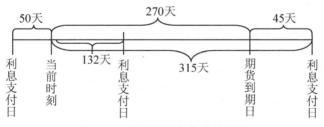

图 6-3 国债期货合约的时间图

由式(6-6)得到债券当前现金价格为

$$110.25+5\times\frac{50}{50+132}\approx111.62(美元)$$

【6-9 拓展知识】

【6-10 拓展知识】

【第6章 小结】

在132天(0.3616年)后会收到5美元的利息，则利息的现值为

$$5e^{-0.06\times0.3616}\approx 4.89(美元)$$

由于期货合约离到期日还有270天(0.7397年)，以该最便宜交割债券作为标的资产的期货合约的现金价格为

$$(111.62-4.89)e^{0.06\times0.7397}\approx 111.57(美元)$$

由于该最便宜交割债券在交割时有138(270-132)天的累计利息，故其期货报价为

$$111.57-5\times\frac{138}{315-132}\approx 107.80(美元)$$

由于美国长期利率期货合约的标的资产是息票利率为6%、剩余期限为20年的联邦政府债券，因此，将可用来交割的债券按1.200的转换比例折算为标准债券后，标准期货合约的报价是

$$107.80/1.200\approx 89.83(美元)$$

思考与练习

1. 期货合约与远期合约有哪些不同之处？
2. 什么叫基差？期货合约即将到期时基差会出现什么变化？
3. 标准化期货合约一般包括哪些内容？
4. 适合在期货交易所交易的资产需要具备哪些条件？
5. 投资人在3月份以95-07的价格买进5手长期利率期货合约，5月份以99-12的价格进行对冲平仓，其投资结果如何？
6. 2022年9月到期的某长期利率期货合约最便宜交割债券是2043年到期，票面利率为12%的国债，该债券2021年5月20日的现货价格是130-18，转换因子为1.300，利息支付日为每年的3月1日和9月1日，市场的无风险利率为6%(连续复利)，计算2021年5月20日的2022年9月到期的长期利率期货合约的理论价格。
7. 假设一种无红利支付的股票目前的市价为20元，无风险连续复利年利率为10%。求该股票3个月期的远期价格。
8. 假设恒生指数目前为20 000点，香港无风险连续复利年利率为8%，恒生指数股息收益率为每年3%。求该指数6个月期的期货价格。
9. 某股票预计在30天和150天后每股分别派发1元股息，该股票目前市价等于30元，所有期限的无风险连续复利年利率均为6%，某投资者卖出该股票6个月期的期货合约。试问：

(1)该期货价格等于多少？若交割价格等于远期价格，则期货合约的初始值等于多少？

(2)3个月后，该股票价格涨到35元，无风险利率仍为6%，此时期货价格和该合约空头价值等于多少？

10. 瑞士和美国的3个月连续复利率分别为5%和7%，瑞士法郎的现货汇率为1.0580美元，3个月期的瑞士法郎期货价格为1.0680美元。试问：如何进行套利？

11. 第十三届全国人大常委会第三十四次会议表决通过的《中华人民共和国期货和衍生品法》，自2022年8月1日起施行，由此开启我国期货市场发展新篇章。党的二十大报告提出"建设现代化产业体系。坚持把发展经济的着力点放在实体经济上，推进新型工业化"，"全面推进乡村振兴"，"坚持农业农村优先发展"等，这一系列战略部署为期货行业发展指明了前进方向。

请结合二十大报告和《中华人民共和国期货和衍生品法》，分析期货行业如何助力现代化产业体系建设、推进乡村振兴？

【第6章 在线答题】

第 7 章 互 换

学习目标及思维导图

本章主要介绍互换的含义、种类、产生和发展；互换的基本原理以及利率互换和货币互换的定价。其中，互换的基本原理、利率互换和货币互换的定价是本章的重点，利率互换和货币互换的定价是本章的难点。

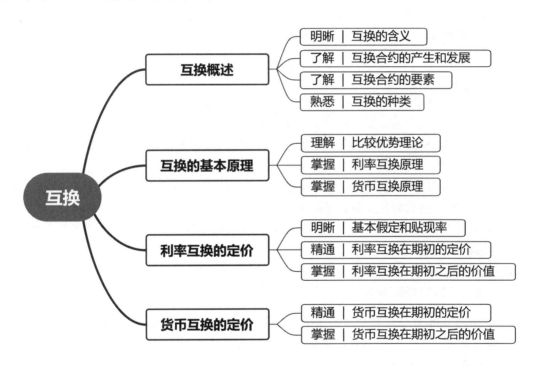

7.1 互换概述

7.1.1 互换的含义

根据国际清算银行(Bank for International Settlements,BIS)的定义,互换是交易双方依据事先达成的协议在未来的一段时间内,互相交换一系列现金流量(如本金、利息、价差等)的合约。与很多标准化的衍生金融工具(如期货、期权)相比,互换合约相当灵活,可根据交易双方的特殊需求来"量身定做"。互换的交易双方既可以选择交易额的大小,也可以选择期限的长短。只要双方同意,互换的内容和形式都可以完全按交易者的需求来设计。

【7-1 拓展视频】

互换具有以下特点。

(1)互换是非标准化的合约。互换可根据客户的需要"量身定做",是非标准化的合约。

(2)互换的期限较长。其期限一般为2~20年,有时可长达30年,因此,更适用于资产负债的长期管理。

(3)互换交易双方的权利和义务对等。互换是一种建立在平等基础之上的合约,合约双方具有各自相应的权利与义务,是一种平等的关系。

(4)互换交易的信用风险较大。互换是非标准化的合约,一般在场外交易,其交易成本较高,违约风险较大。

(5)互换交易属于表外业务。互换交易不会引起资产负债表内业务的变化,但可以为交易者带来收入或降低风险等。

【例7-1】A银行的资信等级高于B银行,它在固定利率借款和浮动利率借款方面的成本都比B银行低,但相对来说,A银行在固定利率借款方面的成本优势更大些,A银行与B银行的借款成本见表7-1。

表7-1 A银行与B银行的借款成本

项 目	A银行	B银行	筹资成本优势
按固定利率筹资	11.5%	13.0%	1.5%
按浮动利率筹资	SHIBOR+0.25%	SHIBOR+0.5%	0.25%

A银行需要5年期的浮动利率资金,B银行需要5年期的固定利率资金,但由于有比较优势,A银行以11.5%固定利率借款,因此,对外支付的利息以11.5%来计;B银行以SHIBOR+0.5%的浮动利率借款,因此,对外支付的利息以SHIBOR+0.5%来计。之

后双方进行互换以达到各自的需求。B 银行以 12% 的固定利率支付给 A 银行利息，同时 A 银行以 SHIBOR 的浮动利率支付给 B 银行，如图 7-1 所示。

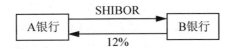

图 7-1　A 银行与 B 银行的利率互换

7.1.2　互换合约的产生与发展

互换合约是在 20 世纪 70 年代出现的平行贷款和背对背贷款的基础上产生和发展起来的。

20 世纪 70 年代，很多国家实行外汇管制，这既限制本国投资者对海外贷款，又限制本国企业获得境外资金。但当时的跨国公司已经获得快速的发展，它们迫切需要冲破这种管制以开展全球业务。在此背景下，出现了平行贷款。

在英国的一家跨国母公司打算向其在法国的子公司提供贷款，但因外汇管制而使跨国资金流动很困难；同时，在法国的跨国母公司也想向其在英国的子公司提供贷款，但同样也面临着外汇管制。为了解决这个困难，人们首先采取了平行贷款方式，即英国的跨国母公司向法国的跨国公司在英国的子公司提供贷款；同时，法国的跨国母公司向英国的跨国公司在法国的子公司提供贷款。这两笔贷款金额相等、期限相同。因此，在不用进行资金跨国移动的情况下，英法两国的子公司可以分别获得所需资金。

如图 7-2 所示，虚线表示各母公司想做的事情，但由于外汇管制，而不能成功；实线表示平行贷款。

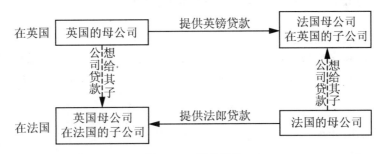

图 7-2　平行贷款

平行贷款实际是两个单独的贷款合同，分别具有法律效力，若一方违约，另一方还要继续执行合同。因此，为了降低违约风险，背对背贷款就产生了，如图 7-3 所示。

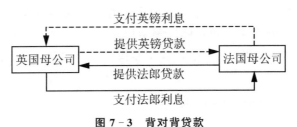

图 7-3　背对背贷款

背对背贷款与平行贷款效果一样,但其结构有所不同:背对背贷款是两个母公司之间直接提供贷款,双方只签一个合同,因此,违约风险就大大降低。

随着外汇管制的放松,虽然跨国母公司对其海外子公司的贷款变得比较容易,但是又会产生汇率风险。因此,在平行贷款和背对背贷款的基础上,20世纪80年代初产生了货币互换,之后又产生了利率互换。在学术界,人们一般把1981年所罗门兄弟公司所促成的IBM和世界银行间的一桩货币互换业务当作是世界上第一个互换合约。

互换初期,银行常充当经纪人,把两个当事人介绍到一起使之达成互换协议,银行则收取中介费。随着互换市场的扩大,银行不再当经纪人,而是充当当事人,并最终成为互换交易的中介,通过提供买卖报价的差异赚取收入。20世纪80年代以来,互换业务有了很大的发展,根据客户不同的需求产生和发展了许多互换的创新产品。其中,利率互换业务的发展更是快于货币互换业务。20世纪80年代初期,利率互换和货币互换名义本金年交易额不到百亿美元;到20世纪90年代,货币互换名义本金年交易额达万亿美元左右,而利率互换名义本金年交易额则高达十多万亿美元;此后,利率互换和货币互换的名义本金金额从1987年年底的8 656亿美元猛增到2010年6月末的347.5万亿美元,20多年间增长了400多倍。由此可见,金融互换是发展最为迅速的金融衍生品之一①。

7.1.3 互换合约的要素

【7-2 拓展视频】

互换合约一般包括以下几个方面的基本要素。

1. 交易双方

交易双方是指相互交换现金流的双方交易者。例7-1中的A银行和B银行即为交易双方。若交易双方都是国内交易者,则称为国内互换;若交易双方分属于不同的国家,则称为跨国互换。

2. 合同金额

合同金额是计算交换现金流的基础。由于交易者参与互换市场的目的是融资、投资或财务管理,因此,每一笔互换的合同金额都较大,一般在1亿美元或10亿美元以上。

3. 有效期限

互换合约的期限较长,一般均为中长期,通常是外汇市场、期货市场上不能提供中长期合同时使用。例如,在例7-1中,互换合约的有效期限为5年。

4. 互换价格

利率互换价格是由与固定利率、浮动利率以及交易者信用级别相关的市场条件所决定的;货币互换价格通常由交易双方协商确定,并受两国货币的利率水平等因素影响。此外,交易者对流动性的要求、通货膨胀预期以及交易双方在互换市场中的地位等都会影响互换的价格。例如,在例7-1中,利率互换的价格是以12%的固定利率交换SHI-

---

① 新浪财经网 http://finance.sina.com.cn/china/jrxw/20110325/17189595224_5.shtml[2023-02-16]。

BOR 的浮动利率。

5. 权利义务

互换双方根据合约的签订来明确各自的权利义务，在合约规定的期限内承担支付现金流的义务，并拥有收取交易对方支付的现金流的权利。例如，在例 7-1 中，B 银行的义务是以 12% 的固定利率支付现金流给 A 银行，同时有权收取 A 银行支付的以 SHIBOR 的浮动利率来计算的现金流。

7.1.4 互换的种类

按照互换合约所涉及的基础资产的不同，可将互换分为货币互换、利率互换、商品互换、股票互换和信用互换 5 种基本类型。

【7-3 拓展视频】

1. 货币互换

货币互换（currency swap）是交易双方同意在合约规定的期间内，相互交换不同货币的本金以及不同性质的利率（浮动利率或固定利率）款项的合约。在货币互换交易中，双方不仅交换各自承担的利息成本，还在期初和期末分别进行本金的交换。由于货币互换涉及本金的交换，因此，当汇率变化很大时，双方将面临一定的信用风险，但比单纯的贷款风险要小很多。关于货币互换的具体介绍详见 7.2.3 节。

【7-4 拓展知识】

2. 利率互换

利率互换（interest rate swap）是交易双方同意在合约规定的期间内，在一笔象征性的本金的基础上，互相交换不同性质的利率（浮动利率或固定利率）款项的合约。在整个利率互换交易中，一般不用交换本金，交换的只是利息款项，互换的结果改变了资产或负债的利率。关于利率互换的具体介绍详见 7.2.2 节。

3. 商品互换

商品互换（plain vanilla）是交易者为了管理商品价格变动的风险，而与另一方交换与商品价格有关的现金流的合约。

最一般的商品互换是指交易双方签订协议，甲方以确定数量的某种商品为基础，周期性地向乙方支付固定价格；乙方基于同样的名义商品数量，同时周期性地向甲方支付该商品的浮动价格，其结构图如图 7-4 所示。商品互换出现于 1987 年，当时是由大通曼哈顿银行（Chase Manhattan Bank）担当 Asian Airline 和石油生产者的商品互换的中介。

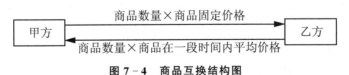

图 7-4 商品互换结构图

4. 股票互换

股票互换（equity swap）是交易一方在一定的期限内以股票指数产生的红利和资本利得与交易另一方的固定利息或浮动利息相交换的合约。通过股票互换可以把债券投资转换成股票投资，也可进行跨国资产间的转化，从而为个人投资者、基金管理人及机构投资者提供了一种转化资产的途径。投资者不必实际购买目标资产，从而能节省大量的交易费用，同时也获得了一条既能投资于海外证券市场，又能规避管制、免除税收的捷径。股票互换期限通常为1～5年，与利率互换类似，每季度或半年支付一次利息，其最早出现于1989年，由美国信孚银行（Bankers Trust New York Corperation）首次使用。

5. 信用互换

信用互换（credit swap）类似于对信用风险的一种保险合同。信用风险的防范者（即信用互换的购买者）通过向信用互换合同的出售者定期支付一定数量的保险费，就可以在信用互换合同中明确规定的信用风险相关事件发生时，从信用互换合同的出售者处获得一定数量的补偿。若信用互换合同中规定的信用风险事件是有关债券的违约风险，则信用互换的购买者得到的补偿额是债券的面值与该债券发行者违约拒付时债券市场价值间的差额。信用互换之所以称为互换，是因为在某些理想状态下，可将信用互换合约视为一种无信用风险的浮动利率债券与另一种有信用风险的浮动利率债券的交换。

此外，互换产生和发展的历史虽然不长，但是，其品种创新的速度非常快。如果对以上5种基本互换合约中的任何一个基本条件（如期限、本金、利率、利息支付方式等）稍作改动或与其他金融产品（如期货、期权等）结合使用，就会产生许许多多的互换创新产品，如增长型互换、减少型互换、边际互换、差额互换、零息互换、议价互换和远期启动互换等。

7.2　互换的基本原理

利率互换与货币互换是两种最早出现的最基本的互换品种，其中，利率互换的出现稍晚于货币互换，但是利率互换的发展速度远远快于货币互换。本节将对这两种互换的基本原理进行详细分析。

7.2.1　比较优势理论

比较优势理论（Theory of Comparative Advantage）由英国经济学家大卫·李嘉图（David Ricardo）提出，其基本思想是两国都能生产两种产品，且一国在该两种产品的生产上均处于有利地位，而另一国均处于不利地位，若前者专门生产优势较大的产品，后者专门生产劣势较小（即具有比较优势）的产品，则通过专业化的分工和国际贸易，双方仍能从中获取收益。

根据比较优势理论的基本思想可以得出，双方只要存在比较优势，就可以通过适当的分工和交换使双方共同获利。因此，比较优势理论不仅仅适用于国际贸易领域，而且适用于所有的经济活动。互换是比较优势理论在金融领域最生动的运用。根据比较优势理论，只要满足以下两个条件就可以进行互换：①双方对对方的资产或负债均有需求；②双方在两种资产或负债上存在比较优势。

7.2.2 利率互换原理

1. 利率互换的主要形式

利率互换最基本的形式是固定利率对浮动利率互换,也称典型互换或普通互换,该种互换的基本特征如下。

(1)互换双方使用相同的货币。

(2)在互换期内本金不变,且没有本金的交换,只有利息的交换,本金在互换中是计算利息额的基础。

(3)互换一方支付固定利率,另一方支付浮动利率,固定利率在互换初期就已确定,且在整个互换期内保持不变,浮动利率在互换期参考某个市场利率(如SHIBOR)来确定。

固定利率对浮动利率互换的结构,如图7-5所示,其中,虚线框住的部分表示互换。通过该互换,甲借款者将其固定利率的债务转换成浮动利率的债务;乙借款者将其浮动利率的债务转换成固定利率的债务。

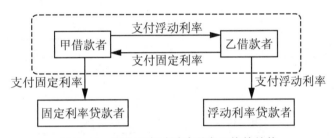

图 7-5 固定利率对浮动利率互换的结构

通过改变普通利率互换的基本条款或将利率互换与期货期权等其他衍生产品结合,产生了诸多其他利率互换创新品种,现举例如下。

(1)本金变化型互换。

按照本金变化的方式不同,这类互换可分为本金摊减互换、本金累加互换和季节性互换等,其中,本金摊减互换的名义本金在互换期逐渐减少;本金累加互换的名义本金在互换期逐渐增加;季节性互换的名义本金随季节的变化增加或减少。

(2)息票变化型互换。

按照息票变化的方式不同,这类互换可分为基差互换、零息票互换和反转互换等。其中,基差互换是指互换双方均为浮动利率支付方和收取方,只是双方支付和收取的利率基准不同。例如,一方支付的是SHIBOR浮动利率,另一方支付的则为其他浮动利率(如短期国库券利率、短期商业票据利率等)。零息票互换指互换一方的利息支付只在互换期末一次进行,而互换另一方则定期支付与固定利率或浮动利率相对应的利息。反转互换指互换双方在互换期间某一时期转换角色(如固定利率的支付方变换成浮动利率支付方等)。

(3)带期货或期权特性的互换。

这类互换主要包括远期互换、附看涨期权互换、附看跌期权互换等,它们都是复合衍生产品。

2. 利率互换的基本原理

利率互换双方利用各自的比较优势，在相对条件比较优惠的资本市场或货币市场各自筹集资金，然后互换双方直接或通过互换中介相互交换利息流，以满足互换双方各自的筹资要求。互换双方先举借各自不需要但条件相对优惠的债务，通过互换，各取所需，从而分别降低实际筹资成本或防范利率风险，进而实现各自资产负债管理目标。下面通过例题来详细讲解利率互换的基本原理。

【例7-2】A公司是AAA级的大型绩优公司，其长期固定利率融资成本为年息7%，短期浮动利率融资成本为SHIBOR+0.4%；B公司是BBB级的中小型公司，其固定利率融资成本为8.5%，浮动利率融资成本为SHIBOR+0.7%。现假设A公司具有浮动利率的收益，希望以浮动利率支付其债务利息，而B公司则具有固定利率的收益，希望以固定利率支付其债务利息。A、B两公司应如何做才能既满足其融资需求又能尽可能地降低融资成本？

若A、B公司为配合各自资产负债管理（固定收益对固定负债，浮动收益对浮动负债），则A公司应选择浮动利率融资，B公司应选择固定利率融资，但这样融资没有尽可能地降低融资成本，见表7-2。

表7-2 A、B两公司的融资比较优势

	A公司	B公司	利差
信用评级	AAA	BBB	
固定利率筹资成本	7%	8.5%	1.5%
浮动利率筹资成本	SHIBOR+0.4%	SHIBOR+0.7%	0.3%
比较优势	固定利率	浮动利率	

A、B两公司以各自比较优势的融资，即A公司以7%的固定利率融资，B公司以SHIBOR+0.7%的浮动利率方式融资。然后双方进行利率互换：A公司支付给B公司的浮动利率为SHIBOR−0.2%，而B公司则支付给A公司7%的固定利率，如图7-6所示。

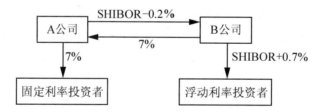

图7-6 A、B公司利率互换结构图

经过利率互换，对A公司来说，其利率收支情况为支付给固定利率投资者7%，支付给B公司SHIBOR−0.2%，再收到B公司的固定利率7%。这样A公司的实际总融资成本为SHIBOR−0.2%[由7%+(SHIBOR−0.2%)−7%得来]，它比直接用浮动利率融资SHIBOR+0.4%减少了0.6%。因此，利用利率互换，A公司既满足了浮动利率融资的需求，又降低了融资的成本。

同样，对于B公司来说，其利率收支情况为支付给浮动利率投资者SHIBOR+0.7%，支付给A公司7%，再收到A公司的浮动利率SHIBOR−0.2%。这样，B公司实际总融资成本为 7.9%[由(SHIBOR +0.7%)+7%-(SHIBOR-0.2%)得来],它比直接用固定利率融资 8.5% 减少了 0.6%。因此,利用利率互换,B 公司既满足了固定利率融资的需求,又降低了融资的成本。

双方通过直接签订利率互换合约,使各自的融资成本都降低了 0.6%,实现了互惠互利。因此也可以说,该互换活动的总收益为 0.6%+0.6%=1.2%。

在例 7-2 中,A 公司与 B 公司直接签订互换合约,通过各自在不同市场上的融资成本也可计算出该互换活动的总收益,即 A、B 两公司在固定利率市场上的筹资成本之差减去 A、B 两公司在浮动利率市场上的筹资成本之差,代入具体数据可得 1.2%{(8.5%-7%)-[(SHIBOR+0.7%)-(SHIBOR+0.4%)]}。

至于 1.2% 的互换总收益如何在 A、B 两公司之间进行分配,则要视 A、B 两公司在互换市场的具体情况来确定。若在互换市场中具有 A 公司这样地位的公司占多数,则分配就会向 B 倾斜;反之,则向 A 倾斜。在一个完全竞争的市场中,A、B 两公司的地位相当,则互换总收益会在两者之间平分(如例 7-2)。

在例 7-2 中,利率互换是由交易双方(A、B 两公司)直接进行的,但实际中寻找互换对手需花很长时间,此外,还要承担信用风险,故一般都通过互换中介进行。作为互换中介的金融机构因自身业务往来的关系,容易找到潜在的互换者。此外,金融机构也可凭其信用来降低交易双方的信用风险。中介者与互换双方分别签订利率互换协议,互换中介并不要额外的资金,而是仅仅从中赚取服务费用或差价。在例 7-3 中引入了互换中介,从中可以看出问题的实质并没有发生改变,而只是使互换活动更接近于现实。

【例 7-3】甲、乙两家公司在银行的资信记录上,甲公司要好于乙公司,因此,银行提供给两家公司的贷款条件不一样,具体见表 7-3。假设甲、乙两家公司都想借入期限为 5 年的 1 000 万元的款项。乙公司想以固定利率借款,甲公司想以浮动利率借款。而且假设甲、乙两公司之间并不是很熟悉,那么,甲、乙两公司如何做才能既满足筹资需求又能尽可能地降低筹资成本呢?

表 7-3 甲、乙两公司筹资成本

	固定利率筹资成本	浮动利率筹资成本
甲公司	10.00%	6 个月的 SHIBOR+0.30%
乙公司	11.20%	6 个月的 SHIBOR+1.00%

从表 7-3 中可以看出,甲公司不论在固定利率市场还是浮动利率市场上,其筹资成本都比乙公司要低。在固定利率市场上,甲公司低 1.2%;在浮动利率市场上,甲公司要低 0.7%。因此可以说,在固定利率市场上,甲公司具有比较优势;在浮动利率市场上,乙公司具有比较优势。然而,甲想以浮动利率借款,乙想以固定利率借款。为了降低各自的筹资成本,甲、乙两公司首先应分别在各自具有比较优势的市场上借款:甲以 10% 的固定利率借款;乙以 SHIBOR+1% 的浮动利率借款,然后以银行作为中介进行利率互换,如图 7-7 所示。根据甲、乙两公司各自的比较优势,该互换的总收益应该为 0.5%(1.2%-0.7%)。那么,该互换总收益如何在甲、乙两公司及互换中介三者之间进行分配呢?

由图 7-7 可以看出,甲公司通过互换,其最终实际的筹资成本为 SHIBOR+0.1%

(10%＋SHIBOR－9.9%)，与其直接以浮动利率筹资的成本 SHIBOR＋0.3% 相比，降低了 0.2%，甲公司获得了 0.2% 的互换收益。同理，乙公司通过互换，其最终实际的筹资成本为 11%[10%＋(SHIBOR＋1%)－SHIBOR]，与其直接以固定利率筹资的成本 11.2% 相比，降低了 0.2%，乙公司也获得了 0.2% 的互换收益。互换中介获得的收益为 0.1%(SHIBOR＋10%－9.9%－SHIBOR)。因此，通过互换，三方都获得了一定的好处。

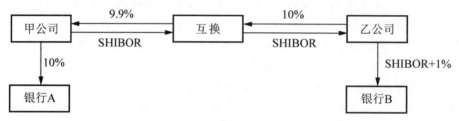

图 7-7　引入互换中介的甲、乙公司利率互换结构图

7.2.3　货币互换原理

1. 货币互换的主要形式

货币互换最基本的形式是固定利率对固定利率不同货币的互换，如将瑞士法郎固定利率债券的投资收益转换成美元固定利率债券的投资收益，该互换的基本特征如下。

(1)互换双方使用不同的货币，即货币互换中存在两种不同货币的本金金额。

(2)在互换期初和期末有不同货币的本金交换，本金交换比例取决于当时的市场即期汇率，同时，本金在互换中也是计算利息额的基础。

(3)在互换期间还要进行利息的交换，互换一方支付一种货币的固定利息，另一方支付另一种货币的固定利息，固定利率在互换初期就已确定，且在整个互换期保持不变。

货币互换除了最基本的固定利率对固定利率的货币互换外，还有其他的形式，现举例如下。

(1)固定利率对浮动利率货币互换。这种互换又称交叉货币互换，也是一种很常见的货币互换。若不涉及不同的货币间的交换，则变成了典型的固定利率对浮动利率互换。交叉货币互换在期初和期末要进行不同货币本金的交换；同时，在互换期间以一种货币计算的固定利息要与以另一种货币计算的浮动利息进行交换，如将浮动利率瑞士法郎贷款转换成固定利率美元贷款。

(2)浮动利率对浮动利率货币互换。这种互换不仅在期初和期末涉及不同货币本金的交换，而且在互换期间，交易一方基于某一种货币按照一种浮动利率来支付利息，交易另一方基于另外一种货币按照另一种浮动利率来支付利息，如将浮动利率澳元银行票据资金的利率转换成美元的 SHIBOR。

货币互换与利率互换的结构很相似，主要不同点在于：在货币互换中，交易双方需要在互换期初和期末进行不同货币本金的交换。通过货币本金的交换，互换双方在互换期间各自得到所需货币而不必承担汇率风险。当然，在某些情况下，货币互换中货币本金的交换也可取消，如交易者正为其他的借款进行互换而没有新的现金流来支持货币互换中本金的交换时，可以取消本金的初始互换，这时交易双方只进行一次即期外汇交易便可获得各自所需的货币。

【7-5 拓展案例】

2. 货币互换的基本原理

与利率互换相类似，货币互换的主要原因是双方在各自金融市场具有比较优势。下面通过两个例题来阐述货币互换的基本原理。

【例 7-4】假定英镑和美元的即期汇率为 1 英镑＝1.500 0 美元。A 公司想借入 5 年期的 1 000 万英镑借款，B 公司想借入 5 年期的 1 500 万美元借款。市场向它们提供的筹资条件见表 7-4。

表 7-4　A、B 两公司筹资成本

	美　元	英　镑
A 公司	8.0%	11.6%
B 公司	10.0%	12.0%
借款差额	2.0%	0.4%

注：此表中的利率均为一年计一次复利的年利率。

请问：A、B 两公司如何做才能既满足各自的筹资需求又能降低筹资成本？

由表 7-4 可以看出，A 公司在美元和英镑两个借贷市场都具有绝对优势，但在美元借贷市场优势较大，在英镑借贷市场优势较小；也就是说，A 公司在美元借贷市场具有比较优势，B 公司在英镑借贷市场具有比较优势。因此，A、B 两公司可以进行货币互换来满足各自的筹资需求并能降低筹资成本。

A 公司以 8% 美元借款利率借 1 500 万美元，B 公司以 12% 英镑借款利率借 1 000 万英镑；之后双方进行本金的交换，然后定期进行利息的互换，A 公司向 B 公司支付 10.8% 的英镑借款利息，B 公司向 A 公司支付 8.0% 的美元借款利息；期满后，双方再次进行本金的交换。该货币互换的结构图分别如图 7-8～图 7-10 所示。

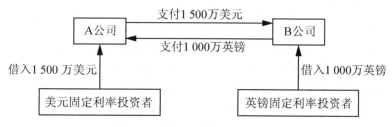

图 7-8　货币互换初始本金交换

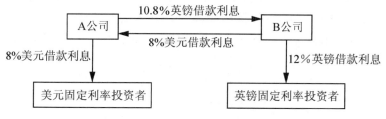

图 7-9　货币互换的定期利息交换

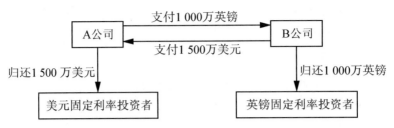

图7-10 货币互换到期本金再次交换

从表7-4可知,该货币互换的互换总收益为1.6%(2.0%-0.4%),下面看互换总收益的分配情况。经过互换,A公司最终实际筹资成本为8%的美元借款利率+10.8%的英镑利率-8%的美元借款利率=10.8%的英镑利率;B公司最终实际筹资成本为12%的英镑借款利率+8%美元借款利率-10.8%的英镑利率=8%的美元借款利率+1.2%的英镑借款利率,若汇率水平不变,B公司最终实际筹资成本相当于9.2%的美元借款利率。双方都使筹资成本降低了0.8%,平分了互换总收益。与利率互换一样,货币互换总收益是双方合作的结果,其分享比例由互换市场的具体情况而定,也是双方协商的结果。

【例7-5】假设Z公司是总部设在美国的跨国公司,它设在瑞士的分公司需要一笔1亿瑞士法郎的流动资金,H公司为总部设在荷兰的跨国公司,其设在美国的子公司有4 000万美元的资金需求。两公司可通过发行欧洲债券分别筹集美元和瑞士法郎资金,资金成本见表7-5。请问:Z、H两公司如何做才能既满足各自的筹资需求又能降低筹资成本?

表7-5 Z、H公司的资金成本

	Z公司	H公司	差 值
欧洲瑞士法郎债券	6.75%	6%	0.75%
欧洲美元债券	9.875%	10.25%	-0.375%

从表7-5可看出,Z公司在欧洲美元债券市场上有筹资优势,H公司在欧洲瑞士法郎债券市场上有筹资优势。两公司为了既能满足筹资需求又能降低筹资成本,可通过互换中介进行5年期的货币互换,同时双方规定货币互换的协议汇率为1美元=2.5瑞士法郎,即双方互换本金等值。首先两公司在各自有优势的市场上筹资,即Z公司发行5年期4 000万美元的欧洲债券,H公司发行1亿瑞士法郎欧洲债券,然后通过互换中介进行初始本金的交换,并每年进行一次利息的交换。5年期末,两公司通过互换中介再次进行本金的交换,即Z公司将初始交换得到的1亿瑞士法郎本金归还给H公司,H公司则将初始交换得到的4 000万美元归还给Z公司。具体如图7-11~图7-13所示,该互换总收益为

$$\frac{3}{4}\% - \left(-\frac{3}{8}\%\right) = 1.125\%$$

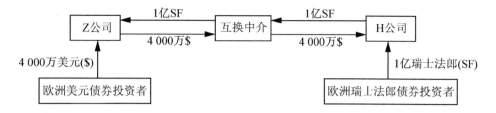

图 7-11 通过中介进行的货币互换期初本金交换

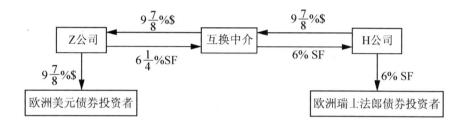

图 7-12 通过中介进行的货币互换定期利息交换

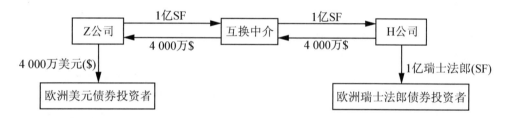

图 7-13 通过中介进行的货币互换期末本金交换

从图 7-12 可以计算出互换总收益的分配情况。

Z 公司通过货币互换，其最终实际的筹资成本为

$$9\frac{7}{8}\%美元利率 + 6\frac{1}{4}\%瑞士法郎 - 9\frac{7}{8}\%美元利率 = 6\frac{1}{4}\%瑞士法郎利率$$

与不通过货币互换直接发行欧洲瑞士法郎债券筹集资金相比，筹资成本下降为

$$6\frac{3}{4}\% - 6\frac{1}{4}\% = 0.5\%$$

因此，Z 公司获得了 0.5% 的互换收益。

H 公司通过货币互换，其最终实际的筹资成本为

$$6\%瑞士法郎利率 + 9\frac{7}{8}\%美元利率 - 6\%的瑞士法郎利率 = 9\frac{7}{8}\%的美元利率$$

与不通过货币互换直接发行欧洲美元债券筹集资金相比，筹资成本下降为

$$10\frac{1}{4}\% - 9\frac{7}{8}\% = 0.375\%$$

因此，H 公司获得了 0.375% 的互换收益。

通过货币互换，银行中介获得的部分互换收益为

$$9\frac{7}{8}\% + 6\frac{1}{4}\% - 9\frac{7}{8}\% - 6\% = 0.25\%$$

7.2.4 结论

以上利用 4 个最普通的互换的例子，阐述了互换的基本原理。通过对它们进行深入的思考，可以得出以下结论。

(1) 以上 4 个例题所涉及的互换，其互换总收益事先可以计算出来。互换总收益的分配是交易各方协商的结果，取决于交易各方在市场中的竞争地位。哪一方在竞争中处于优势地位，哪一方往往能在互换总收益中获取更大的份额；如果交易双方在市场竞争中势均力敌，则其获取的互换收益份额相当，如例 7-2 中的 A 公司和 B 公司、例 7-3 中的甲公司和乙公司以及例 7-4 中的 A 公司和 B 公司。

(2) 互换总收益的分配方案确定后，互换利率就能确定，如例 7-2 中的 SHIBOR－0.2% 与 7% 相互交换；例 7-3 中的 9.9% 与 SHIBOR 相互交换、10% 与 SHIBOR 相互交换。但每一组互换利率并不是唯一的，如例 7-2 的互换利率也可为 SHIBOR 与 7.2% 相交换，或其他的交换利率。从理论上来说，只要确定的互换利率能满足事先确定的互换总收益分配方案即可。

(3) 随着互换市场的发展，商业银行、投资银行作为经销商参与互换交易。在客户没有匹配的互换对手时，银行充当互换的另一方，成为互换主体，履行了其作为金融媒介的作用。此时互换总收益并不能事先计算出来，而银行也是通过报价利差——买卖价差中获取报酬的。为了保证利润最大化、风险最小化，同时还能吸引大量客户参与互换，以保证互换银行在竞争中立于不败之地，作为互换中介的银行必须报出恰当的互换价格，即确定合理的互换利率，而在互换总收益未知的情况下确定合理的互换利率就是 7.3 节和 7.4 节两部分所涉及的互换定价问题了。

7.3 利率互换的定价*

利率互换的定价分为两个方面，即利率互换在期初时的定价和利率互换在期初以后的定价。利率互换在期初时的定价是在互换初期确定合理的互换利率；利率互换在期初以后的定价就是确定利率互换的价格或价值，也就是确定互换合约给投资者所带来的收益。在本节中将以最普通的利率互换——固定利率对浮动利率互换为例，来说明利率互换定价的基本原理。

7.3.1 相关规定

1. 基本假定

(1) 完全竞争的市场，不存在无风险套利机会。
(2) 允许买空和卖空。
(3) 不存在交易费用。

(4) 不存在违约风险。

2. 贴现率

在给互换和其他柜台交易市场上的金融工具定价的时候，现金流的大小可以用 SHIBOR 零息票利率贴现。这是因为 SHIBOR 反映了金融机构的资金成本。这样做的隐含假设是被定价的衍生金融工具的现金流的风险和银行同业拆借市场的风险相同。

7.3.2 利率互换在期初的定价

在利率互换签订的初始时期，互换合约的价值为 0，即此时的互换合约不能给合约任何一方带来任何好处，否则会存在无风险套利机会。利率互换期初的定价就在于确定合理的互换利率，而在固定利率与浮动利率的相互交换中，浮动利率可以确定为 SHIBOR，因此，期初时的利率互换定价就等价于寻找一个使该互换合约价值为 0 的固定利率。

【例 7-6】设甲公司与互换中介达成一项有效期为两年的互换协议：甲公司以固定利率支付利息给互换中介，本金为 1 000 万元，互换中介以 SHIBOR 的浮动利率向甲公司支付利息，名义本金仍为 1 000 万元，每半年支付一次利息。6 个月、12 个月、18 个月和 24 个月的 SHIBOR 零息票利率（连续复利率）分别为 8.8%、9.5%、9.9% 和 10.2%。那么，甲公司应向互换中介支付何种水平的固定利率 R 呢？利率互换结构图如图 7-14 所示。

图 7-14 利率互换结构图

定价总体思路：首先，分析利率互换的现金流状况；其次，根据利率互换的现金流状况，依据分解组合技术，对利率互换进行分解，将复杂的衍生金融工具分解为简单的金融工具的组合；最后，依据无套利均衡分析原理，定出价格。

1. 利率互换的现金流

甲公司与互换中介签订互换合约后，该互换合约给甲公司带来现金流，如图 7-15 所示，其中，n 表示利息支付时间或者现金流交换时间。

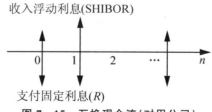

图 7-15 互换现金流（对甲公司）

2. 利率互换的分解

通过对图 7-15 利率互换现金流的分析，可将利率互换现金流分解成投资现金流和筹资现金流，如图 7-16 所示。

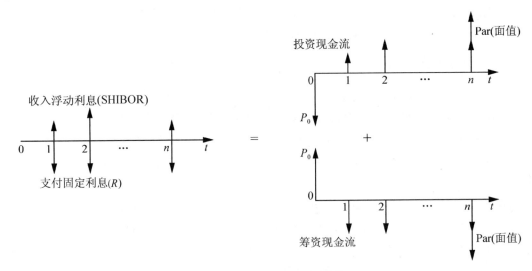

图 7-16　利率互换的分解

分析图 7-16 可知，利率互换可以看成是两个债券头寸的组合。结合例 7-6，该利率互换（相对于甲公司而言）理论上可以分解为：

(1) 甲公司向互换中介出售一份面值为名义本金 1 000 万元的固定利率（R）（每半年付息一次）债券（进行筹资）；

(2) 甲公司用所筹得的资金从互换中介购买一份面值为名义本金 1 000 万元的浮动利率（SHIBOR）债券（进行投资）。

对甲公司而言，其利率互换的价值就是浮动利率债券与固定利率债券价值之差。

3. 利率互换在期初的定价

(1) 定义符号。

B_{fix}：互换合约中分解出的固定利率债券的价值。

B_{fl}：互换合约中分解出的浮动利率债券的价值。

t_i：距第 i 次现金流交换的时间或距第 i 次利息支付日的时间（$1 \leqslant i \leqslant n$）。

L：利率互换合约中的名义本金额。

r_i：到期日为 t_i 的 SHIBOR 零息票利率（连续复利）。

k：利息支付日支付的固定利息额，其对应的固定利率为 R（每年计一次复利的年利率）。

K_i：第 i 个利息支付日支付的浮动利息额，其对应的浮动利率为 R_i（每年计一次复利的年利率）。

(2) 定价公式的推导。

对甲公司而言，该互换的价值为

$$V_{互换} = B_{fl} - B_{fix} \qquad (7-1)$$

由于期初时互换合约的价值为 0，因此，由式(7-1)有

$$V_{互换} = B_{fl} - B_{fix} = 0$$

因而有

$$B_{fl} = B_{fix} \qquad (7-2)$$

由此可算出甲公司应支付的固定利率。此时的 B_{fix} 和 B_{fl} 都是期初时的价值。

① 计算面值为 L 的固定利率债券在期初时的价值，其现金流状况如图 7-17 所示。

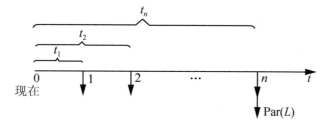

图 7-17 期初固定利率债券现金流状况

则期初时（也即零时刻）固定利率债券的价值计算公式为

$$B_{fix} = \sum_{i=1}^{n} k e^{-r_i t_i} + L e^{-r_n t_n} \qquad (7-3)$$

② 计算浮动利率债券在期初时的价值，现金流状况如图 7-18 所示。

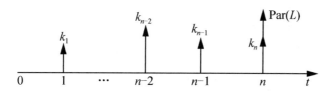

图 7-18 期初浮动利率债券现金流状况

先看每次支付利息后的那一刻浮动利率债券的价值如何。设浮动利率债券面值为 L，每 6 个月调整一次利率。

每期支付利息的同时确定下一期的息票利率。利息 k_n 的利率 R_n 是在 $n-1$ 时刻确定的，k_{n-1} 的利率 R_{n-1} 是在 $n-2$ 时刻确定的，以此类推。在 $n-1$ 时刻，支付完利息 k_{n-1} 后的那一瞬间，浮动利率债券价值 $B_{fl}(n-1)$ 为

$$B_{fl}(n-1) = \frac{L + L \times R_n/2}{1 + R_n/2} = L$$

同理，在 $n-2$ 时刻，支付完利息 K_{n-2} 后的那一瞬间，浮动利率债券价值 $B_{fl}(n-2)$ 为

$$B_{fl}(n-2) = \frac{PV_{n-1} + K_{n-1}}{1 + R_{n-1}/2} = \frac{L + L \times r_{n-1}/2}{1 + r_{n-1}/2} = L$$

依此类推，浮动利率债券每次支付利息后的那一刻，其价值为其面值 L。从而可知，

浮动利率债券在刚发行时的价值也等于其面值 L，即

$$B_{\text{fl}} = L \qquad (7-4)$$

因此，由式(7-2)、式(7-3)以及式(7-4)得

$$B_{\text{fix}} = \sum_{i=1}^{n} k e^{-r_i t_i} + L e^{-r_n t_n} = L$$

$$k = \frac{L - L e^{-r_n t_n}}{\sum_{i=1}^{n} e^{-r_i t_i}}$$

$$R = \frac{2k}{L} = \frac{2 - 2 e^{-r_n t_n}}{\sum_{i=1}^{n} e^{-r_i t_i}} \qquad (7-5)$$

式(7-5)就是每半年支付一次利息的普通利率互换在期初时的定价，即算出使互换合约的价值在期初时为 0 的固定利率 R。

如果是每年支付一次利息的普通利率互换，其在期初时的定价公式为

$$R = \frac{k}{L} = \frac{1 - e^{-r_n t_n}}{\sum_{i=1}^{n} e^{-r_i t_i}} \qquad (7-6)$$

(3) 例 7-6 的定价。

回到例 7-6，将具体的数据代入式(7-5)，则甲公司支付给互换中介的固定利率 R 为

$$R = \frac{2 - 2 e^{-r_n t_n}}{\sum_{i=1}^{n} e^{-r_i t_i}}$$

$$= \frac{2 \times (1 - e^{-10.2\% \times 2})}{e^{-8.8\% \times 0.5} + e^{-9.5\% \times 1} + e^{-9.9\% \times 1.5} + e^{-10.2\% \times 2}} = 10.41\%$$

7.3.3 利率互换在期初之后的价值

互换合约在签订的初始时期，其价值为 0。但是随着时间的推移，在合约的有效期内，互换合约的价值会发生变化，既可能为正，也可能为负。

那么，互换合约的价值在签订以后的有效期内是如何计算呢？

仍以例 7-6 为例。由式(7-1)得出对甲公司而言，该互换的价值为 $V_{\text{互换}} = B_{\text{fl}} - B_{\text{fix}}$。

1. 计算面值为 L 的固定利率债券在期初以后的价值

假设互换合约签订已有一段时间，现在已不是零时刻。现在距第一次现金流交换（或第一次利息支付）时间为 t_1，期初以后固定利率债券现金流状况具体如图 7-19 所示。

面值为 L 的固定利率债券在期初以后的价值的计算公式为

$$B_{\text{fix}} = \sum_{i=1}^{n} k e^{-r_i t_i} + L e^{-r_n t_n} \qquad (7-7)$$

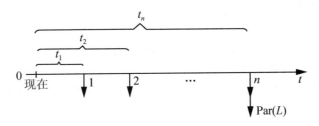

图 7-19 期初以后固定利率债券现金流状况

2. 计算面值为 L 的浮动利率债券在期初以后的价值

现在已不是零时刻。现在距第一次现金流交换（或第一次利息支付）时间为 t_1，期初以后浮动利率债券现金流状况具体如图 7-20 所示。

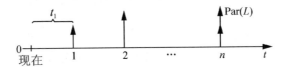

图 7-20 期初以后浮动利率债券现金流

由 7.3.2 节定价公式的推导可知，浮息债券每次支付利息后的那一刻，其价值为其面值 L。假设利息下一支付日应支付的浮动利息额为 K^*，这是已知的，因为其对应的浮动利率在上一个利息支付日就已确定。在图 7-20 中，K^* 在零时刻就已确定了，那么在下一次利息支付前的一刻，浮动利率债券的价值为 $L+K^*$，将其折现到现在，则有

$$B_{\text{fl}} = (L + k^*) e^{-r_1 t_1} \tag{7-8}$$

3. 利率互换在期初之后的价值

将式(7-7)、式(7-8)代入式(7-1)，就可知一个支付固定利率、收入浮动利率的公司（如例 7-6 中的甲公司）所持有的互换合约的价值为

$$\begin{aligned}V_{\text{互换}} &= B_{\text{fl}} - B_{\text{fix}} \\ &= (L + k^*) e^{-r_1 \times t_1} - \left[\sum_{i=1}^{n} k e^{-r_i \times t_i} + L e^{-r_n \times t_n}\right]\end{aligned} \tag{7-9}$$

那么对于该互换交易的另一方——支付浮动利率、收入固定利率的公司，该互换合约的价值为

$$V_{\text{互换}} = B_{\text{fix}} - B_{\text{fl}} \tag{7-10}$$

当然，除了通过将利率互换分解为不同债券组合的方法来求利率互换的价值外，还可通过将利率互换分解成一系列的远期合约组合的方法来求利率互换的价值，具体见例 7-7。

【例 7-7】假设在一笔互换合约中，某一金融机构支付 6 个月期的 SHIBOR，同时收取 8% 的年利率（半年计一次复利），名义本金为 1 亿元。互换还有 1.25 年的期限。3 个月、9 个月和 15 个月的 SHIBOR 零息票利率（连续复利率）分别为 10%、10.5% 和 11%。上一次利息支付日的 6 个月 SHIBOR 为 10.2%（半年计一次复利）。试计算该金融机构所

持有的利率互换的价值。

解法一：将利率互换分解为不同债券头寸的组合。

在互换合约中，该金融机构是支付浮动利率、收入固定利率，因此，计算该金融机构所持有互换的价值就可利用式(7-10)。

第一，计算从该利率互换中分解出的固定利率债券的价值。根据题意，其现金流状况如图7-21所示。

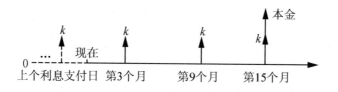

图7-21　利率互换中分解出的固定利率债券现金流

在这个例子中，$k=0.5\times 8\%\times 1=0.04$ 亿元，$L=1$ 亿元，$r_1=10\%$，$t_1=3/12$ 年，$r_2=10.5\%$，$t_2=9/12$ 年，$r_3=11\%$，$t_3=15/12$ 年，将这些数据代入式(7-7)得

$$B_{\text{fix}}=0.04e^{-0.1\times 0.25}+0.04e^{-0.105\times 0.75}+1.04e^{-0.11\times 1.25}=0.9824(\text{亿元})$$

第二，计算从该利率互换中分解出的浮动利率债券的价值。据题意，其现金流状况如图7-22所示。

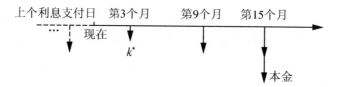

图7-22　利率互换中分解出的浮动利率债券现金流

在这个例子中，$K^*=0.5\times 10.2\%\times 1=0.051$(亿元)，$L=1$ 亿元，$r_1=10\%$，$t_1=3/12$ 年，将这些数据代入式(7-8)得

$$B_{\text{fl}}=(1+0.051)e^{-0.1\times 0.25}=1.0251(\text{亿元})$$

因此，对于该金融机构(支付浮动利率、收入固定利率)，利率互换的价值为

$$V_{\text{互换}}=B_{\text{fix}}-B_{\text{fl}}=0.9824-1.0251=-0.0427(\text{亿元})$$

解法二：将利率互换分解成一系列远期利率协议的组合。

远期利率协议是这样一笔合约，合约里事先确定将来某一时间一笔借款的利率。不过在远期利率协议执行的时候，支付的只是市场利率与合约规定的利率(即协议利率)的利差。如果市场利率高于协议利率，名义贷款人支付给名义借款人利差，反之由名义借款人支付给名义贷款人利差。因此，实际上远期利率协议可以看成一个用事先确定的利率交换市场利率的合约。很明显，利率互换可以看成是一系列用固定利率交换浮动利率的远期利率协议的组合。只要知道组成利率互换的每笔远期利率协议的价值，就可计算出利率互换的价值。

只要知道利率的期限结构，就可以计算出与远期利率协议对应的远期利率和远期利率协议的价值，具体步骤如下。

(1) 计算远期利率。
(2) 确定现金流。
(3) 将现金流贴现。

再看例 7-7 中的情形。3 个月后要交换的现金流是已知的，金融机构是支付 10.2% 的年利率，收入 8% 的年利率。因此，这笔交换对金融机构的价值为

$$100 \times \left(0.08 \times \frac{1}{2} - 0.102 \times \frac{1}{2}\right) e^{-0.1 \times 0.25} = -107(万元)$$

为了计算 9 个月后那笔现金流交换的价值，必须先计算从现在开始的 3×9 的远期利率。根据远期利率的计算公式，3×9 的远期利率为

$$\frac{0.105 \times 0.75 - 0.10 \times 0.25}{0.5} = 0.1075$$

10.75% 的连续复利对应的每半年计一次复利的利率为 $2 \times (e^{0.1075/2} - 1) = 0.11044$。

因此，9 个月后那笔现金流交换的价值为

$$100 \times \left(0.08 \times \frac{1}{2} - 0.11044 \times \frac{1}{2}\right) e^{-0.105 \times 0.75} = -141(万元)$$

同样，为了计算在 15 个月后那笔现金流交换的价值，必须先计算从现在开始的 9×15 的远期利率为

$$\frac{0.11 \times 1.25 - 0.105 \times 0.75}{0.5} = 0.1175$$

11.75% 的连续复利对应的每半年计一次复利的利率为

$$2 \times (e^{0.1175/2} - 1) = 0.12102$$

因此，15 个月后那笔现金流交换的价值为

$$100 \times \left(0.08 \times \frac{1}{2} - 0.12102 \times \frac{1}{2}\right) e^{-0.11 \times 1.25} = -179(万元)$$

那么，作为远期利率协议的组合，这笔利率互换的价值为

$$-107 - 141 - 179 = -427(万元)$$

这个结果与运用债券组合定出的利率互换价值一致。

7.4 货币互换的定价

与利率互换类似，货币互换的定价也分为两个方面，即货币互换在期初时的定价和货币互换在期初以后的定价。货币互换在期初时的定价就是在互换初期确定合理的互换货币；货币互换在期初以后的定价就是确定货币互换的价格或价值，也就是确定互换合约给投资者所带来的收益。在本节中，以最普通的货币互换——固定利率对固定利率货币互换为例，来说明货币互换的定价原理。

7.4.1 相关规定

货币互换的相关规定与利率互换的相关规定是一样的，具体请参阅 7.3.1 节，此处不

再赘述。

7.4.2 货币互换在期初的定价

下面通过一个关于固定利率对固定利率货币互换的具体例子来说明货币互换的定价原理。

【例 7-8】甲公司与某银行签订了一份 3 年期的货币互换合约。甲公司每年向银行支付 R_1 的日元固定利息,银行则每年向甲公司支付 R_2 的美元固定利息,本金为 1 000 万美元和 120 000 万日元,即期汇率为 1 美元＝120 日元。期初甲公司向银行支付 1 000 万美元本金,同时从银行获取 120 000 万日元,期末再反方向交换。设美国、日本利率的期限结构是平的,在日本是 4% 而在美国是 9%（都是连续复利）。若市场是完全竞争的,试计算 R_1 和 R_2。

期初,互换合约价值为 0,此时的互换不能给合约任何一方带来任何好处,否则会存在无风险套利机会。因此,期初时的货币互换定价就是要分别定出固定利率 R_1 和 R_2,使得该互换合约在签订时对交易双方来说其价值为 0,具体定价步骤如下。

(1) 货币互换的现金流。

在该互换中,银行收入 R_1 的日元利息,支付 R_2 的美元利息。考虑本金的交换,对银行来说,该互换现金流如图 7-23 所示。

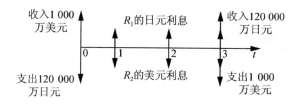

图 7-23 银行货币互换现金流

(2) 货币互换的分解。

通过对图 7-23 货币互换现金流的分析,可将货币互换现金流分解成投资现金流和筹资现金流,如图 7-24 所示。

分析图 7-24 可知,货币互换同样可以看作两个债券头寸的组合。结合例 7-8,该货币互换（相对于银行而言）在理论上可以分解如下。

(1) 银行出售一份面值为名义本金 1 000 万美元的固定利率(R_2)（每年付息一次）债券（进行筹资）。

(2) 银行购买一份面值为名义本金 120 000 万日元的固定利率(R_1)（每年付息一次）债券（进行投资）。

因即期汇率为 1 美元＝120 日元,美元固定利率债券与日元固定利率债券的名义本金是等值的。

对银行而言,其货币互换的价值就是日元债券与美元债券价值之差。

(3) 货币互换在期初的定价。

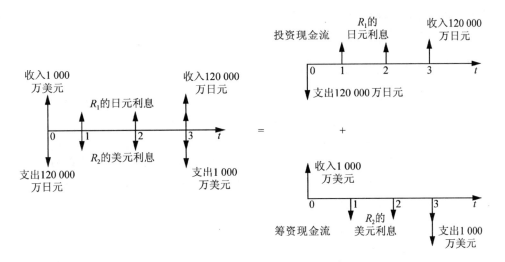

图 7-24 银行货币互换现金流的分解

首先看投资现金流,如图 7-25 所示。在均衡市场上,投资现金流的净现值在初期为 0,因此有

$$\text{NPV} = -120\,000 + 120\,000 \times R_1 (e^{-4\% \times 1} + e^{-4\% \times 2} + e^{-4\% \times 3}) + 120\,000 \times e^{-4\% \times 3} = 0$$

即

$$R_1 = 4.08\%$$

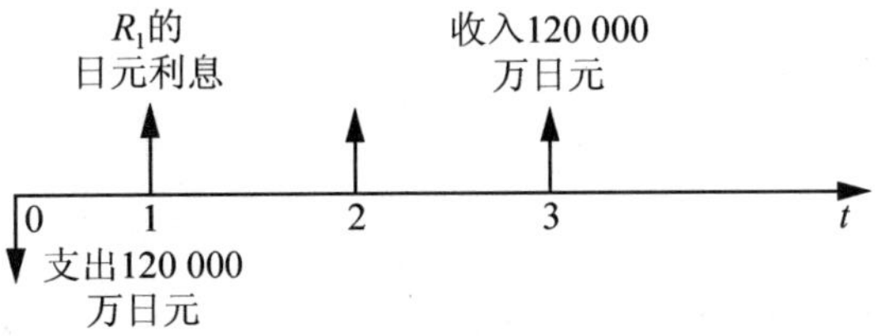

图 7-25 投资现金流

其次看筹资现金流,如图 7-26 所示。在均衡市场上,筹资现金流的净现值在初期为 0,因此有

$$\text{NPV} = 1\,000 - 1\,000 \times R_2 (e^{-9\% \times 1} + e^{-9\% \times 2} + e^{-9\% \times 3}) - 1\,000 \times e^{-9\% \times 3} = 0$$

即

$$R_2 = 9.42\%$$

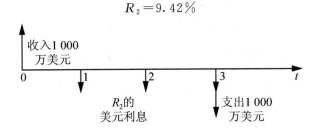

图 7-26 筹资现金流

因此，$R_1=4.08\%$ 的日元利率、$R_2=9.42\%$ 的美元利率就是互换签订时确定的各自要向对方支付的利率，此时合约价值对双方来说都为 0。

7.4.3　货币互换在期初之后的价值

货币互换合约在签订的初始时期，其价值为 0。但是，随着时间的推移，在合约的有效期内，货币互换合约的价值会发生变化，既可能为正，也可能为负。

那么，货币互换在签订以后的有效期内的价值应如何计算呢？

如前所述，在没有违约风险的条件下，货币互换一样也可以分解成债券的组合，不过不是浮动利率债券和固定利率债券的组合，而是两份不同货币的债券的组合。也可以将其看作一份外币债券和一份本币债券的组合。

【例 7-9】假设 A 公司和 B 公司在 2012 年 10 月 1 日签订了一份 5 年期的货币互换协议。合约规定 A 公司每年向 B 公司支付 11% 的英镑利息并向 B 公司收取 8% 的美元利息。本金分别是 1 500 万美元和 1 000 万英镑。货币互换中 A 公司的现金流见表 7-6。那么，对 A 公司来说，其所持有的货币互换的价值如何？

表 7-6　货币互换中 A 公司的现金流量表

单位：百万

日　　期	美元现金流	英镑现金流
2012 年 10 月 1 日	−15.00	+10.00
2013 年 10 月 1 日	+1.20	−1.10
2014 年 10 月 1 日	+1.20	−1.10
2015 年 10 月 1 日	+1.20	−1.10
2016 年 10 月 1 日	+1.20	−1.10
2017 年 10 月 1 日	+16.20	−11.10

A、B 公司货币互换的结构图，如图 7-27 所示。对 A 公司来说，其所持有的货币互换可以分解为投资现金流和筹资现金流，如图 7-28 所示。因此，A 公司持有的互换头寸可看作一份年利率为 8% 的美元债券多头头寸和一份年利率为 11% 的英镑债券空头头寸的组合。

图 7-27　A、B 公司货币互换的结构图

如果定义 $V_{互换}$ 为货币互换的价值，并假定美元为本币，英镑为外币，那么对于收入本币、付出外币的一方（如 A 公司）有

$$V_{互换}=B_D-S_0B_F \tag{7-11}$$

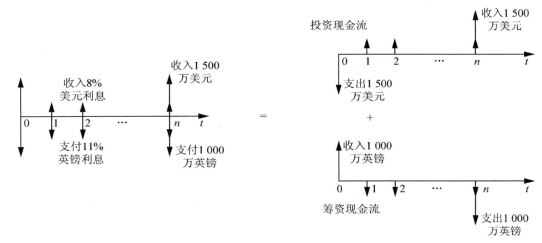

图 7-28 货币互换的分解

式中：B_F——用外币表示的从互换中分解出来的外币债券的价值；
B_D——从互换中分解出来的本币债券的价值；
S_0——即期汇率(直接标价法)。
对付出本币、收入外币的那一方有

$$V_{互换}=S_0 B_F - B_D \tag{7-12}$$

与利率互换类似，除了通过将货币互换分解成本外币债券组合的方法来求货币互换的价值外，还可以通过将货币互换分解成一系列的远期合约组合的方法来求货币互换的价值，具体见例 7-10。

【例 7-10】假设在美国和日本利率的期限结构是平的，在日本是 4% 而在美国是 9%（都是连续复利），某一金融机构在一笔货币互换中每年收入日元，利率为 5%，同时付出美元，利率为 8%（每年支付一次利息）。两种货币的本金分别为 1 000 万美元和 120 000 万日元。这笔互换还有 3 年的期限，即期汇率为 1 美元=110 日元。

解法一：运用债券组合计算货币互换的价值。

如果以美元为本币，那么该金融机构付出本币、收入外币，则其所持货币互换的价值就可利用式(7-12)来计算，即 $V_{互换}=S_0 B_F - B_D$，其中，S_0 是直接标价法下的即期汇率。

本币债券、外币债券的现金流状况分别如图 7-29、图 7-30 所示，它们的价值计算如下。

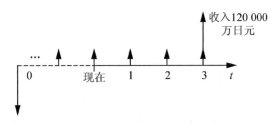

图 7-29 本币债券 B_F 的现金流

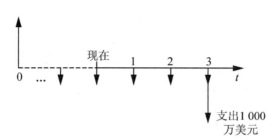

图 7-30 外币债券 B_D 的现金流

$$B_F = 6\,000e^{-0.04\times1} + 6\,000e^{-0.04\times2} + 126\,000e^{-0.04\times3} = 123\,055(万日元)$$
$$B_D = 80e^{-0.09\times1} + 80e^{-0.09\times2} + 1\,080e^{-0.09\times3} = 964.4(万美元)$$

则货币互换的价值为

$$\frac{123\,055}{110} - 964.4 = 154.3(万美元)$$

如果该金融机构是支付日元收入美元,则货币互换对它的价值为 −154.3 万美元。

解法二:运用远期组合计算货币互换的价值。

【7-6 拓展案例】

货币互换还可以分解成一系列远期合约的组合,货币互换中的每一次支付都可以用一笔远期外汇协议的现金流来代替。因此,只要能够计算货币互换中分解出来的每笔远期外汇协议的价值,就可以知道对应的货币互换的价值。

【7-7 拓展知识】

再看例 7-10,即期汇率为 1 美元=110 日元,或者是 1 日元=0.009 091 美元。因为美元和日元的年利差为 5%,根据 $F = Se^{(r_f - r)(T-t)}$,1 年期、2 年期和 3 年期的远期汇率分别为

$$0.009\,091e^{0.05\times1} = 0.009\,557$$
$$0.009\,091e^{0.05\times2} = 0.010\,047$$
$$0.009\,091e^{0.05\times3} = 0.010\,562$$

与利息交换等价的 3 份远期合约的价值分别为

$$(80 - 6\,000\times0.009\,557)e^{-0.09\times1} = 20.71(万美元)$$
$$(80 - 6\,000\times0.010\,047)e^{-0.09\times2} = 16.47(万美元)$$
$$(80 - 6\,000\times0.010\,562)e^{-0.09\times3} = 12.69(万美元)$$

与最终的本金交换等价的远期合约的价值为

$$(1\,000 - 120\,000\times0.010\,562)e^{-0.09\times3} = -204.16(万美元)$$

【第 7 章 小结】

因此,这笔互换的价值为 −154.29(−204.16+20.71+16.47+12.69)万美元,与运用债券组合定价的结果一致。

思考与练习

1. 一公司现在按 6 个月期的上海银行同业拆放利率 SHIBOR+100bp 借入资金,其财务经理担心利率会在未来 3 年的借款期上涨。为此该公司做了一笔为期 3 年、每半年付息一次的普通利率互换交易,即以 8.75% 的固定利率支付利息,同时收取 6 月期的上海银行同业拆放利率浮动利率利息。试问该公司做该笔互换交易能获得什么样的好处?具体获得的好处是多少?

2. A公司和B公司如果要在金融市场上借入5年期本金为2 000万元的贷款，需支付的年利率见表7-7。

表7-7 需支付的年利率

公　　司	固定利率	浮动利率
A公司	12.0%	SHIBOR+0.1%
B公司	13.4%	SHIBOR+0.6%

A公司需要的是浮动利率贷款，B公司需要的是固定利率贷款。请设计一个利率互换，其中，银行作为中介获得的报酬是0.1%的利差，而且要求互换对双方具有同样的吸引力。

3. X公司希望以固定利率借入美元，而Y公司则希望以固定利率借入日元，而且本金用即期汇率计算价值很接近，市场对这两个公司的报价见表7-8。

表7-8 市场对这两个公司的报价

公　　司	日　　元	美　　元
X公司	5.0%	9.6%
Y公司	6.5%	10.0%

请设计一个货币互换，银行作为中介获得的报酬是50个基点，而且要求互换对双方具有同样的吸引力，汇率风险由银行承担。

4. 一份本金为10亿元的利率互换还有10个月的期限。这笔互换规定以6个月的SHIBOR利率交换12%的年利率（每半年计一次复利）。市场上对交换6个月的SHIBOR利率的所有期限的利率的平均报价为10.0%（连续复利）。两个月前6个月的SHIBOR利率为9.6%。试问上述互换对支付浮动利率的那一方价值为多少？对支付固定利率的那一方价值为多少？

5. 一份货币互换还有15个月的期限。这笔互换规定每年交换利率为14.0%、本金为2 000万英镑和利率为10.0%、本金为3 000万美元的两笔借款的现金流。英国和美国现在的利率期限结构都是平的。如果这笔互换是今天签订的，那将是用8.0%的美元利率交换11.0%的英镑利率。上述利率是连续复利，即期汇率为1英镑=1.650 0美元。试问：上述互换对支付英镑的那一方价值为多少？对支付美元的那一方价值为多少？

6. X公司和Y公司的各自在市场上的10年期500万元的投资可以获得的收益率见表7-9。

表7-9 投资可获得收益

公　　司	固定利率	浮动利率
X公司	8.0%	SHIBOR
Y公司	8.8%	SHIBOR

X公司希望以固定利率进行投资，而Y公司希望以浮动利率进行投资。请设计一个利

率互换,其中,银行作为中介获得的报酬是0.2%的利差,而且要求互换对双方具有同样的吸引力。

7. A公司和B公司如果要在金融市场上借款需支付的利率见表7-10。

表7-10 金融市场上借款需支付的利率

利率种类	A公司	B公司
人民币浮动利率	SHIBOR+0.5%	SHIBOR+1.0%
加元固定利率	5.0%	6.5%

假设A公司需要的是人民币浮动利率贷款,B公司需要的是加元固定利率贷款。一家银行想设计一个互换,并希望从中获得0.5%的利差,如果互换对双方具有同样的吸引力,A公司和B公司的利率支付是怎么安排的?

8. 当前时刻,SHIBOR的零息票连续复利利率,见表7-11。

表7-11 当前SHIBOR的零息票连续复利利率

期限	1年	2年	3年	4年
年利率	3.25%	3.33%	3.41%	3.60%

试问:4年期的固定利率对浮动利率的利率互换定价(开始时的定价,每年互换一次利息)。

如果互换合约签订1年后,第一次利息互换结束,市场环境发生了变化,SHIBOR的零息票连续复利利率发生的变化见表7-12。

表7-12 发生变化的SHIBOR的零息票连续复利利率

期限	1年	2年	3年	4年
年利率	3.40%	3.52%	3.65%	3.74%

试问:此时对利率互换的双方而言,互换合约的价值分别为多少(结果保留小数点后两位数字)?

【第7章在线答题】

第 8 章 期　　权

学习目标及思维导图

本章主要介绍期权的构成要素及分类，在介绍期权价格的构成和影响期权价格的因素的基础上，进一步分析期权价格的上下限，看涨期权与看跌期权的平价关系，提前执行美式期权的合理性，最后介绍基本的期权交易策略。其中，期权价格上下限、看涨期权与看跌期权的平价关系、提前执行美式期权的合理性是本章的重点和难点。

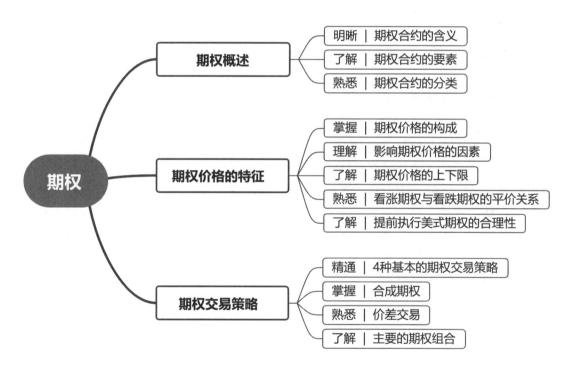

8.1 期权概述

8.1.1 期权合约的含义

期权的交易形式最早可追溯到公元前的古希腊和古罗马。到了 17 世纪(资本主义时期),荷兰出现了期权交易市场,18 世纪的英国还出现了证券期权的交易,但直到 20 世纪 70 年代,作为金融产品的期权交易才开始快速发展。1973 年 4 月 6 日,美国建立了世界上第一个集中性期权交易所——芝加哥期权交易所(Chicago Board Options Exchange, CBOE),开始场内股票看涨期权的交易。由于场内交易能够克服场外期权交易存在的流动性较差、卖方不守信履约、交易较分散等缺点,因此,获得了巨大的成功。此后金融市场的发展、信息技术与计算机科学的进步等,使得期权市场在交易制度、理论研究和交易技术方面不断创新和发展,使得越来越多的交易所竞相开办期权交易,新的期权品种不断推出,交易品种和交易量不断地增加,期权市场获得了前所未有的发展。

【8-1 拓展视频】

期权(options)又称选择权,是指期权合约购买者或持有者在合约规定的期限内,拥有按照合约规定的价格(sticking price)购买或出售约定数量的标的资产的"选择权"的合约。

对期权的购买者来说,期权合约赋予他的只有权利,而没有任何义务。他可以在规定期限内的任何时间(美式期权)或期满日(欧式期权)行使其购买或出售标的资产的权利,也可以不行使这个权利。对期权的出售者来说,他只有履行合约的义务,而没有任何权利。当期权购买者按合约规定行使其买进或卖出标的资产的权利时,期权出售者必须依约相应地卖出或买进该标的资产。作为给期权出售者承担义务的报酬,期权购买者要支付给期权出售者一定的期权费(premium),期权费的高低视期权种类、期限、标的资产价格的易变程度不同而不同。表 8-1~表 8-3 为 2022 年 7 月 28 日芝加哥商品交易所部分外汇期货期权合约行情。

表 8-1 芝加哥商品交易所部分欧元期货期权行情表

CONTRACT UNIT	One futures contract for 125,000 Euro					
MINIMUM PRICE FLUCTUATION	Outright: 0.000 1 per Euro increment= $12.50 Reduced Tick: 0.000 05 per Euro increment= $6.25 for premium below 0.000 5					
Strike	Calls-Settle			Puts-Settle		
Price	Aug2022	Sep2022	Oct2022	Aug2022	Sep2022	Oct2022
9 650	0.068 6	0.060 4	0.069 2	0.000 1	0.002	0.003 9

(续表)

CONTRACT UNIT		One futures contract for 125,000 Euro				
9 700	0.063 6	0.055 8	0.064 8	0.000 1	0.0024	0.004 5
9 750	0.058 6	0.051 3	0.060 5	0.000 1	0.0029	0.005 2
9 800	0.053 6	0.046 9	0.056 2	0.000 15	0.0034	0.005 9
9 850	0.048 6	0.042 6	0.052 1	0.000 25	0.0041	0.006 7
9 900	0.043 7	0.038 4	0.048	0.000 4	0.005	0.007 6
9 950	0.038 8	0.034 4	0.044 1	0.000 7	0.006	0.008 7
10 000	0.036 3	0.030 6	0.040 2	0.001 1	0.0071	0.009 8

表 8-2 芝加哥商品交易所日元期货期权行情表

CONTRACT UNIT	One futures contract for 12,500,000 Japanese yen					
MINIMUM PRICE FLUCTUATION	Outright: 0.000 001 per Japanese yen increment＝$ 12.50 Reduced Tick: 0.000 000 5 per Japanese yen increment＝$ 6.25 for premium below 0.000 005					
Strike	Calls-Settle			Puts-Settle		
Price	Aug2022	Sep2022	Oct2022	Aug2022	Sep2022	Oct2022
7 300	0.8	1.35	2.08	0.21	0.75	0.82
7 350	0.51	1.09	1.78	0.41	0.99	1.02
7 400	0.31	0.87	1.51	0.72	1.27	1.24
7 450	0.19	0.69	1.28	1.09	1.59	1.51
7 500	0.11	0.55	1.08	1.52	1.95	1.8
7 550	0.07	0.44	0.9	1.97	2.34	2.13
7 600	0.045	0.35	0.76	2.45	2.75	2.48
7 650	0.03	0.28	0.64	2.93	3.18	2.86

表 8-3 芝加哥商品交易所英镑期货期权行情表

CONTRACT UNIT	One futures contract for 62,500 British pounds					
MINIMUM PRICE FLUCTUATION	0.000 1 per GBP increments＝$ 6.25					
Strike	Calls-Settle			Puts-Settle		
Price	Aug2022	Sep2022	Oct2022	Aug2022	Sep2022	Oct2022
1200	2.06	2.84	3.53	0.28	1.07	1.49

（续表）

1205	1.66	2.5	3.2	0.38	1.23	1.65
1210	1.3	2.18	2.88	0.52	1.4	1.84
1215	0.99	1.89	2.58	0.71	1.61	2.03
1220	0.72	1.61	2.3	0.94	1.83	2.25
1225	0.51	1.37	2.04	1.23	2.08	2.49
1230	0.35	1.14	1.8	1.57	2.36	2.74

作为新兴加转轨的市场经济国家，中国金融管理部门对中国金融衍生产品的创新和发展进行了积极的探索。在股票期权方面，截至2022年7月，由上海证券交易所推出的上证50ETF期权合约在市场上同时交易当前、下月、当季月、次季月不同敲定价格的看涨和看跌期权。表8-4为2022年7月28日我国部分上证50ETF期权合约的收盘价格，除了表内列出的8月和9月合约，市场同时交易的还有12月和次年3月不同敲定价格的看涨和看跌期权产品110种。当天上证50ETF的收盘价为2.866元，由此可以计算不同期权合约的价值。

表8-4 2022年7月28日上证50ETF部分期权合约行情

名　　称	现价	总量	持仓量	仓差	内在价值	时间价值	到期日
50ETF购8月2850	0.068 8	127 614	52 249	3 700	0.016	0.052 8	20220824
50ETF购8月2900	0.042 7	276 361	158 741	30 587	0	0.042 7	20220824
50ETF购8月2950	0.025 8	175 697	132 777	25 659	0	0.025 8	20220824
50ETF购8月3000	0.015 1	109 420	130 059	14 562	0	0.015 1	20220824
50ETF购8月3100	0.005 8	52 968	119 776	21 532	0	0.005 8	20220824
50ETF购8月3200	0.002 6	34 645	68 075	18 235	0	0.002 6	20220824
50ETF购8月3300	0.001 6	12 707	35 707	4 766	0	0.001 6	20220824
50ETF购8月3400	0.001 1	5 249	23 626	786	0	0.001 1	20220824
50ETF购8月3500	0.000 9	7 012	27 998	1 976	0	0.000 9	20220824
50ETF购9月2850	0.101 9	9 092	11 857	2 221	0.016	0.085 9	20220928
50ETF购9月2900	0.077 3	19 840	24 148	5 478	0	0.077 3	20220928
50ETF购9月2950	0.058	14 915	17 821	1 800	0	0.058	20220928
50ETF购9月3000	0.042 8	16 506	23 608	−379	0	0.042 8	20220928
50ETF购9月3100	0.021 1	10 784	29 710	936	0	0.021 1	20220928
50ETF购9月3200	0.010 9	5 476	34 662	908	0	0.010 9	20220928
50ETF购9月3300	0.006 4	4 432	36 976	526	0	0.006 4	20220928
50ETF购9月3400	0.003 9	2 809	50 134	507	0	0.003 9	20220928

(续表)

名称	现价	总量	持仓量	仓差	内在价值	时间价值	到期日
50ETF购9月3500	0.003 2	4 496	63 750	100	0	0.003 2	20220928
50ETF沽8月2850	0.047 9	159 387	95 194	9 555	0	0.047 9	20220824
50ETF沽8月2900	0.073	209 605	114 736	11 774	0.034	0.03 9	20220824
50ETF沽8月2950	0.106 2	82 934	49 312	5 719	0.084	0.022 2	20220824
50ETF沽8月3000	0.145 6	46 504	36 720	2 563	0.134	0.011 6	20220824
50ETF沽8月3100	0.237 1	4 619	12 647	−79	0.234	0.003 1	20220824
50ETF沽8月3200	0.332 4	962	5 196	−237	0.334	−0.001 6	20220824
50ETF沽8月3300	0.430 5	140	1 463	25	0.434	−0.003 5	20220824
50ETF沽8月3400	0.529 9	16	954	2	0.534	−0.004 1	20220824
50ETF沽8月3500	0.612	59	1 073	−21	0.634	−0.022	20220824
50ETF沽9月2850	0.078 8	14 282	17 583	1 792	0	0.078 8	20220928
50ETF沽9月2900	0.104 6	17 313	20 620	3 711	0.034	0.070 6	20220928
50ETF沽9月2950	0.135	8 152	12 853	599	0.084	0.051	20220928
50ETF沽9月3000	0.168 8	3 420	10 467	−463	0.134	0.034 8	20220928
50ETF沽9月3100	0.246 2	117 7	6 838	92	0.234	0.012 2	20220928
50ETF沽9月3200	0.336 7	321	5 767	−23	0.334	0.002 7	20220928
50ETF沽9月3300	0.431 7	194	4 383	68	0.434	−0.002 3	20220928
50ETF沽9月3400	0.530 2	15	2 919	1	0.534	−0.003 8	20220928
50ETF沽9月3500	0.626 4	195	4 368	112	0.634	−0.007 6	20220928

8.1.2 期权合约的要素

期权合约一般包括以下几方面的基本要素。

1. 交易双方

期权合约的交易双方是指期权合约的买方和卖方。支付权利金购买期权的一方是期权的买方,也称为期权的多方(头),该交易方拥有选择是否执行期权的权利;出售期权获得权利金的一方是期权的卖方,也称为期权的空方(头),该交易方拥有接受期权买方选择的义务。

【8-2 拓展视频】

2. 执行价格

执行价格又称敲定价格或协定价格,它是指期权合约中事先约定好的,期权买方执行期权时买入或卖出标的资产的买卖价格。场内交易的期权的执行价格由交易所根据标的资产的价格变化趋势确定;场外交易的期权的执行价格则由期权合约的交易双方商定。

3. 权利金

权利金即期权费，是购买或出售期权合约的价格，它是买卖双方竞价的结果，是期权合约中唯一的变量。期权费的高低由期权的价值决定。对期权的买方来说，为了获得买进或卖出标的资产的选择权，他必须支付一笔权利金给期权卖方；对期权的卖方来说，他卖出期权而承担了必须履行期权合约的义务，为此他收取一笔权利金作为报酬。期权费是由买方负担的，是买方在出现价格最不利的变动时所需承担的最高损失金额，因此，期权费可以看作买方付出的"保险费"。

4. 履约保证金

由于期权交易当中卖方的盈利有限、亏损无限，为了避免发生卖方不履约所产生的信用风险，期权卖方必须按照合约价值的一定比例向交易所存入一定数额的保证金作为履约的财力担保，即履约保证金。

5. 期权的有效期

期权的有效期是买方有权选择是否履约的期间。对场内交易的期权来说，其合约有效期以 3 个月和 6 个月最为常见，一般不超过 9 个月。跟期货交易一样，由于有效期（交割月份）不同，同一种标的资产可以有好几个期权品种。

为了保证在场内交易的期权能够高效、有序地交易，交易所对期权合约的规模、期权价格的最小变动单位、期权价格的每日最高波动幅度、最后交易日、交割方式、标的资产的品质等作出明确规定。

表 8-5 为芝加哥期货交易所迷你道·琼斯指数期货[E-mini Dow（$5）futures]的期权合约条款。表 8-6 为上海证券交易所上证 50ETF 期权合约的基本条款。

表 8-5 芝加哥期货交易所迷你道·琼斯指数期货的期权合约条款

CONTRACT UNIT	1 E-mini Dow（$5）futures contract
MINIMUM PRICE FLUCTUATION	Outright： 1.00 index points＝$5.00, for premium above 4.00 Reduced Tick： 0.20 index points＝$1.00, for premium at or below 4.00 CAB 0.20 index points＝$1.00
PRICE QUOTATION	U.S. dollars and cents per index point
TRADING HOURS	CME Globex： Sunday 6:00 p.m. —Friday —5:00 p.m. ET (5:00 p.m. —4:00 p.m. CT) with a daily maintenance period from 5:00 p.m. —6:00 p.m. ET (4:00 p.m. —5:00 p.m. CT) CME ClearPort： Sunday 6:00 p.m. —Friday 6:45 p.m. ET (Sun 5:00 —Fri 5:45 p.m. CT) with no reporting Monday —Thursday 6:45 p.m. —7:00 p.m. ET (5:45 p.m. —6:00 p.m. CT)

(续表)

PRODUCT CODE	CME Globex: OYM CME ClearPort: YM Clearing: YM
LISTED CONTRACTS	Quarterly contracts (Mar, Jun, Sep, Dec) listed for 4 consecutive quarters
TERMINATION OF TRADING	Trading terminates at 9:30 a.m. ET on the 3rd Friday of the contract month.
POSITION LIMITS	CBOT Position Limits
EXCHANGE RULEBOOK	CBOT 27A
PRICE LIMIT OR CIRCUIT	Price Limits
VENDOR CODES	Quote Vendor Symbols Listing
STRIKE PRICES STRIKE PRICE INTERVAL	500-point intervals within ±50% pervious day's settlement price of the underlying futures
	100-point intervals within ±20% previous day's settlement price of the underlying futures
	50-point intervals within ±10% previous day's settlement price of the underlying futures for the two nearest quarterly cycle month options
EXERCISE PROCEDURE	American Style. An option can be exercised until 6:30 p.m. ET on any business day the option is traded
SETTLEMENT AT EXPIRATION	Option exercise results in a position in the underlying cash-settled futures contract. In-the-money options, in the absence of contrarian instructions delivered to the Clearing House by 6:30 p.m. ET on the day of expiration, are automatically exercised into expiring cash-settled futures, which settle to the SOQ calculated the morning of the 3rd Friday of the contract month.
SETTLEMENT METHOD	Deliverable
UNDERLYING	E-mini Dow Jones Industrial Average Index Futures ($5 Multiplier)

表8-6 上证50ETF期权合约基本条款

合约标的	上证50交易型开放式指数证券投资基金(50ETF)
合约类型	认购期权和认沽期权
合约单位	10 000份
合约到期月份	当月、下月及随后两个季月
行权价格	9个(1个平值合约、4个虚值合约、4个实值合约)
行权价格间距	3元或以下为0.05元,3元至5元(含)为0.1元,5元至10元(含)为0.25元,10元至20元(含)为0.5元,20元至50元(含)为1元,50元至100元(含)为2.5元,100元以上为5元
行权方式	到期日行权(欧式)

(续表)

合约标的	上证50交易型开放式指数证券投资基金(50ETF)
交割方式	实物交割（业务规则另有规定的除外）
到期日	到期月份的第四个星期三（遇法定节假日顺延）
行权日	同合约到期日，行权指令提交时间为9:15—9:25，9:30—11:30，13:00—15:30
交收日	行权日次一交易日
交易时间	9:15—9:25，9:30—11:30(9:15—9:25为开盘集合竞价时间) 13:00—15:00(14:57—15:00为收盘集合竞价时间)
委托类型	普通限价委托、市价剩余转限价委托、市价剩余撤销委托、全额即时限价委托、全额即时市价委托以及业务规则规定的其他委托类型买卖类型 买入开仓、买入平仓、卖出开仓、卖出平仓、备兑开仓、备兑平仓以及业务规则规定的其他买卖类型
最小报价单位	0.0001元
申报单位	1张或其整数倍
涨跌幅限制	认购期权最大涨幅＝max{合约标的前收盘价×0.5%，min[(2×合约标的前收盘价－行权价格)，合约标的前收盘价]×10%} 认购期权最大跌幅＝合约标的前收盘价×10% 认沽期权最大涨幅＝max{行权价格×0.5%，min[(2×行权价格－合约标的前收盘价)，合约标的前收盘价]×10%} 认沽期权最大跌幅＝合约标的前收盘价×10%
熔断机制	连续竞价期间，期权合约盘中交易价格较最近参考价格涨跌幅度达到或者超过50%且价格涨跌绝对值达到或者超过10个最小报价单位时，期权合约进入3分钟的集合竞价交易阶段
开仓保证金最低标准	认购期权义务仓开仓保证金＝[合约前结算价＋Max(12%×合约标的前收盘价－认购期权虚值，7%×合约标的前收盘价)]×合约单位 认沽期权义务仓开仓保证金＝Min[合约前结算价＋Max(12%×合约标的前收盘价－认沽期权虚值，7%×行权价格)，行权价格]×合约单位
维持保证金最低标准	认购期权义务仓维持保证金＝[合约结算价＋Max(12%×合约标的收盘价－认购期权虚值，7%×合约标的收盘价)]×合约单位 认沽期权义务仓维持保证金＝Min[合约结算价＋Max(12%×合标的收盘价－认沽期权虚值，7%×行权价格)，行权价格]×合约单位

8.1.3 期权合约的分类

期权合约的品种非常多，按照不同的标准，它可以划分为不同的种类。

（1）按期权买方的权利划分，期权可分为看涨期权和看跌期权。

看涨期权是指期权合约购买者在合约规定的期限内，有权按照合约规定的价格购买约定数量标的资产的"权利"的合约；看跌期权是指期权合约购买者在合约规

【8-3 拓展视频】

定的期限内，有权按照合约规定的价格卖出约定数量标的资产的"权利"的合约。认为或担心标的资产价格上升的交易者，一般会成为看涨期权的买方或看跌期权的卖方；认为或担心标的资产价格下跌的交易者，一般会成为看涨期权的卖方或看跌期权的买方。

在期权交易中，存在着双重的买卖关系：对期权标的资产的购买和出售则构成了看涨期权和看跌期权，对期权合约的购买和出售则形成了期权的买方和卖方，其中的权利和义务关系可以见表 8-7。

【8-4 拓展视频】

表 8-7 期权交易中的买卖关系

	看涨期权	看跌期权
买方	有权按履约价格买进标的资产	有权按履约价格卖出标的资产
卖方	有义务按履约价格卖出标的资产	有义务按履约价格买进标的资产

(2) 按期权买方执行期权的时限划分，期权可分为欧式期权(European options)、美式期权(American options)和百慕大期权(Bermudan options)。对于美式期权，期权的买方从签订期权合同之日起一直到期权合约到期的时间里，随时可以选择执行期权；对于欧式期权，期权的买方在期权合约规定的到期日才可以行使选择权；对于百慕大期权，该期权介于美式期权和欧式期权之间，合约给定了一系列的日期可供多方选择是否行使权力。

(3) 按照期权合约的标的资产划分，期权可分为现货期权(options physical)、期货期权(options on futures)、期权的期权(options on options)和互换期权(swapping options)。现货期权的标的物是各种现货，如外汇、股票、农产品和贵金属等；期货期权的标的物是各类期货，如货币期货、利率期货、股价指数期货和玉米期货等；期权的标的物是各类期权，如看涨期权的期权等；互换期权的标的物是互换，如可赎回互换的期权、可延期互换的期权、可卖出互换的期权和可取消互换的期权等。

(4) 按照期权的交易场所划分，期权可分为场内期权和场外期权。场内期权是指在交易所交易的期权，是标准化的期权合约，交易数量、执行价格、到期日和履约时间等均由交易所统一规定，唯有期权费是由交易双方决定的，该种期权具有流动性好、交易便利、成本较低的优点；场外期权则是非标准化的期权合约，各种交易要素均由交易双方自由议定，比较灵活。

(5) 按照期权执行价格与市场价格的关系划分，期权可分为实值期权、平价期权和虚值期权，具体可见 8.2.1 节。

(6) 按照期权的应用领域划分，期权可分为金融期权和实物期权。金融期权是指在金融市场上进行交易的期权；实物期权是指不在金融市场上交易，但符合期权基本逻辑特性的投资项目。

表 8-8 为对期权种类的基本划分。

表 8-8 期权的种类的基本划分

分类标准	期权类型
期权买方的权利	看涨期权和看跌期权
期权买方执行期权的时限	欧式期权、美式期权和百慕大期权
期权合约的标的资产	现货期权、期货期权、期权的期权和互换期权
期权的交易场所	场内期权和场外期权
期权执行价格与市场价格的关系	实值期权、平价期权和虚值期权
期权的应用领域	金融期权和实物期权

【8-5 拓展视频】

随着金融市场的发展，人们对金融产品的需求出现多样化的趋势，金融机构根据客户的具体需求在原有品种的基础上开发出种类繁多的新型期权（exotic options），如打包期权、复合期权、亚式期权、回溯期权等。

8.2 期权价格的特征

8.2.1 期权价格的构成

期权价格主要由内在价值（intrinsic value）和时间价值（time value）两部分构成。

1. 内在价值

内在价值是指期权的买方假设立即执行期权合约可以获取的收益，它等于期权合约标的资产执行价格与其现货市场价格的差额。用 X 表示合约标的资产的执行价格，用 S 表示标的资产当前时刻（即 t 时刻）的市场价格。对看涨期权来说，内在价值为 $\max(S-X, 0)$；对看跌期权来说，内在价值为 $\max(X-S, 0)$。

根据期权有无内在价值，可以将期权分为实值、虚值和平价 3 种状态。对于看涨期权，如果其执行价格低于市场价格，被称为价内（in the money），内在价值大于 0，此时的期权称为实值期权或处于实值状态，期权买方行权将获得收益；如果期权执行价格高于市场价格，被称为价外（out of the money），内在价值为 0，此时的期权称为虚值期权或处于虚值状态，期权买方行权将遭受损失；如果期权执行价格正好等于市场价格，被称为平价（at the money），内在价值为 0，此时的期权称为平价期权或处于平价状态。

案例 8-1

某日，3 个月后到期的执行价格为 30 元的 A 公司股票看涨期权价格为 4 元，一般来说，股票期权都是美式期权。这意味着该期权的买方在支付了 4 元的期权费之后，有权在期权合约所规定的到期日之前，以 30 元/股的价格向期权卖方买入 A 公司的股票。显然，只有在 A 公司股票的市场价格高于 30 元时，期权买方才会执行期权，否则他就不会执行这一权利。假定当天公司的股票价格为 31 元，则这一天 A 公司股票看涨期权处于实值状态，内在价值为 1 元。与此同时，3 个月后到期的执行价格为 30 元的 A 公司股票看跌期权的期权费为 0.5 元，也就是说，买方要获得在期权合约到期日之前，以 30 元/股的价格向期权卖方卖出 A 公司股票的权利，需要支付 0.5 元。这时因为股票的市价高于执行价格，所以使得该看跌期权处于虚值状态，内在价值为(0, 0.5)元体现的是期权的时间价值。

2. 时间价值

期权的时间价值是指在期权有效期内标的资产价格波动给期权持有者带来收益增加的可能性所隐含的价值。标的资产价格的波动率越高，期权增值的可能性越大，期权的时间价值就越大。与此同时，随着期权剩余有效期的缩短，期权的时间价值会下降，期权到期时其时间价值为 0。

期权的时间价值还取决于标的资产市场价格与执行价格差额的绝对值。以看涨期权为例，当标的资产市场价格与执行价格之间价差为 0 时，期权的时间价值最大；当差额的绝对值增大时，期权的时间价值加速递减。当期权的内在价值($S-X$)正值很大，即呈现深度实值时，或者当标的资产市场价格与执行价格($S-X$)之间的负值差额很大，即呈现深度虚值状况时，期权的时间价值趋向于 0。以看涨期权为例，反映期权时间价值与期权内在价值之间的关系，如图 8-1 所示。

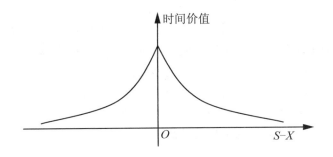

图 8-1 看涨期权时间价值与内在价值的关系

由图 8-1 可以看出：当 $S-X=0$ 时，市场价格变动使期权内在价值增加的可能性最大，因此，时间价值最大；当差额增大时，时间价值递减。

3. 期权价格、内在价值、时间价值的关系

期权价格的大小是由内在价值和时间价值决定的，其中，虚值期权和平价期权的期权价格完全由时间价值构成，在平价期权中期权的时间价值达到最大；实值期权的期权价格由时间价值和内在价值两部分组成。

从动态来看，期权的时间价值伴随期权到期日的临近而减少，期满时时间价值为 0，期权价格全部由内在价值构成。看涨期权中期权价格、内在价值、时间价值三者的变动关系，如图 8-2 所示。

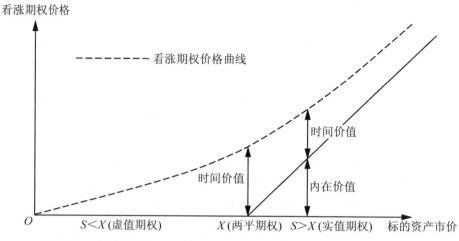

图 8-2　看涨期权中期权价格、内在价值和时间价值三者的变动关系

8.2.2　影响期权价格的因素

影响期权价格的因素主要有 5 个，它们通过作用于期权的内在价值和时间价值来影响期权的价格。

1. 标的资产的市场价格与期权的协议价格

看涨期权的价格与标的资产的市场价格正相关，与标的资产的协议价格负相关。因为看涨期权在执行时，其收益等于标的资产当时的市价与协议价格之差，所以标的资产的市场价格越高、协议价格越低，看涨期权的价格就越高。

看跌期权的价格与标的资产的市场价格负相关，与标的资产的协议价格正相关。因为看跌期权在执行时，其收益等于协议价格与标的资产市价的差额，所以标的资产的市场价格越低、协议价格越高，看跌期权的价格就越高。

2. 期权的有效期

在其他因素相同的情况下，期权距到期日时间越长，标的资产的价格出现大幅度波动的可能性越大，期权买方执行期权获利的机会就越大，期权价格就会越高。

对美式期权而言，由于它可以在有效期内任何时间执行，有效期越长，多头获利机会就越大，而且有效期长的期权包含了有效期短的期权的所有执行机会，因此，期权价格会越高。

对欧式期权而言，由于它只能在期末执行，有效期长的期权就不一定包含有效期短的期权的所有执行机会，这就使欧式期权的有效期与期权价格之间的关系显得较为复杂。

例如，同一股票的两份欧式看涨期权，一份有效期为 1 个月，另一份有效期为 2 个月，假定在 6 周后标的股票将有大量红利支付，由于支付红利会使股价下降，故在这种情况下，有效期短的期权价格甚至会大于有效期长的期权。但在一般情况下，期权有效期越长，期权价格就会越高。

值得注意的是，期权时间价值的增幅是随着时间的延长而递减的。即在其他条件不变时，随着时间的推移，期权时间价值的减小速度是递增的。这意味着当时间流逝同样长度时，期限长的期权的时间价值减小幅度将小于期限短的期权的时间价值减小幅度。当标的资产市场价格与协议价格之差为 0 时，时间价值最大，当差额的绝对值增加时，期权时间价值递减。

3. 标的资产价格的波动率

标的资产价格的波动率(一般用 σ 表示)是用来衡量标的资产未来价格变动不确定性的指标。由于期权买方的最大亏损额仅限于期权费，而最大盈利额则取决于执行期权时标的资产市场价格与协议价格的差额，因此，波动率越大，对期权多头越有利，期权价格也就越高。

4. 无风险利率

无风险利率对期权价格的影响非常复杂，需要从不同的角度对其进行分析。

(1) 从静态的角度考察，如果无风险利率较高，那么标的资产的预期收益率也会较高，这意味着对应于标的资产现在的价格，未来预期价格 $E(S_T)$ 较高。同时由于贴现率较高，故未来预期盈利的现值就较低。对看涨期权来说，这两种效应前者将使期权价格上升，后者将使期权价格下降，由于前者的效应大于后者，因此，对应于较高的无风险利率，看涨期权的价格也较高；而对于看跌期权，两种状态都将使看跌期权的价值减少。

(2) 从动态的角度考察，在标的资产价格与利率呈负相关(如股票、债券等)，无风险利率提高时，会使标的资产预期收益率提高，通过同时降低标的资产的期初价格和预期未来价格才能达到新的均衡。对看涨期权来说，两种效应都将使期权价格下降，而对看跌期权来说，前者效应为正，后者效应为负，由于前者效应通常大于后者，因此，其净效应是看跌期权价格上升。

(3) 从期权价格机会成本的角度来分析，由于期权价格以现金支付，因此，当无风险利率较高时，期权价格机会成本较高，投资者把资金从期权市场转移到其他市场，从而导致期权价格下降；反之，当无风险利率较低时，显然，较低的机会成本将带来期权价格的上升。

(4) 就利率本身对期权价格的影响而言，利率与看涨期权价格正相关，与看跌期权的价格负相关，这种影响在股票期权中表现得尤其明显。因为买进股票与买进该股票的看涨期权在某种程度上具有替代性，但买进同样数量股票的期权会节省买进股票的成本，相对节省的资金可以带来机会收益，所以看涨期权价格将随无风险利率上升而上涨；同样，买进看跌期权则和直接卖出股票具有一定的替代性，在利率较高的时候，投资者显然倾向于选择直接卖出股票，获得资金用于再投资而赚取较高的利息收益，而买入看跌期权却需要支付期权费，因此，利率和看跌期权价格成反向关系。

5. 标的资产的收益

由于标的资产分红付息等将减少标的资产的市场价格，而协议价格并未进行相应调整，因此，在期权有效期内标的资产产生收益将使看涨期权价格下降，而使看跌期权价格上升。

8.2.3 期权价格的上下限*

为了推导出期权定价的精确公式,需要先找出期权价格的上下限。期权价值边界理论最早是由罗伯特·默顿在 1973 年完成的,他运用随机占优(stochastic dominance)的概念,提出了关于期权价格的基本理论条件。该理论的基本假设与第 6 章推导期货与现货平价理论相类似。除了 8.2.1 节中已定义的符号外,还将使用以下符号。

C:一单位美式看涨期权的价值;

P:一单位美式看跌期权的价值;

c:一单位欧式看涨期权的价值;

p:一单位欧式看跌期权的价值;

σ:标的资产价格的波动率;

S_T:期权到期时(即 T 时刻)标的资产的市场价格;

r:期限为 $T-t$ 的无风险利率(连续复利)。

1. 期权价格的上限

(1)看涨期权价格的上限。

美式和欧式看涨期权的多头有权以协议价格购买标的资产,在任何情况下,期权的价值都不会超过标的资产的价格,因此,标的资产价格是看涨期权价格的上限,即

$$C \leqslant S, \quad c \leqslant S \tag{8-1}$$

如果不存在这样的关系,套利者购买标的资产并卖出看涨期权就可以获得无风险收益。

(2)看跌期权价格的上限。

由于美式看跌期权的多头卖出标的资产的最高价值为 X,因此,美式看跌期权价格 P 不应该超过上限 X,即

$$P \leqslant X \tag{8-2}$$

由于欧式看跌期权只能在到期日(T 时刻)执行,在 T 时刻,其最高价值为 X,故欧式看跌期权价格 p 不能超过 X 的现值,即

$$p \leqslant X e^{-r(T-t)} \tag{8-3}$$

2. 期权价格的下限

确定期权价格的下限较为复杂,可分无收益标的资产与有收益标的资产两种情况进行分析。

(1)欧式看涨期权价格的下限。

①无收益标的资产欧式看涨期权价格的下限。

为了推导出期权价格下限,可考虑以下两个组合。

组合 A:一份欧式看涨期权 c 加上金额为 $X e^{-r(T-t)}$ 的现金;

组合 B:一单位标的资产。

在组合 A 中,如果现金按无风险利率投资,在 T 时刻将变为 X,此时,多头是否执行看涨期权,取决于 T 时刻标的资产价格 S_T 是否大于 X。若 $S_T > X$,则执行看涨期权,

组合 A 的价值为 S_T；若 $S_T \leq X$，则不执行看涨期权，组合 A 的价值为 X。因此，在 T 时刻，组合 A 的价值为

$$\max(S_T, X)$$

而在 T 时刻，组合 B 的价值为 S_T。由于 $\max(S_T, X) \geq S_T$，因此，在 t 时刻组合 A 的价值也应大于等于组合 B，即

$$c + X e^{-r(T-t)} \geq S$$
$$c \geq S - X e^{-r(T-t)}$$

由于期权的价值一定为正，故无收益标的资产欧式看涨期权价格下限为

$$c \geq \max[S - X e^{-r(T-t)}, 0] \tag{8-4}$$

【例 8-1】某股票 A 的市场价格 S 为 30 元，该股票一欧式看涨期权的敲定价格 X 为 28 元，期限 0.5 年，r 为 10%，在期权合约到期前，该股票无任何股利支付。该期权的价格下限是多少？如果该期权的市场价格不满足期权的价格下限，会出现什么情况？

该期权的价格下限可按式(8-4)计算，即

$$S - X e^{-r(T-t)} = 30 - 28 e^{-0.1 \times 0.5} = 3.37(元)$$

假设该期权的市场价格为 3 元，小于理论上的最小值，套利者可以买进该股票的看涨期权并卖空股票，获得现金流 $30 - 3 = 27$(元)，将其中的 $28 e^{-0.1 \times 0.5}$ 元按照 10% 的无风险连续复利率进行投资，则可以立即获得 0.37 (即 $30 - 28 e^{-0.1 \times 0.5} - 3$) 元的无风险套利利润，详细的套利现金流量表见表 8-9。

表 8-9 套利现金流量表

套利头寸	t 时刻	T 时刻	
		$S_T \geq X$	$S_T < X$
卖空一股股票	30	$-S_T$	$-S_T$
买入一份该股票看涨期权	-3	$S_T - 28$	0
将 $28 e^{-0.1 \times 0.5}$ 元以 10% 的无风险利率进行投资	$-28 e^{-0.1 \times 0.5}$	28	28
净现金流	0.37	0	$28 - S_T$

期权到期时，$28 e^{-0.1 \times 0.5}$ 元按照 10% 的无风险连续复利率进行投资获得的本息和为 28 元，此时如果股票市场价格大于等于敲定价格 28 元，可以用所获得的本息和 28 元履行期权合约，即按照执行价格 28 元购买 A 股票，并以所购买的 A 股票对事先的股票卖空进行平仓；期权到期时如果股票市场价格小于敲定价 28 元，则放弃履行期权合约，用获得的现金流在现货市场买进 A 股票以对事先的股票卖空进行平仓，同时套利者还可获得一定的无风险套利利润，即 $28 - S_T$。

②有收益资产欧式看涨期权价格的下限。

将上述组合 A 的现金改为 $D + X e^{-r(T-t)}$，其中，D 为期权有效期内资产收益的现值，并经过类似的推导，就可得出有收益资产欧式看涨期权价格的下限为

$$c \geq \max[S-D-Xe^{-r(T-t)}, 0] \tag{8-5}$$

(2)美式看涨期权价格的下限。

①无收益资产美式看涨期权价格的下限。

无收益资产美式看涨期权既可以提前执行,也可以到期执行,但提前执行是不明智的[①],因为同一种无收益标的资产的美式看涨期权和欧式看涨期权的价值是相同的,由式(8-4)可得到

$$C=c \geq \max[S-Xe^{-r(T-t)}, 0] \tag{8-6}$$

②有收益标的资产美式看涨期权价格的下限。

在有收益的情况下,美式看涨期权在除权前的瞬间提前执行可能是最优的,由于存在提前执行的可能,故其价值大于等于欧式有收益看涨期权的价值,由式(8-5)得到

$$C \geq c \geq \max[S-D-Xe^{-r(T-t)}, 0] \tag{8-7}$$

(3)欧式看跌期权价格的下限。

①无收益标的资产欧式看跌期权价格的下限。

考虑以下两种组合。

组合 C:一份欧式看跌期权 p 加上一单位标的资产;

组合 D:金额为 $Xe^{-r(T-t)}$ 的现金。

在 T 时刻,如果 $S_T<X$,那么期权将被执行,组合 C 的价值为 X;如果 $S_T>X$,那么期权将不被执行,组合 C 的价值为 S_T,即在 T 时刻组合 C 的价值为

$$\max(S_T, X)$$

假定组合 D 的现金以无风险利率投资,则在 T 时刻组合 D 的价值为 X。由于组合 C 的价值在 T 时刻大于等于组合 D,因此,组合 C 的价值在 t 时刻也应大于等于组合 D,即

$$p+S \geq Xe^{-r(T-t)}$$
$$p \geq Xe^{-r(T-t)}-S$$

由于期权价值一定为正,因此,无收益标的资产欧式看跌期权价格下限为

$$p \geq \max[Xe^{-r(T-t)}-S, 0] \tag{8-8}$$

【例 8-2】某股票 A 的市场价格 S 为 25 元,该股一欧式看跌期权的敲定价格 X 为 28 元,期限 0.5 年,r 为 10%,在期权合约到期前,该股无任何股利支付。该期权的价格下限为多少?如果该期权的市场价格不满足期权的价格下限,会出现什么情况?

该期权的价格下限可按照式(8-8)来计算,即

$$Xe^{-r(T-t)}-S=28e^{-0.1\times 0.5}-25=1.63(元)$$

假设该期权的市场价格为 1 元,小于理论上的最小值,套利者可以按无风险利率 r 借入 $28e^{-0.1\times 0.5}$ 元,期限 0.5 年,同时用所借的资金购买看跌期权和股票,立即就可以获得无风险套利利润 $0.63(28e^{-0.1\times 0.5}-25-1)$ 元。

看跌期权到期时,套利者要支付的利息本金共计 28 元。此时若股票市场价格小于等于敲定 28 元,则履行期权合约,按 28 元卖出手中的股票,用收入来归还本金利息;此时

---

① 8.2.5 节有具体的证明。

若股票市场价格高于敲定价 28 元，则放弃手中的期权合约，直接在市场卖出手中的股票，套利者还本利息后还可获得一定无风险套利利润，而且市场价格高于 28 元越多，套利者获利就越大。

②有收益标的资产欧式看跌期权价格的下限。

只要将上述组合 D 的现金改为 $D+Xe^{-r(T-t)}$，就可得到有收益标的资产欧式看跌期权价格的下限

$$p \geqslant \max[D+Xe^{-r(T-t)}-S, 0] \quad (8-9)$$

从以上分析可以看出，欧式期权的下限实际上就是其内在价值。

(4) 美式看跌期权下限。

①无收益标的资产美式看跌期权价格的下限。

只有 S 相对于 X 较低，或者 r 较高时，提前执行才是有利的。由于可提前执行，故其价格下限为

$$P \geqslant \max(X-S, 0) \quad (8-10)$$

②有收益标的资产美式看跌期权价格的下限。

由于提前执行意味着放弃收益，故有收益标的资产美式看跌期权提前执行的可能性较少，但也有可能提前执行，其价格下限为

$$P \geqslant \max(D+X-S, 0) \quad (8-11)$$

3. 期权价格曲线

(1) 看涨期权价格曲线。

由上述分析得知美式看涨期权与欧式看涨期权有相同的价格上限。在标的资产无收益的情况下，美式和欧式看涨期权价格下限都为 $\max[S-Xe^{-r(T-t)}, 0]$。在标的资产有收益的情况下，美式和欧式看涨期权价格下限都为 $\max[S-D-Xe^{-r(T-t)}, 0]$。由于期权价格受到标的资产价格波动率、无风险利率、到期期限等因素的影响，无风险利率越高、期权期限越长、标的资产价格波动率越大，则期权价格曲线以原点为中心，向左上方旋转，但基本形状不变，而且不会超过上限。无收益标的资产看涨期权价格曲线，如图 8-3 所示。

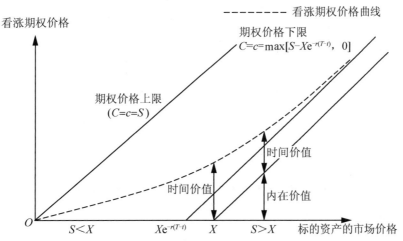

图 8-3 无收益标的资产看涨期权价格曲线

有收益标的资产看涨期权价格曲线与图 8-3 类似，只需把横轴上的 $Xe^{-r(T-t)}$ 换成 $D+Xe^{-r(T-t)}$ 即可。

(2) 看跌期权价格曲线。

①美式看跌期权价格曲线。

上述分析中，美式看跌期权价格 P 不应该超过上限 X。

无收益标的资产美式看跌期权下限为 $X-S$，但当标的资产价格足够低时，提前执行是明智的，此时期权的价值为 $X-S$。因此，当 S 较小时，看跌期权的曲线与其下限或者说内在价值 $X-S$ 是重合的；当 $S=X$ 时，期权时间价值最大，其价格曲线如图 8-4 所示。

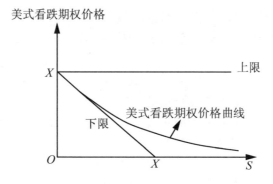

图 8-4 无收益标的资产美式看跌期权价格曲线

有收益标的资产美式看跌期权价格曲线与图 8-4 相似，只需把横轴上的 X 换成 $D+Xe^{-r(T-t)}$ 即可。

②欧式看跌期权价格曲线。

上述分析中，欧式看跌期权的上限为 $Xe^{-r(T-t)}$。无收益标的资产欧式看跌期权下限为 $\max[Xe^{-r(T-t)}-S, 0]$。当 S 趋于 0 和 ∞ 时，期权价格分别趋于 $Xe^{-r(T-t)}$ 和 0。无风险利率越低，期权期限越长，标的资产价格波动率越高，看跌期权价值以 0 为中心越往右上方旋转，但不能超过上限。无收益标的资产欧式看跌期权价格曲线如图 8-5 所示。

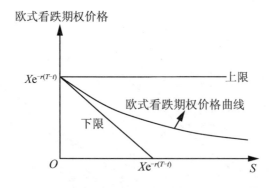

图 8-5 无收益标的资产欧式看跌期权价格曲线

有收益标的资产欧式看跌期权价格曲线与图 8-5 相似，只需把横轴上的 $X\mathrm{e}^{-r(T-t)}$ 换为 $D+X\mathrm{e}^{-r(T-t)}$ 即可。

8.2.4 看涨期权与看跌期权的平价关系*

1. 欧式看涨期权与看跌期权之间的平价关系

(1) 无收益资产的欧式期权。

在标的资产没有收益的情况下，为了推导 c（看涨期权价格）和 p（看跌期权价格）之间的关系，考虑以下两种组合。

组合 A：一份欧式看涨期权价格 c 加上金额为 $X\mathrm{e}^{-r(T-t)}$ 的现金；

组合 B：一份有效期和协议价格与看涨期权相同的欧式看跌期权价格 p 加上一单位标的资产。

在期权到期时，两个组合的价值均为 $\max(S_T, X)$，具体见表 8-10。由于欧式期权不能提前执行，故两组合在 t 时刻必须具有相等的价值，即

$$c+X\mathrm{e}^{-r(T-t)}=p+S \qquad (8-12)$$

表 8-10 无收益资产的欧式期权组合

投资组合	期权到期时间（即 T 时刻）的价值	
	股票价格低于履约价	股票价格高于履约价
组合 A：		
一份股票看涨期权	0	S_T-X
价值 $X\mathrm{e}^{-r(T-t)}$ 的现金资产	X	X
合计	X	S_T
组合 B：		
一份股票看跌期权	$X-S_T$	0
一股股票	S_T	S_T
合计	X	S_T

这就是无收益资产欧式看涨期权与看跌期权之间的平价关系(put call parity)，它表明欧式看涨期权的价值可根据相同协议价格和到期日的欧式看跌期权的价值推导出来，反之亦然。

若式(8-12)不成立，则存在无风险套利机会，最终促使等式成立。

(2) 有收益资产的欧式期权。

在标的资产有收益的情况下，只要把前面组合 A 中的现金改为 $D+X\mathrm{e}^{-r(T-t)}$，就可以推导出有收益资产欧式看涨期权和看跌期权的平价关系，即

$$c+D+X\mathrm{e}^{-r(T-t)}=p+S \qquad (8-13)$$

2. 美式看涨期权和看跌期权之间的关系

(1) 无收益资产美式期权。

无收益资产美式看涨期权提前执行是不明智的，而无收益资产美式看跌期权有可能提

前执行。因此，$C=c$，$P>p$，结合式(8-12)可得出

$$P>c+Xe^{-r(T-t)}-S$$
$$P>C+Xe^{-r(T-t)}-S$$
$$C-P<S-Xe^{-r(T-t)} \tag{8-14}$$

为了进一步推导出 C 和 P 的关系，可构建以下两种组合。

组合 A：一份不支付红利的某股票欧式看涨期权加上金额为 X 的现金；

组合 B：一份相同股票的美式看跌期权（执行价格与组合 A 的看涨期权相同）加上一单位该股票。

无收益资产美式期权组合见表 8-11。

表 8-11 无收益资产美式期权组合

投资组合	期权到期时间（即 T 时刻）的价值	
	股票价格低于履约价	股票价格高于履约价
组合 A：		
一份不支付红利的股票欧式看涨期权	0	S_T-X
价值 X 的现金资产	$Xe^{r(T-t)}$	$Xe^{r(T-t)}$
合计	$Xe^{r(T-t)}$	$Xe^{r(T-x)}+S_T-X$
组合 B：		
一份股票的美式看跌期权	$X-S_T$	0
一股股票	S_T	S_T
合计	X	S_T

表 8-11 说明，如果组合 B 中，美式期权没有提前执行，则在 T 时刻组合 B 的价值为 $\max(S_T,X)$，而此时组合 A 的价值为 $\max(S_T,X)+Xe^{r(T-t)}-X$。

由于 $r>0$，所以 $Xe^{r(T-t)}>X$，因此，组合 A 的价值大于组合 B。

如果组合 B 中，美式期权在 $t'(t<t'<T)$ 时刻提前执行，那么在 t' 时刻，组合 B 的价值为 X，而此时组合 A 的价值大于等于 $Xe^{r(t'-t)}$，因此，组合 A 的价值也大于组合 B。

这就是说，无论美式期权是否提前执行，组合 A 的价值都高于组合 B，因此，在 t 时刻，组合 A 的价值也应高于组合 B，即

$$c+X>P+S$$

由于 $c=C$，因此，

$$C+X>P+S$$
$$C-P>S-X$$

结合式(8-14)，可得

$$S-X<C-P<S-Xe^{-r(T-t)} \tag{8-15}$$

由于美式期权可能提前执行，因此，美式看涨期权与看跌期权之间不存在严格的平价关系，但无收益美式期权必须符合不等式(8-15)。

(2)有收益资产美式期权。

同样,只要把组合 A 的现金改为 $D+X$,就可得到有收益资产美式期权必须遵守的不等式:

$$S-D-X < C-P < S-D-Xe^{-r(T-t)} \qquad (8-16)$$

8.2.5 提前执行美式期权的合理性*

美式期权与欧式期权的区别在于能否提前执行。因此,如果可以证明提前执行美式期权是不合理的,那么在定价时,美式期权就等同于欧式期权,从而大大降低了定价的难度。

1. 提前执行无收益资产美式期权的合理性

(1)看涨期权。

为了推导提前执行无收益资产的美式看涨期权是不明智的这个结论,考虑以下两种组合。

组合 A:一份美式看涨期权加上金额为 $Xe^{-r(T-t)}$ 的现金;

组合 B:一单位标的资产。

在 T 时刻,组合 A 的现金变为 X,组合 A 的价值为 $\max(S_T, X)$,而组合 B 的价值为 S_T,可见,组合 A 在 T 时刻的价值一定大于等于组合 B。这意味着,如果不提前执行,那么组合 A 的价值一定大于等于组合 B。

若美式期权在 t' 时刻提前执行,则提前执行看涨期权所得盈利等于 $S_{t'}-X$,其中,$S_{t'}$ 表示 t' 时刻标的资产的市价,而此时现金金额变为 $Xe^{-\hat{r}(T-t')}$,其中,$\hat{r}$ 表示 $T-t'$ 时段的远期利率。因此,若提前执行的话,在 t' 时刻组合 A 的价值是 $S_{t'}-X+Xe^{-\hat{r}(T-\tau)}$,而组合 B 的价值为 $S_{t'}$。由于 $T>t'$、$\hat{r}>0$,$Xe^{-\hat{r}(T-t')}<X$、$S_{t'}-X+Xe^{-\hat{r}(T-\tau)}<S_{t'}$。这就说明,若提前执行美式期权的话,组合 A 的价值将小于组合 B。

比较两种情况可以得出这样的结论:提前执行无收益资产美式看涨期权是不明智的。因此,同一种无收益标的资产的美式看涨期权和欧式看涨期权的价值相等,即

$$C=c \qquad (8-17)$$

案例 8-2

某个不支付收益的股票市场价格为 30 元,该股票执行价格为 25 元的美式看涨期权距到期日还有一个月,由于期权处于实值状态,故持有人考虑是否提前执行。

分析:首先,现金会产生收益,如果提前执行看涨期权,支付 25 元的时间比到期执行提前一个月,会有资金时间价值的损失,而得到的股票是不支付收益的;其次,美式期权的时间价值总是为正的;最后,股票的价格在这一个月内还可能低于 25 元。因此,可以直观地判断出:提前执行无收益资产的美式看涨期权是不明智的。

(2)看跌期权。

为考察提前执行无收益资产美式看跌期权是否合理,可考虑以下两种组合。

组合 A：一份美式看跌期权加上一单位标的资产；

组合 B：金额为 $Xe^{-r(T-t)}$ 的现金。

若不提前执行，则到了 T 时刻，组合 A 的价值为 $\max(X, S_T)$，组合 B 的价值为 X，因此，组合 A 的价值大于等于组合 B。

若在 t' 时刻提前执行，则组合 A 的价值为 X，组合 B 的价值为 $Xe^{-r(T-t')}$，因此，组合 A 的价值也高于组合 B。

比较这两种结果，并不能得出是否应该提前执行无收益资产美式看跌期权的结论。一般来说，在期权有效期内的任一时刻，无收益资产美式看跌期权的实值额$(X-S)$很大，或者无风险利率水平 r 较高时，提前执行无收益资产美式看跌期权才可能是有利的。

2. 提前执行有收益资产美式期权的合理性

(1)看涨期权。

由于提前执行有收益资产的美式看涨期权可较早获得标的资产，从而获得现金收益，而现金收益可以派生利息，故在一定条件下，提前执行有收益资产的美式看涨期权有可能是合理的。

假设在期权到期前，标的资产有 n 个除权日，$t_1, t_2, \cdots, t_n$ 为除权前的瞬时时刻，在这些时刻之后的现金收益分别为 $D_1, D_2, \cdots, D_n$，在这些时刻的标的资产价格分别为 $S_1, S_2, \cdots, S_n$。

由于在无收益的情况下，不应提前执行美式看涨期权，可以据此得到一个推论：在有收益情况下，只有在除权前的瞬时时刻提前执行美式看涨期权，才有可能是最优的。因此，只需推导在每个除权日前提前执行的可能性。

先来考察在最后一个除权日(t_n)提前执行的条件。如果在 t_n 时刻提前执行期权，则期权多方获得 $S_n - X$ 的收益；若不提前执行，则标的资产价格将由于除权降到 $S_n - D_n$。根据式(8-5)，在 t_n 时刻期权的价值 C_n 应满足如下表达式。

$$C_n \geq c_n \geq \max[S_n - D_n - Xe^{-r(T-t_n)}, 0]$$

如果

$$S_n - D_n - Xe^{-r(T-t_n)} \geq S_n - X$$

即

$$D_n \leq X[1 - e^{-r(T-t_n)}] \tag{8-18}$$

那么在 t_n 时刻提前执行是不明智的。

相反，如果

$$D_n > X[1 - e^{-r(T-t_n)}] \tag{8-19}$$

那么在 t_n 时刻提前执行有可能是合理的。因此，当红利金额很大的时候，不等式(8-19)就会被满足，此时提前执行期权就是合理的。

同样，对于任意 $i < n$，在 t_i 时刻不能提前执行有收益资产的美式看涨期权条件为

$$D_i \leq X[1 - e^{-r(t_{i+1} - t_i)}] \tag{8-20}$$

(2) 看跌期权。

由于提前执行有收益资产的美式看涨期权意味着自己放弃收益权，故收益使美式看跌期权提前执行的可能性变小，但还不能排除提前执行的可能性。

通过同样的分析可以得出，美式看跌期权不能提前执行的条件是

$$D_i \geqslant X[1-e^{-r(t_{i+1}-t_i)}]$$

$$D_n \geqslant X[1-e^{-r(T-t_n)}]$$

8.3 期权交易策略

期权是金融市场上深受套期保值者和投机者喜爱的交易工具，他们根据不同的价格预测和交易目的以及各自的风险——收益偏好，选择最适合自己的期权组合，共同创造了种类繁多的交易策略。

【8-6 拓展视频】

8.3.1 4种基本的期权交易策略

1. 买入看涨期权

若投资者想在将来某时间投资某种资产(如股票、债券、外汇期货等)，但又担心资产价格上涨，同时也不想放弃价格下跌的好处，可选择买入看涨期权进行保值，损益情况如图 8-6 所示。若不考虑货币的时间价值，看涨期权买方到期的损益为 $\max(S_T-X, 0)-c$。当 $S_T \geqslant X$ 时，多头方开始执行期权。由于期权费是固定的，而且是事先支付的，因此，直到 $S_T = X+c$(盈亏平衡点)时才能弥补期权费的损失，开始盈利。看涨期权买方最大的亏损是期权费，而其盈利从理论上说是无限的。

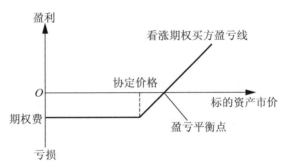

图 8-6 买入看涨期权损益图

2. 买入看跌期权

将来要出售标的资产的投资者，为了防止资产价格下跌的风险，同时又想获得价格上升的好处，可买入看跌期权进行保值。损益情况如图 8-7 所示。若不考虑货币的时间价值，看跌期权买方的盈亏平衡点则是 $S_T = X-p$，到期时的损益是 $\max(X-S_T, 0)-p$。也就是说，当标的资产的市价下跌超过执行价格时，执行看跌期权可以部分弥补期权费支出；当标的资产的市价跌至盈亏平衡点以下时，看跌期权买方就可获利，价格越低，收益

越大。由于标的资产价格最低为零,因此,看跌期权多头最大盈利限度是 $X-p$。如果标的资产市价高于协议价格,那么看跌期权买方就会亏损,其最大亏损限度是期权费。

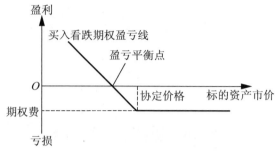

图 8-7　买入看跌期权损益图

3. 卖出看涨期权

卖出看涨期权可获得期权费。由于期权卖方为了赚取期权费而要冒大量亏损的风险,故只有在相信标的物的市场价格只会小幅波动或下跌时才会进行这样的操作,否则会面临较大的风险。卖出看涨期权损益情况如图 8-8 所示。看涨期权卖方到期的损益为 $\min(0, X-S_T)+c$,其亏损从理论上说是无限的,而盈利是有限的,其最大盈利限度是期权费。

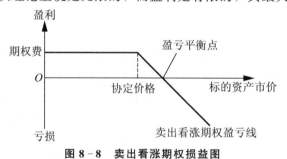

图 8-8　卖出看涨期权损益图

4. 卖出看跌期权

看跌期权的卖出者一般认为标的资产的市场价格只会小幅波动或上升,出售期权合约获得期权费收入,如果对价格走势判断失误就会面临较大风险。看跌期权卖方的回报和盈亏状况则与买方刚好相反,其到期盈亏为 $\min(0, S_T-X)+p$,即看跌期权卖方的盈利是有限的期权费,亏损也是有限的,最大亏损金额为 $X-p$。看跌期权卖方的盈亏状况如图 8-9 所示。

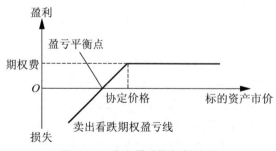

图 8-9　卖出看跌期权损益图

8.3.2 合成期权

合成期权(synthetic option)是把一个标的资产现货或期货合约头寸和一个期权头寸结合,形成等价的另一种期权,有4种主要合成方式,见表8-12。

表8-12 合成期权的4种主要合成方式

合成方式	合成期权
买入标的资产现货或期货＋买入看跌期权	买入看涨期权
卖出标的资产现货或期货＋买入看涨期权	买入看跌期权
卖出标的资产现货或期货＋卖出看跌期权	卖出看涨期权
买入标的资产现货或期货＋卖出看涨期权	卖出看跌期权

1. 合成买入看涨期权

它是由买入一个标的资产现货或期货的同时买入一个看跌期权所组成的期权。组合带来的好处是限制标的资产现货或期货下跌带来的损失,同时希望在价格上涨时获利。其盈亏状况如图8-10所示[①],曲线形状与买入看涨期权相同。

案例8-3

某投资者买进澳元期货(合约单位为10万澳元),价格为0.95美元/澳元,损益图为向上倾斜的直线;买进协定价格为0.94美元/澳元的看跌期权,期权价格为0.01美元/澳元,总权费为1 000美元,盈亏平衡点:$(0.94-S)\times 100\,000-1\,000=0$,$S=0.93$;图形叠加合成买进看涨期权,$S$为澳元汇率,当澳元汇率小于等于0.94美元时,损失额为$100\,000\times[(S-0.95)+(0.94-S)]-1\,000=-2\,000$(美元);澳元汇率大于0.94美元时,净收益为$100\,000\times(S-0.95)-1\,000>-2\,000$(美元);当$100\,000\times(S-0.95)-1\,000=0$时,$S=0.96$为盈亏平衡点,这意味着澳元汇率超过0.96越多,投资者获利越大。具体如图8-10所示。

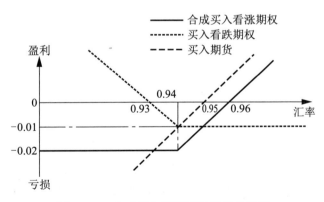

图8-10 合成买入看涨期权盈亏状况图

---

① 本节合成期权不考虑交易手续费等成本。

2. 合成买入看跌期权

由卖出一个标的资产现货或期货(价格为 X_1)的同时买入一个看涨期权(协定价格为 X_1,期权费为 c)所形成的组合,其适应的情景是预测标的资产期货(现货)市场价格将下跌,希望在价格下跌时获利,同时限制价格上涨带来的损失。图 8-11 为合成买入看跌期权盈亏状况图,曲线形状与买入看跌期权相同。

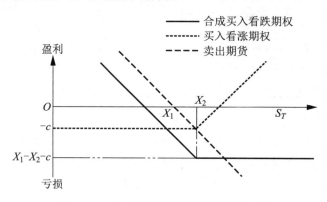

图 8-11 合成买入看跌期权盈亏状况图

3. 合成卖出看跌期权

它是标的资产现货或期货多头(价格为 X_1)和看涨期权空头(协定价格为 X_2,期权费为 c)组合而成的,呈现收益有限、风险不可控的特点,只有在预测价格变动不大或可能会上涨的情况下才适用。合成卖出看跌期权盈亏状况如图 8-12 所示,曲线形状与卖出看跌期权相同。

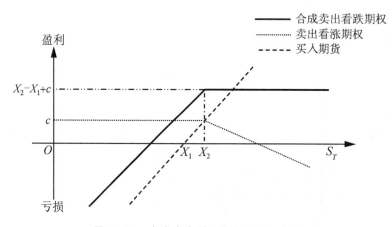

图 8-12 合成卖出看跌期权盈亏状况图

4. 合成卖出看涨期权

它由期货空头和看跌期权空头合成——标的资产现货或期货空头(价格为 X_1)和看跌期权空头(协定价格为 X_2,期权费为 p)组合而成的,呈现收益有限、风险不可控的特点,只有在预测价格变动不大或可能会下跌的情况下才适用。合成卖出看涨期权盈亏状况如

图 8-13 所示，曲线形状与卖出看涨期权相同。

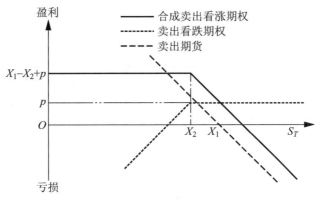

图 8-13　合成卖出看涨期权盈亏状况图

8.3.3　价差交易

价差交易策略是指交易者对标的资产相同，但执行价格或到期时间不同的期权合约进行同时买进和卖出的交易策略。在西方国家金融报刊的期权交易价格行情表上，同一标的资产期权合约的协定价格从小到大纵向排列，位于左边；同一协定价格、不同到期日的合约则横向排列，具体见表 8-1～表 8-3。凡是到期日相同、协定价格不同的各种期权被称为垂直系列（vertical series）期权；凡是协定价格相同到期日不同的期权被称为水平系列（horizontal series）期权。根据价格的这种排列习惯，价差交易策略被分为 3 种类型：垂直价差（vertical spread）交易，又称价格价差交易；水平价差（horizontal spread）交易，又称时间价差交易；对角价差（diagonal spread）交易。

1. 垂直价差

它是由同一垂直系列（即到期日相同、协定价格不同）的同类期权（如同是看涨期权或同是看跌期权）组成的交易头寸，其又可分为牛市价差（bull spread）、熊市价差（beer spread）和蝶状价差（butterfly spread）。

（1）牛市价差。

牛市价差期权通过买入一个较低执行价格的看涨（或看跌）期权的同时卖出一个相同标的资产相同到期日的较高执行价格的看涨（或看跌）期权而得到。之所以称为牛市，是因为交易者预测行情可能会上涨，按协议价格对标的资产"买低卖高"。

该策略的要点是交易者预测行情会上涨，但不能肯定，希望通过牛市价差交易把收益和损失都限制在一定范围内。只有当标的资产价格上涨时，交易者才会盈利。

牛市价差分为牛市看涨期权价差和牛市看跌期权价差两种。

牛市看涨期权价差是指买入一个协定价格低的看涨期权，同时卖出一个到期日相同协定价格高的看涨期权。

某交易者预测澳元对美元的汇率将要上升,于是进行以下套利交易:买入协定价格 X_1 为 0.92 美元/澳元的看涨期权,期权价格 c_1 为 0.02 美元/澳元,盈亏平衡点为 $S=0.92+0.02$;卖出协定价格 X_2 为 0.94 美元/澳元的看涨期权,期权价格 c_2 为 0.01 美元/澳元,盈亏平衡点为 $S=0.94+0.01$。进行图形叠加,得到牛市看涨期权价差曲线,如图 8-14 所示,其盈亏平衡点为 $S=0.92+(0.02-0.01)$。

说明:当标的资产的价格 $S \geqslant X_2$ 时,盈亏状况为 $(X_2-X_1)+(c_2-c_1)=0.01$;当 $S \leqslant X_1$ 时,盈亏状况为 $c_2-c_1=-0.01$;当 $X_1<S<X_2$ 时,盈亏在 $-0.01 \sim 0.01$,盈亏平衡点是 $X_1+(c_1-c_2)=0.93$。

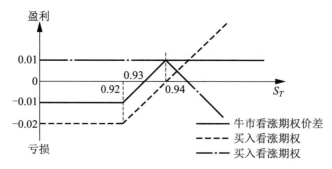

图 8-14 牛市看涨期权价差曲线

牛市看跌期权价差是指买入一个协定价格低的看跌期权,同时卖出一个到期日相同协定价格高的看跌期权,牛市看跌期权价差曲线,如图 8-15 所示。

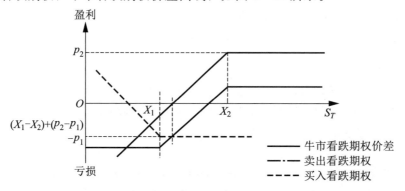

图 8-15 牛市看跌期权价差曲线

说明:买入一个协定价格 X_1 的看跌期权,期权价格为 p_1,同时卖出一个到期日相同协定价格 $X_2(X_2>X_1)$ 的看跌期权,期权价格为 $p_2(p_2>p_1)$。当标的资产的价格 $S \geqslant X_2$,牛市看跌期权价差曲线的盈亏状况为 p_2-p_1;当 $S \leqslant X_1$,牛市看跌期权价差曲线的盈亏状况为 $(X_1-X_2)+(p_2-p_1)$;当 $X_1<S<X_2$,牛市看跌期权价差曲线的盈亏平衡点为 $X_2+(p_1-p_2)$。

(2)熊市价差。

熊市价差跟牛市价差组合正好相反,它是通过买入一个执行价格较高的看涨(或看跌)期权的同时卖出一个相同标的资产相同到期日的较低执行价格的看涨(或看跌)期权而得到。之所以称为熊市,是因为交易者预测行情可能会下跌,按协议价格对标的资产"买高卖低"。

该策略的要点是交易者预测行情会下跌,但不能肯定,交易者希望通过价差交易把收益和损失都限制在一定范围内。

熊市价差分为熊市看涨期权价差和熊市看跌期权价差两种。

熊市看涨期权价差指的是买入一个协定价格较高的看涨期权(X_2,c_2),同时卖出一个到期日相同协定价格(X_1,c_1)较低的看涨期权,其盈亏状况如图 8-16 所示。

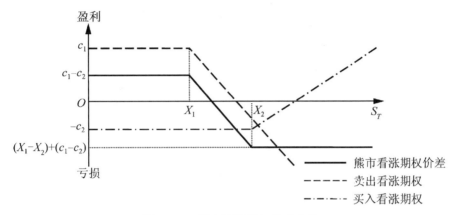

图 8-16　熊市看涨期权价差曲线

熊市看跌期权价差是指买入一个协定价格较高的看跌期权(X_2,p_2),同时卖出一个到期日相同协定价格较小的看跌期权(X_1,p_1),其盈亏状况如图 8-17 所示。

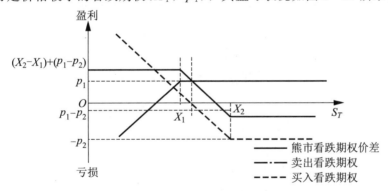

图 8-17　熊市看跌期权价差曲线

(3)蝶状价差。

蝶状套利是价差期权的一种组合,由于曲线图形像对称的蝴蝶翅膀,故得此名。该组合包括买进两个期权和卖出两个期权,这些买进卖出的期权是同类期权,且具有相同的到期日,但协定价格不同。根据采用看涨期权和看跌期权的不同,它可分为看涨期权正向蝶状价差、看跌期权正向蝶状价差、看涨期权反向蝶状价差、看跌期权反向蝶状价差 4 种。

看涨期权正向蝶状价差组合是指买入一个协定价格较低的看涨期权(X_1,c_1)和一个协定价格较高(X_3,c_3)的看涨期权,同时卖出两个协定价格介于上述两个协定价格间的看涨期权(X_2,c_2)。该组合运用的情形是投资者预测市场行情将会在某一区间内做幅度不大的变化,希望在这个价格区间内能获利,同时,当价格波动幅度超出这个区间时,把自己受到的亏损限制在一定的范围内。这种期权组合策略的获利和亏损都是有限的。

某股票的 A、B、C 3 种期权合约,它们的协定价格各不相同但到期日相同。某交易者买一份协定价格为 22 元/股、期权价格为 6 元/股的看涨期权 A;买一份协定价格为 28 元/股、期权价格为 1 元/股的看涨期权 B;卖出两份协定价格为 25 元/股、期权价格为 3 元/股的看涨期权 C,其盈亏图如图 8 - 18 所示。

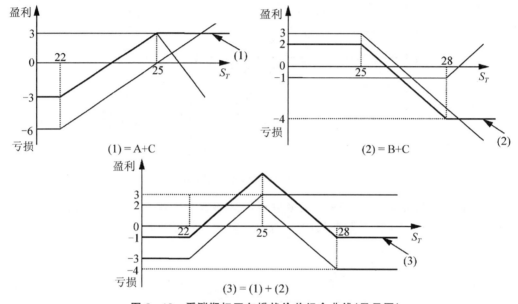

图 8 - 18 看涨期权正向蝶状价差组合曲线(盈亏图)

说明:A 和 C 组合成曲线(1);B 和 C 组合成曲线(2);(1)和(2)叠加组合成为多头蝶状价差曲线(3)。

看涨期权反向蝶状价差组合是指卖出一个协定价格较低的看涨期权(X_1,c_1)和一个协定价格较高(X_3,c_3)的看涨期权,同时买入两个协定价格介于上述两个协定价格间的看涨期权(X_2,c_2)。该组合运用的情形是投资者预测市场行情将会在某一区间外变化,希望在这个价格区间外时,能获得一定利润,同时当价格在这个区间内时,把自己受到的亏损限制在一定的范围内。其曲线形状如图 8 - 19 所示。

看跌期权正向蝶状价差组合是指买入一个协定价格较低的看跌期权(X_1,p_1)和一个协定价格较高(X_3,p_3)的看跌期权,同时卖出两个协定价格介于上述两个协定价格间的看跌期权(X_2,p_2)。其图形与运用情形和看涨期权正向蝶状价差组合相似。

看跌期权反向蝶状价差组合是指卖出一个协定价格较低的看跌期权(X_1,p_1)和一个协定价格较高(X_3,p_3)的看跌期权,同时买入两个协定价格介于上述两个协定价格间的看跌期权(X_2,p_2)。其图形与运用情形和看涨期权反向蝶状价差组合相似。

2. 水平价差*

由两份相同协议价格、不同期限的同种期权的不同头寸组成的组合,可分为日历价差期

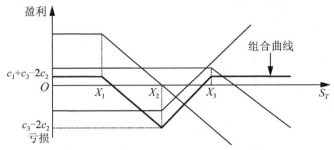

图 8-19 看涨期权反向蝶状价差组合曲线

权和逆日历价差期权两大类型。构造水平价差期权策略的目的是利用不同期限的期权的时间价值衰退速度不同，在临近短期期权到期时，对期权进行平仓以获取期权时间价值之差。

(1) 日历价差期权。

日历价差期权是指将同一水平系列的同类期权即相同标的资产，相同敲定价格(X)，但不同到期日(T_1，T_2)的期权进行卖出短期期权买进长期期权的组合。一般在投资者预测市场价格在协定价格附近变动不大的时候采用，其具体可分为以下两种类型。

①看涨期权正向价差组合，即期限为 T_1 的看涨期权空头＋期限为 T_2 的看涨期权多头($T_1 < T_2$)组合后的曲线，如图 8-20 所示。其中，S_{T_1} 代表 T_1 时刻标的资产的市场价格，c_{2T_1} 代表在 T_1 时刻期限为 T_2 的看涨期权的时间价值，c_1 和 c_2 分别代表期限为 T_1 和 T_2 的看涨期权在期初(即 t 时刻)的价格。

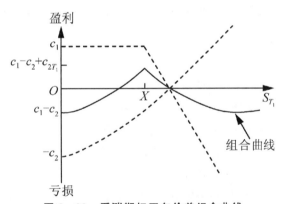

图 8-20 看涨期权正向价差组合曲线

②看跌期权正向价差组合，即期限为 T_1 的看跌期权空头＋期限为 T_2 的看跌期权多头($T_1 < T_2$)组合后的曲线，如图 8-21 所示。其中，S_{T_1} 代表 T_1 时刻标的资产的市场价格，p_{2T_1} 代表在 T_1 时刻期限为 T_2 的看跌期权的时间价值，p_1 和 p_2 分别代表期限为 T_1 和 T_2 的看跌期权在期初(即 t 时刻)的价格。

由于两个期权的执行价格相同，内在价值也相同，故买卖的价差是由于时间价值的不同引起的。当短期期权临近到期日，如果标的资产市场价格低于执行价格，两期权只剩下时间价值，短期期权时间价值为 0，长期期权也接近于 0，投资者只有微小获利来抵消期权费支出；如果标的资产市场价格大大高于执行价格，两期权含有较大内在价值，期权时间价值差异很小，盈亏抵消后，投资者也只有微小获利抵消期权费支出；如果标的资产的市价与执行价接近，短期期权的时间价值衰退的速度快，从而使长期期权的时间价值大于短期期权，此时，对冲可以获得较大的利润。

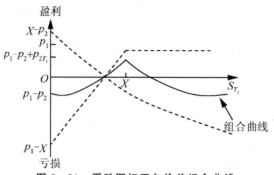

图 8-21 看跌期权正向价差组合曲线

(2) 逆日历价差期权。

逆日历价差期权是指将同一水平系列的同类期权即相同品种、相同敲定价格（X）但不同到期日（T_1，T_2）的期权进行买进短期期权卖出长期期权的组合。一般在投资者预测市场价格偏离协定价格波动大的时候采用。若短期期权到期，标的资产市价远高于或远低于执行价格，则获得利润；当市价与执行价接近时，则会有损失，其具体可分为以下两种类型。

① 看涨期权逆向价差组合，即期限为 T_1 的看涨期权多头＋期限为 T_2 的看涨期权空头（$T_1<T_2$）。

② 看跌期权逆向价差组合，即期限为 T_1 的看跌期权多头＋期限为 T_2 的看跌期权空头（$T_1<T_2$）。

3. 对角价差

对角价差期权组合是由两份协议价格不同（X_1 和 X_2，且 $X_1<X_2$）、期限也不同（T_1 和 T_2，且 $T_1<T_2$）的同种期权的不同头寸组成的，有以下 8 种类型。

(1) 看涨期权的牛市正向对角组合。由看涨期权（X_1，T_2）的多头加（X_2，T_1）空头组合而成，即买低卖高且买长卖短，组合后的曲线如图 8-22 所示。其中，S_{T_1} 代表 T_1 时刻标的资产的市场价格，c_{1T_1} 代表在 T_1 时刻看涨期权（X_1，T_2）的时间价值，c_1 和 c_2 分别代表看涨期权（X_1，T_2）和看涨期权（X_2，T_1）在期初（即 t 时刻）的价格。

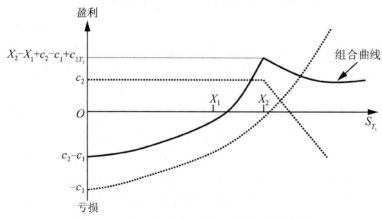

图 8-22 看涨期权的牛市正向对角组合曲线

说明：期限较短的期权到期时，若 $S_{T_1}=X_2$，空头盈利 c_2，由于多头尚未到期，故其价值为 $X_2-X_1+c_{1T_1}$（即内在价值加时间价值），按价值出售，则多头盈利 $X_2-X_1+c_{1T_1}-c_1$，组合盈利 $X_2-X_1+c_2-c_1+c_{1T_1}$；若 $S_{T_1}\to\infty$，空头亏损 $S_{T_1}-X_2-c_2$，多头虽未到期，但由于 S_{T_1} 远高于 X_1，故此时多头价值趋近于 $S_{T_1}-X_1$，即多头盈利 $S_{T_1}-X_1-c_1$，组合盈亏 $X_2-X_1+c_2-c_1$；若 $S_{T_1}\to 0$，空头盈利 c_2，多头虽未到期，但由于 S_{T_1} 远低于 X_1，故多头价值趋近于 0，多头亏损 c_1，组合盈亏 c_2-c_1。

(2) 看涨期权的熊市逆向对角组合。它是由看涨期权的 (X_1, T_2) 空头加 (X_2, T_1) 多头组成的组合，即买高卖低且买短卖长。

(3) 看涨期权的熊市正向对角组合。它是由看涨期权的 (X_2, T_2) 多头加 (X_1, T_1) 空头组成的组合，即买高卖低且买长卖短。

(4) 看涨期权的牛市逆向对角组合。它是由看涨期权的 (X_2, T_2) 空头加 (X_1, T_1) 多头组成的组合，即买低卖高且买短卖长。

(5) 看跌期权的牛市正向对角组合。它是由看跌期权的 (X_1, T_2) 多头加 (X_2, T_1) 空头组成的组合，即买低卖高且买长卖短。

(6) 看跌期权的熊市反向对角组合。它是由看跌期权的 (X_1, T_2) 空头加 (X_2, T_1) 多头组成的组合，即买高卖低且买短卖长。

(7) 看跌期权的熊市正向对角组合。它是由看跌期权的 (X_2, T_2) 多头加 (X_1, T_1) 空头组成的组合，即买高卖低且买长卖短。

(8) 看跌期权的牛市反向对角组合。它是由看跌期权的 (X_2, T_2) 空头加 (X_1, T_1) 多头组成的组合，即买低卖高且买短卖长。

8.3.4 主要的期权组合

期权组合的方式较多，本节只介绍一些主要的组合。

1. 跨式组合

跨式组合在组合期权策略中经常被用到，它通过同时买入和卖出相同协议价格、相同期限、同种标的资产的看涨期权和看跌期权组成。根据投资者买卖的方向不同，跨式组合有买入跨式期权和卖出跨式期权两种。

(1) 买入跨式期权。

买入跨式期权又称底部跨式期权，由同时买入相同协议价格（X）、相同期限、同种标的资产的看涨期权和看跌期权组成。如果期权到期时市场价格接近协议价格，那么投资者将遭受损失；如果价格无论涨跌偏离协定价格越多，那么期权就会盈利越多。当投资者预测标的资产价格会发生较大波动但又无法判断变动方向时，可以采用这种组合。

(2) 卖出跨式期权。

卖出跨式期权又称顶部跨式期权，由同时卖出相同协议价格（X）、相同期限、同种标的资产的看涨期权和看跌期权组成。如果期权到期时市场价格接近协议价格，那么投资者将获利，最大盈利是期权费收入之和；如果价格偏离协定价格越多，那么期权的亏损就会越多。当投资者预测标的资产价格不会有太大波动时，可以采用这种组合。

在图 8-23 中，图 8-23(a) 为买入跨式期权曲线，图 8-23(b) 为卖出跨式期权曲线。

可见，当发生亏损时，图8-23(a)的损失可控，盈利无限；图8-23(b)则相反。

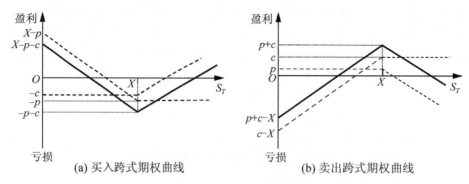

图8-23 跨式组合曲线

2. 宽跨式组合

宽跨式组合由投资者同时买入或卖出同一标的资产、相同到期日、协议价格不同的一份看涨期权（X_2）和一份看跌期权（X_1）组成。它有买入宽跨式期权和卖出宽跨式期权两种策略。宽跨式组合也分底部和顶部，前者由多头组成，后者由空头组成。

（1）买入宽跨式期权。

买入宽跨式期权又称底部宽跨式期权，由同时买入协议价格不同、相同期限、同种标的资产的看涨期权（X_2）和看跌期权（X_1）组成。如果期权到期时市场价格在 X_1 与 X_2 之间，那么投资者将遭受最大损失，即期权费支出之和；如果价格下跌偏离低协定价格越多或上涨偏离高协定价格越多，那么期权就会盈利越多。当投资者预测标的资产价格会发生较大波动但又无法判断变动方向时，可以采用这种组合，但比买入跨式组合需要更大的价格波动幅度。

（2）卖出宽跨式期权。

卖出宽跨式期权又称顶部宽跨式期权，由同时卖出不同协议价格、相同期限、同种标的资产的看涨期权（X_2）和看跌期权（X_1）组成。如果期权到期时市场价格在 X_1 与 X_2 之间，接近协议价格，那么投资者将获利，最大盈利是期权费收入之和；如果价格下跌偏离低协定价越多、上涨偏离高协定价格越多，那么期权的亏损就会越多。当投资者预测标的资产价格不会有太大波动时，可以采用这种组合，但面临的潜在损失不可控制。

图8-24(a)为买入宽跨式期权曲线，图8-24(b)为卖出宽跨式期权曲线，其中，看涨期权的协议价格高于看跌期权（$X_2>X_1$）。

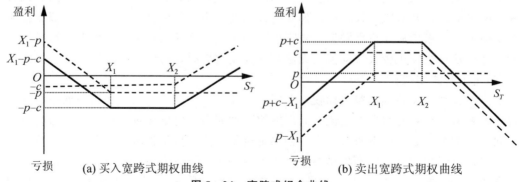

图8-24 宽跨式组合曲线

3. 条式组合

条式组合由投资者同时买入或同时卖出相同协议价格、相同期限的一份看涨期权和两份看跌期权组成。条式组合也分底部和顶部两种,前者由多头构成,后者由空头构成。底部条式组合的盈亏图与顶部条式组合的盈亏图刚好相反。

【8-7 拓展案例】

4. 带式组合

带式组合由投资者同时买入或同时卖出相同协议价格、相同期限的资产的两份看涨期权和一份看跌期权组成。带式组合也分底部和顶部两种,前者由多头构成,后者由空头构成。

【第8章 小结】

思考与练习

1. 期权价格的构成是什么?影响期权价格的因素有哪些?

2. 为什么当标的资产的市场价格与其期权协定价格相等时,期权的时间价值最大?

3. 投资者甲卖出1份A股票的欧式看涨期权,6月到期,协议价格为30元。现在是3月,A股票价格为28元,期权费为3元。如果期权到期时A股票价格为35元,投资者甲在现在和期权到期时的盈亏情况如何?

4. 某股票当前价格为25美元,该股票9月到期的看跌期权(执行价格为30美元)当前的期权费为8美元,则期权的内涵价值和时间价值分别是多少?该股票10月到期的看跌期权(执行价格为23美元)当前的期权费为2美元,则该期权的内涵价值和时间价值各是多少?

5. 设某一无红利支付股票的现货价格为30元,连续复利无风险年利率为5%,求该股票协议价格为27元、有效期6个月的看涨期权价格的下限。

6. 某一协议价格为25元、有效期6个月的欧式看涨期权价格为2元,标的股票市场价格为22元,该股票预计在3个月后支付1元股息,无风险连续复利年利率为8%,求该股票协议价格为25元、有效期6个月的欧式看跌期权价格是多少?

7. 投资者按一个执行价格买入某标的资产的看涨期权,同时卖出相同品种、相同敲定价格但到期日较短的看涨期权,试描述其盈亏情况并分析这种组合的使用环境。

8. 设到期日相同,执行价格分别为20元和25元的某不支付股利的股票看跌期权期权费为2元和7元,试问:怎样使用这两种期权来构建牛市价差和熊市价差?

9. 有效期为3个月的股票看跌期权分别有20元、18元和16元的执行价格,其期权价格分别为5元、2.5元和0.6元,试问:如何应用这些期权来构造看跌期权反向蝶状价差组合?

10. 一个看涨期权执行价格为30美元,期权费为2美元;一个到期日相同的看跌期权执行价格为25美元、期权费为3美元,试问:如何用这两个期权来构造宽跨式组合?

【第8章 在线答题】

第9章 期权定价理论

学习目标及思维导图

本章主要介绍期权定价理论,包括布莱克-斯科尔斯期权定价模型、风险中性定价理论、二叉树期权定价模型和蒙特卡洛模拟法定价理论。其中,风险中性定价理论和二叉树期权定价模型是本章的重点,布莱克-斯科尔斯期权定价模型和蒙特卡洛模拟法定价理论是本章的难点。

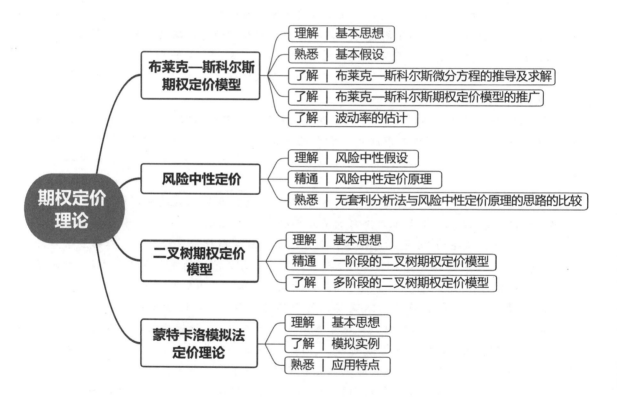

9.1 布莱克-斯科尔斯期权定价模型

1973 年，费希尔·布莱克和迈伦·斯科尔斯在美国的《政治经济学》杂志上发表了文章《期权和公司债务的定价》，推导出基于无红利支付股票欧式看涨期权的定价公式，开创性地提出了期权定价的可靠方法。

9.1.1 基本思想

20 世纪 70 年代以前出现过一些期权定价模型，但它们有共同的不足之处：不同程度地依赖股票未来价格的概率分布和投资者的风险偏好。而风险偏好和股票概率分布是无法预测或正确估计的，从而限制了它们在实际中的运用。1973 年，费希尔·布莱克和迈伦·斯科尔斯给出的欧式股票看涨期权的定价模型，避免了对股票未来价格的概率分布和投资者风险偏好的依赖，因而获得了广泛的应用，对金融市场产生了显著的影响。

该模型蕴涵着一个深刻的思想，即期权的风险实际上在标的物价格及其运动中得到反映，即它们都受同一种不确定性因素的影响，只要匹配得当，这种不确定性就可以消除。

通过买入一种股票同时卖出一定份额的该股票的看涨期权，可以构造一个无风险投资组合。在市场均衡条件下，该组合投资收益率应等于无风险利率。因此，期权的收益可以用标的物股票和无风险证券的投资组合来复制，在无套利机会下，期权价格应等于购买投资组合的成本，即期权价格仅依赖股票价格波动率、无风险利率、期权到期时间、执行价格和股票市价。

9.1.2 基本假设

(1) 允许卖空。
(2) 无税，无交易成本。
(3) 所有证券可无限细分。
(4) 在衍生证券有效期内，标的证券没有现金收益支付，无风险利率 r 为常数。
(5) 证券交易是连续的，价格变动也是连续的。
(6) 股票价格 S 遵循一种称为带漂移的几何布朗运动[①]。

股票价格 S 所遵循的带漂移的几何布朗运动是一种随机过程[②]，数学上可表示为

$$dS = \mu S dt + \sigma S dz$$

[①] 因篇幅限制，证券价格的运动规律就不在本书赘述，具体可参见郑振龙主编的《金融工程》（高等教育出版社，2003）的第 116~121 页。

[②] 随机过程是指某变量的值以某种不确定的方式随时间变化的过程，它是 t 和 ω 的二元函数，可表示为 $S(t, \omega)$。

式中： μ——股票在单位时间内以连续复利表示的期望收益率，又称漂移率；

σ——股票收益率单位时间的标准差，又称证券价格波动率；

$\mathrm{d}z = \varepsilon\sqrt{\mathrm{d}t}$——标准布朗运动（也是一种随机过程），$\varepsilon$ 满足标准正态分布。

9.1.3 布莱克-斯科尔斯微分方程的推导及求解

1. 布莱克-斯科尔斯微分方程的推导

因为 $\mathrm{d}S = \mu S \mathrm{d}t + \sigma S \mathrm{d}z$，所以在小的时间间隔 Δt 中，股票价格变化 ΔS 为

$$\Delta S = \mu S \Delta t + \sigma S \Delta z \tag{9-1}$$

假设 f 是依赖 S 的衍生证券的价格，则

$$\mathrm{d}f = \left(\frac{\partial f}{\partial S}\mu S + \frac{\partial f}{\partial t} + \frac{1}{2}\frac{\partial^2 f}{\partial S^2}\sigma^2 S^2\right)\mathrm{d}t + \frac{\partial f}{\partial S}\sigma S \mathrm{d}z \tag{9-2}$$

在小的时间间隔 Δt 中，f 的变化值为

$$\Delta f = \left(\frac{\partial f}{\partial S}\mu S + \frac{\partial f}{\partial t} + \frac{1}{2}\frac{\partial^2 f}{\partial S^2}\sigma^2 S^2\right)\Delta t + \frac{\partial f}{\partial S}\sigma S \Delta z \tag{9-3}$$

为了消除 Δz，可以构建一个包括一单位衍生证券空头和 $\frac{\partial f}{\partial S}$ 单位标的证券多头的组合。令 Π 代表该投资组合的价值，则

$$\Pi = -f + \frac{\partial f}{\partial S}S \tag{9-4}$$

在 Δt 时间后则有

$$\Delta \Pi = -\Delta f + \frac{\partial f}{\partial S}\Delta S \tag{9-5}$$

将式(9-1)和式(9-3)代入式(9-5)，可得

$$\Delta \Pi = \left(-\frac{\partial f}{\partial t} - \frac{1}{2}\frac{\partial^2 f}{\partial S^2}\sigma^2 S^2\right)\Delta t \tag{9-6}$$

式(9-6)中不含有 Δz，因此，在一个小的时间间隔 Δt 后，该组合必定没有风险，其在 Δt 中的瞬时收益率一定等于无风险收益率，所以有

$$\frac{\Delta \Pi}{\Pi} = r \times \Delta t$$

把式(9-6)和式(9-4)代入上式得

$$\left(\frac{\partial f}{\partial t} + \frac{1}{2}\frac{\partial^2 f}{\partial S^2}\sigma^2 S^2\right)\Delta t = r\left(f - \frac{\partial f}{\partial S}S\right)\Delta t$$

化简为

$$\frac{\partial f}{\partial t} + rS\frac{\partial f}{\partial S} + \frac{1}{2}\sigma^2 S^2 \frac{\partial^2 f}{\partial S^2} = rf \tag{9-7}$$

这就是著名的布莱克-斯科尔斯微分方程，它适用于其价格取决于标的证券价格 S 的所有衍生证券的定价。

从式(9-7)可以看出，衍生证券的价格 f 只与标的证券的市价 S、时间 t、证券价格波动率 σ 和无风险利率 r（它们都是客观变量）有关，而与主观变量 μ（它受制于投资者

的风险偏好)无关。因此，可以做一个合理的假设：对衍生证券定价时，所有投资者都是风险中性的。[①] 从而可以把布莱克-斯科尔斯微分方程的求解放在风险中性的世界中进行。尽管风险中性假设仅仅是为了求解布莱克-斯科尔斯微分方程而作出的人为假定，但通过这种假定所得的结论不仅适用于投资者风险中性情况，也适用于投资者风险偏好的其他情况。

2. 利用风险中性假设求解

假设所有投资者都是风险中性的，那么所有现金流量都可以通过无风险利率进行贴现求得现值。在风险中性的条件下，欧式看涨期权到期时(T 时刻)的期望值为 $E[\max(S_T-X,0)]$，其现值为

$$c = e^{-r(T-t)} E[\max(S_T-X,0)] \tag{9-8}$$

因为证券价格 S 遵循几何布朗运动，所以股票价格的对数服从正态分布，即

$$\ln S_T \sim \varphi\left[\ln S + \left(\mu - \frac{\sigma^2}{2}\right)(T-t), \sigma\sqrt{T-t}\right]$$

在风险中性条件下，r 可以取代 μ，因此，

$$\ln S_T \sim \varphi\left[\ln S + \left(r - \frac{\sigma^2}{2}\right)(T-t), \sigma\sqrt{T-t}\right] \tag{9-9}$$

对式(9-8)求解得出(实际是求积分，因为是计算期望值)

$$c = SN(d_1) - Xe^{-r(T-t)}N(d_2) \tag{9-10}$$

式(9-10)就是无收益资产欧式看涨期权的定价公式。

其中：

$$d_1 = \frac{\ln(S/X) + (r+\sigma^2/2)(T-t)}{\sigma\sqrt{T-t}}$$

$$d_2 = \frac{\ln(S/X) + (r-\sigma^2/2)(T-t)}{\sigma\sqrt{T-t}} = d_1 - \sigma\sqrt{T-t}$$

$N(d)$ 为标准正态分布变量 X 的概率分布函数，即

$$N(d) = P(X \leqslant d) = \int_{-\infty}^{d} \frac{1}{\sqrt{2\pi}} e^{-\frac{t^2}{2}} dt$$

同时有

$$N(-d) = 1 - N(d)$$

9.1.4 布莱克-斯科尔斯期权定价模型的推广

布莱克-斯科尔斯期权定价模型仅仅给出了欧式无收益股票看涨期权的定价公式，而在标的资产无收益情况下，有 $C=c$，因此，式(9-10)也给出了无收益资产美式看涨期权的价值。

根据欧式看涨期权和看跌期权之间存在平价关系可以得到无收益资产欧式看跌期权的定价公式为

[①] 风险中性的含义详见 9.2.1。

$$p = Xe^{-r(T-t)}N(-d_2) - SN(-d_1) \qquad (9-11)$$

由于美式看跌期权与看涨期权之间不存在严格的平价关系,其定价没有精确的解析公式,故可用二叉树模型或有限差分等方法求出。

若假设期货价格遵循过程 $dF = \mu F dt + \sigma F dz$,则可得出欧式期货看涨期权定价公式为

$$c = e^{-r(T-t)}[FN(d_1) - XN(d_2)] \qquad (9-12)$$

根据欧式看涨期权与看跌期权的平价关系,欧式期货看跌期权定价公式为

$$p = e^{-r(T-t)}[XN(-d_2) - FN(-d_1)] \qquad (9-13)$$

此时的 d_1、d_2 为

$$d_1 = \frac{\ln(F/X) + \sigma^2/2(T-t)}{\sigma\sqrt{T-t}}$$

$$d_2 = \frac{\ln(F/X) - \sigma^2/2(T-t)}{\sigma\sqrt{T-t}} = d_1 - \sigma\sqrt{T-t}$$

若标的证券在期权的有效期内产生收益,则也可由布莱克-斯科尔斯期权定价模型推导出相关期权的定价公式。

当标的证券产生固定收益且其现值为 I 时,只要用 $S-I$ 代替式(9-10)和式(9-11)中的 S,就可求出固定收益证券欧式看涨和看跌期权的定价公式。

$$c = (S-I)N(d_1) - Xe^{-r(T-t)}N(d_2) \qquad (9-14)$$

$$p = Xe^{-r(T-t)}N(-d_2) - (S-I)N(-d_1) \qquad (9-15)$$

此时的 d_1、d_2 为

$$d_1 = \frac{\ln((S-I)/X) + (r + \sigma^2/2)(T-t)}{\sigma\sqrt{T-t}}$$

$$d_2 = \frac{\ln((S-I)/X) + (r - \sigma^2/2)(T-t)}{\sigma\sqrt{T-t}} = d_1 - \sigma\sqrt{T-t}$$

当标的证券的收益为按连续复利计算的固定收益率 q(单位为年)时,只要将 $Se^{-q(T-t)}$ 代替式(9-10)和式(9-11)中的 S,就可求出支付连续复利收益率证券的欧式看涨和看跌期权的价格。

$$c = Se^{-q(T-t)}N(d_1) - Xe^{-r(T-t)}N(d_2) \qquad (9-16)$$

$$p = Xe^{-r(T-t)}N(-d_2) - Se^{-q(T-t)}N(-d_1) \qquad (9-17)$$

此时的 d_1、d_2 为

$$d_1 = \frac{\ln(Se^{-q(T-t)}/X) + (r + \sigma^2/2)(T-t)}{\sigma\sqrt{T-t}}$$

$$d_2 = \frac{\ln(Se^{-q(T-t)}/X) + (r - \sigma^2/2)(T-t)}{\sigma\sqrt{T-t}} = d_1 - \sigma\sqrt{T-t}$$

【例9-1】假设当前英镑的即期汇率为1.500 0美元,美国的无风险连续复利年利率为7%,英国的无风险连续复利年利率为10%,英镑汇率遵循几何布朗运动,其波动率为10%,求6个月期协议价格为1.500 0美元的英镑欧式看涨期权价格。

英镑会产生无风险收益,可看成有固定收益率的标的资产,因此,6个月后的1英镑现

在的美元价值 $S=1.5000\times e^{-0.1\times 0.5}$，将其代入式(9-10)，可求出英镑欧式看涨期权价格为
$$c=1.5000\times e^{-0.1\times 0.5}N(d_1)-1.5000\times e^{-0.07\times 0.5}N(d_2)$$
$$=1.4268N(d_1)-1.4484N(d_2)$$

将 S 代入 d_1、d_2 的表达式，计算出 $d_1=-0.1768$，$d_2=-0.2475$。查正态分布函数 $N(x)$ 数据表，得 $c=0.02466$(美元)。

当标的资产有收益时，美式看涨期权就有提前执行的可能，这时可用一种近似处理的方法。该方法是先确定提前执行美式看涨期权是否合理。若不合理，则按欧式期权处理；若在 t_n 提前执行有可能是合理的，则要分别计算在 T 时刻和 t_n 时刻到期的欧式看涨期权的价格，然后将两者之中的较大者作为美式期权的价格。

【例 9-2】假设一种 1 年期的美式股票看涨期权，标的股票在 5 个月和 11 个月后各有一个除权日，每个除权日的红利期望值为 1.0 元，标的股票当前的市价为 50 元，期权协议价格为 50 元，标的股票波动率为每年 30%，无风险连续复利年利率为 10%，求该期权的价值。

首先，因为是有收益的美式看涨期权，所以要分析其是否会提前执行。根据式(8-20)，美式看涨期权不提前执行的条件是
$$D_i \leqslant X[1-e^{-r(t_{i+1}-t_i)}]$$

在第一次除权日前，上式右边为
$$X[1-e^{-r(t_2-t_1)}]=50\times(1-e^{-0.1\times 0.5})=2.4385>D_1=1.0$$

因此，在第一个除权日前不应当执行期权。

同理，可计算第二次除权日前的情况为
$$X[1-e^{-r(T-t_2)}]=50\times(1-e^{-0.1\times 0.0833})=0.4148<D_2=1.0$$

因此，第二个除权日前有可能提前执行该期权。

其次，比较 1 年期和 11 个月期欧式看涨期权价格。

对于 1 年期欧式看涨期权，红利的现值为
$$1.0\times e^{-0.1\times 5/12}+1.0\times e^{-0.1\times 11/12}=1.8716$$

根据 $c=(S-I)N(d_1)-Xe^{-r(T-t)}N(d_2)$ 可得
$$c_{12}=(50-1.8716)N(d_1)-50e^{-0.1\times 1}N(d_2)=7.1293$$

其中：
$$d_1=\frac{\ln(48.1284/50)+(0.1+0.09/2)\times 1}{0.3\times\sqrt{1}}=0.3562$$
$$d_2=0.3562-0.3\times\sqrt{1}=0.0562$$

同理，对于 11 个月期的欧式看涨期权，红利现值为
$$1.0\times e^{-0.1\times\frac{5}{12}}=0.9592$$

根据 $c=(S-I)N(d_1)-Xe^{-r(T-t)}N(d_2)$ 可得
$$c_{11}=(50-0.9592)N(d_1)-50e^{-0.1\times 11/12}N(d_2)=7.2824$$

其中：
$$d_1=\frac{\ln(49.0408/50)+(0.1+0.09/2)\times 11/12}{0.3\times\sqrt{11/12}}=0.3952$$

$$d_2 = 0.3952 - 0.3 \times \sqrt{11/12} = 0.1080$$

由于 $c_{11} > c_{12}$，故该美式看涨期权价值近似为 7.282 4 元。

对于有收益资产美式看跌期权，由于收益虽然使美式看跌期权提前执行的可能性减小，但仍不排除提前执行的可能性，故有收益美式看跌期权的价值仍不同于欧式看跌期权，它也只能通过较复杂的数值方法来求出。

9.1.5 波动率的估计

期权定价的 BS（布莱克-斯科尔斯）公式中的波动率 σ，需要运用统计方法进行估计，这里介绍 3 种估计方法。

1. 历史波动率

令 σ_t 表示 r_t 在 t 时刻的波动率。在 $t-1$ 时刻对 σ_t^2 的一个常用估计是最近 k 个观测样本方差：$\hat{\sigma}_t^2 = \dfrac{1}{k-1} \sum_{i=1}^{k} (r_{t-i} - \bar{r})^2$，其中，$\bar{r} = \dfrac{1}{k} \sum_{i=1}^{k} r_{t-i}$。

【例 9-3】假设某股票在 21 个相继交易日的价格如表 9-1 所示。

表 9-1　某股票在 21 个相继交易日的价格

天数	股票收盘价格 S_i（元）	价格比率（S_i/S_{i-1}）	日收益率 $r_t = \ln(S_i/S_{i-1})$
0	20.00		
1	20.10	1.005 00	0.004 99
2	19.90	0.990 05	−0.010 00
3	20.00	1.005 03	0.005 01
4	20.50	1.025 00	0.024 69
5	20.25	0.987 80	−0.012 27
6	20.90	1.032 10	0.031 59
7	20.90	1.000 00	0.000 00
8	20.90	1.000 00	0.000 00
9	20.75	0.992 82	−0.007 20
10	20.75	1.000 00	0.000 00
11	21.00	1.012 05	0.011 98
12	21.10	1.004 76	0.004 75
13	20.90	0.990 52	−0.009 52
14	20.90	1.000 00	0.000 00
15	21.25	1.016 75	0.016 61
16	21.40	1.007 06	0.007 03
17	21.40	1.000 00	0.000 00

(续表)

天数	股票收盘价格 S_i（元）	价格比率（S_i/S_{i-1}）	日收益率 $r_t = \ln(S_i/S_{i-1})$
18	21.25	0.992 99	−0.007 03
19	21.75	1.023 53	0.023 26
20	22.00	1.011 49	0.011 43

计算得出日收益率标准差的估计值为

$$\sqrt{\frac{0.003\ 26}{19} - \frac{0.095\ 31^2}{380}} = 0.012\ 16$$

即 1.216%。假设每年有 252 个交易日，以上数据给出的波动率估计值为 $0.012\ 16\sqrt{252} = 0.193$，即 19.3%。波动率每年标准差为

$$\frac{0.193}{\sqrt{2 \times 20}} = 0.031$$

即每年 3.1%。

2. 指数加权移动平均

设定波动率的演化模式为 $\hat{\sigma}_t^2 = \lambda \hat{\sigma}_{t-1}^2 + (1-\lambda)u_{t-1}^2$，$0 < \lambda < 1$，$u$ 表示中心化的对数收益率 $r - \bar{r}$。与摩根开发并于 1994 年公布的风险计量模型（Risk Metrics Model）结合使用就是指数加权移动平均（Exponentially Weighted Moving Average，EWMA）模型，其取 $\lambda = 0.94$ 来更新其数据库中的日波动率的估计。

【例 9-4】USD/GBP 汇率波动率的最新估计为每天 0.6%，在 9 日下午 4 时，汇率为 1.400 0，在 EWMA 模型中参数 λ 为 0.8，假定在 10 日下午 4 时的汇率为 1.490 0，这时应该如何更新汇率日波动率的估计？

日变动百分比为

$$0.010/1.500\ 0 = 0.006\ 667$$

最近日方差率估计为

$$0.006^2 = 0.000\ 036$$

根据 EWMA 模型，可得到新的日方差率估计为

$$0.8 \times 0.000\ 036 + 0.2 \times 0.006\ 667 = 0.001\ 362\ 2$$

3. 广义自回归条件异方差模型

广义自回归条件异方差（Generalized Auto Regressive Conditional Heteroskedasticity，GARCH）模型目前广泛用于波动率的估计，该模型于 1986 年首次发表在《计量经济学杂志》上，模型的形式如下。

$$\sigma_n^2 = \omega + \alpha u_{n-1}^2 + \beta \sigma_{n-1}^2$$

【例 9-5】假定 S&P500 在昨天交易结束时为 1 040，而在昨天指数的日波动率估计值为每天 1%，GARCH(1,1) 模型中的参数 $\omega = 0.000\ 002$，$\lambda = 0.04$ 和 $\beta = 0.94$，如果指数在今天交易结束时的值为 1 060，今天新的波动率估计为多少？

根据题意，得
$$U_{n-1}=20/1\,040=0.019\,231$$
根据 GARCH(1，1)模型：
$$\sigma_n^2=0.000\,002+0.04\times0.019\,231^2+0.94\times0.01^2=0.000\,110\,793$$
$$\sigma_n=0.010\,53$$
即新的日波动率估计为1.053%。

9.2 风险中性定价

9.2.1 风险中性假设

风险中性是指对风险处于中立的态度，既不厌恶风险也不喜好风险。如果某个投资者属于风险中性型，那么他对风险的大小无所谓。也就是说，风险中性型的投资者对所有资产所要求的预期收益率都一样，并不要求风险补偿，而不管其风险状况如何。因此，对于风险中性型投资者，其投资于任何资产所要求的收益率就是无风险收益率。

现代金融学认为，理性的市场参与者都属于风险厌恶型。不同的风险厌恶型市场参与者对风险的厌恶程度会有所不同。有的参与者相对保守，有的参与者则相对激进，保守的参与者对风险的厌恶程度较强烈。对于承担相同的风险，保守的市场参与者会要求较高的风险补偿，而激进者则要求较低的风险补偿。

对于风险喜好者，他们不但不要求风险补偿，而且还会为了追逐风险而愿意付出一定的代价（即风险折扣），风险喜好是典型的赌徒心理。理性的市场参与者都是风险厌恶者，而不是赌徒。投机者是理性的市场参与者，他们接受风险是为了获得风险补偿，这就是投机者与赌徒的根本区别。

理性的市场参与者都属于风险厌恶型，对于有风险资产的预期收益率，其要求有风险补偿，对风险越厌恶，其要求的风险补偿越高。而在一个假想的风险中性的世界，所有的市场参与者都是风险中性的，这个世界里的所有资产，不管其风险如何，其预期收益率都是无风险收益率。那么，若对一个问题的分析过程与市场参与者的风险偏好无关，也就是说，若对一个问题的分析根本不涉及市场参与者是否厌恶风险或喜好风险，则该问题的结果就不会涉及风险补偿或风险折扣问题。于是，在此基础上可以得出一个合乎逻辑的假设，即风险中性假设：如果对一个问题的分析过程与投资者的风险偏好无关，那么可以将该问题放到一个假想的风险中性的世界中进行分析，所得到的结果在真实的世界中也应当成立。

9.2.2 风险中性定价原理

利用风险中性假设可以大大简化金融资产的定价问题。因为在风险中性的世界里，所有投资者都是风险中性的，其对所有资产的预期收益率都是无风险利率，而且所有资产现在的均衡价格都是该资产未来预期值用无风险利率折现后的现值。这就是利用风险中性假设给资产定价的基本原理。

虽然风险中性假设仅仅是为了简化问题而做出的人为假定，但是，只要该问题的分析过程与投资者的风险偏好无关,那么通过这种假定所获得的结论不仅适用于投资者风险中性情况,也适用于投资者厌恶风险的所有情况。

由第 2 章的论述可以知道,无套利分析法是金融学的基本分析方法,贯穿所有有关金融资产的定价理论,即几乎所有金融资产的定价都要用到无套利分析法。而当无风险套利机会出现时,所有市场参与者都会进行套利活动,不管其对风险的厌恶程度如何。由此可以得出一个合乎逻辑的推理结果:无套利分析法的过程和结果与市场参与者的风险偏好无关。如果对一个问题的分析过程与投资者的风险偏好无关,那么就可以将该问题放到一个假想的风险中性的世界中进行分析,其所得结果在真实的世界中也应该成立。因此,在对金融资产定价时,可以运用风险中性定价原理。

【例 9-6】假设一种不支付红利的股票目前的市价为 10 元,在 3 个月后,该股票价格要么是 11 元,要么是 9 元。假设现在的无风险年利率等于 10%(连续复利),试计算一份 3 个月期协议价格为 10.5 元的该股票欧式看涨期权现在的价值。

利用风险中性假设对金融产品定价,核心环节是构造出风险中性概率(风险中性概率是风险中性世界中的概率,不是真实的概率),然后按照风险中性概率算出未来收益的预期值,再以无风险利率折现。

首先,根据股票价格 3 个月后的变化,如图 9-1 所示,计算出该股票欧式看涨期权到期时(3 个月后到期)的价值或价格,如图 9-2 所示。

图 9-1 股票价格的变化　　图 9-2 欧式股票看涨期权价值的变化

其次,计算风险中性概率。风险中性世界中,假定该股票上升的概率为 P,下跌的概率则为 $1-P$,则股票未来现金流的预期值为 $11P+9(1-P)$,将其按照无风险利率折现获得的现值就是股票目前的市价,即

$$e^{-0.1\times0.25}[11P+9(1-P)]=10$$

计算出风险中性概率:$P=0.6266$。

再次,计算风险中性世界中期权 3 个月后收益的预期值,即

$$0.5\times0.6266+0\times0.3734=0.3133$$

最后,计算期权现在的价值 c。根据风险中性定价原理就可以求出该期权现在的价值为

$$c=e^{-0.1\times0.25}(0.5\times0.6266+0\times0.3734)=0.31(元)$$

9.2.3　无套利分析法与风险中性定价原理的思路的比较

【例 9-7】假设一个无红利支付的股票,当前时刻(设为 t 时刻)股票价格为 S,基于该股票的某个期权的价值是 f,期权的到期日是 T 时刻,在 T 时刻,股票价格或者上升到 Su(u 为股票价格上升的倍数)或者下降到 Sd(d 为股票价格下降的倍数)。当股票价格上升到 Su 时,假设期权的价值为 f_u;如果股票的价格下降到 Sd 时,假设期权的价值为 f_d。请分别用无套利分析法和风险中性定价原理两种方法计算该期权现在的价值 f。

(1)无套利分析法的思路。

首先,构造一个由 Δ 股股票多头和一个期权空头组成的证券组合。

在 T 时刻,若股票价格上升到 Su,则该证券组合的价值为 $Su\Delta - f_u$;若股票价格下降到 Sd,则该证券组合价值为 $Sd\Delta - f_d$。为了使该证券组合为无风险组合,则在 T 时刻必须有 $Su\Delta - f_u = Sd\Delta - f_d$,计算出 Δ 值,即

$$\Delta = \frac{f_u - f_d}{Su - Sd}$$

若无风险利率用 r 表示,则该无风险组合的现值是 $(Su\Delta - f_u)e^{-r(T-t)}$(或者 $(Sd\Delta - f_d)e^{-r(T-t)}$);而该组合是由 Δ 股股票多头和一个期权空头组成的,因此,该证券组合的价值是 $S\Delta - f$,在没有套利机会的条件下,两者必须相等。

即

$$S\Delta - f = (Su\Delta - f_u)e^{-r(T-t)} \text{ 或者 } S\Delta - f = (Sd\Delta - f_d)e^{-r(T-t)}$$

将 Δ 值的计算式代入上式,得

$$f = e^{-r(T-t)}[Pf_u + (1-P)f_d]$$

式中,令

$$P = \frac{e^{r(T-t)} - d}{u - d}$$

(2)风险中性定价原理的思路。

假定风险中性世界中股票的上升概率为 P,由于股票未来期望值按无风险利率贴现的现值必须等于该股票目前的价格,故风险中性概率可通过下式求得。

由 $S = e^{-r(T-t)}[SuP + Sd(1-P)]$,求出 $P = \dfrac{e^{r(T-t)} - d}{u - d}$

因此,期权的价格为

$$f = e^{-r(T-t)}[Pf_u + (1-P)f_d]$$

结论:无套利分析法与风险中性定价原理得出的结论完全一致,只是字母 P 的含义不同。

9.3 二叉树期权定价模型

1979 年,美国学者约翰·考克斯(John C. Cox)、斯蒂芬·罗斯(Stephen A. Ross)和马克·鲁宾斯坦(Mark Rubinstein)发表了一篇名为《期权定价:一种被简化的方法》的文章,在文中推导出了二叉树期权定价模型(Binomial Model),又称二项式模型。该模型比较简单直观,不需要复杂的数学知识就可以应用,现已成为最基本的期权定价方法之一。

9.3.1 基本思想

【9-1 拓展视频】

在二叉树期权定价模型中,把期权的有效期分为很多很小的时间间隔 Δt,并假设在每一个时间间隔 Δt 内证券价格只有两种运动的可能:从开始的 S 上升到原先的 u 倍,达到 Su;下降到原先的 d 倍,达到 Sd,其中,$u > 1$,$d < 1$。价格上升的概率为 p,下降概率为 $1-p$。期权价值相应的变为

f_u 和 f_d。证券价格和期权价值的变动分别如图 9-3 和图 9-4 所示。

图 9-3 Δt 时间内证券价格变化的二叉树图   图 9-4 Δt 时间内期权价值变化的二叉树图

当 Δt 较大时，这种二值运动的假设与实际不相符合，但当时间间隔非常小时，如在每个瞬间，假设证券价格呈现二值运动是可以的。因此，二叉树期权定价模型的基本思想是用大量离散的小幅度的二值运动来模拟连续的证券价格运动，然后在此基础上运用无套利分析法或风险中性假设来为期权定价(由本节的分析可知，衍生证券的定价都可放在风险中性的世界中进行)。

9.3.2 一阶段的二叉树期权定价模型

在一阶段的二叉树期权定价模型中，假设标的证券价格在期权有效期内仅变动一次，即在期权到期时，标的证券的价格呈现两个状态：要么以一定的比率上升，要么以一定的比率下降。下面通过一个具体的例子来讲解一阶段的二叉树期权定价模型。

【例 9-8】假设目前的无风险利率是 2%(连续复利)，股票价格是 50 元，1 年后，股票价格要么上升到 80 元，要么下跌到 40 元，具体变化如图 9-5 所示。若以该股票为标的资产，期限为 1 年的欧式看涨期权的执行价是 60 元，试计算该欧式买权目前的价格。

欧式看涨期权的执行价格是 60 元，因此该期权到期时，若股票价格上升到 80 元，期权价值则为 20 元；若股票价格下跌到 40 元，期权价值则为 0，其具体变化，如图 9-6 所示。

图 9-5 1 年内股票价格变化的二叉树图   图 9-6 期权价值变化的二叉树图

1. 利用无套利分析法

构造一个组合：1 单位看涨期权空头与 Δ 单位股票多头可构造无风险资产，因此，1 年后，若市场处于繁荣状态，则组合的价值为 $80\Delta - 20$；若市场处于萧条状态，则组合的价值为 $40\Delta - 0$。

该组合资产是无风险资产，因此有 $80\Delta - 20 = 40\Delta$，求出 $\Delta = 0.5$。

因此，该无风险组合由 1 单位看涨期权空头与 0.5 单位股票多头组成。1 年后该组合的价值为 20 元($80\Delta - 20 = 40\Delta$)。

无风险资产只能获得无风险收益，该无风险组合 1 年后的价值为 20 元，其现在的价值则为 $20e^{-0.02 \times 1}$，而该组合目前的价值又可表示为 $0.5S - c = 0.5 \times 50 - c = 25 - c$，因此，存在等式 $20e^{-0.02 \times 1} = 25 - c$，解出 $c = 5.40$(元)。

2. 利用风险中性假设

在风险中性世界里，所有证券的期望收益率都是无风险利率，因此，证券现在的价格或价值可以通过未来期望值按无风险利率贴现来获得。

由 9.1 节的分析可以知道,利用风险中性假设来对金融产品定价,核心环节是构造出风险中性概率。下面通过股票价格的变化来计算风险中性概率。

风险中性世界中,假定该股票上升的概率为 P,下跌的概率为 $1-P$,股票未来现金流的预期值为 $80P+40(1-P)$,将其按照无风险利率折现获得的现值就是股票目前的市价,即

$$e^{-0.02\times 1}[80P+40(1-P)]=50$$

计算出风险中性概率为

$$P=0.275\,25$$

那么,到期日期权价值的期望值为

$$20\times 0.275\,25+0\times(1-0.275\,25)=5.506(元)$$

则期权目前的价值为

$$c=5.506e^{-0.02\times 1}=5.40(元)$$

9.3.3 多阶段的二叉树期权定价模型

先来看二阶段的二叉树期权定价模型。在该模型中,假定标的证券的价格在期权的有效期内变动两次,相应地把期权的有效期分为两个时间段(每个时间段为 Δt)。为了简化问题,假设标的证券的价格在每一个阶段上涨或下跌的比率相同,即都是以 u 倍上涨或都是以 d 倍下跌的。标的证券的价格变化具体如图 9-7 所示。设一欧式看涨期权的执行价格为 X,则该欧式看涨期权在有效期内的价值变化如图 9-8 所示。下面利用风险中性假设定理来给期权定价,从而推导二阶段的二叉树期权定价模型。

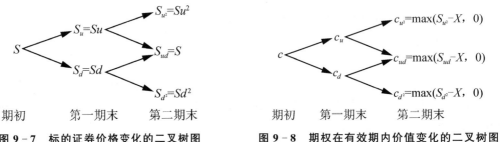

图 9-7　标的证券价格变化的二叉树图　　图 9-8　期权在有效期内价值变化的二叉树图

总的定价思路:首先画出标的证券价格变化的二叉树图,计算每个结点标的证券的价格,并据此计算风险中性概率;然后根据期权到期日(此处为第二期末)标的证券的价格计算出期权在到期日的价值,并画出期权价值变化的二叉树图;最后就可以在期权价值变化的二叉树图中采用倒推定价法,从树型结构图的末端开始往回倒推,为期权定价。

在风险中性世界中,预期收益率等于无风险利率。设 p 为标的证券在风险中性世界中价格上涨的概率(即风险中性概率),则其价格下降的概率为 $1-p$。

在第一期(时间间隔 Δt)末,证券价格期望值为 $puS+(1-p)dS$,其现值为

$$S = e^{-r\Delta t}[puS + (1-p)dS]$$

计算出风险中性概率为

$$p = \frac{e^{r\Delta t} - d}{u - d} \tag{9-18}$$

下面利用风险中性概率来计算期权的价值。

在图 9-8 中，分别看右上方和右下方的二叉树，并从第二期末倒推到第一期末，得出

$$c_u = e^{-r\Delta t}[pc_{u^2} + (1-p)c_{ud}] \tag{9-19}$$

$$c_d = e^{-r\Delta t}[pc_{ud} + (1-p)c_{d^2}] \tag{9-20}$$

再看左边的二叉树，并从第一期期末倒推到期初，得出

$$c = e^{-r\Delta t}[pc_u + (1-p)c_d] \tag{9-21}$$

将式(9-19)和式(9-20)代入式(9-22)，得出

$$c = e^{-2r\Delta t}[p^2 c_{u^2} + 2p(1-p)c_{ud} + (1-p)^2 c_{d^2}] \tag{9-22}$$

其中，p 为风险中性概率，即式(9-18)。

下面再看看参数 u 和 d 的计算。

二叉树期权定价模型也假设证券价格遵循几何布朗运动，则有

$$\Delta S = \mu S \Delta t + \sigma S \Delta z$$

在 Δt 内，证券价格变化的方差为

$$D(\Delta S) = E[(\mu S \Delta t + \sigma S \Delta z)^2] - [E(\mu S \Delta t + \sigma S \Delta z)]^2 = S^2 \sigma^2 \Delta t$$

又因为

$$D(\Delta S) = D(S_{\Delta t} - S) = D(S_{\Delta t})$$

$$D(S_{\Delta t}) = E(S_{\Delta t}^2) - [E(S_{\Delta t})]^2$$

$$E(S_{\Delta t}) = puS + (1-p)dS$$

$$E(S_{\Delta t}^2) = pu^2 S^2 + (1-p)d^2 S^2$$

所以有

$$\sigma^2 \Delta t = pu^2 + (1-p)d^2 - [pu + (1-p)d]^2$$

在 $u = 1/d$ 的条件下[①]，有

$$u = e^{\sigma \sqrt{\Delta t}}, \quad d = e^{-\sigma \sqrt{\Delta t}}$$

如果将期权的有效期划分为 n 个阶段，并假定标的证券在每个阶段上涨或下跌的比率相同[②]，则类似地可以推导出 n 阶段二叉树期权定价模型为

$$c = e^{-nr\Delta t} \sum_{j=0}^{n} \left(\frac{n!}{j!(n-j)!}\right) p^j (1-p)^{n-j} \max[u^j d^{(n-j)} S - X, 0]$$

因为使用了 $u = 1/d$ 的条件，所以 $S_{ud} = S$，使得许多结点重合，从而简化了二叉树，证券价格的树型结构如图 9-9 所示。

---

① 关系式 $u = 1/d$ 是由考克斯、罗斯和鲁宾斯坦提出的。
② 由于时间段的划分是任意的，因此从近似的意义上说，假定标的证券的价格在每个阶段上涨或下跌的比率相同具有一定的合理性。

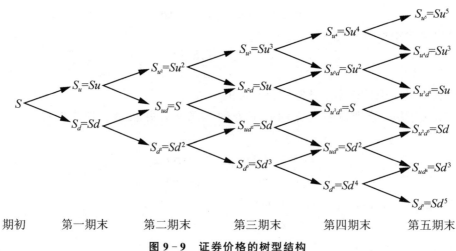

图 9-9 证券价格的树型结构

如果要计算美式期权,则要在树型结构的每一个结点上,比较在本时刻提前执行期权和继续再持有时间,到下一个时刻再执行期权,选择其中价值较大者作为本结点的期权价值。

【例 9-9】假设标的证券为不付红利股票,当前市价为 50 元,波动率每年 40%,无风险连续复利年利率为 10%,该股票 5 个月期的美式看跌期权协议价格为 50 元,求该期权的价值。

可以把期权的有效期分为 5 个时间段,每段 1 个月(即 $\Delta t = 0.083\ 3$ 年),可以算出

$$u = e^{\sigma\sqrt{\Delta t}} = 1.122\ 4, \quad d = e^{-\sigma\sqrt{\Delta t}} = 0.890\ 9$$

$$p = \frac{e^{r\Delta t} - d}{u - d}, \quad 1 - p = 0.492\ 4$$

据此可以画出股票在期权有效期内的二叉树图,具体算法如图 9-9 所示。例如,第二期末 B 点股票价格 $S_{d^2} = Sd^2 = 39.69$,其他同理,具体数据如图 9-10 所示。

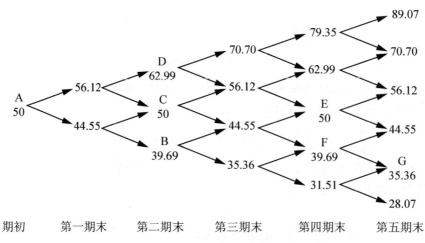

图 9-10 股票在期权有效期内的二叉树图

下面计算期权的价格。

首先，根据股票在第五期末的价格变化可以算出期权在到期日的价值。

$$P_{d^5} = \max(X - S_{d^5}, 0) = \max(50 - 28.07, 0) = 21.93(元)$$

$$P_{ud^4} = \max(X - S_{ud^4}, 0) = \max(50 - 35.36, 0) = 14.64(元)$$

$$P_{u^2d^3} = \max(X - S_{u^2d^3}, 0) = \max(50 - 44.55, 0) = 5.45(元)$$

$$P_{u^3d^2} = \max(X - S_{u^3d^2}, 0) = \max(50 - 56.12, 0) = 0(元)$$

$$P_{u^4d^1} = \max(X - S_{u^4d^1}, 0) = \max(50 - 70.70, 0) = 0(元)$$

$$P_{u^5} = \max(X - S_{u^5}, 0) = \max(50 - 89.07, 0) = 0(元)$$

其次，由第五期末各结点期权的价值倒推计算出第四期末各结点期权的价值。

先假定在这些结点处期权没有被提前执行，在此假定下计算出第四期末各结点期权的价值。

在 E 点，期权的价值为

$$e^{-0.1 \times 0.083}(0.5076 \times 0 + 0.4924 \times 5.45) = 2.66(元)$$

在 F 点，期权的价值为

$$e^{-0.1 \times 0.083}(0.5076 \times 5.45 + 0.4924 \times 14.64) = 9.90(元)$$

然后检验提前执行期权是否更有利。

在 E 点，若在此处提前执行期权，则期权的价值为 0，因为此处股票的价格 $S_{u^2d^2}$ 为 50 元，与期权的协议价格一样，显然不应在 E 点提前执行期权，因此，E 点期权的价值 $P_{u^2d^2}$ 应为 2.66 元。

在 F 点，若在此处提前执行期权，则期权的价值为 10.31(50−39.69)元，大于不提前执行期权的假定下计算出来的价值 9.90 元，显然应在 F 点提前执行期权。因此，F 点期权的价值应为 10.31 元。

其他各结点处期权价值的计算可以此类推，具体数据如图 9-11 所示。最终倒推算出初始结点处的期权价值为 4.48 元。

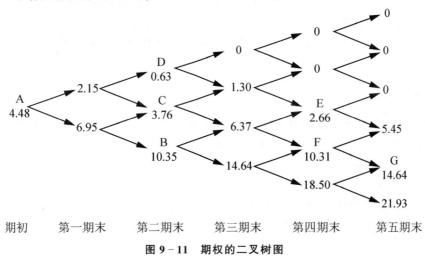

图 9-11　期权的二叉树图

9.3.4 总结

二叉树期权定价模型假设资产价格的运动是由大量的小幅度二值运动构成的,当所分期间趋于无穷大时,资产价格趋于连续价格运动。因此,二叉树期权定价模型实际是用大量离散的小幅度的二值运动来模拟连续的资产价格运动。

假设证券价格遵循几何布朗运动,在 $u=1/d$ 下可算出。

$$u=e^{\sigma\sqrt{\Delta t}}, \quad d=e^{-\sigma\sqrt{\Delta t}}$$

当 Δt 趋于零时,该模型将会收敛到连续的对数正态分布模型,即布莱克-斯科尔斯偏微分方程。

二叉树期权定价模型可用动态无套利分析法与风险中性假设定理来定价,两者结果一致。运用风险中性假设时,模型中的收益率和贴现率均为无风险收益率,资产价格向上运动和向下运动的实际概率并没有进入二叉树期权定价模型,模型中隐含导出的概率是风险中性世界中的概率。

9.4　蒙特卡洛模拟法定价理论

9.4.1　基本思想

蒙特卡洛模拟法是一种通过模拟标的资产价格的随机运动路径得到期权价值期望值的一种数值方法。由 9.1.3 节的分析可知:对衍生证券定价时,所有投资者都是风险中性的,因此,利用蒙特卡洛模拟法计算期权的价格时,也可用到风险中性定价原理,即尽可能地模拟出风险中性世界中标的资产价格的多种运动路径,由此计算出各种路径下期权价值的均值,之后用无风险利率贴现,其具体思路如下。

(1) 根据标的资产价格所服从的分布规律,模拟出标的资产价格路径。

(2) 根据期权的特征,计算出一条价格模拟路径下的期权价格。

(3) 将以上模拟过程反复进行 N 次,计算出 N 条标的资产价格模拟路径下期权价格的均值。(根据大数定律,当 N 趋于无穷大时,期权价格的均值等于期权的价值)

(4) 将 N 条模拟路径下期权价格的平均值用无风险利率贴现到现在,即是所要求的期权的价格。

9.4.2　模拟实例

【例 9-10】设无收益欧式股票看涨期权的执行价格 X 为 20 元,到期时间 $T-t=2$ 年。无风险利率 $r=0.08$,股票价格的波动率 $\sigma=0.25$,股票市价 $S(t)=20$ 元,试用蒙特卡洛模拟法计算该期权的价格。

蒙特卡洛模拟法思路如下。

首先,模拟该股票价格的随机运动路径。

风险中性世界中,股票价格变量所遵循的几何布朗运动可以写为

$$\text{dln}S = \left(r - \frac{\sigma^2}{2}\right)\text{d}t + \sigma\text{d}z \tag{9-23}$$

把期权的有效期分为 250×2 个时间段 Δt（$\Delta t = 1/250$ 年，假定 1 年有 250 个交易日），则股票价格运动路径可写为

$$S(t+\Delta t) = S(t)\exp\left[\left(r-\frac{\sigma^2}{2}\right)\Delta t + \sigma\varepsilon\sqrt{\Delta t}\right] \quad (9-24)$$

式中：ε——从标准正态分布中抽取的一个随机样本。

其次，按照式(9-24)，模拟出一条股票价格在两年(250×2 个交易日)里的运动路径。根据到期日的股票价格 $S(T)$ 与执行价格 X 的关系，计算出到期日期权的价值为 $\max[S(T)-X, 0]$。

再次，将以上模拟过程进行 1 万次，得出 1 万条股价的运动路径，从而可算出 1 万个期权在到期日的价值，并算出其算术平均值为

$$\bar{c} = \frac{1}{10\,000}\sum_{i=1}^{10\,000}\max[S(T_i)-X, 0]$$

最后，将以上均值以无风险利率贴现，算出现值为

$$c = \bar{c}\,\mathrm{e}^{-r\times 2}$$

根据以上思想编出 C++ 程序，可分别算出模拟 1 万次、10 万次和 100 万次情况下期权的价格，具体见表 9-2。

表 9-2 无收益欧式看涨期权价格的蒙特卡洛模拟法计算

计算次数	模拟次数		
	1 万次	10 万次	100 万次
第一次计算结果(元)	4.361 35	4.327 88	4.332 65
第二次计算结果(元)	4.308 92	4.341 62	4.336 42

为了检验蒙特卡洛模拟法计算的结果，可将例 9-10 中的数据代入布莱克-斯科尔斯期权定价模型，算出无收益欧式股票看涨期权的理论价格为 4.335 7 元。结合表 9-2 的数据，可以看出：模拟次数越多，计算结果越精确，收敛得也越快。

9.4.3 应用特点

蒙特卡洛模拟法的实质是模拟出标的资产价格的随机运动路径，在此基础上计算出期权的价格，其应用特点归纳起来有以下几点。

(1) 蒙特卡洛模拟法的适用面较广。例 9-10 中的期权价格只依附于一个标的资产(在该例中是股票)的价格变化，当期权的价格依附于多个标的资产的价格变化时，依然可以用蒙特卡洛模拟法来计算。与其他方法相比，在有 3 个或 3 个以上标的资产变量时，蒙特卡洛模拟法运算的效率较高。因为随着随机变量的增加，蒙特卡洛模拟法的时间近似为线性增长，而其他大多数方法随变量个数的增加其计算时间呈指数增长。此外，蒙特卡洛模拟法不仅适用于期权价格取决于标的资产变量最终价格的情况(如例 9-7 中期权的价格取决于期权到期时股票的价格)，还适用于期权的价格取决于标的资产变量价格所遵循的路

径的情况(如亚式期权的价格①)。

(2)不需高深的数学知识。一般情况下,人们不需要对期权定价模型有深刻的理解就可以直接应用蒙特卡洛模拟法,所用的数学知识也很基本。为了获得更精确的计算结果,只需要增加模拟次数,如例9-10中,随着模拟次数的增加,计算结果也越精确。

(3)为了达到一定的精确度,一般需要大量的模拟运算。如果将精确度提高到原来的10倍,则模拟运算次数应为原来的100倍。尤其在处理3个以下变量时,蒙特卡洛模拟法相对于其他方法(如二叉树期权定价模型)来说偏慢。为了提高计算效率、减少实验次数、加快计算的收敛速度,人们常使用对偶变量技术和控制方差技术等方法来降低期权估计值的方差②。

(4)一般只能为欧式期权定价。对存在提前执行可能的美式期权来说,蒙特卡洛模拟法不太合适,因为它难以处理提前执行的情况,但是,尝试使用蒙特卡洛模拟法为美式期权定价已成为近年来该领域的发展方向之一。

【第9章小结】

思考与练习

1. 一只股票现在的价格是50元,该股票1个月后价格将是52元或48元。假如无风险利率是8%,利用风险中性定价法计算执行价格为49元的1个月期欧式看涨期权的价值。

2. 假定当前的股票价格为100元,1年后股票的价格可能上升至115元,或者下跌至95元。现有一份该股票的欧式看跌期权,执行价格为105元,有效期为1年。若年利率为10%,试计算该股票的欧式看跌期权的价值。

3. 假设某不支付红利股票的市价为40元,风险利率为10%,该股票的年波动率为30%,求该股票协议价格为40元、期限3个月的欧式看跌期权价格。

4. 某股票的市价为70元,年波动率为32%,该股票预计3个月和6个月后将分别支付1元股息,市场无风险利率为10%。现考虑该股票的美式看涨期权,其协议价格为65元,有效期8个月。请证明在上述两个除权日提前执行该期权都不是最优的,并计算该期权价格。

5. 某股票目前的价格为40元,假设该股票1个月后的价格要么为42元,要么为38元,连续复利无风险年利率为10%,求3个月期的协议价格等于39元的欧式看涨期权价格等于多少?

6. 一个无红利股票的美式看跌期权,有效期为3个月,目前股票价格和执行价格均为50美元,无风险年利率为10%,年波动率为30%,请按时间间隔为1个月来构造二叉树期权定价模型,为期权定价。

7. 一只股票现在的价格是100元。有连续两个时间步,每个步长6个月,每个单步二

---

① 亚式期权的价格依赖期权有效期内标的资产价格的平均值。
② 关于减少期权估计值方差更为详细的论述可参见约翰·赫尔(John C. Hull)所著的《期权、期货及其他衍生产品》(华夏出版社,2000)的第329页。

叉树预期上涨10%或下跌10%,连续复利无风险利率为8%,运用无套利原则求执行价格为100元的看涨期权的价值。

8. 如何理解蒙特卡洛模拟法?其主要的优缺点各是什么?

【第9章 在线答题】

第 10 章 实物期权

学习目标及思维导图

本章首先主要介绍实物期权的含义、实物期权与金融期权的比较、实物期权在何种情况下使用及实物期权法与净现值法的比较；其次重点介绍各种实物期权的价值计算及其应用；最后简单介绍应用实物期权法应注意的问题。其中，实物期权的含义、实物期权与金融期权的比较、实物期权在何种情况下使用是本章的重点，各种实物期权的价值计算及应用是本章的难点。

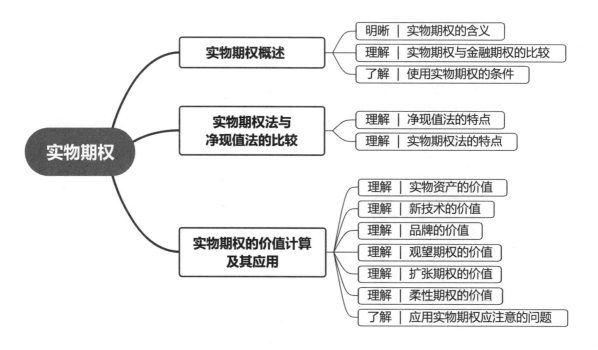

10.1　实物期权概述

10.1.1　实物期权的含义

实物期权(real option)是指那些虽符合金融期权特性，但不在金融市场上进行交易的投资机会。以前讨论的金融期权属于狭义金融工程学的范畴；实物期权由于其在企业界的实际投资决策中的广泛应用，属于广义金融工程学的范围。实物期权就是一项权力，是金融期权在实际生产经营领域的延伸。这项权利既可能被经营者创造出来，也有可能从其他投资人手中购买。这项权力使其持有人在面对不确定性的未来前景时，可以预先以一定的代价（实物期权的价格）锁定损失，同时保留着获取未来发展和投资机遇的权力。

体现实物期权的载体可以是一项书面的授权文件，可以是一条高速公路，可以是一个投资机会，可以是一个大众娱乐品牌，可以是一台机器设备、一个十字路口等。实物期权普遍存在于人们的生活、生产、经营和交易活动中。只要是存在不确定性的地方就有应用实物期权的可能性。

实物期权最早由美国麻省理工学院斯隆管理学院的斯图尔特·迈尔斯(Stewart Myers)教授提出来。当时人们为了区别传统意义上的金融期权，而将那些具有期权特性的资产或投资机会，统称为实物期权。马莎·阿姆拉姆(Martha Amram)和纳林·库拉蒂拉卡(Nalin Kulatilaka)在其所著的《实物期权：不确定性环境下的战略投资管理》一书中指出，实物期权方法是关于项目价值评估和战略决策制定的一种重要思维方法。由于企业在实际生产经营中时刻面对大量的新信息，要应对各种类型的不确定性，故实物期权在企业界有广阔的应用空间。

某房产开发商打算买下一块土地的使用权，用于开发房地产。这片土地附近有一条正在建设的高速公路，预计两年后完工。该开发商认为目前土地价格具有很大的不确定性，但两年后，随着高速公路的建成，这种不确定性会有很大程度的下降。因此，该开发商希望两年后再决定是否要投资并开发这片土地。但当地政府不愿意等那么久，他们希望现在就找到其他买家。为了防止这样的投资机会被竞争对手夺走，开发商考虑跟当地政府签订一个协议，该协议允许开发商在两年后，可以以1亿元的价格买下这片土地的使用权，但该开发商要为此而支付一定的代价，这个代价就是实物期权的价格。

两年后，如果土地升值了，该开发商可以买下这片土地的使用权，开始投资房地产；如果两年后土地没有升值，该开发商想放弃这个权利，那么他损失的就是该实物期权的价格。

10.1.2 实物期权与金融期权的比较

实物期权是在金融期权的基础上发展起来的,它把期权的思想应用到了企业资本预算和投资决策等实际生产经营领域。金融期权为实物期权提供了定价方法,实物期权则把金融期权的定价法推广到了更广泛的实务部门。金融期权可以在市场上进行交易,用标准化的合同形式以法律手段保障投资人的利益;实物期权大多数不能进行交易,其表现形式有可能是土地、建筑物及机器设备等。金融期权与实物期权有很多的可比性,以案例 10-1 为例,金融期权与实物期权具体变量的比较见表 10-1。

表 10-1 金融期权与实物期权具体变量的比较

变 量	金 融 期 权	实 物 期 权
标的资产	股票、利率、汇率、期货等	实物资产或投资项目
市场价格(S)	标的资产的现价	预期未来某项资产的价格或投资项目预期产生现金流的现值
执行价格(X)	合同约定的价格	将来获得该资产的成本或投资项目的总成本、完成投资项目所需费用支出的现值
利率(r)	无风险利率	无风险利率
波动性(σ)	股票、利率等的不确定性	资产、投资价值或公司价值的不确定性;预期现金流入的波动性;预期收入的波动性
期限(T)	期权的有效期	投资项目的期间,直到投资机会的消失

10.1.3 使用实物期权

在处理实际问题时,并不一定都要使用实物期权方法。有些投资项目明显没有价值或具有让人难以置信的价值,即使经过实物期权的分析,也不会改变利用传统投资决策法进行分析所做出的决策;有些投资项目虽然存在一定的不确定性,但不确定性所造成的影响很小,此时也没有必要使用实物期权的分析方法。当决策者面临不确定性环境,利用传统投资决策方法不能很好地解决所面临的问题,并且需要进一步考虑投资决策时,实物期权方法能提供一定的帮助。归纳起来,需要使用实物期权的分析方法有以下 5 种情况。

(1)存在或有投资决策时(即在决策日,如果事件进展好,就做出一种决策;如果事件进展不好,就做出另一种决策)。此时,传统的投资决策方法不能正确地估计这种投资机会的价值。

(2)投资项目的不确定性足够大时。此时,最明智的做法就是等待以获取更多的信息,避免发生不可回收投资的投资失误。

(3)不确定性足够大以至于需要考虑投资的灵活性时。此时,只有实物期权方法才能正确地对含有灵活性期权的投资进行估值。

(4)投资项目的价值由未来的增长决定而不是由当前的现金流决定时。

(5)投资项目需要更新或中途进行战略修订时。

实物期权法已经成为一种投资决策的参考方法，它能改变决策者思考具有不确定性投资后果的决策方式。通过这种方式进行战略投资，能在不必详细考虑单一数字的情况下认识投资的价值。近年来，世界上有许多大型企业已经掌握并开始使用实物期权的方法。在某一领域的市场领导者通过使用实物期权法能了解在不确定的外部环境中价值是如何创造的，并且知道承担多大的风险。

10.2 实物期权法与净现值法的比较

净现值法主要用于投资决策和项目估值等，在处理多期投资决策问题时非常方便。净现值法的决策准则为当净现值（NPV）大于 0 时，接受一个项目或进行一项投资。但该方法有两个很重要的缺陷：第一个缺陷是该方法需要预测未来具体的现金流，而在未来存在很大不确定性的情况下，一个项目或一项投资未来所产生的现金流是很难准确预测的；第二个缺陷是净现值法是一次性决策方法，所有的投资决策在项目实施的最初就确定下来，而投资条件和环境是不断变化的，在项目实施过程中，管理者们不能更新和修改投资决策方法。同时，净现值法建立在"投资要么可逆，要么不可逆"的假设之上，也就是说，公司现在不投资，以后再也没有机会投资了。事实上，很多投资机会并不满足这种假设，在大多数情况下，投资是不可逆的，但可以被推迟。投资可以被推迟的特性使得净现值法失去了作用，拥有某种投资机会的公司就像拥有某种期权，它有权利但没有义务在将来某一时刻购买一种资产或投资一个项目。

现实中，接受一个项目或进行一项投资所需的决策信息是一个随着时间的推移而不断积累的过程，一个投资项目往往可以按照时间的先后顺序分解为多个相互联系的子项目，即投资决策往往是分阶段进行的，管理者的决策不仅发生在项目实施的最初，而且还贯穿项目实施的全过程，发生在每个子项目的起始时刻，每一个决策点既代表前一个阶段的结束，又表示一个新的决策阶段的开始。在每一个决策点，根据前面各阶段的实际结果和当时所掌握的其他有关信息，管理者面临着新的选择，即对应着一个期权，这也是管理的柔性或灵活性的具体体现，因为有选择权才有柔性。因此，从这个角度来说，一个投资项目或投资机会由一个或多个期权组成，这样的期权就是实物期权。它是一种或有决策权，在决策时刻，如果情况向好的方向发展，就做出一种决策，如果情况向不好的方向发展，将做出另一种决策。实物期权法囊括了投资项目的更多特征，考虑了未来现金流的变动性等，从而有利于管理者做出正确的投资决策。1996 年特里杰奥吉斯（L. Trigeorgis）提出了一种投资决策修正的 NPV 方法，即当修正的 NPV^*（＝传统 NPV＋实物期权价值）大于零时，接受一个项目或进行一项投资。

某投资项目在初始时刻需要投资额 I_0 为 108 万元，该项目的价值在未来具有不确定性。未来 1 年以后，如果市场繁荣，那么该项目的市场价值为 180 万元；如果市场萧条，那么该项目的市场价值为 60 万元。假设未来 1 年后市场繁荣和萧条的概率都为 50%。该投资项目价值变化状况如图 10—1 所示。请问该投资项目的投资机会价值是多少？是否值得投资于该项目？

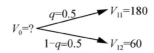

图 10-1　投资项目价值变化状况

按照传统的投资决策分析，如果该项目的净现值大于零，那么可以决定投资；如果净现值小于零，那么应放弃投资。金融市场上与该投资项目风险相当的资产的期望收益率为20%，则计算该项目的净现值时所使用的折现率 k 为20%。该项目的净现值计算如下。

该投资项目的价值为

$$V_0 = [q \times V_{11} + (1-q)V_{12}]/(1+k) = (0.5 \times 180 + 0.5 \times 60)/(1+20\%) = 100(万元)$$

其净现值为

$$NPV = V_0 - I_0 = 100 - 108 = -8(万元)$$

由于该项目的净现值为负值，按照传统的投资决策标准应该放弃该项投资，但是，考虑到该项目所具有的实物期权，会改变该项目的投资决策。

假设1年后，投资者有权决定是否对该项目进行投资。1年后，如果市场繁荣，那么投资者可以决定投资；如果市场萧条，那么投资者应放弃投资。因此，投资者所具有的这种推迟1年再投资的选择权类似一个看涨期权，可以称为推迟期权。设无风险利率 $r=8\%$（1年计一次复利），初始时刻的投资 $I_0=108$ 万元，1年后其价值为 $I_1=108(1+8\%)=116.64(万元)$。那么，该推迟期权的执行价格为116.64万元，有效期为1年。

可以利用二叉树期权定价模型来求该推迟期权现在的价值。

首先，利用投资项目的价值变化求出风险中性概率 P。

在风险中性世界中，1年后该投资项目价值的期望值为 $V_{11} \times P + V_{12} \times (1-P)$，将其用无风险利率进行折现，折现后的现值就是该项目现在的价值，即

$$V_0 = (V_{11} \times P + V_{12} \times (1-P))/(1+r)$$

将具体数据代入该公式，可求出风险中性概率为

$$100 = (180 \times P + 60 \times (1-P))/(1+8\%)$$
$$P = 0.4$$

其次，计算1年后该推迟期权的价值。

1年后，当市场繁荣时，该推迟期权的价值为

$$c_{11} = \max(V_{11} - 116.64, 0) = \max(180 - 116.64, 0) = 63.36(万元)$$

1年后，当市场萧条时，该推迟期权的价值为

$$c_{12} = \max(V_{12} - 116.64, 0) = \max(60 - 116.64, 0) = 0(万元)$$

最后，计算该推迟期权现在的价值。

推迟期权现在的价值为

$$c_0 = [P \times c_{11} + (1-P) \times c_{12}]/(1+r) = (0.4 \times 63.36 + 0.6 \times 0)/(1+8\%) = 23.46(万元)$$

根据特里杰奥吉斯的投资决策修正的NPV方法，有 $NPV^* = NPV + c_0 = -8 + 23.46 = 15.46(万元)$，因此，不能拒绝该项目，其具体做法是期初不能进行投资，但应保留该项目的投资权，1年以后再做决策，或者以23.46万元的价格出让该项目的投资权。

实物期权法的出现并不意味着传统的净现值法的过时，实物期权法并不能完全取代NPV指标，它必须与NPV指标配合使用，才能使管理者进行正确的投资决策。在多数情况下，实物期权的价值高低还不足以满足投资决策的需要，判断是否进行投资还需要通过考察项目的

NPV 和动态规划来判断最佳的投资时机。当 NPV 为正时，期权价值越小越表明应当立即进行投资，期权价值越大则越应当等待和推迟投资；当期权价值大于 NPV 时，一般情况下应延期投资，除非必须通过投资才能维持期权存在的条件下才应当马上投资，而且投资额还必须小于期权价值减去其他价值损失（如负的 NPV 值）的差额。企业实际生产经营中引入实物期权，使得 NPV 指标的二元价值判断——投资或不投资，扩充到三维选择，即现在马上投资、采取措施以获取今后再进行投资的权利以及根本不投资。正是这种三维选择才使得管理者开始关注最佳投资时机问题，关注如何更有效地做出投资决策。

10.3 实物期权的价值计算及其应用

1976 年，考克斯和罗斯在一篇有关其他期权定价法的论文中，提出了一种设想：在金融市场上进行交易的金融期权，可通过"复制"手段，在实践中得到一个"复制品"。这就为直接应用金融期权的定价方法来判断实物期权的价值创造了条件。金融期权在市场上进行交易，其定价是以市场不存在无风险套利机会为前提的；但实物期权不在市场上交易，企业无法确定是否存在无风险套利的投资机会。因此，常把利用金融期权定价法测定的实物期权的价值作为上限，即实际获得某项实物期权的成本高于该上限时，就不用考虑该实物期权的投资项目。

实物期权的表现形式是多样的，既可以是一项实物资产，又可以是一个投资项目，还可以是一项科研活动等。对于实物资产类型的实物期权，其所面临的不确定性往往是资产价格的不确定性，因此，可用布莱克-斯科尔斯期权定价模型；对于以企业的科研活动以及评估新技术价值等为载体的实物期权，其面临的是对未来信息的不确定性，可应用二叉树期权定价模型来定价。下面通过具体的案例来讲解实物资产的价值计算及其应用。

10.3.1 实物资产的价值

实物期权法最早应用于不能进入金融市场进行交易的实物资产的价值计算，如土地使用权、油田开采权等价值的计算，以及高速公路、机场等基础设施价值的计算等。

假设政府以招标形式转让土地的有偿使用权。某投资者想购买一块荒地用于开发城市居民区，他究竟应投标多少金额呢？

该投资者估计要在这片荒地上投入 10 亿元进行基础设施开发，然后按照现有可比性的相同住宅的现价，估计两年后基础设施建成以后，这片土地的价值可达到 15 亿元。该投资者测算出当前市场对未来土地价格预期的波动率是 0.3，当期无风险利率是 5%。

该投资者可把投标土地的有偿使用权想象成一个实物期权的看涨期权。该期权允许投资者在两年之后，以 10 亿元（X）的代价，获得一片价值 15 亿元（S）的土地资产，期间的无风险利率（r）是 5%，波动率（σ）是 0.3。该投资者应用布莱克-斯科尔斯期权定价模型对实物期权进行测算，得出该片土地使用权的价值是 6.23 亿元。因此，他可以按照这个价格进行投标。

某油田探明储量是1亿桶,开采成本每桶12美元,每年产量2 000万桶,可以开采5年。假设国际油价目前水平是25美元/桶。但是,由于这片油田的地质构造的问题,油田的探明储量在开采过程中每年会有5%(100万桶)的损耗,那么这片油田的开采权价值是多少?

可以将这个油田的开采权看作5个看涨期权的组合。每个看涨期权都允许石油公司每年可以12美元/桶的成本(X),从海底获得每桶价值25美元(S)的石油;每个看涨期权的期限是1年,一共有5个这样的期权;石油的损耗可类似地看作股票的分红;石油价格的波动率可通过将纽约商品交易所内石油期权的价格代入布莱克-斯科尔斯期权定价模型,逆向推算出来。这样就可以利用分红的看涨期权公式来确定5个实物期权的价值,然后再用净现值法则将这5个期权价值全部折算成现值,就可以计算出这片油田开采权的价值。

10.3.2 新技术的价值

20世纪90年代,风险投资公司开始大规模使用实物期权来评估一项新技术的价值,从此,实物期权法在投资界获得了广泛的应用。

某数据库软件公司需对一项软件投资进行评估,若开发成功,这项新技术将使公司进入新市场,获取更多新的订单,也可使公司销售额、利润和现有规模扩大30%。这项科研项目需要投资400万美元,为期1年。该数据库软件公司是否应该支持这个项目呢?

软件公司目前的股票价格是100美元,总股份是100万股,这样该公司的市值就是1亿美元(100×100万)。如果扩大30%的规模,就相当于公司的总市值由现在的1亿美元增加到了1.3亿美元,净增3 000万美元,相当于30万股该公司的股票。

因此,投资该项目就相当于购买了一个期权,这个期权(科研项目)使该公司有机会将其总市值增加3 000万美元。如果有一个投资者从金融市场买入一份买方期权,该期权允许投资者在1年内,以100美元/股的执行价购买30万股该公司股票的权利。假设该期权在金融市场上的现值是450万美元(该公司股票波动率是0.3,而同期无风险年利率是6.5%)。

这个科研项目可以被模拟成一个购买30万股股票的期权,而该期权在今天市场上的价值为450万美元,大于400万美元的科研投资。因此,公司应投资这个项目,因为该项目对于公司来说,等于是用一个价值400万美元的实物期权买下了价值450万美元的金融期权。

10.3.3 品牌的价值

品牌作为无形资产已日益受到企业的重视,许多企业每年都要投入巨额资金,用来提升或维护自己的品牌形象。那么,品牌的价值到底是多少呢?这可以借助于实物期权来进行估计。

宝洁公司(Procter & Gamble，P&G)旗下拥有诸多个人护理用品的品牌，其中大多数是通过收购的方式从其他公司手中买来的。该公司 2003 年年初计划收购一个德国化妆品公司洗发水品牌：维纳。该品牌究竟值多少钱呢？当时宝洁公司面临两个品牌的选择，究竟要选择哪一个呢？

可以把一个品牌视作一个卖方期权。由于有了这个品牌，使得宝洁公司可以在某一个特定的市场范围内，以某一个价格向市场卖出一定数量的洗发水。由于消费者普遍接受那些他们喜欢的品牌，因此，他们可以被视作最终购买产品的人，也是宝洁公司执行其所拥有的卖方期权后标的资产(洗发水)的买家。

选择一，维纳品牌可以使宝洁公司以 1 000 万欧元的成本，向目标市场出售价值 1 500 万欧元的维纳牌洗发水。但是宝洁公司每年要继续付出 100 万欧元的广告费用，以便维护维纳这个品牌在目标市场中的定位。

选择二，宝洁公司还在考虑另外一个品牌的洗发水。宝洁公司估计，拥有了这个品牌之后，宝洁每年用 500 万欧元的成本就可以向目标市场出售 1 100 万欧元的产品，但是宝洁要为这个品牌花费每年 200 万欧元的广告费。

预计以上两个品牌的寿命都是 10 年，无风险利率是 6.5%，波动率为 0.33。对宝洁公司来说，每年的广告费用就类似分红，这种分红使得宝洁公司所拥有的期权价值减少。知道这些变量之后，可以套用布莱克-斯科尔斯欧式分红卖权的公式计算品牌的价值，其计算结果是维纳品牌的卖方期权价值是 4 830 万欧元；而另外一个品牌的期权价值是 4 033 万欧元。

在收购价格相同的条件下，宝洁公司应该购买维纳品牌。

对一个企业来说，在评估品牌价值的时候，应该注意两方面的因素：一方面是品牌的维护费用越低，品牌就越有价值，因为品牌的维护费用相当于股票红利，红利越高，买方期权的价值就越低；另一方面是品牌的市场定位越清晰，品牌就越有价值，因为如果一个品牌的市场定位不清楚，与其他品牌的产品混在一个目标市场，那么该品牌对目标市场的吸引力就得不到保证。

10.3.4 观望期权的价值

在所有的实物期权的应用类型中，最常被使用的是观望期权(wait & see option)。观望期权的含义是将一个投资项目推迟一段时间，以便等待更好的投资时机。和其他实物期权不同的是，观望期权往往是投资人天然就拥有的。投资人有权决定应该在什么时候进行投资，即使已经开始了投资项目，也可以暂时先观望一段时间，以等待最佳时间。

某公司拥有一项石油开采权，允许其在 5 年内在北海某固定区域内勘探和开采石油资源。该公司探明该海域石油储量为 1 亿桶，但由于石油价格的下跌，海上油田的开采暂时变得无利可图。该公司准备向政府申请延期 3 年，并愿意支付一定的费用。那么该公司应该向政府支付多少费用来获得这个 3 年延期的开采权呢？

假设石油价格目前是 15 美元/桶，海上油田的开采成本也是 15 美元/桶，石油价格的波动率是 0.3，同期无风险利率是 5%。

这是典型的看涨期权,允许该公司在 8 年内有权开采出全部石油的看涨期权的价值是 7 亿美元;而目前该公司已经有权在 5 年内完成开采,该 5 年期的看涨期权的价值是 5.4 亿美元,两者相差 1.6 亿美元。因此,该公司最多向政府支付 1.6 亿美元来换取 3 年延期的石油开采权,等待石油价格的上涨。

上马一个胶合板生产项目需投资 200 万元。假设不包括初始投资的未来现金流量的总现值为 250 万元,如果第 1 年市场状况好,当年现金流量为 40 万元,第一年年末该项目的价值为 460 万元①;如果第一年市场状况不理想,当年现金流量为 20 万元,第一年年末该项目的价值为 160 万元。

假如在 1 年之内该项目就可以上马,则公司暂不上马实际上是持有一个看涨期权,执行价格为 200 万元,期限为 1 年,标的资产当前价格为该生产线营业现金流量总现值。该看涨期权类似于美式看涨期权,投资项目的现金流类似于美式看涨期权中的红利,如果有足够大的红利,美式看涨期权值得提前执行,也就是说,立即投资上马该胶合板生产线。

从图 10-2 可以看出,如果立即投资,可以多获得第一年的现金流量 20 万元或 40 万元,但如果第一年市场情况不理想,投资有可能会亏损;如果到第一年年末再决定是否投资,会少得第一年的现金流量,但可以避免与第一年市场情况不好相联系的投资亏损。

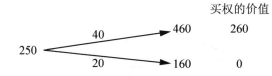

期初价值　第一年现金流　第一年年末价值

图 10-2　胶合板生产线的价值和等待机会的价值

假定无风险利率是 10%,根据二叉树期权定价模型,可以算出等待 1 年的价值为
$$u=(460+40)/250=2.0;\quad d=(160+20)/250=0.72$$
$$p=(1.10-0.72)/(2-0.72)=0.297;\quad 1-p=0.703$$

该看涨期权到期的期望现金流量为
$$0.297\times260+0.703\times0=77.22(万元)$$

将上述现金流量按无风险利率折现,得出看涨期权的价值为
$$77.22/(1+10\%)=70.2(万元)$$

等待 1 年的价值是 70.2 万元,也就是说,如果暂不投资,相当于持有一个价值为 70.2 万元的机会;如果立即投资,相当于立即执行了上述看涨期权,也就失去了价值为 70.2 万元的机会,但同时得到了上述看涨期权的内在价值为 50(250-200)万元。得到的 50 万元小于失去的 70.2 万元,因此,不应该放弃这样一个等待的机会,即有必要等待 1 年,再决定是否投资。

10.3.5　扩张期权的价值

在建造某一项工程的时候,往往考虑到今后有可能在这个工程的基础上,进一步扩大工程规模,进行后续的建设等。由于有了这些考虑,人们在建造当前的工程时有可能会预

---

① 第一年年末该项目的价值即为第一年年末以后该项目未来现金流量的总现值。

留一部分空间或者提前安装一些设施，以便今后能够顺利地开展下一阶段的投资。

波音公司建造第一期厂房的时候，手头的飞机订单总数不足，并不需要一个大厂房。但是，波音公司知道，航空业是一个起伏不定的产业，一旦经济形势好转，航空公司很快就会增加飞机订单数量。如果到时候再去建造厂房的话，就可能不得不推掉一部分订单或者拖延交货期，造成损失。

为此，他们在建造一期厂房的时候，将二期厂房所需要的管道、地道、通信和电力等设施和一期厂房一起建设。因此，他们建造一期厂房多花了5亿美元。

实际上，这5亿美元给波音公司带来一个卖方期权：允许波音公司在未来接到新订单时，比原先快2年完成二期厂房。那么这个卖方期权的价值是多少呢？

假设二期厂房的生产能力是在2年时间内生产15架波音747飞机，总售价为40亿美元，公司制造这15架飞机的成本是30亿美元。这相当于波音公司买入一个卖方期权，允许其在未来2年内，以40亿美元的价格（X）出售当前成本（S）是30亿美元的15架飞机。波音公司股票波动率σ是0.4，同期无风险利率r是6%。

将以上数据代入卖方期权的定价公式

$$p = Xe^{-r(T-t)}N(-d_2) - SN(-d_1)$$

其中

$$d_1 = \frac{\ln(S/X) + (r + \sigma^2/2)(T-t)}{\sigma\sqrt{T-t}}; \quad d_2 = d_1 - \sigma\sqrt{T-t}$$

计算出卖方期权的价值是10.33亿美元，波音公司相当于花了5亿美元的价格买入了价值10.33亿美元的卖方期权。由于有了预留的空间和设施，波音公司就可以迅速将产品推向市场，从而获得更高的收益。因此，波音公司花5亿美元获取该卖方期权是值得的。

10.3.6　柔性期权的价值

柔性（flexibility）生产一直是工业界积极追求的重要目标之一，人们之所以需要柔性的生产线，主要是因为客户的需求很难预测，造成产品的需求也存在一定程度的不确定性。实现了柔性生产和经营之后，企业就能够灵活地应对不断变化的客户需求。

某汽车制造公司计划购买一条汽车生产线，它有两种选择：一是可以购买一条只能生产一种型号汽车的生产线，价值5亿美元；二是可以选择购买一条能够生产两种型号汽车的生产线，价值5.8亿美元。假设这两条生产线无论生产什么型号的汽车，其寿命都是3年，总产量都是10万辆，生产成本都是15亿美元，价值都是20亿美元。那么，该公司应如何选择呢？它是否愿意多支付这8 000万美元呢？

如果只生产同一种型号的汽车，那么该生产线就丧失了灵活性，不能根据市场需求的变化及时调整生产；如果能生产两种型号的汽车，就具有一定的生产灵活性。为此可以利用实物期权来估计灵活性的价值。

把生产线看作一个卖方期权，该期权允许汽车公司以20亿美元的价格（X）出售当前价值（S）为15亿美元的汽车给客户。任何汽车的需求都面临着不确定性，只能生产一种汽车的生产线就只能应对一种型号汽车的波动率 σ，假设是 0.3；能生产两种汽车的生产线，就能应对更高的波动率，假设是 0.4。

将以上数据代入卖方期权的定价公式

$$p = Xe^{-r(T-t)}N(-d_2) - SN(-d_1)$$

其中

$$d_1 = \frac{\ln(S/X) + (r + \sigma^2/2)(T-t)}{\sigma\sqrt{T-t}}; \quad d_2 = d_1 - \sigma\sqrt{T-t}$$

可以计算出两个期权的价值：只能生产一种型号汽车的生产线，其期权价值为 4.17 亿美元；能生产两种型号汽车的生产线的期权价值为 5.2 亿美元。后者比前者的价值高出 1.03 亿美元，而这个高出的 1 亿美元价值部分只需支付 8 000 万美元。

因此，该汽车制造公司应该选用能够生产两种型号汽车的生产线。

一座水电站正在设计阶段，投资人有两套方案可供选择：3 台 8 万千瓦的发电机组，或者是 6 台 4 万千瓦的机组。这两套方案都能提供 24 万千瓦的电力，它们的区别是 3 台 8 万千瓦发电机组的造价比 6 台 4 万千瓦机组便宜 500 万元；6 台 4 万千瓦机组的转子直径较小，能在降雨量小的年份继续发电。那么，投资者应该选择何种方案呢？

该案例中投资项目的不确定性来源于降雨量的不确定性。假设 3 台 8 万千瓦的发电机组能在降雨量的不确定性为 0.3 时继续发电，6 台 4 万千瓦机组能在降雨量的不确定性为 0.4 时继续发电。

投资人可以把投资发电机组设想为购买一个看涨期权。投资建设 3 台 8 万千瓦的发电机组相当于购买一个波动率为 0.3 的看涨期权，允许投资人在降雨量的不确定性为 0.3 的水平上获得 24 万千瓦的电力，设该看涨期权的价值为 c_1；投资建设 6 台 4 万千瓦机组相当于购买了一个波动率为 0.4 的看涨期权，允许投资人在降雨量的不确定性为 0.4 的水平上获得 24 万千瓦的电力，设该看涨期权的价值为 c_2。

6 台 4 万千瓦机组能在枯水季节发电，其所包含的柔性期权具有更高的价值。若 $c_2 - c_1 >$ 500 万元，投资人就应该选择 6 台 4 万千瓦机组，因为该方案能帮助投资人克服更高水平的不确定性。

当需求面临很大的不确定性时，应该选用通用性更强的机器设备，因为它们能帮助生产者克服更高水平的波动率。类似的例子还有很多，如农场主买化肥的问题，农场主并不知道明年究竟需要种植什么作物，各种作物的需求都不确定，为此，他应该订购通用性强的化肥，这样无论将来他种植什么作物，都可以派上用场。

10.3.7 应用实物期权法应注意的问题

马莎·阿姆拉姆和纳林·库拉蒂拉卡对使用实物期权的过程中应注意的问题进行了总结，主要有以下几个方面。

1. 较大的不确定性将增加实物期权的价值

许多投资者不喜欢甚至是害怕项目的不确定性，但实物期权法证明较大的不确定性能够增加实物期权的价值。在项目的投资过程中，虽然不确定性增加了投资项目未来可能结果的范围，但是或有决策的制定将会限制不利后果所造成的损失，因此，较大的不确定性将能够增加投资项目的价值。

某公司拥有一片未开发的土地,公司正在估价土地是否值得开发。公司面临的决策是应该对土地立即开发还是应该等待未来更好的时机开发,公司拥有开发的推迟期权。推迟期权的价值在很大程度上取决于待开发土地价值的不确定性,待开发土地价值的不确定性越大,等待以避免损失的意外的价值就越高。

2. 期权能创造价值而得到期权有可能是昂贵的

只有当实物期权能增加公司的价值时,公司的决策者才会去使用实物期权,然而实物期权不是免费的,具有内在期权的资产设备会更昂贵。

3. 不要过分追求准确度

经济生活中充满了不确定性,人们所使用的决策工具、方法等并不能充分反映这种不确定性,而且在某种程度上,这种分析方法带有某种不符合实际的确定性的假定。因此,在使用实物期权法分析问题时,应该注意战略投资决策的适时更新与修正,所获得的结果也只能是一个可能的范围。

4. 不要在实物期权的细节上浪费过多的精力

一些刚开始运用实物期权分析法的公司往往在数量方法的细节上考虑得过多,虽然这些细节对最终的计算结果有一定的影响,但是,在更多的情况下,过多地注意细节问题会使实物期权分析法失去可用性,若过分专注细节,则不能从整体上考虑所要解决的问题。

5. 实施实物期权需要一个团队

【第 10 章小结】

在许多公司中,实物期权法由公司的提倡者引入,他们对公司决策中潜在的实物期权有事先的洞察力。但在公司中实施实物期权方法时,需要多种类型的人一起合作:第一是能够与上司沟通的人;第二是能够开发数量工具的人;第三是能够为公司识别投资机会的人。因此,公司要想具体实施所具有的各种实物期权,需要一个团队,需要建立一种使用实物期权分析法的企业文化。

1. 假设某公司拥有某项专利权,期限为 20 年,该产品要求初始投资为 15 亿元,而当前预期未来现金流的现值为 10 亿元。但是,因为技术发展非常迅速,所以生产专利产品有可能会在未来成为盈利项目。假设生产该专利产品一系列的技术和竞争环境下的现金流现值的波动率为 0.03。当前的无风险利率为 10%,试用实物期权分析法为该专利权定价。(注:专利的延迟成本为 1/20,即 0.05)

2. 假设 B 公司是一家公众持股公司,有 1 200 万外部流通股,现在价格为 16 元/股,因此,公司的总价值为 1.92 亿元,无风险利率为 5%,标的资产价值的波动率为 30%,现在 A 公司向 B 公司提出以 3 500 万元获得在 3 年内以 2 亿元买下 B 公司的权利,试问:A

公司提出的价格合理吗？

3. 华龙公司决定投资建一水泥厂，投资规模为 6 000 万元，假设不包括初始投资的未来现金流量的总现值为 7 500 万元。如果第一年市场状况好，当年现金流量为 1 200 万元，第一年年末该项目的价值为 13 800 万元；如果第一年市场状况不理想，当年现金流量为 600 万元，第一年年末该项目的价值为 4 800 万元，市场无风险利率为 10%，假如在 1 年之内该项目就可以上马，请使用实物期权法分析华龙公司是否应该立即投资水泥厂。

4. HC 公司是一家从事计算机软硬件开发、生产、销售的中型企业，经过 10 年的发展，形成了一定的财力和知名度，高层经理与技术专家对未来 10～20 年市场需求结构与演化趋势进行了分析，认为公司应该尽快进入家用电器(视听设备)领域，依靠领先进入和技术方面的优势，抢占未来信息家电行业的领先地位，公司内部将这一战略称为"蛙跳战略"。在进入的突破口和进入方式的选择上，高层经理认为应经过以下选择过程：①首先收购一个中等规模的 VCD 企业；②在适当的时机及时购置 DVD 生产技术和生产线，上马 DVD，利用并扩大公司 VCD 的经销网络，力争使公司的 DVD 成为知名品牌；③在适当的时机及时购置数字化电视生产技术，并利用本企业的技术优势进行深度开发，使本企业的数字化电视在质量、性能及生产成本方面取得竞争优势，成为国内数字化电视的第一品牌。假设现在时间是 1999 年，即公司投资 VCD 的时间，专家估计合适的投资 DVD 的时间为 2002 年，合适的数字化电视生产技术购置时间为 2003 年，该公司研究开发期为两年，生产线购置时间为 2005 年。假定所有现金流量都是从生产线购置的第二年开始产生的。专家估计的有关投资及现金流量数据见表 10-2～表 10-4。

表 10-2 投资及现金流量数据(1)

单位：万元

年份	1999	2000	2001	2002	2003	2004	2005
净现金流量	-100	30	40	34	38	19	0

表 10-3 投资及现金流量数据(2)

单位：万元

年份	2002	2003	2004	2005	2006	2007	2008
净现金流量	-240	50	120	80	95	45	0

表 10-4 投资及现金流量数据(3)

单位：万元

年份	2003	2004	2005	2006	2007	2008	2009
净现金流量	-100	-80	-220	50	100	200	200
年份	2010	2011	2012	2013	2014	2015	2016
净现金流量	300	300	200	200	200	100	0

无风险利率一直都是 5%，投资 DVD 的波动率和投资数字化电视的波动率分别为 35% 和 40%。经过风险调整的 VCD 投资和 DVD 投资的资金成本率确定为 20%，数字化电视投资的资金成本率确定为 30%。请分别使用 NPV 净值法和实物期权法对"蛙跳战略"进行评估并得出结论。

【第 10 章在线答题】

第3篇

技术运用篇

第 11 章 外汇风险的管理

学习目标及思维导图

本章介绍金融风险的含义及特征；金融风险的分类及基本管理方法；外汇风险的分类、识别；外汇风险的管理方法，包括运用远期外汇交易、远期外汇综合协议、外汇期货交易和外汇期权交易进行外汇套期保值，并对比分析各种外汇套期保值工具的优缺点，使读者对如何运用衍生金融工具有更具体的认识。其中，运用远期外汇交易、远期外汇综合协议、外汇期货交易和外汇期权交易来管理外汇风险是本章的重点；运用外汇期权组合策略管理外汇风险是本章的难点。

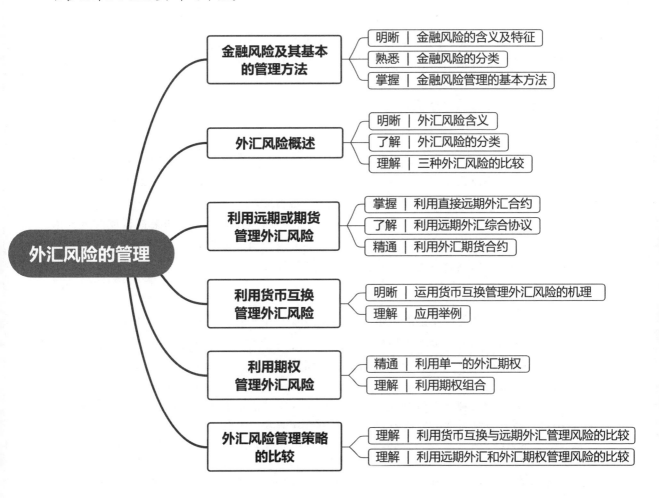

11.1 金融风险及其基本的管理方法

"风险"是一个人们常用但又十分模糊的概念,学术界对风险的定义也可谓众说纷纭。一般来说,风险有广义和狭义之分:广义的风险是指不确定性,即结果发生变化的任何可能性,可能是损失,也可能是收益;狭义的风险仅指发生损失的可能性。

11.1.1 金融风险的含义及特征

【11-1 拓展视频】

金融风险也有广义和狭义之分:广义的金融风险是指经济主体在金融活动中面临的不确定性;狭义的金融风险仅指经济主体在金融活动中遭受损失的可能性。本书是从金融风险的广义角度进行分析的。

风险与收益相对应,金融风险不但包括收益的机会,而且包括损失的可能。金融风险是金融活动的内在属性;只要存在金融活动,就必然存在金融风险。金融风险的广泛存在是现代金融市场的一个重要特征,它给金融市场上的每一个参与者带来了巨大的挑战,迫使他们研究和把握金融市场的动态,根据市场的变化制定和调整策略,避免遭受损失。

归纳起来,金融风险有以下 6 个方面的特征。

1. 隐蔽性

由于金融机构具有一定创造信用的能力,因此它可以在很长一段时间内通过不断创造新的信用来维持和掩盖或试图补救已经失败的信用关系,而只有当失败的信用关系发展到难以为继的时候,才以"总爆炸"的形式最终暴露出来。

金融风险的隐蔽性可以给金融机构提供一些缓冲和弥补的机会,如果银行能够及时有效地采取措施对已经发生的风险加以控制,它就可以利用其可隐蔽性的特点和可以创造信用进行生存和发展的能力对发生的那部分损失进行弥补。

2. 普遍性

所有的金融业务都存在金融风险。金融风险普遍存在的重要原因之一是金融在很大程度上是以信用为基础的,金融机构作为融资中介实质上是一个多边信用共同建立的客体,任何一端的风险都可以通过这一"综合器"传递给其他的信用客体。

由于资金融通具有偿还性的特点,融出方要在将来的某一时间收回并获得报酬;融入方要偿还本金并付出利息。但是,由于将来存在许多不确定的因素,所以融入方可能无法按时偿付本息,这种可能性在资金融通过程中是普遍存在的。

3. 相关性

尽管金融风险的发生在一定程度上是由金融机构自身决策行为造成的,但从根本上讲，金融风险是非金融经济主体风险和经济运行风险对金融机构或金融业的转嫁。若经济主体和经济运行没有风险，金融风险也就无从谈起。

4. 突发性和潜伏性

传统金融风险常表现为潜伏性，而新兴金融风险常表现为突发性。例如，传统贷款中的信用风险，对一个有问题的客户的贷款，可能从一开始这笔贷款就是有风险的，但由于贷款期长，需要3～5年的时间这笔贷款才被提取完毕；或者用款还款期长，要到5～10年或者更长时间以后才能发生还款困难的问题，而使这笔风险可以潜伏很长的一段时间。

现代金融产品风险(如外汇交易头寸风险可能因为一笔极度的外汇交易敞口)使一个银行在一夜之间由巨额盈利变为亏损；或者由于计算机等现代技术直接参与交易，发生技术故障使一家银行在几秒钟之内系统崩溃。

5. 惯性或"溃堤"特征

金融机构发生金融风险损失后，其经营者往往想方设法采取措施进行补救和弥补，最经常用的办法就是继续注入资金，或者继续采取同样的行动，以期注入新的活力和寻找新的机会来挽回损失，形成一种惯性损失，或者像江河"溃堤"一样一发不可收拾。

6. 扩散性

金融以信用为基础，金融机构作为融资中介，实质上是由一个多边信用共同建立起来的信用网络。信用关系的原始借贷通过这一中介后，不再具有对应关系，而是相互交织，相互联动，任何一个环节出现的风险损失都有可能通过这个网络对其他环节产生影响；任何一个链条断裂，都有可能酿成较大的金融风险，甚至引发金融危机。

自20世纪70年代浮动汇率制度实施，特别是20世纪80年代以来，金融全球化主要表现为金融机构全球化、国际资本流动全球化和金融市场全球化，它们都从不同侧面加大了金融体系的风险。金融全球化加快了金融风险在国际传播和扩散。许多国家政府逐渐开始重视金融风险，许多大企业、跨国公司和金融行业纷纷成立了风险管理部门，特别是1987年美国股灾以及1997年东南亚危机之后，各国政府部门和企业更加强化了对金融风险的防范和管理。尽管如此，仍有许多因金融风险管理不善而造成的重大损失的事件发生。

二十大报告明确指出，目前我国发展进入战略机遇和风险挑战并存、不确定难预料因素增多的时期，各种"黑天鹅""灰犀牛"事件随时可能发生。我们必须增强忧患意识，坚持底线思维，做到居安思危、未雨绸缪，准备经受风高浪急甚至惊涛骇浪的重大考验。

11.1.2 金融风险的分类

国内外理论界和实务部门对金融风险种类的归纳并不完全一致，金融风险种类的划分方法或标准很多。

按金融风险的主体划分，金融风险可分为金融机构风险、企业金融风险、居民金融风险、政府金融风险、金融体系风险等。

按金融风险的性质划分，金融风险可分为系统性金融风险和非系统性金融风险。

【11-2 拓展视频】

按金融风险的层次划分,金融风险可分为微观金融风险和宏观金融风险。

按金融风险的地域划分,金融风险可分为国内金融风险和国际金融风险。

本书把金融风险按其形态划分为信用风险、流动性风险、市场风险、操作风险等。

1. 信用风险

信用是以偿还和付息为特征的借贷行为。在日常生活中,人们谈到信用时一般指的是信任。金融活动中的存款、贷款、证券投资、保险等都是基于信任的行为,是授信方对受信方的信任。信用风险是指债务人不能或不愿履行债务而给债权人所造成的影响,或是交易一方不履行义务而给交易对方所带来的影响,有时也称违约风险。

信用风险(credit risk)存在于一切信用活动中。金融机构作为授信方的业务有很多种,除了发放贷款以外,还包括购买债券和股票等。信用风险主要体现在金融机构作为债权人向客户提供资金或证券的业务中。由于各种形式的放款是商业银行最主要的资产业务,而其他各类金融机构(如证券公司、信托投资公司、租赁公司、保险公司等)也提供某种贷款业务或融券业务以及投资债券和股票业务,所以信用风险是金融机构在开展金融业务时普遍存在的一种风险,也是金融业的一个主要风险。

2. 流动性风险

流动性是指金融资产便于在市场上出售变现而不至于有太大损失的能力以及金融机构或企业方便地筹措到资金而不至于花费太多成本的能力。也就是说,流动性包括资产/市场流动性和公司流动性。资产/市场流动性是指市场中资产与现金之间相互转换的能力,在一个流动性好的市场中,参与者可以迅速地执行大规模的交易指令,并且不会对资产价格产生很大的影响;公司流动性是指公司(包括银行)履行到期现金支付义务的能力,流动性好的公司可以很容易地完成现金支付。

流动性风险(liquidity risk)是指由于缺乏流动性而给经济主体造成的影响。保持良好的流动性是银行和企业经营管理的一项基本原则。流动性好坏关系到银行或企业的生产经营活动能否正常进行和生存下去,但这并不是说流动性越高越好,也不是说流动性资产越多越好,因为流动性和盈利性是一对矛盾,流动性越高,盈利性往往越低,因此,银行和企业必须保持流动性与盈利性的平衡。但是,流动性需求具有很大的不确定性,从而使银行和企业面临很大的流动性风险。

3. 市场风险

市场风险(market risk)是指市场价格变化给经济主体所带来的不确定性影响,这是金融市场中最普遍、最常见的风险,广泛存在于股票市场、外汇市场、债券市场、期货市场、票据市场和基金市场中。如果所有的商品价格、证券价格、利率和汇率都永远不变,那么市场风险也就不存在。市场风险包括许多方面,但是涉及面最广的是以下3种风险。

(1)汇率风险。

汇率风险(currency risk)又称外汇风险,它是指汇率变动给外汇持有者或经营者的外汇资产、负债和经营活动所带来的不确定性影响。自1973年布雷顿森林体系崩溃,浮动汇率制度开始实施以来,各主要货币的汇率波动频繁,汇率风险日益成为从事涉外贸易、投资和金融活动的企业、个人所关注的问题。汇率风险的损益结果取决于当事人的净外汇头寸及汇率变动的方向,在经济活动中,只要涉及货币兑换的环节,交易者就可能面临汇率风险。

(2)利率风险。

利率是资金的价格,它与资金的供求关系相互作用,当资金供大于求时,利率就会下降;反之,利率上升。而当国家基准利率提高时,又会降低对资金的需求;反之,增加对资金的需求。

利率风险(interest rate risk)是指利率变动给各类经济主体的未来成本或收益所带来的不确定性影响。无论是金融企业还是非金融企业,只要其资产和负债的类型、数量及期限不一致,利率的变动就会对其资产、负债产生影响,使其资产的收益、负债的成本发生变动。利率的升降不仅影响利息收支的增减,而且还反方向影响着证券的价格。从理论上讲,提高利率会使股票价格指数下降,反之会使股票价格指数上升。此外,利率的升降变动还会影响到汇率的变动。一般而言,本国利率提升,本币对外汇率也上升;本国利率下降,本币对外汇率也下降。在实行利率市场化的国家,利率更多地受资金市场供求因素的影响,不确定性较大,利率风险也较大。在实行利率管制的国家,虽然利率波动相对较小,但是也可能随着国家宏观经济政策的调整而出现利率风险。

(3)证券价格波动风险。

证券价格波动风险(risk of securities price fluctuations)主要是指股票、债券、基金和票据等的价格变化而给投资者带来的风险,这种风险不但可能使投资者在投资到期时得不到投资决策时所预期的收益,而且还可能使其亏损。

4. 操作风险

操作风险(operation risk)又称运作风险,它是指由于企业或金融机构内部控制不健全或失效、操作失误等原因导致的风险。操作风险造成的后果可能是非常严重的,甚至是致命的。

操作风险的主要表现在以下 3 个方面。

(1)政策执行不当,这往往是由于有关信息没有及时传达给操作人员,或在信息传递过程中出现偏差,或者操作人员没有正确领会上司的意图等原因造成的损失。

(2)操作不当甚至违规操作,操作人员业务技能不高或偶然失误等原因造成的损失。

(3)交易或清算系统出现故障造成的损失。

11.1.3 金融风险管理的基本方法

金融风险管理是指通过实施一系列措施来控制金融风险,以消除或减少金融风险的行为。二十大报告提出,我国要深化金融体制改革,建设现代中央银行制度,加强和完善现代金融监管,强化金融稳定保障体系,依法将各类金融活动全部纳入监管,守住不发生系统性风险底线。金融风险管理的基本方法有两种:分散风险和转移风险。

【11-3 拓展视频】

1. 分散风险

分散风险策略可以简单地从投资方向和投资时间两个方面实现分散。

投资方向分散组合法:即投资不宜集中于某一领域、部门或行业,以防出现不景气的情况；更不宜集中于某一只股票，以防该股票的上市公司破产、倒闭，给投资者造成损失。投资者通过购买不同上市公司的股票可达到分散风险的目的。

投资时间分散组合法：即在不同时期进行投资，以减少风险，即长、中、短期投资的比例要分布适当。此外，还可以在股票市场、债券市场及其他市场上进行交叉投资来减少风险。

传统的风险分散方法是众所周知的"不要把所有的鸡蛋都放在同一个篮子里"，其实是 20 世纪 30 年代希克斯（Hicks）提出的："从事若干个独立的风险投资所承担的风险小于把全部资金都投资于一个方向所遭受的风险。当投资足够分散时，全部风险将降到最小。"这一论述虽然表明了投资组合可以降低风险，但并没有告诉人们"把鸡蛋放在多少个篮子里？每个篮子里放几个？"

直到 1952 年，马克维茨（Markowitz）从规范的角度揭示了如何对风险资产进行组合，如何通过分散投资来降低风险，从而首次系统地提出了现代资产组合理论。由于篇幅的限制，本文不再赘述马克维茨的现代资产组合理论。

2. 转移风险

由于资产组合理论无法解决系统性风险，到了 20 世纪 60 年代，西方经济学家 Johnson 和 Stein 采用回归分析方法，提出了使风险最小的套期保值，即套期保值的目的是使现货头寸和期货头寸总"利润"差的方差最小，即风险最小。当时，这种方法只应用在传统的商品期货上，20 世纪 70 年代金融期货出现以后，Ederington 将 Johnson 和 Stein 的方法扩展到了金融领域。目前，套期保值作为转移风险的有效方法，被广泛地运用到了金融风险的管理之中。

(1) 套期保值的基本原理。

套期保值就是对一个资产（或资产组合）寻找一个对冲资产（或资产组合），使在约定的将来，它们的价值将稳定在一定范围内。通常是在买进（或卖出）某种头寸时，未来的市场价格变化会使该头寸的价值下降（或上升），为了防止这种可能的价值损失，就需要在另一市场上卖出（或买进）另一种头寸，使得一种头寸的价值下降时，另一种头寸的价值却上升，结果是一个市场上的损失可以被另一个市场的收益所弥补。这种在两个市场进行反向交易以消除可能不利结果的行为就被称为套期保值。

可以用作套期保值的金融资产很多，基本上可以分成远期、期货、互换和期权 4 大类。利用远期、期货和互换进行套期保值时，套期保值者在把不利的风险（即可能产生的损失）转移出去的同时，也把有利的风险（即可能产生的收益）转移出去，是以确定性代替了不确定性；利用期权进行套期保值时，套期保值者在把不利的风险转移出去的同时，把有利的风险留给自己，但此时套期保值者是要以支付确定的期权费为代价。

(2) 套期保值的成本。

套期保值的目的就是要转移风险，在转移风险的过程中是有成本的，其原因主要有两个方面。

①存在机会成本。由于在两个不同的产品（或市场）上，套期保值者操作的方向是相反的，买入（或卖出）以后的亏损会被卖出（或买入）时的盈利所弥补，从而规避了价格变动的不利影响，但与此同时，套期保值者也放弃了因价格变动而为之带来利润的机会，因此，

套期保值者在将风险转移给投机者的同时,也就相当于承担了一定的机会成本。当然,在运用期权或以期权为基础的衍生工具进行套期保值时,虽然套期保值者可以获得价格向有利方向变动时所带来的好处,但这是以支付期权价格或期权费为代价的。

②存在交易成本,主要是指佣金、保证金等。进行套期保值时,并不总是能够完全消除风险,往往在运用合适的套期保值后,被保值资产所面临的价格风险不能完全消除,而是存在一个剩余风险。套期保值者在操作的过程中,不仅要使剩余风险最小,也要考虑其成本,这两个因素共同决定了套期保值的效率。

11.2 外汇风险概述

一般定义汇率为一国货币与另一国货币相兑换的比率。从整体上来看,汇率是各国货币等值关系的统一体。在量上,汇率所反映的是不同单位的各国货币等值;在质上,汇率反映的是不同单位的各国货币都具有购买力。汇率风险是指汇率变动给外汇持有者或经营者的外汇资产、负债和经营活动所带来的不确定性影响。汇率风险在文献中有时被称为外汇风险(foreign exchange exposure)或货币风险,其内涵与外延均无本质差别,一般并不加以严格区分。

【11-4 拓展视频】

汇率风险一般包括3个要素:本币、外币和时间,三者缺一不可。例如,我国企业和外国开展进出口业务,如果只用人民币结算,因为不涉及货币兑换问题,所以也就意味着不可能出现外汇风险。又假设某企业在同一天收入一笔外汇,并支出币种相同、金额相等的另一笔外汇,不存在时间的间隔,因而也没有外汇风险。一笔应收应付款项的时间结构对外汇风险有直接的影响。时间越长,在此期间汇率波动的可能性越大,外汇风险也相对较大;时间越短,在此期间汇率波动的可能性越小,外汇风险也相对较小。因此,风险头寸、两种以上的货币兑换、成交与资金清算之间的时间、汇率波动等共同构成外汇风险因素。

汇率风险识别和测量,往往从它发生的范围,即它的3种暴露(exposure)来研究。这3种暴露是指交易暴露、换算暴露和经济暴露。对应地,汇率风险可分为交易风险、折算风险和经济风险3种。

1. 交易风险

交易风险(transaction exposure)是指汇率变动给企业或个人的对外债权债务所带来的影响。这些债权、债务虽在汇率变动前已经发生,但在汇率变动后才清算。交易风险是一种常见的外汇风险,存在于应收款项和所有货币负债项目中。

【例11-1】某企业在2017年5月签订出口合同,将于10月出口一批货物,同时收回货款100万美元。它在签订合同时进行了成本与利润的初步核算,该批货物的综合换汇成本(考虑退税及资金时间价值)为7.400 0元/美元,如果美元对人民币汇率在10月仍然保持在5月的水平上(7.676 9元/美元),则可获利人民币27.690 0万元。由于该批货物交易期间人民币一直处于升值压力之下,故企业持有100万美元的交易暴露。这里需要注意的是,虽然公众对人民币有升值的合理预期,但是,人民币最终是否升值以及升值的幅度都还是不能完全正确预期的。换句话说,企业面临真实的汇率风险。假如10月企业收回货款时的汇率为

7.249 2 人民币兑换 1 美元,即人民币升值约 5.57%,则它不但不能取得预期收益,反而将会损失 15.08 万元。因此,企业的盈亏平衡汇率水平正是其换汇成本,即 7.400 0 元/美元,此时人民币升值约 3.61%,这是它所能承受的人民币升值的最大幅度。

2. 折算风险

折算风险(conversion risk)又称会计风险(accounting exposure),是指汇率变动对企业财务报表上项目价值变动的影响。涉外企业在进行会计处理以及进行外币债权、债务结算的时候,经常会碰到如何以本国货币评价这些对外经济活动的价值和效益问题。例如,在办理财务结算时,由于汇率一直处在变化之中,经济活动发生日与财务结算日的汇率已经不一样了,选用不同时点的汇率评价外币债权债务,往往会产生差异很大的账面损益。企业在一国注册,根据主权原则,会计报表应该使用注册国货币作为记账货币,这就要求本国企业实际发生的外汇收支项目按某一汇率折算成本国货币。此外,本国企业设在国外的分公司,按合并报表原则也应该折算成本国货币。由于汇率在不断变动,故按不同汇率折算的财务状况也大不相同,企业的折算风险在会计上暴露无遗。

3. 经济风险

经济风险(economic exposure)是指汇率的难以预见的变动会影响到一个国家的经济环境和企业的经营活动,以致对有关经济主体产生间接损失(或潜在损失)的可能性。因此,经济风险也可以理解为汇率变动对经营者所预期的未来现金流量的净现值的影响。汇率变动影响的净现值为

$$\mathrm{NPV}_0 = \sum_{t=0}^{n} \frac{(\mathrm{CIF}_t - \mathrm{COF}_t) \times ER_t}{(1+d)^t} \tag{11-1}$$

式中:NPV_0——净现值(本币等额值);

CIF_t——现金流入量(以国外子公司的当地货币表示);

COF_t——现金流出量(以国外子公司的当地货币表示),包括纳税额的支付;

ER_t——汇率(1 单位外币等于多少本币);

d——贴现率(母公司对其国外子公司投资所要求的收益率);

t——时期;

n——现金流量预期的最后时期。

经济风险不仅会影响企业的成本结构、销售价格、融资能力等方面,而且也会影响市场竞争格局和一个国家的国际收支等方面。具体来说,假设出口企业是竞争性的价格接受者,意味着它的产量和出口量决策对产品的国际市场价格没有影响,假如人民币升值,则会削弱企业出口产品相对于别国(如东南亚国家)同类产品的竞争力,造成世界市场格局的变化。由于我国经济增长对出口的依赖程度加剧,故可以预计,人民币升值会延缓我国国民经济的总体发展态势。

4. 3 种外汇风险的比较

3 种外汇风险的比较见表 11-1。

表 11-1 3 种外汇风险的比较

区 别 点	交易风险	折算风险	经济风险
发生的时间	经营过程中	经营结果	预测企业未来收益
造成损失的真实性	真实的	账面的	潜在的
衡量损失的角度	单笔的交易	母公司	企业整体
衡量风险的时间	一次性的	一次性的	长期性的
损失表现的形式	静态性和客观性	客观性	动态性和主观性
管理的难度	易于管理	较难管理	较难管理

陈长民：《国际金融》，中国人民大学出版社，2010，第 187 页。

其中的发生时间的区别，如图 11-1 所示。

图 11-1 3 种外汇风险的发生时间的区别①

以上 3 种外汇风险虽然都可以进行风险管理，但是，对其管理的难度差别很大，一般来说，外汇交易风险较好识别并易于管理，而外汇折算风险及经济风险则较难度量并难以进行套期保值。美国银行曾对 1 000 多家美国跨国公司进行调研，得到了美国公司对 3 种外汇风险识别管理的比例，见表 11-2。

表 11-2 美国公司对 3 种外汇风险识别管理比例

外汇风险类别	进行识别	套期保值	部分保值	完全保值	完全不进行套期保值
交易风险	80%	80%	50%	30%	20%
折算风险	60%	30%	15%	15%	70%
经济风险	54%	5%	0	5%	95%

资料来源：Global Capital Markets Group, Bank of America, 1996.

通过表 11-2 可以看到，80% 的受调查美国公司都会对交易风险识别并进行套期保值管理，而识别后完全不进行套期保值管理的公司仅占 20%。虽然 54% 的受调查公司表示他们也会对其暴露的经济风险进行识别，但是，进行套期保值的公司仅占 5%，这表明经济风险是很难运用外汇风险管理的手段进行管理的，而折算风险也有 60% 的受调查公司会重视并识别，但能够进行套期保值来管理其风险的公司也仅占到 30%，这说明折算风险也是较难进行管理的。本章主要是对外汇交易风险管理进行研究。

---

① 于平：《国际金融》，中国商务出版社，2009，第 146 页。

11.3 利用远期或期货管理外汇风险

11.3.1 利用直接远期外汇合约

1. 运用直接远期外汇合约管理外汇风险的机理

一般来说,进行外汇套期保值交易的工具主要有直接远期外汇交易(outright forward exchange transaction)、远期外汇综合协议(synthetic agreement for forward exchange)、外汇掉期交易(foreign currency swap)、外汇期货交易(foreign currency futures)及外汇期权交易(foreign exchange options)。当前我国的外汇市场并没有外汇期货交易及场内外汇期权交易,因此,我国的保值主体进行外汇套期保值交易一般选用远期外汇交易,有时也会选用外汇掉期交易及场外外汇期权交易(over the counter foreign exchange options)。美国学者杰斯维(Jesswein)、夸克(Kwok)和福克斯(Folks)在1995年对173家美国企业进行外汇套期保值交易选择的工具进行研究时发现,虽然近年来各种外汇金融衍生工具层出不穷,但是,远期外汇交易仍然是美国企业进行外汇套期保值交易的首选,具体数据见表11-3。

表 11-3 美国企业进行外汇套期保值交易所选择的工具比例

金融工具种类	了解该种工具	采用该种工具	采用占了解比例
直接远期外汇交易	100%	93.1%	93.1%
外汇掉期	98.8%	52.6%	53.2%
外汇期货	98.8%	20.1%	20.3%
交易所期权	96.4%	17.3%	17.9%
交易所期货期权	95.8%	8.9%	9.3%
场外期权	93.5%	48.8%	52.2%

资料来源:Kurt R. Jesswein, Chuck C. Y. Kwok, William R. Folks Jr, "Corporate use of innovative foreign exchange risk management products," *The Columbia Journal of World Business*, no. 2(1995):70-82.

由表11-3可以看出,虽然美国企业对各种金融工具的了解程度都非常高,但使用比例的差异性却非常大,使用远期外汇交易工具的比例远高于其他金融工具,高达93.1%,其次为外汇掉期(52.6%)及场外期权(48.8%)。而我国目前的外汇市场发展状况与西方发达国家相比差距还相当大,因此,我国的保值主体的主要套期保值手段也是直接远期外汇合约。

直接远期外汇交易的交易原理并不复杂,即根据远期汇率运用远期外汇合约事先购买或卖出一定量的外汇,提前锁定了将来的汇率,从而达到了套期保值的效果。通过例11-2和例11-3可以清楚地了解其在外汇套期保值管理中的运用。

2. 应用举例

【例11-2】假设我国某进口商从美国进口商品,需在6个月后支付1 000万美元的货款。如果该进口商当时没有对这笔外汇交易采取任何保值措施,而是等到 6 个月后再以即期汇率从市场买进 1 000 万美元,那么一旦人民币对美元贬值,购买美元的人民币成本将大大上升,进口商会因人民币汇率下跌而受到损失。为了防范人民币汇率下跌的风险,该进口商应如何操作?

如果签订协议时中国银行人民币兑美元的即期汇率为 RMB/USD=7.501 0/7.502 0,6 个月远期差价为 300/400,那么 6 个月远期汇率为 RMB/USD=7.531 0/7.542 0。

该进口商与银行签订 6 个月的买进美元的远期外汇合约,即 6 个月后以 1 美元兑 7.542 0 元人民币的远期汇率从银行购买 1 000 万美元,其成本是 7 542 万元人民币。采取套期保值措施后,该进口商就能确切地知道应付人民币的数目,而不用再考虑 6 个月内的即期汇率变动情况,从而避免了汇率变动造成的外汇风险。

在这个例子中,"1 美元兑 7.542 0 元人民币"实际上成为是否需要套期保值的分界线。如果到期日即期汇率高于 7.542 0,那么进口商最好进行套期保值。但是,如果到期日即期汇率低于 7.542 0,那么进口商就不应该进行套期保值。问题是对汇率的预测并不是一件容易的事情,因此,如果进口商有比较积极的风险管理态度,那么他还是应该进行套期保值管理的。

【例 11-3】假设我国某出口商向法国出口商品,6 个月后获得 500 万欧元的货款。如果该出口商当时没有对这笔外汇交易采取任何保值措施,而是等到 6 个月后再以即期汇率向市场卖出 500 万欧元,那么一旦欧元对人民币贬值,卖出欧元而得到的人民币将大大减少,出口商会因欧元汇率下跌而受到损失。为了防范欧元汇率下跌的风险,该出口商应如何操作?

如果签订协议时中国银行人民币兑欧元的即期汇率为 RMB/EUR=10.402 0/10.407 0,6 个月远期差价为 500/400,那么 6 个月远期汇率为 RMB/EUR=10.352 0/10.367 0。

该出口商与银行签订 6 个月的卖出欧元的远期外汇合约,即以 1 欧元兑 10.352 0 元人民币的远期汇率向银行卖出 500 万欧元,可得到 5 176 万元人民币。采取套期保值措施后,该出口商就能确切地知道应得人民币的数目,而不用再考虑 6 个月内的即期汇率变动情况,从而避免了汇率变动造成的外汇风险。

3. 西方学者套期保值策略研究[①]

银行外汇套期保值策略与企业外汇套期保值策略的主要不同点是银行的外汇资产除了要受到外汇风险的暴露,还要受到利率风险的暴露。银行吸收外汇存款,发放外汇贷款,在时间期限和利率结构上不相匹配,利率风险随之而产生。

长期以来,无论是国外学者还是国内学者都把对银行利率风险的套期保值问题和对银行外汇风险的套期保值问题作为两个相独立的问题加以研究。直到 1997 年 Choi & Elyasiani & Santomero 开始提出由于银行的经营特点,其受到的利率风险和外汇风险应该统一地作为一种市场风险并对这种市场风险作同步管理。此时,同步管理的概念被提出。

---

① 范利民、唐菁菁、阮青松:《我国商业银行外汇套期保值策略研究》,《国际金融研究》2007 年第 4 期。

所谓同步套期保值(simultaneously hedging),是指银行同时运用远期外汇合约和利率期货合约对其经营过程中产生的利率风险和外汇风险同时进行套期保值。同步套期保值相当于把利率风险和外汇风险视为同一类风险而进行了投资组合管理,如果利率风险和外汇风险具有相关性,根据投资组合原理,对利率风险和外汇风险进行投资组合管理便可以分散风险。

与同步套期保值相对应的便是分开套期保值(separate hedging),是指银行分别对其利率风险采用利率期货合约进行保值,而对其外汇风险则视为另一种风险运用远期外汇合约进行保值。两者是独立的、分开的,所以称为分开套期保值。

为方便读者对同步套期保值与分开套期保值策略之间的区别有更清楚的认识,现分别给出其模型的基本推导结果。

(1)分开套期保值的收益模型。

如果只是运用利率期货合约对银行的利率风险进行套期保值,那么银行在贷款的总收益为

$$\pi = L(R_L - R_D) + N_f(f_T - f) \tag{11-2}$$

式(11-2)中,π 为总收益,L 为银行期初贷款总额,R_L 为长期贷款的固定利率,R_D 为银行吸收活期存款从期初到期末的几何平均利率,N_f 为银行持有利率期货合约的数量,N_f 大于 0 表示多头合约,N_f 小于 0 表示空头合约,f_T 为期末利率期货的价格,f 为期初利率期货的价格。

如果只是运用远期外汇合约对银行的外汇风险进行套期保值,那么银行在外汇交易的总收益为

$$\pi = C(1+R^*)(S_T - F) + N_F(F_T - F) \tag{11-3}$$

式(11-3)中,π 为总收益,C 为外汇资产或负债的数额,R^* 为该种外汇从期初到期末的几何平均利率,S_T 为期末的即期汇率,F 为期初的远期汇率,N_F 为银行持有远期外汇合约的数量,N_F 大于 0 表示多头合约,N_F 小于 0 表示空头合约,F_T 为期末的远期汇率。

根据均值/方差(mean-variance)理论,公式(11-2)和(11-3)在 t 时刻上期望效用最大化的套期比率分别为

$$\beta_{f,t}^* = -\frac{\mathrm{Cov}_t[(R_{L,t}-R_{D,t}), (f_{t+1}-f_t)]}{\mathrm{Var}_t(f_{t+1}-f_t)} \tag{11-4}$$

$$\beta_{F,t}^* = -\frac{\mathrm{Cov}_t[(1+R^*)(S_{t+1}-F_t), (F_{t+1}-F_t)]}{\mathrm{Var}_t(F_{t+1}-F_t)} \tag{11-5}$$

式(11-4)表示通过式(11-2)的数据计算运用利率期货合约对银行的利率风险进行套期保值的最优保值比率等于 t 时刻贷款与存款利率差额和 $t+1$ 时刻利率期货价格减去 t 时刻利率期货合约价格的协方差除以 $t+1$ 时刻利率期货价格减去 t 时刻利率期货合约价格的方差。

而式(11-5)表示通过式(11-3)的数据计算运用远期外汇合约对银行的外汇风险进行套期保值的最优保值比率等于 $t+1$ 时刻即期汇率与 t 时刻远期汇率差额乘以 1 加上该种外汇从期初到期末的几何平均利率,并且对该数据与 $t+1$ 时刻远期外汇价格减去 t 时刻远期外汇价格求协方差,再除以 $t+1$ 时刻远期外汇价格减去 t 时刻远期外汇价格的方差。

以上便是分开套期保值的收益和套期保值比率模型,该模型确定了分开套期保值策略的计算基础。

(2) 同步套期保值的收益模型。

同步套期保值策略的模型推导就复杂得多,因为该策略同时考虑了利率保值与汇率保值,所以最优保值比率的系数 β 的计算就必须要同时考虑两种策略的保值系数。Mun & Morgan 运用矩阵方程最终计算同步套期保值策略的最优保值比率的 β 系数为

$$\boldsymbol{\beta}_t^{**} = -\begin{bmatrix} \beta_{11,t}^{**} & \beta_{12,t} \\ \beta_{21,t} & \beta_{22,t}^{**} \end{bmatrix} \quad (11-6)$$

其中,$\boldsymbol{\beta}_t^{**}$ 即为同步套期保值策略的最优保值比率,而式(11-6)矩阵中的 β 数值则通过矩阵方程求出。

由于 Mun & Morgan 认为在 $t+1$ 时刻银行的利润回报(不考虑利率期货合约和远期外汇合约回报)为

$$R_{t+1} = \omega_t(R_{L,t} - R_{D,t}) + \frac{1-\omega_t}{n}\sum_{i=1}^{n}(1+R_{i,t}^*)\frac{S_{i,t+1} - F_{i,t}}{S_{i,t}} \quad (11-7)$$

式(11-7)由式(11-2)和式(11-3)推导而得,其中,R_{t+1} 为银行在 $t+1$ 时刻的利润回报,$\omega_t = L_t/D_t$,即等于银行在 t 时刻的贷款总额除以在 t 时刻的存款总额,$R_{L,t}$ 表示在 t 时刻的长期贷款的固定利率,$R_{D,t}$ 表示在 t 时刻的活期存款几何平均利率,n 表示所持有的外汇种类,如银行持有英镑和日元外汇,则 $n=2$,$R_{i,t}^*$ 表示第 i 种货币的在 t 时刻从期初到期末的几何平均利率,$S_{i,t+1}$ 表示在 $t+1$ 时刻第 i 种货币的即期汇率,$F_{i,t}$ 表示第 i 种货币在 t 时刻的远期汇率,$S_{i,t}$ 表示在 t 时刻第 i 种货币的即期汇率。

把银行进行套期保值得到的回报率加上 R_{t+1} 则为银行进行套期保值策略所得到的总回报率:

$$R_{t+1}^P = R_{t+1} + (\beta_t)G_{t+1} \quad (11-8)$$

以上便是 Mun & Morgan 用来与分开套期保值的收益相比较的同步套期保值的最终投资组合回报模型。在式(11-8)中(β_t)便是最优保值比率的 N 向量,N 代表使用保值工具的数量。而 G_{t+1} 为套期保值工具在 $t+1$ 时刻的回报率。式(11-8)的意义在于把银行的总回报额(包括套期保值回报额)进行了量化,并且区分了分开套期保值和同步套期保值的保值回报,其中,分开套期保值策略中 β_t 通过式(11-4)和(11-5)计算,而同步套期保值策略中 β_t 通过式(11-6)来计算。最后 Mun & Morgan 运用广义自回归条件异方差模型通过式(11-8)计算得到了分开套期保值与同步套期保值预期回报与风险(即方差)的数值。

11.3.2 利用远期外汇综合协议*

虽然第5章已经对远期外汇综合协议(SAFE)作了一定的分析,但是,在考虑套期保值时,还需要对 SAFE 再进行细分。SAFE 中应用最普遍的是汇率协议(Exchange Rate Agreement,ERA)和远期交易协议(Forward Exchange Agreement,FXA)。

在这里要注意,虽然汇率协议和远期交易协议都属于 SAFE 家族,但两者在计算交割数额时会有所不同,也正是由于这种不同,才使得汇率协议和远期交易协议所承担的保值功能出现了一些差别。

汇率协议针对的是最初签约时确定的合约远期差额与最终市场上的结算远期差额之间的差额，因此，交割数额仅与一个变量有关，即随着交割日和到期日之间的换汇汇率变化而变化。

而远期交易协议不仅涉及协议期内的换汇汇率，而且还与汇率变动绝对水平有关。也就是说，远期协议不仅与合同远期差额和远期估算差额之间的差额有关，还与完全汇率和即期结算汇率之间的差额有关。

通过例11-4可以清楚地了解到汇率协议和远期交易协议在外汇套期保值管理中的运用。

【例11-4】假设初始的市场汇率与市场利率见表11-4，1个月后的市场汇率与市场利率见表11-5。某投资者预计1个月对4个月英镑和美元远期利差为3.58%(9.88%－6.30%)，但估计利差会进一步扩大，于是该投资者考虑了以下几种策略。

(1)在1×4远期对远期互换中把美元卖出、买进英镑。
(2)卖出1×4FXA。
(3)卖出1×4ERA。

表11-4 初始的市场汇率与市场利率

	即期汇率	1个月	4个月	1×4个月
英镑/美元汇率	1.800 0	53/56	212/215	158/162
英镑利率	即期汇率	6%	6.25%	6.30%
美元利率		9.625%	9.875%	9.88%

表11-5 1个月后的市场汇率与市场利率

	情况一		情况二	
	即期汇率	3个月	即期汇率	3个月
英镑/美元汇率	1.800 0	176/179	1.700 0	166/169
英镑利率		6%		6%
美元利率		10%		19%

在卖出、买进1×4互换时，投资者是以162基点(215－53)买入的远期英镑。若英镑和美元之间的利差进一步加大，则远期英镑升水就越多，投资者就可能以更高的升水(也就是更高的价格)出售这些远期英镑。

在"情况一"和"情况二"下，1个月后利率之差果然进一步扩大。在"情况一"下，3个月的换汇汇率变成176基点，赚14基点；在"情况二"下，变成166基点，赚4基点。基于点数变动的获利分别达1 400美元和400美元(不考虑货币的时间价值)。图11-2描述了每种情况下所产生的资金流动情况、远期对远期互换所产生的利润状况。

英镑	美元
−1 000 000 ————————————	+1 805 300
+1 000 000 ————————————	−1 800 000
	+5 300
+1 000 000 ————————————	−1 821 500
−1 000 000 ————————————	+1 817 600
	−3 900

(a) 远期对远期互换的估价情况一

英镑	美元
−1 000 000 ————————————	+1 805 300
+1 000 000 ————————————	−1 700 000
	+105 300
+1 000 000 ————————————	−1 821 500
−1 000 000 ————————————	+1 716 600
	−104 900

(b) 远期对远期互换的估价情况二

图 11-2　远期对远期互换的估价

下面对图 11-2 进行详细解释。

情况一：根据 SAFE，在结算日（1 个月以后），英镑和美元这两种货币进行第一次名义上的兑换，即买方以 1 英镑=1.8 美元的即期汇率水平买入 100 万英镑，需要付出 180 万美元。若在初始买入 1 个月的远期外汇合约，则在此时按照合约中 1 英镑=1.805 3 美元的兑换比率则可以换得 180.53 万美元，所以在结算日，买方获得卖方 0.53 万美元的差额支付；在合同的到期日（距结算日 3 个月后，距初始 4 个月后），买方在 1 个月时购买的 3 个月期的远期外汇合约到期，以合约中 1 英镑=1.817 6 美元的汇率水平卖出可获得 181.76 万美元。若在初始时购买 4 个月期的远期外汇合约，则到到期日可按 1 英镑=1.821 5 美元的卖出价获得 182.15 万美元。因此，在合同到期日，买方需向卖方支付 3 900 美元的差额支付。综合起来，买方则一共获得 1 400 美元的利润（不考虑货币的时间价值）。

情况二：根据 SAFE，在结算日，英镑和美元这两种货币进行第一次名义上的兑换，即买方以 1 英镑=1.7 美元的即期汇率水平买入 100 万英镑，需要付出 170 万美元。若在初始买入 1 个月的远期外汇合约，则在此时按照合约中 1 英镑=1.805 3 美元的兑换比率则可以换得 180.53 万美元，所以在结算日，买方获得卖方 10.53 万美元的差额支付；在合同的到期日，买方在 1 个月时购买的 3 个月期的远期外汇合约到期，以 1 英镑=1.716 6 美元的汇率水平卖出可获得 181.76 万美元。若在初始时购买 4 个月期的远期外汇合约，则到到期日可按 1 英镑=1.821 5 美元的卖出价获得 182.15 万美元。因此，在合同到期日，买方需向卖方支付 10.49 万美元的差额。综合起来，买方则一共获得 400 美元的利润（不考虑货币的时间价值）。

根据公式

$$交割额_{ERA} = A_M \times \frac{W_C - W_R}{1 + i \times \dfrac{D}{B}}$$

和公式

$$交割额_{FXA} = A_M \times \frac{F_{MC} - F_{MR}}{1 + i \times \dfrac{D}{B}} - A_S \times (F_{SC} - F_{SR})$$

式中：A_S——在交割日交换的初级货币（基准货币）的名义数额（A_1）；

A_M——在到期日交换的初级货币（基准货币）的名义数额（A_2）；

F_{SC}——在协议中原先约定的交割日的直接汇率（OER）；

F_{SR}——在基准日决定的交割日的直接汇率（SSR）；

F_{MC}——在协议中原先约定的到期日的直接汇率（OER+CFS）；

F_{MR}——在基准日决定的到期日的直接汇率（SSR+SFS）；

W_C——在协议中原先约定的协议期间的换汇汇率（汇差）（CFS）；

W_R——在基准日决定的协议期间的换汇汇率（汇差）（SFS）；

i——次级货币（报价货币）的利率；

D——协议期限的天数；

B——次级货币按年转换成的天数（一年360天或365天）。

通过公式可以计算出：

在第一种情况下，FXA 为 $-1\,495.12$，ERA 为 $-1\,365.85$。

在第二种情况下，FXA 为 $-2\,958.54$，ERA 为 -390.24。

在这两种情况下，负的交割额表示买方支付给卖方的数额。由于投资者已经出售了 SAFE，故这些负数值就代表投资者的利益。

在第一种情况下最终净利润是 1 495.12 美元（与 1 400 美元比较）；在第二种情况下获得的最终利润是 2 959.54 美元（与 400 美元比较）。

在第二种情况下盈利如此之大的直接原因在于即期汇率的变动，即期对 3 个月互换交易包含了一种义务，即买入即期英镑和卖出 3 个月远期英镑，这样做是为了 1 个月后对原先的远期对远期交易进行平仓。当英镑大幅下跌后，投资者 3 个月后所收到的美元也将会明显地少于原先远期对远期交易中所售出的美元。从图 11-2 中可以发现，104 900 美元的亏空几乎抵消即期账上 105 300 的盈利，净利润仅为 400 美元。然而，由于减少的 104 900 美元是在将来产生的，并且可以折现，这样，这部分损失的影响就比原先少得多。另外，投资者还可考虑将 105 300 美元的盈利进行为期 3 个月的投资，3 个月之后，再用来冲抵 104 900 美元的减少。因此，无论采用哪种方法，如果把时间因素考虑进去的话，那么实际盈利将提高到 2 959 美元。

在这两种情况下计算出来的远期交易协议与传统的现金市场上远期对远期互换所得的结果相同，FXA 利润的计算不仅要考虑到由于利率变动而引起的互换点数的变化，而且还要考虑对即期汇率的变化做出调整以及即期汇率变动对结算日和到期日资金流动的影响。汇率协议的利润来自换汇汇率的变动。即期汇率的波动对于最后的结果影响要小得多，原因在于即期汇率对于换汇汇率的影响较小。

综上所述，当即期汇率不变时，FXA 和 ERA 的结果是一样的；但如果即期汇率发生变化，FXA 将包括即期外汇风险因素，其效果将与传统的现金市场远期对远期外汇互换效果相同。

【例 11-5】 6 月 29 日，一家跨国公司的英国分公司发现它需要从伦敦的账户调出 1 000 万英镑的款项转到纽约银行的户头上。调款的交割日是 9 月 28 日。该公司担心在接下来的两个月内英镑可能会贬值。这种规模的交易最好用自定的远期合约的方式来实施。另外，如果风险敞口的金额非常大，那么期货合约的基础性风险有可能产生一个超过承受限度的水平。为了避免此类风险的出现，该公司出售的远期合约的金额恰好等于需要兑换的数量，而合约也正好在兑换日期满失效。这一举措使得该跨国公司通过简单地把风险转移至作为远期合约交易对手的交易商，成功完成了英镑和美元之间的买卖，见表 11-6 中的分析。英镑确实出现了贬值，本来会产生 119.5 万美元的亏损，但是，这家公司自订立远期合约的那一天起就已经把汇率锁定了。

表 11-6 通过外汇远期合约管理外汇风险

日　　期	现货市场	期货市场
6 月 29 日	汇率为 1.362 美元/英镑，英镑的远期汇率为 1.357 美元/英镑。这笔资金的远期价值为 1 000 万英镑×1.357 美元/英镑＝1 357 万美元	以 1.357 美元的价格出售 9 月 28 日价格下的英镑远期合约
9 月 28 日	即期汇率为 1.237 5 美元/英镑	交割英镑，收入 1 000 万英镑×1.357 美元/英镑＝1 357 万美元

分析：最终的英镑价值为 1 357 万美元－1 237.5 万美元＝119.5 万美元，但是按照远期合约应当交割 1 357 万美元，所以可以完全消除其中的风险。假如交易没有发生，该公司就只能按照即期汇率 1.237 5 美元/英镑兑换英镑了。

11.3.3 利用外汇期货合约

1. 运用外汇期货合约管理外汇风险的机理

所谓利用外汇期货进行套期保值，是指在现汇市场上买进或卖出现汇的同时，又在期货市场上卖出或买进金额大致相当的外汇期货合约。在合约到期时，因汇率变动造成的现汇买卖盈亏可由外汇期货交易上的盈亏弥补。外汇期货套期保值可分为买入套期保值和卖出套期保值。买入套期保值是指在现货市场处于空头地位的交易者，在期货市场上买进期货合约，目的是防止汇率上升带来的风险，它适用于国际贸易中的进口商和短期负债者。卖出套期保值是指在现货市场上处于多头地位的交易者，为防止汇率下跌的风险，在期货市场上卖出期货合约，它适用于出口商、应收账款方或短期货币市场存款者等。

2. 应用举例

【例 11-6】 假设 3 月 20 日，美国进口商与英国出口商签订合约，进口价值 62.5 万英镑的货物，约定 6 个月后以英镑付款提货。签订合约日现汇市场上的英镑汇率是 GBP1＝USD2.100 0。为了防止汇兑成本上升，美国进口商应如何操作？

美国进口商可以买进10份价格为GBP1=USD2.1100的9月到期英镑期货合约(因为IMM每份英镑期货合约价值为62 500英镑)。在合约到期之时,可能出现以下两种情况。

一种情况是外汇市场和期货市场上英镑汇率都上升,分别升至GBP1=USD2.1300和GBP1=USD2.1400。这时如果进口商在现汇市场上购买英镑,需要花费133.125(2.1300×62.5)万美元,与3月购买即期英镑相比,多付1.875(133.125-131.25)万美元。而在期货市场上,美进口商如果卖出10份英镑期货合约,与初始头寸对冲,可以净盈利1.875万美元。于是,进口商在现汇市场上的损失由期货市场的盈利来弥补,具体见表11-7。

表11-7 利用外汇期货套期保值

	时间	现货市场	期货市场
汇率	3月20日	GBP1=USD2.1000	GBP1=USD2.1100
	9月20日	GBP1=USD2.1300	GBP1=USD2.1400
交易过程	3月20日	不做任何交易	买入10张英镑期货合约
	9月20日	买入62.5万英镑	卖出10张英镑期货合约
结果	现货市场上,与预期相比,损失:(2.1300-2.10000)×62.5=1.875万美元 期货市场上,通过对冲,获利:(2.1400-2.1100)×62.5=1.875万美元 现货市场亏损和期货市场盈利完全相互抵消,汇率风险得以转移		

另一种情况恰恰相反,两个市场的英镑汇率同时下跌,则进口商在现汇市场上获利,同时在期货市场上亏损,两者同样可以相互抵消一部分或完全抵消。显然,运用期货进行套期保值,在将不利的风险(即可能的损失)转移出去的同时,也将有利的风险(即可能的盈利)转移出去,将未来的不确定性转变成为确定性,这正是运用期货进行套期保值的特征。当然,运用远期或互换进行套期保值也具有这样的特征。

假设进行交易的两种货币有期货合约进行保值,但如果进行交易的两种货币并没有直接的外汇期货合约,如英镑对日元,那么,这里还将介绍交叉套期保值技术。

交叉套期保值是指交易者利用两笔市场上现有的不同币种外汇期货交易,买进一笔,卖出一笔,构造出市场上存在的一种外币对另一种外币的期货交易,满足交易者特定的套期保值要求。

【例11-7】假设日本某公司与英国一进口商于3月20日签订合同,卖给该进口商一批电子产品,6月20日将收到一笔125万英镑的款项。签订协议时,英镑和日元对美元的现汇价格分别是GBP1=USD2.1000和USD1=JPY170.50,则交叉汇率为GBP1=JPY358.05。该公司财务经理预测英镑兑日元的汇率将下跌,公司6月20日才进账的英镑应收款可能会因此蒙受损失。因此,该公司财务经理决定对这笔应收款项进行交叉套期保值。

那么该经理的具体做法为公司委托期货交易经纪人在期货市场上分别买进20份6月日元期货合约(IMM,每份日元期货合约价值为12 500 000日元),假设价格为USD1=JPY173.50,

同时卖出 20 份 6 月英镑期货合约，假设价格为 GBP1＝USD2.150 0。

如果到了 6 月 20 日进行货款结算时，日元兑美元汇率上升，英镑兑美元汇率下跌，现汇价格为 GBP1＝USD2.000 0 和 USD1＝JPY160.50，则交叉汇率为 GBP1＝JPY321.00。期货市场上 6 月日元期货价格为 USD1＝JPY163.50，6 月英镑期货价格为 GBP1＝USD2.050 0。则该公司在现货市场和期货市场的损益情况分别见表 11-8 和表 11-9。

表 11-8　该公司在现货市场的损益情况

时间	3 月 20 日	6 月 20 日
应收货款	1 250 000 英镑	1 250 000 英镑
即期汇价	GBP1＝USD2.100 0 USD1＝JPY170.50 GBP1＝JPY358.05	GBP1＝USD2.000 0 USD1＝JPY160.50 GBP1＝JPY321.00
折合成日元数	447 562 500 日元	401 250 000 日元

可见，由于英镑贬值，故该公司在现汇市场上少收 46 312 500（447 562 500－401 250 000）日元。

表 11-9　该公司在期货市场的损益情况

项目	日元期货	项目	英镑期货
买入价格	USD 0.005 76＝JPY1	卖出价格	GBP1＝USD2.150 0
卖出价格	USD 0.006 12＝JPY1	买入价格	GBP1＝USD2.050 0
价格收益	USD 0.000 36＝JPY1	价格收益	GBP1＝USD 0.100 0
20 份合约利润总额	90 000 美元，合 14 445 000 日元	20 份合约利润总额	125 000 美元，合 20 062 500 日元

该公司在期货市场上的总收益为 34 507 500（14 445 000＋20 062 500）日元，期货市场上的盈利将大大弥补现汇市场上的损失。在结算日，该公司的日元综合收入为 435 757 500（401 250 000＋34 507 500）日元，与在 3 月 20 日出口时即付货款相比仅少收汇折合 11 805 000 日元，损失比例为 2.6%，而如果不进行保值的损失比例为 10.35%，因此，虽然在这 3 个月期间英镑兑日元大幅贬值，但是，该公司由于进行交叉套期保值交易，损失比例大幅降低。

如果 6 月 20 日汇价变动恰好相反：英镑相对于美元升值，而日元相对于美元贬值，则该公司在现汇市场上将多收款项，而期货市场上日元期货和英镑期货均将损失。但现汇市场和期货市场仍是反方向变动，其综合效果仍将是将日元对英镑的交叉汇率固定在了预期水平，同样可以达到保值的效果。

通过这个例子，应该可以了解到金融工程师特有的思维方式：创造性地运用金融工具和策略来解决现实中面临的各种金融问题。金融工程师不仅要向客户提供一系列金融工具任其选择，更应当主动地按客户的具体需求对金融工具加上组合创新。

【例11-8】7月1日,一位美国汽车交易商订立了一份合同,买进20辆英国生产的运动跑车,价款于11月1日以英镑支付。一辆车的成本为35 000英镑。该交易商担心英镑会在接下来的数月内升值,从而导致支出的美元数增加。交易商打算买进英镑的期货合约来防范外汇风险,见表11-10,这是一个相当理想的决策,因为英镑的确发生了升值,因此,最终的汽车购置成本为1 009 400美元,比原先增加了95 200美元,但是,期货合约产生了109 656.25美元的收益,可抵消上涨的汽车购置成本。

表11-10 利用外汇期货管理外汇风险

日期	现货市场	期货市场
7月1日	汇率为1.319美元/英镑,英镑的远期汇率为1.306美元/英镑。20辆车的远期成本为20×35 000英镑×1.306美元/英镑=914 200美元	12月的英镑期货合约价格是1.278美元。一份合约的价格为62 500×1.278美元=79 875美元,适当的合约数量为(20×35 000)/62 500=11.2,即买进11份期货合约
11月1日	即期汇率为1.442美元/英镑。买进700 000英镑用于购买20辆车。美元的成本为700 000×1.442美元=1 009 400美元	12月英镑的期货合约价格为1.437 5美元。一份合约的价格为62 500×1.437 5美元=89 843.75美元,即卖出11份期货合约

分析:最终的汽车购买成本为1 009 400美元-914 200美元=95 200美元,也可能更高。期货交易收益=11×89 843.75美元(期货合约的出售价格)-11×79 875美元(期货合约的购买价格)=109 656.25美元(期货交易收益)。抵消了更高的汽车购置成本期货合约收益,可以产生净收益109 656.25美元-95 200美元=14 456.25美元。实际上,该交易为20辆跑车支出的成本是1 009 400美元-109 656.25美元=899 743.75美元。

11.4 利用货币互换管理外汇风险

11.4.1 运用货币互换管理外汇风险的机理

货币互换是这样一种交易行为,交易每一方都需要在未来一段时间内向对方支付一系列款项,各系列的支付活动基于不同货币来完成。货币互换的使用者通常是那些经营用币种和借款币种不一致的公司。当公司借入本币款项时,一般来说成本较低。通过借入本币款项,公司提前收进资金,然后用本币偿还利息和本金。如果公司同时又做一笔货币互换,那么它可以收取本币计价的利息和偿还本金,由此可以抵消或者部分抵消债务的付款额,同时按照另一种期望币种提前收取资金和进行后续付款,从而实现外汇风险的管理。具体运用货币互换管理外汇风险的机理为如果在债务的存续期内预期债务货币的币值将持续上升,那么债务人就应该选择在当前的汇率水平将债务货币互换为不易升值的币值或者将要贬值的币种,从而避免本息偿还时的汇率风险。

11.4.2 应用举例

【例11-9】 多彩软件公司(COLS)是一家美国软件公司,其公司业务已扩展到日本,每年在日本产生12亿日元的净现金收入,公司一年分4次将现金流转换为美元,分别发生在每年的3月份、6月份、9月份和12月份的最后一天,每次转换金额平均为3亿日元。COLS希望能够一直锁定转换比率,但他们对一年以后要转换数额的预测并不是很有把握,因此,他们只能通过一年期的交易来锁定转换的比率。公司与交易商美国银行签订了货币互换合约,使得公司通过固定支付日元给美国银行,从而获得美国银行固定支付的美元。现行的汇率是1美元兑132日元。在日本的普通利率互换的固定利率是6%,而在美国是6.8%。创建一个将每季3亿日元转换为美元的货币互换需要的日元名义本金是200亿日元[即3亿/(0.06/4)],相当的美元名义本金为1.5152亿美元(即200亿/132)。因此,COLS签订了200亿日元的互换合约,年利率为6%,按季支付也就是每季支付1.5%的日元利息,即3亿日元[200亿日元×(0.06/4)];同时收到年6.8%利率按季支付的美元,也就是每季1.7%,即0.0256亿美元[1.5152亿美元×(0.068/4)]。这里不涉及名义本金的交换。互换的现金流如图11-3所示。

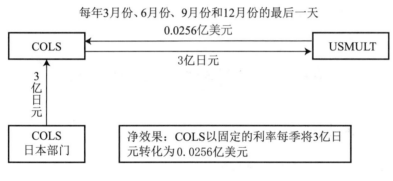

图11-3 互换的现金流

【例11-10】 A企业在2022年3月20日筹措到一笔100亿日元的资金,期限是3年,固定利率为2.5%,但是,该企业在投产后的主要收入货币是美元。如果在未来的3年内日元持续升值,超过项目预算时所能承受的美元兑日元汇率的下限1:145,那么A企业必然要承担额外的债务成本,甚至有可能影响到该项目的可行性。因此,该企业在借款的同时按照美元兑日元的即期汇率1:155,委托一家银行同B企业达成货币互换协议,将50亿日元的债务互换为美元债务,并支付美元的固定利率3.7%。该笔互换交易规定,在贷款的存续期内每半年双方交换一次利息的支付,并在互换的到期日相互交换本金的支付。

现在比较一下该企业如果不进行货币互换交易的本息支付情况,用于比较的情况有3种:①不进行货币互换,未来3年美元兑日元的平均汇率为1:135;②不进行货币互换,未来3年美元兑日元的平均汇率为1:145;③按当前的汇率1:155进行货币互换。比较结果见表11-11。

表 11-11 3 种情况本息支付测算表

单位：万美元

该债务后 3 年的本息支付日	不进行互换交易		互换后
	日元债务的本息支付	日元债务的本息支付	美元债务的本息支付
	汇率 1:135	汇率 1:145	汇率 1:155
2011.9.20	92.59	86.21	112.9
2012.3.20	92.59	86.21	112.9
2012.9.20	92.59	86.21	112.9
2013.3.20	92.59	86.21	112.9
2013.9.20	92.59	86.21	112.9
2014.3.20	7 500	6 982.76	6 564.51
合计	7 962.95	7 413.81	7 129.01

从表 11-11 可以看出，如果在未来 3 年内平均汇率水平为 1:145，也就是与项目预算一致的情况下仍然比进行互换交易后多付出 284.8 万美元的债务成本；如果未来 3 年美元下跌到 1:135 的平均水平，那么该企业与项目预算相比多付出 549.14 万美元的债务成本，与进行互换交易相比更是多付出 833.94 万美元。

11.5　利用期权管理外汇风险

11.5.1　利用单一的外汇期权

1. 运用外汇期权管理外汇风险的机理

期权交易不论采用哪一种具体方式，都存在买方和卖方。对期权的买方而言，其特点是收益不确定（理论上可达到无限），损失确定，即期权的购买者最大的损失不超过权利金。对期权的卖方而言，收益确定，损失不确定（理论上也可达到无限），其最大收益为权利金。利用期权进行套期保值管理外汇风险，不但可以规避不利的风险，还可以保留有利的风险。期权交易主要有保值功能和投机功能，而要进行套期保值的交易者，一般需要作为期权的买方才可进行保值操作。

2. 应用举例

(1) 买入看涨期权。

如果市场对外汇汇率有牛市预期，为了在外汇汇率上升中寻求收益或避免损失，可以购买外汇看涨期权，从而将损失风险限制在期权费范围之内，同时享有无限的收益潜力。

【例 11-11】某机构预期欧元会对美元升值，但又不想利用期货合约来锁定价格，于是以每欧元 0.06 美元的期权费买入一份执行价格为 EUR1＝USD1.18 的欧元看涨期权。如图 11-4 所示，欧元看涨期权购买方的盈亏平衡点为 1.24 美元，具体损益情况见表 11-12

和图 11-4。

表 11-12 买入看涨期权的损益情况

欧元现汇汇率 S	损益情况
$S>1.24$	收益随欧元汇率上升而增加，潜力无限
$S=1.24$	盈亏平衡
$1.18<S<1.24$	损失随欧元汇率上升而减少
$S\leqslant1.18$	最大损失限定在期权费以内

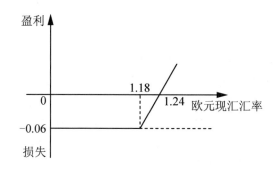

图 11-4 买入看涨期权的损益曲线

(2) 买入看跌期权。

【例 11-12】假定某美国公司向一英国公司出口计算机，但货款将在 3 个月后用英镑支付，因为担心 3 个月后英镑汇率下降，所以美国出口商随即购买一份执行价格为 GBP1=USD1.66 的英镑看跌期权，并支付了每英镑 0.03 美元的期权费。该出口商购买英镑看跌期权的损益曲线如图 11-5 所示，其具体损益情况，见表 11-13。

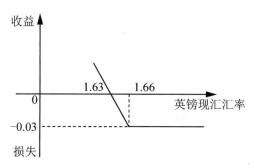

图 11-5 买入看跌期权的损益曲线

表 11-13 买入看跌期权的具体损益情况

英镑现汇汇率 S	损益情况
$S>1.66$	最大损失等于期权费
$S=1.63$	盈亏平衡点
$1.63<S<1.66$	损失随英镑汇率下跌而减少
$S\leqslant1.63$	收益随英镑汇率下跌而增加，潜力无限

11.5.2 利用期权组合*

虽然运用单一的外汇期权可以进行外汇风险管理，但是，一些公司对于卖出期权所承担的风险十分害怕，因为卖出期权最大可能的利润有限，但最大可能的损失无限，所以某些金融机构对单一期权进行了金融创新，构造出一些期权的买卖组合包，并根据这些组合包的特点给予一定的名称，方便套期保值的交易者根据自己的实际情况对这些组合包进行运用。期权组合策略中应用最为广泛的主要包括以下4种期权组合策略，即对冲期权、回廊式期权、分享式远期和比率远期合约。

1. 对冲期权

对冲(hedge)，在金融工程学中是用正、反两个方向的力量将风险管理限制在一定范围，从而使保值成本最小化的金融工具。具体来说，期权的对冲组合指通过购买一种类型的期权以限制遭受损失的风险，同时卖出另一种相反类型的期权以限制获利的潜力。这两种期权一般都是虚值期权。它们在当前价格的上下一定幅度内，使套期保值不起作用。

对冲期权构造方式为通过将不需要的获利机会售出，从而为所需的保护筹措资金；即通过卖出期权取得一定的期权费收入，以便抵冲采用期权进行套期保值所需的费用。

【例 11-13】假设有一个美国公司9个月后要支付100万英镑，英镑的即期汇率为1英镑=1.663 4美元，9个月的远期汇率为1英镑=1.700 0美元，美元和英镑的9个月期的利率分别是6%和3%，公司估计英镑汇率会在1.400 0美元与2.100 0美元之间波动。该公司想要对9个月后要支付的100万英镑进行套期保值，其套期保值目标想要达到以下几点：①在英镑升值的情况下避免受到太大损失；②若英镑汇率下跌，能从中获利；③在英镑汇率向不利方向运动时，应该获得足够程度的保护，同时使保值成本最小化。

可采用3种不同的期权对冲组合，这3种对冲都在1.800 0美元的水平设立了上限，而它们的下限分别设在1.400 0~1.600 0美元。在每一种情况中，公司是通过购买协定上限价格为1.800 0美元的100万英镑看涨期权，以及卖出相应的以下限价格为协定价格的100万英镑看跌期权来构成相应的对冲结构，图11-6列出了各种对冲情况。

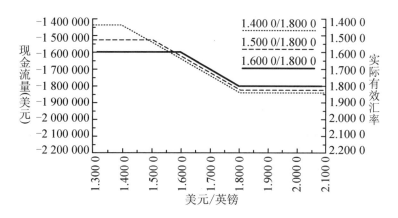

图 11-6 下限不同的对冲的现金流量

从图中可以看出，3 种对冲有相同的形状：中间一段为斜线，两边则是水平直线。斜线部分与初始的风险相对应，在英镑贬值时费用较低，在英镑升值时费用较高，唯一的区别在于需要支付的净费用不同。有关各种情况的对冲的净费用见表 11-14。

表 11-14 对冲的净费用

对冲范围	支出(＋)/收到(－)的期权费(美元)			考虑利息因素的净费用*
	看 涨	看 跌	净 费 用	
1.400 0/1.800 0	＋36 700	－5 700	＋3 100	＋32 400
1.500 0/1.800 0	＋36 700	－14 500	＋22 200	＋23 200
1.600 0/1.800 0	＋36 700	－33 200	＋3 500	＋3 700

* 四舍五入到 100 美元。

值得注意的是，1.600 0/1.800 0 这一对冲期权，因为它在卖出看跌期权所收到的期权费，几乎与其买入看涨期权支付的期权费相等，把费用相抵之后只有 3 700 美元。这一较小的净期权费，意味着这一对冲的斜线部分与基本风险暴露的差距仅为 3 700 美元，而另外两种对冲组合的净费用要略高一些。作为对它们额外成本的补偿，保值的下限被定在较低的协定价格水平，这可以使该公司在英镑下跌时在总成本上获得更高的节省。

通过这个例子可知，当一个客户询问对冲的报价时，他应该对以下 3 个要素作出说明：①上限的协定价格；②下限的协定价格；③要支付的净期权费。这 3 个要素紧密相连，若给定基础资产的价格水平、利息率及波动率水平，确定上述两项便可自动决定第 3 项的情况。一家公司往往给出上限执行价格和净费用水平，而让银行制定下限执行价格水平。上限执行价格水平通常与公司接受的财务风险水平相一致，且净费用通常指定为 0，从而构造出一个零成本的套期保值方案。

表 11-15 列出了零成本对冲期权的几种不同下限水平，而图 11-7 则画出了这些对冲的现金流量曲线。

表 11 - 15　零成本对冲期权的几种不同的下限水平

上限水平	下限水平
1.800 0	1.613 3
1.900 0	1.538 2
2.000 0	1.473 8
2.100 0	1.419 3

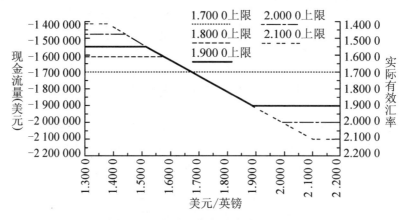

图 11 - 7　各种零成本对冲的现金流量

从图 11 - 7 中可以看出这些对冲的现金流量情况具有连续性。一种极端的情况是 1.700 0 美元的上限导致一条完全水平的现金流量线，这与购买 100 万英镑的 9 个月远期进行保值是相同的，其原因在于 1.700 0 美元的上限是一种两平的远期汇率，所以为了构造一个零成本的对冲期权，其下限水平也必须在 1.700 0 美元的水平上。以相同的协定价格买入看涨期权和卖出看跌期权，就构造了一个合成的对标的资产的多头头寸，因此，在这种特殊的情况下，零成本的对冲期权就相当于一种简单的远期合约。

另一种极端情况是价格上限为 2.100 0 美元的零成本对冲所产生的现金流量曲线，与未保值的风险暴露完全相同。将上限水平定得如此之高意味着下限水平必须降低到 1.419 3 美元的水平，才能构造出一个零成本的对冲期权。除非英镑的价格变动突破这一范围，否则两种期权在到期时均为虚值，所以该期权的套期保值作用相当于并不存在，这就使得 100 万英镑的债务实际上并未加以保护。

除极端情况外，零成本对冲在最大费用（如果英镑汇率上升）与最小费用（如果英镑下跌）之间可有不同的选择。例如，若使用 1.528 2/1.900 0 的期权，美国公司购入 100 万英镑的最高成本为 190 万美元，而最低成本则为 1 538 200 美元。

应该说，零成本对冲期权这种产品对公司来说是很有吸引力的。首先，当汇率变动时它能为公司的标的资产提供保护；其次，它可以从汇率的有利变动中获利；最后，这种产品是免费的。

2. 回廊式期权

对冲期权的目的是在一个确定的范围内允许风险存在，但消除该范围以外的风险；而回廊式期权则是在一定汇率变化幅度内消除风险，但对此范围之外的风险不予保护。

回廊式期权构造方式为通过购买期权来获得所需的保护，然后卖出同一种类型的、虚值程度更高的期权，以便把不需要保护的部分售出。

为了说明回廊式期权的运作，可考察3种期权，它们具有不同的协定价格及标的资产的数量。表11-16列出了回廊式期权的净费用情况，并用一个简单的平价看涨期权来与之比较。

表 11-16 回廊式期权的净费用

单位：美元

	购买的看涨期权	出售的看涨期权	净期权费	净期权费加利息
回廊式期权	1.600 0	1.818 4	95 700	100 000
回廊式期权	1.700 0	1.900 0	47 000	49 100
比率回廊	1.700 0	2.000 0	47 000	49 100
简单的看涨期权	1.700 0		67 200	70 300

注：比率回廊期权中，出售的看涨期权1.75倍于基础资产数额。

通常情况下，构造一个零成本的回廊式期权是不可能的，因为卖出的期权总是比所购买的期权更无利可图。不过，有两种方法可以构造出实际成本为零的回廊式期权。一种方法是设定所出售的无利可图的期权的协定价格，使所获得的期权费与买入的实值期权的时间价值相等。然后，使所支付的净期权费等于这个实值期权的内在价值。假如该期权最终被执行，付出的总额将等于最初的远期价格。这样，该期权保值策略的有效成本就为零了。表11-16中就列出了这种期权，如1.600 0/1.818 4。另一种方法是使卖出的期权建立在多倍的标的物资产的基础上。这种方法会导致风险大于原有的风险暴露，从而使潜在的损失加倍。因此，这种方法必须慎用。

图11-8画出了表11-16中的3种回廊式期权，并将其与买入协定价格为1.700 0美元平价期权的基本策略相比较。为了提供进一步的参考，该图还画出了原始风险的斜线，以及使用1.700 0美元价格买入英镑的远期合约进行无风险保值时的水平现金流量线。

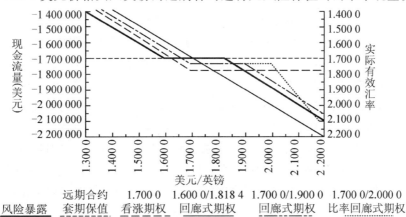

图 11-8 回廊式期权的现金流量

从图 11-8 可以看出，每一种回廊式期权的形状都是中间部分为一条水平线，两边为两条斜线。1.600 0/1.818 4 美元的回廊式期权的水平部分为该美国公司提供了以固定价格 1.700 0 美元买入 100 万英镑的确定性，只要到期时英镑的价格在两个执行价格之间。这与使用远期合约所能固定下来的买入价相等。如果英镑价格降至 1.600 0 美元，该公司开始获利；如果英镑价格下跌至 1.400 0 美元，比 1.700 0 美元的远期价格下降 30 个百分点时，公司将节省 200 000 美元。不过，若到期时英镑汇率高于 1.818 4 美元时，这个回廊就不再提供保护了。英镑汇率升得越高，这家公司所支付的美元就越多。当然，这家公司的损失总比不进行套期保值时要小。因为只有英镑价格超过 1.818 4 美元时，公司才开始有损失。

第二个例子是使用市值程度较小的期权来构造回廊。若到期时的英镑汇率处于 1.700 0 美元与 1.900 0 美元之间，则该期权可以提供一个无风险的区间，使得该公司能够以实际成本 1.749 1 美元买入英镑，仅仅略高于远期汇率 1.700 0 美元的水平。与第一种回廊式期权相比，1.700 0/1.900 0 美元的方案在开始时的支出比第一种方案的一半还要少。除了 1.650 0/1.870 0 美元之间的区域以外，对大部分的英镑汇率而言，该策略要优于第一种策略。

最后的例子是一个使用协定价格为 1.700 0 美元和 2.000 0 美元的看涨期权来构造的比率回廊式期权，只不过卖出看涨期权的标的资产规模不是 100 万英镑，而是 100 万英镑的 1.75 倍。之所以这样设计，是为了使支出的净期权费与上一例相等，即均为 47 000 美元，尽管被出售的看涨期权要便宜一些。这种做法的优点是创造了一个更大的范围，使公司的英镑成本在这个范围内保持不变。在这个例子中，这家公司将支付与上例相同的固定价格 1.749 1 美元，但是保值范围扩大了，从 1.700 0～2.000 0 美元。其不利后果是，一旦英镑超过上限协定价格，其损失就开始迅速增加，这就是比率杠杆效应。不过，这种比率回廊式期权只有在英镑价格超过 2.135 0 美元时才比前一例子中的情况更差，并且只有在英镑价格超过 2.335 0 美元时才比不进行保值的结果更糟，而这些情况发生的可能性极小。

3. 分享式远期

在分享式远期合约中，看跌期权的协定价格与看涨期权的协定价格相等，即协定价格被固定下来。这里涉及的变量是看跌期权的标的金额，对其需要进行调整以便使产品的成本为零。当然，卖出和买入的期权必然类型相反——一个为看涨期权而另一个为看跌期权——因为以相同的执行价格和到期日买入和卖出类型相同的期权是毫无意义的。

分享式远期合约只在买入的期权为虚值时才发挥作用，所以卖出的期权将为实值期权且要更贵一些。这意味着为了使净费用为零，其标的金额应按比例降低。

考察分享式远期合约的一种方式是将其视为前面讨论过的零成本对冲的一种变形。从表 11-15 中所列的第一种零成本对冲开始，其有一个上限协定价格，为 USD1.800 0，为了使净期权费为零，下限协定价格水平被调整至 USD1.613 3。现在设定上限水平和净期权费为零的规定保持不变，但下限协定价格水平逐渐提高，使得下限期权的标的金额也必须减少以保持净期权费为零。表 11-17 中列出了从 USD1.613 3 到 USD1.800 0 的各种下限协定价格水平，并分析了为了弥补上限期权费成本所需的标的金额。如表 11-17 中数字所示，下限金额与上限金额之比即为上限价格与下限价格之比。

表 11-17 从零成本对冲构造分享式远期合约

上限协定价格	上限期权价格($/£)	上限标的金额(英镑)	下限协定价格	下限期权价格($/£)	上限:下限价格比率	下限标的金额(英镑)
1.800 0	0.036 7	1 000 000	1.613 3	0.036 7	1.00	1 000 000
1.800 0	0.036 7	1 000 000	1.650 0	0.048 0	0.76	763 900
1.800 0	0.036 7	1 000 000	1.700 0	0.067 6	0.54	542 600
1.800 0	0.036 7	1 000 000	1.750 0	0.098 0	0.37	374 500
1.800 0	0.036 7	1 000 000	1.800 0	0.132 8	0.28	276 300

逐渐减少标的下限金额的结果是所售出的盈利机会的比率降低。从零成本对冲期权开始，上限:下限的比率为1，意味着公司从英镑贬值中的获利能力被百分之百地转让出去。随着下限的上升，上限:下限的比率下降。当该比率降为 0.28 时，只有 28% 的获利机会被放弃，使得公司可以享有剩余 72% 的获利机会。一项 72% 的分享式远期合约因而被构造出来。图 11-9 画出了这一逐步过渡的过程。

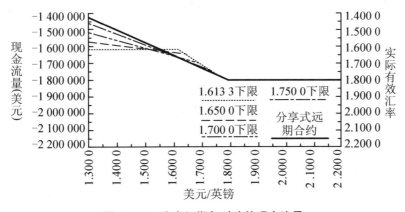

图 11-9 分享远期与对冲的现金流量

假定各坐标轴的刻度单位相同，对利润 100% 分享的分享式远期合约在图中为一条 45°的斜线。因此，72% 的分享式远期合约的倾斜度为 0.72×45°，即约 32°。另一种衡量分享度的方法是考察英镑价格降至 USD1.800 0 以下时该公司的费用节省。例如，当英镑价格为 USD1.400 0 时，该公司为购买 100 万英镑需支付 1 510 500 美元，使实际有效汇率为 USD1.510 5。在 USD 0.400 0 的汇率下降中有 USD 0.289 5 的节省，即相当于 72% 的利润分享度。

这只是分享式远期合约的一个例子，其将英镑最终汇率降至 USD1.800 0 以下时所带来利润的 72% 分给了该公司。当然，与零成本的对冲期权一样，这种产品也可以有无数种变化。该公司可以选择分享的程度或分享开始时的协定价格水平。该协定价格水平越接近市场上通行的远期汇率水平，分享的程度也就越低。表 11-18 通过列出了不同分享率与相应的协定价格水平,对这一点进行了说明。

表 11-18 不同分享率与相应的协定价格水平

分 享 率	协定价格水平
0	1.700 0
10%	1.707 1
25%	1.720 3
50%	1.751 2
75%	1.808 7
90%	1.895 0
99%	2.183 9

在一种极端情况下,协定价格可以定在与远期汇率相等的水平上,但分享率将为零。这是因为远期汇率是潜在的收益与损失恰好平衡时的均衡价格,因此,一家出售协定价格在此汇率水平上的分享式远期合约的银行无法将其利润转移出去。当协定价格水平从远期汇率水平上移开时,该公司以一个略为不利的汇率进行交易,这时银行就可以让该公司分享潜在的利润。例如,如果协定价格水平设定为 USD1.751 2,其只在远期汇率的水平上变动了 3%,而该公司在英镑汇率跌至该协定价格水平以下时就可分享到银行利润的 50%。

不同协定价格和分享率水平的分享式远期合约的结果可以在图 11-10 中更为清晰地看出,该图画出了表 11-17 所列的所有分享式远期合约的效果图。

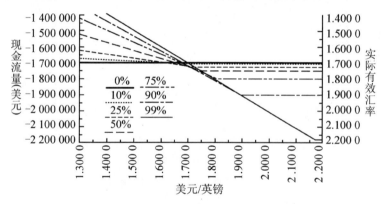

图 11-10 不同分享率及相应的现金流量

在一种极端情况下,协定价格为 USD1.700 0,分享度率为 0 的分享式远期合约与一项简单的远期交易完全相同,并且也有一条意味着完全保值的水平特征线。当协定价格向右移动时,该公司锁定保护,但在一个逐渐远离市场汇率的水平上。因此,图 11-10 中的水平部分逐渐降低,反映了以一个较高汇率进行交易的额外的成本。

例如,协定价格为 USD1.751 2,分享率为 50% 的分享式远期合约将最高成本固定在 1 751 200 美元的水平上。不过,作为支付一个较高的最大价格的回报,该公司在英镑汇率降低到协定价格水平以下时可以以递增的比率获得节省。在另一种极端情况下,从一个远离市场水平的协定价格 USD2.183 9 中获得 99% 的利润分享率的分享式远期合约具有一个意味着保值但并不存在的倾斜的特征线,该种分享式远期合约实际上也就相当于并未进行保值。

分享式远期合约为外汇风险套期保值提供了另一种颇具吸引力的工具。它们在汇率发生不利变动时可以将公司的最大成本固定下来，它们允许该公司从汇率的有利波动中获利，且对可获得的节省不加限制，它们是"免费的"。

4. 比率远期合约

若从一个分享式远期合约开始，将协定价格向远期汇率水平的另一侧移动会发生什么情况？买入的期权当前将为实值状态，而卖出的期权将变为虚值状态。为了构造一个零成本的产品，看跌期权的头寸必须为原有风险暴露头寸的一个倍数。这是完全可能的，并由此构造出了一种名为"比率远期合约"（ratio forward）的产品。

比率远期合约的优点在于买方可以免费得到一个实值期权，从而能够以一个优于当前市场水平的价格买入标的资产。其缺点在于买方为了给看涨期权提供资金，必须售出多倍的虚值期权。若这些期权最后到期时变为实值，该比率远期合约的买方必须付出几倍于基本风险暴露的期权的头寸，这可能会是一笔很大的开支。

为了说明各种可能的结果，表11-19中列出了与各种不同杠杆率相对应的协定价格水平。例如，通过选择2∶1的杠杆率，一家美国公司可以以USD1.649 6的固定汇率买入英镑，这个汇率要比当时的市场远期汇率低大约0.05美元。不利之处是当英镑价格跌至协定价格水平以下时，该公司开始"亏损"，因为2∶1的杠杆率实际上将该公司所面临的风险转向了英镑的贬值，如图11-11所示。若英镑降至USD1.600 0以下，该公司将以USD1.700 0买入英镑，若英镑进一步下跌10个百分点至USD1.500 0，则公司的成本将上升10个百分点，变为每英镑USD1.800 0。

表 11-19　不同杠杆率相对应的协定价格水平

杠杆率	协定价格水平
1∶1	1.700 0
1.5∶1	1.670 6
2∶1	1.649 6
3∶1	1.619 4
4∶1	1.597 6
5∶1	1.580 5

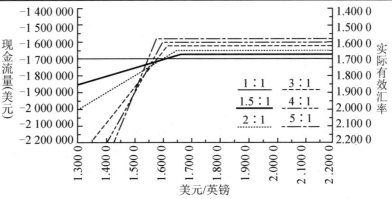

图 11-11　不同配合比率的比率远期的现金流量

当杠杆率越高时，情况就会变得越糟。当比远期利率更高的价格出现时，取得基础资产就会变得有利可图，机会稍纵即逝。我们可以看到，图 11-11 中变平的图线之间越来越近。更为重要的是，当市场价格跌至协定价格以下时，公司会出现亏损，而且情况变得越来越严重，从而导致灾难性的潜在损失。

比率远期给投资者带来的收益是有限的，而损失却是无限的。因此投资者在使用时必须非常谨慎。与比率化的回廊式期权一样，比率远期是能增加投资者风险的金融产品。它只有在以下情况下才可以使用：公司对于市场的可能走势判断正确，或者杠杆率受到严格的限制，或者是当市场与预期相反时，公司制定了止蚀对策，以将损失限定在特定的水平。

11.6　外汇风险管理策略的比较

如前所述，管理外汇风险的基本工具可以分为远期外汇合约、外汇期货合约、货币互换合约和外汇期权合约，这些工具各有特点，这些特点一般可以归纳为表 11-20 的情形。

表 11-20　外汇风险管理工具的比较

工具名称	主要优点	主要缺点
远期外汇合约	①属于场外交易产品；②灵活、简便；③成本较低，为外汇远期合约买卖价差；④可完全消除汇率变动的不确定性	①信用风险较大；②不能灵活转手交易；③不能分享汇率向有利方向变动的成果
外汇期货合约	①属于场内交易产品；②流动性强，可灵活平仓对冲；③无信用风险；④交易成本较低，为经纪人佣金及手续费	①保证金账户影响管理者资金流动性；②需保值的风险资产的数量不一定能与标准化合约设计的数量匹配；③套期保值头寸调整计算烦琐；④保值效果有时有净损失
货币互换合约	①有场内交易和场外交易产品选择；②成本较低，只需向银行支付少量的中介费用；③可完全消除汇率变动的不确定性	①不能对短期的外汇风险进行管理；②不仅要求本金进行互换，还包括利息支付的互换，较烦琐
外汇期权合约	①有场内交易和场外交易产品选择；②场内交易产品流动性强，可灵活平仓对冲；③无信用风险；④可以分享汇率向有利方向变动的成果	①成本费用高；②需保值的风险资产的数量不一定能与标准化合约设计的数量匹配；③套期保值头寸调整计算烦琐

一般来说，外贸企业较少使用外汇期货合约进行套期保值，因为外汇期货合约使用较复杂，并且其保证金账户的变化对企业的现金流会产生一定的影响，所以使用外汇期货合约进行保值或对冲管理的多为银行或基金等金融机构。而在剩下的 3 种金融衍生工具中货币互换合约一般常用来管理中长期外汇风险，远期外汇合约和外汇期权合约常用来管理一年以内的短期外汇风险。

11.6.1 利用货币互换与远期外汇管理风险的比较

在对中长期的汇率风险进行管理时货币互换要比远期外汇交易更有效、成本更低,因为远期外汇合约一般期限较短。如果想用远期外汇合约对中长期的汇率风险进行管理必须用滚动的方式对超过远期外汇合约时限的汇率风险敞口进行套期保值,但是这种滚动方式的效果无法令人满意。

首先,用货币互换进行套期保值比用远期外汇交易进行套期保值的成本要低。例 11-10 中 A 企业如果用 6 个月远期合约为 3 年期的日元负债进行套期保值的话就需要签订 6 次这样的合约,而每重新签订一次远期外汇合约就要重新缴纳一次费用。此外,远期外汇合约等于是企业将汇率变动的风险转嫁给了银行,因此,银行要为此收取较高的费用;而货币互换的双方只是各取所需,并不存在单方面的风险转嫁问题,因此,双方只要向银行支付少量的中介费用即可。

其次,利用远期外汇合约滚动套期保值的方法并不能使企业完全免除汇率风险。这是因为随着未来即期汇率的变化,未来的远期汇率也有相应变化。假设例 11-10 中的 A 企业希望以滚动更新 6 个月远期外汇合约的方式为其 3 年期的日元债务进行套期保值,如果未来的日元币值持续上升,那么该企业在 1 年后所能获得的 6 个月远期日元的报价肯定比现在的 6 个月远期日元的报价要高,而两年后它所能获得的报价又比 1 年后的报价要高。企业本来的目的是避免日元升值,但是用这种方法后企业仍然要面对持续走高的日元报价。

最后,企业并不一定能够找到合适的远期外汇合约进行套期保值。例 11-10 中的 A 企业需要针对美元兑日元的汇率进行套期保值,很可能境内没有一家银行能够提供这样一种远期合约,它们只有人民币兑美元或者人民币兑日元的远期外汇合约,而运用货币互换进行套期保值则不存在这一问题。

综上所述,可以得出在管理中长期的外汇风险方面,比起远期外汇交易,货币互换的成本更低,更能完全消除外汇风险,且不存在找不到合适合约的问题,货币互换比远期外汇交易更有效,成本更低。而因为货币互换不能进行短期的外汇风险,所以在短期外汇风险管理方面二者缺乏可比性。

11.6.2 利用远期外汇和外汇期权管理风险的比较

在短期外汇风险管理时,外汇管理者在选择使用远期外汇合约和外汇期权合约时,多会根据市场上的汇率情况及自身的风险厌恶程度来进行决策,例 11-14 讲述的就是外汇风险管理者如何基于对未来市场的预期作出套期保值策略的选择。

【例 11-14】一家美国公司 180 天后会发生 200 000 英镑的对外支出。考虑到这笔英镑净头寸的外汇风险问题,公司需要在以下套期保值策略中作出选择:①远期合约套期保值;②期权合约套期保值;③不进行套期保值。

相关市场信息包括当前英镑的即期汇率为 GBP1=USD1.50,银行报 180 天英镑远期汇率 GBP1=USD1.47,执行价格为 GBP1=USD1.48 的 180 天英镑看涨期权的期权费为每英镑 0.03 美元,执行价格为 GBP1=USD1.49 的 180 天英镑看跌期权的期权费为每英镑 0.02 美元。

该公司对180天后英镑即期汇率的预测结果见表11-21。那么，该公司应如何做出决策？

表11-21 美国公司对英镑即期汇率的预测

可能结果($)	概 率
1.43	20%
1.46	70%
1.52	10%

根据上述信息，可对几种方法进行如下分析。

(1)利用远期合约做套期保值。公司买入180天远期英镑，到期需要支付294 000美元(200 000×1.47)。

(2)利用看涨期权做套期保值。公司购买英镑看涨期权，成本收益结果见表11-22。

表11-22 购买英镑看涨期权的成本与收益

180天后可能的英镑即期汇率($)	单位英镑期权费($)	是否执行期权合约	单位英镑成本(含期权费)($)	英镑支出总成本($)	出现概率
1.43	0.03	否	1.46	292 000	20%
1.46	0.03	否	1.49	298 000	70%
1.52	0.03	是	1.51	302 000	10%

(3)不进行套期保值。180天后公司在即期外汇市场买入200 000英镑，根据对未来即期汇率的预测，公司需要支付的美元成本见表11-23。

表11-23 不进行套期保值的美元支付成本

预期180天后英镑即汇率($)	购买英镑支付的美元成本($)	出现概率
1.43	286 000	20%
1.46	292 000	70%
1.52	304 000	10%

(4)结论。对上述几种风险管理方法的名义美元成本进行分析，不难发现哪一种方法相对更加有利。远期保值的成本一目了然，期权和不保值方法的成本则要取决于180天后的市场即期汇率。在本例中，远期套期保值成本低于看涨期权成本的概率达到80%，因此，远期套期保值优于期权套期保值；不套期保值的成本低于远期套期保值成本的概率达到90%，因此，公司不进行套期保值时支付的美元成本最低。如果公司决定进行套期保值，那么应该选择远期套期保值方法。

其实，不同的套期保值方案有不同的特点，没有哪一种方案一定是最优的。该公司作出的套期保值决策完全取决于180天后未来即期汇率波动的预测。由于预测有可能不准确,容易导致公司的决策失误。因此,公司最好定期重新评价套期保值决策。例如,每隔 60 天进行一次上述分析,并根据评价结果对下一期应该使用的套期保值方法重新进行选择。企业所进行的套期保值交易时间越长,越需要这种动态调整。

【第 11 章小结】

综上所述,一般来说,对中长期的外汇风险的管理优先选择货币互换;对短期的外汇风险管理,则优先选择远期外汇交易。因为每种管理外汇风险的工具和策略各有其特点,再加上各个企业都有自己多方面的考虑,因此,各企业应从客观和主观两方面综合考虑后选择适合自己的管理外汇风险的工具和策略,同时应根据实际的发展和自己预期的改变而调整先前已选择的工具和策略,并定期对使用的套期保值工具和策略进行评价,保持动态跟踪和调整,如此才能较为科学地管理外汇风险。

 思考与练习

1. 外汇风险主要分为哪几种类型?哪种风险较难进行风险管理?

2. 比较外汇远期合约、外汇期货合约、外汇期权合约这 3 种套期保值方法在企业交易风险管理中的利弊。

3. 分析如何运用远期外汇综合协议进行套期保值。

4. 假定美国某公司向一法国公司出口汽车,但货款将在 3 个月后用欧元支付,因为担心 3 个月后欧元汇率下降,所以美国出口商随即购买一份执行价格为 EUR1=USD1.31 的欧元看跌期权,并支付了 0.04 美元/欧元的期权费。试分析该出口商购买欧元看跌期权的收益曲线,并分析具体的收益情况。

5. 金融安全是国家安全的重要组成部分,防范化解金融风险是金融工作的根本性任务,也是金融工作永恒的主题。二十大报告指出"深化金融体制改革,建设现代中央银行制度,加强和完善现代金融监管,强化金融稳定保障体系,依法将各类金融活动全部纳入监管,守住不发生系统性风险底线",这给我国未来的金融工作提出了明确的要求。新冠肺炎疫情暴发之后,各国经济体都受到汇率波动和资本非正常流动带来的冲击。外汇风险作为金融风险的一种,深刻影响着涉外企业的产品竞争力、盈利能力、偿债能力、经营战略等。请结合二十大报告,思考当前我国应如何防范化解外汇风险?

【第 11 章在线答题】

第 12 章 利率风险的管理

学习目标及思维导图

本章介绍利率风险的定义、形成要素、表现形式；运用远期利率协议、利率期货、互换交易、远期利率协定期权等金融工具对利率风险进行管理处置的运作方法；并对各种金融工具在利率风险管理运用中的特点进行比较。其中，运用远期利率协议、利率期货、互换交易、远期利率协定期权等金融工具对利率风险进行管理是本章的难点和重点。

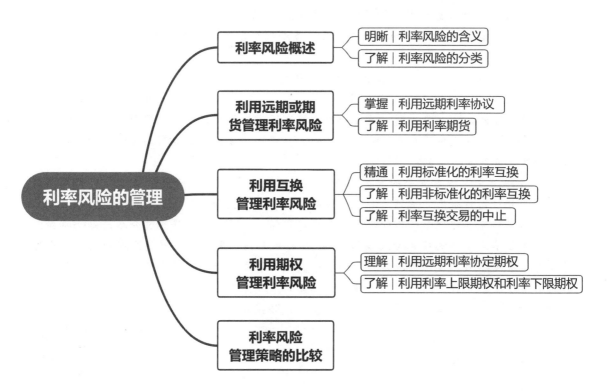

12.1 利率风险概述

在经济学中，人们一般把风险定义为"未来的不确定性"。相应地，利率风险通常被人们定义为"利率变动给各类经济主体带来的未来成本或未来收益的不确定性影响"。

利率风险的产生是基于时间差异性、融资债务性、利率水平变动不确定性的同时存在。在经济活动中，利率风险是随着以上3个要素并存而产生的，相应地，利率风险也会随着这3个要素并存性的被破坏而消除。防范与管理利率风险的各种措施与手段，其作用原理归根结底在于想方设法破坏或消除时间差异、融资债务、利率水平变动不确定三者之间的并存性。

【12-1 拓展视频】

在金融活动中，利率的种类可以根据各种不同的角度加以划分，从而存在着各种各样的利率结构，其中，较为常见的如利率的存贷结构、利率的风险结构、利率的期限结构等。相应地，利率风险的形式也可以划分为多种类型。如果把各种利率风险从期限上的不同加以概括分类，可以将利率风险分为以下3种形式。

1. 某种期限的短期利率在将来的某个利息期内面临的风险

例如，某家公司在5个月后需要借入一笔期限为两个月的资金，那么这家公司就将会面临5个月后才开始的两个月期限的利率变动的不确定性。因为这种利率风险是在以后的某个时候才开始的，并且时限均未超过1年，所以，可将其归之为"短期远期利率的风险"。

2. 某种期限的短期利率在将来的系列利息期内面临的风险

例如，某个证券投资者购买了3年期的浮动利率债券，这种债券的利率每半年根据市场利率情况调整一次，那么，该投资者就将会面临6个月期的利率在未来的6个月利息期内不确定性的风险。因此，可将其归为"系列短期远期利率的风险"。

3. 某一期限的利率所面临的风险

例如，某个证券投资者买了5年期的固定利率债券，那么，他就将会面临着这5年内市场利率向上变动给他带来的潜在收益减少的不确定性风险。因此，可将其归之为"长期远期利率的风险"。

此外，也可以将利率风险划分为利率向上变动的风险和利率向下变动的风险；负面利率风险（成本增加、收益减少的不确定性）和正面利率风险（成本减少、收益增加的不确定性）。

如同远期汇率与即期汇率密切相关一样，远期利率也与即期利率密切相关，远期利率与即期利率两者之间的关系可以用一定的公式来表达。当不同的经济主体在考虑如何去处理各自面对的利率风险时,他们会根据所遇到的不同情况中的哪种利率最重要而采取不同的措施。

12.2 利用远期或期货管理利率风险

12.2.1 利用远期利率协议

1. 利用远期利率协议管理利率风险的机理

远期利率协议的基本内容已在本书第 5 章中做了介绍。远期利率协议的实质是一种利率的远期合同,就交易的目的而言,交易双方中的一方(买方,也即名义借款人)是为了避免利率上升的风险,即希望现在就确定将来的利率,以便固定在未来的借款成本;而另一方(卖方,也即名义贷款人)则是为了避免利率下跌的风险,即希望自己的资产不要因为未来利率的下跌而蒙受收益上的损失。因此,利用远期利率协议管理利率风险的基本原理,就是在存在"时间差异性""融资债务性"的条件下,通过消除"利率水平变动不确定性"来破坏利率风险成因 3 个要素的并存性,从而消除利率风险。

2. 应用举例

【例 12-1】假定 A 公司是甲国的一家为采矿机械制造厂提供机械配件的制造业公司,2017 年 11 月,该公司财务部经理在编制公司 2018 年的预算时,预计在 2018 年 5 月至 11 月季节性借款需求 500 万甲币。当时甲币的利率比较高,已经从 2011—2016 年间大约平均 5% 的水平升至 2017 年 11 月的 9% 的水平。财务部经理向银行询问一年以内期限的即期存款利率和远期利率协议的报价情况,得到的数据见表 12-1。从表中可以看出,期限较长的即期存款利率反而较低,远期利率协议的报价也是期限越长的越低。这都预示着甲币的利率在第二年有大幅度下跌的可能。于是,财务部经理购买了一份远期利率协议来锁定 2018 年 5 月至 11 月这 6 个月的远期利率风险。

这个远期利率协议的条件如下。

名义本金:500 万甲币。

成交日:2017 年 11 月 20 日(星期一)。

表 12-1 部分即期存款利率和远期利率协定的报价情况

欧洲货币存款		远期利率协议(FRAs)			
1 月期	$8\frac{11}{16} \sim 8\frac{15}{16}$	1×4	8.75	1×7	8.37
2 月期	$8\frac{3}{4} \sim 9$	2×5	8.43	2×8	8.10
3 月期	$8\frac{11}{16} \sim 8\frac{15}{16}$	3×6	8.12	3×9	7.83

(续表)

	欧洲货币存款	远期利率协议(FRAs)			
6月期	$8\frac{7}{16} \sim 8\frac{11}{16}$	4×7	7.82	4×10	7.57
9月期	$8 \sim 8\frac{1}{4}$	5×8	7.61	5×11	7.40
		6×9	7.40	6×12	7.23
12月期	$7\frac{13}{16} \sim 8\frac{1}{16}$	9×12	6.93		

起算日：2017年11月22日(星期三)。
协议利率：7.23%。
基准日：2018年5月18日(星期五)①。
结算日：2018年5月22日(星期二)。
最后到期日：2018年11月22日(星期四)。
协议期限：184天。

假定到2018年5月18日，甲币的LIBOR②确定为7.63%，这个利率与2017年11月时的6个月即期利率8.6875%相比确定有了较大的下跌，但它并没有下跌到远期协议所规定的7.23%的水平。因此，A公司将在5月22日从卖出该远期利率协议的银行那里得到一笔利差，其金额根据公式计算为

$$\frac{5\,000\,000 \times 184 \times (7.63\% - 7.23\%)}{360} \times \frac{1}{1 + 7.63\% \times (184/360)} \approx 9\,838.54(甲币)$$

假设A公司把这笔利差按7%的年利率，从5月22日至11月22日放出去赚取利息收入，到11月22日时可得利息344.35甲币，于是这家公司在最后到期日11月22日，从这笔远期利率协议交易中实际得到的总收入为10 182.89甲币。在5月18日，A公司可按即期LIBOR利率的7.63%再加上正常加息率的0.3%，即以年利率7.93%的价格，借入所需的500万甲币，到5月22日就可以提取这笔款项投入公司的经营活动，并于11月22日归还本息。在最后到期日，与这笔借款成本有关的现金流量如下。

来自远期利率协议交易的总收入为10 182.89甲币。

按7.93%利率借入500万甲币在184天的利息为202 655.56甲币。

扣除远期利率协定交易中的收入后的借款净成本为192 472.67甲币。

可以得出A公司借入这笔资金的实际利率为7.53%，正好等于该公司在2017年11月成交的远期利率协定中的利率7.23%加上正常加息率0.3%，完全符合公司当初希望锁定的借款利率要求。

如果甲币的利率在2018年下跌很厉害。例如，到2018年5月18日，甲币的LIBOR

---

① 确定参考利率的基准日一般是结算日(又称交割日)前的两个营业日。
② 除了个别币种合成的LIBOR的发布将延续到2024年9月，其他种类伦敦银行同业拆借利率(LIBOR)已永久停止。

为6.83%，那么，A公司在5月22日将向出售那份远期利率协定的银行支付利差为9 877.41甲币，即

$$\frac{5\,000\,000 \times 184 \times (7.23\% - 6.83\%)}{360} \times \frac{1}{1 + 6.83\% \times (184/360)} \approx 9\,877.41(甲币)$$

为了与前面的情况进行比较，假定这笔利差也按7%的年利率在5月22日至11月22日期间赚取利息收入，到11月22日时可得利息为353.39甲币。因此，A公司为这笔FRA交易所支付出去的数额为10 230.8甲币。到5月18日该公司按即期LIBOR利率6.83%再加上正常的加息率0.3%，即以年利率7.13%借入500万甲币，5月22日就可以提取这笔款项投入公司的经营活动，到11月22日时需支付利息为182 211.11甲币，结合在FRA交易中付出去的款项，该公司的借款总成本为192 441.91甲币，A公司借入这笔资金的实际利率仍然为7.53%。虽然在这种情况下如果A公司不做FRA交易本来可以使借款成本更低一些，但这是事后的结论。在事前，并没有人能肯定半年以后的甲币利率究竟是多少，该公司通过远期利率协议锁定了未来借款的利率，为公司的经营活动提供了可靠核算的基础，这也正是公司当初决定进行远期利率协议交易的初衷，该公司不必为此而后悔。

3. 内含远期利率

在进行远期利率协议交易时，交易者必定要关心怎样的远期利率可以保证他在今后避免损失的问题，这样就产生了内含远期利率的概念，它可以帮助交易者对远期利率协议的报价是否合乎自己的需要作出判断，并以此作为商谈远期利率协议价格时买方决定是否成交的一个基础。

在银行间的同业拆放业务中，经常遇到的情况是拆进和拆出资金的期限不一样，利率也不一样。银行有时候是借入一系列的短期资金，而贷出一笔长期资金，有时候则是借入一笔长期资金，贷出一系列的短期资金，假定借入、贷出的资金金额相等，这里就有一个怎样使借入资金的利率与贷出资金的利率相匹配的问题。虽然银行借入资金的利率越低，贷出资金的利率越高，获利就会越多，但是对银行来说，在其借入和贷出期限不一致的情况下，借入利率和贷出利率这两者处于什么水平才能使它盈亏平衡，这对于经营决策是十分重要的。银行的计算方法对远期利率协议的交易者来说，可用其来计算远期利率协议中的协议价格，以此来判断银行的报价是否公平。

【例12-2】假设银行打算通过借入短期资金为其较长时期的贷款筹资。它以年利率8%借入期限为30天的100万英镑，同时按年利率12%，贷出期限为60天的100万英镑。于是，这家银行在30天之后，必须再借入100万英镑的资金才行。那么，这第二期的30天借款利率是多少时，才能使这家银行不亏不盈？

这家银行在30天时就归还100万英镑以及30天的利息。30天的利息为

$$1\,000\,000 \times \frac{30}{360} \times 8\% \approx 6\,666.67(英镑)$$

因此，银行在30天时需要再借入一笔为期30天的资金，其金额为

$$1\,000\,000 + 6\,666.67 = 1\,006\,666.67(英镑)$$

银行在把 100 万英镑贷出 60 天后，可以得到的贷款利息为
$$1\,000\,000 \times \frac{60}{360} \times 12\% = 20\,000(\text{英镑})$$

这家银行的收到的利息和付出的利息之差为
$$20\,000 - 6\,666.67 = 13\,333.33(\text{英镑})$$

要使这家银行不盈不亏，就应该使这笔利息之差，正好等于银行第二期借入的期限为 30 天，金额为 1 006 666.67 英镑的利息收入，其利率就被称为内含的远期利率，计算式为

$$\text{FRA} = \frac{13\,333.33}{1\,006\,666.67} \times \frac{360}{30} 100\% \approx 15.89\%$$

也就是说，银行在第二期借入期限为 30 天的资金，年利率为 15.89% 时，能使它贷出的那笔期限为 60 天，年利率为 12% 的资金不盈不亏。如果第二期借入资金的利率小于 15.89%，那么这家银行就有盈利。如果第二期借入资金的利率大于 15.89%，那么这家银行就有亏损。

在西方货币市场上，同业间拆放资金一般按规则的期限报价，如按隔夜拆放，1 个星期、1 个月、2 个月、3 个月、4 个月、5 个月、6 个月、7 个月、8 个月、9 个月、10 个月、11 个月或 12 个月的期限报价。当客户需要的资金期限与这些规则的期限不符合，如期限为 37 天，银行又将如何报价呢？

通常情况下，银行会把不规则期限根据规则期限分为两段，然后分别按照规则期限的利率作为计算的根据，再用每一段时期的天数为权重，取两个利率的平均数。例如，现在货币市场上的报价如下。

期限为 1 个月，欧洲美元 $10\frac{1}{8} \sim 10\frac{1}{4}$，天数为 30 天。

期限为 2 个月，欧洲美元 $10\frac{3}{4} \sim 10\frac{7}{8}$，天数为 61 天。

银行可以把 37 天期分成两段，第一段 30 天可按 1 个月期的利率 10.125% 计算，第二段 7 天在时间上已进入第二个月，就按照 2 个月期的利率 10.75% 计算。按天数加权平均后可得出 37 天期的利率为

$$\frac{30 \times 10.125\% + 7 \times 10.75\%}{37} \approx 10.243\%$$

这种方法简单易行，在相邻两个规则期限的利率相差不大时，这种方法与用精确方法计算的结果差别不大。但是，既然把不规则的期限按规则期限分成两段，那么后一段期限实际上就不应该用即期市场上那个较长的规则期限的利率，而应该采用远期利率，否则有可能产生较大的误差。以上述计算内含远期利率的例子来看，假设欧洲英镑利率报价为：

期限为 1 个月（30 天）的利率报价为 8%；

期限为 2 个月（60 天）的利率报价为 12%。

求不规则期限 59 天的利率报价。按照前面分段计算的办法，前面 30 天按 8% 的利率计算，后面 29 天按 2 个月利率 12% 计算，通过天数的加权平均可得出

$$\frac{30\times 8\% + 29\times 12\%}{59}\approx 9.97\%$$

60 天期的利率为 12%，而 59 天期的利率却只要 9.97%，这显然是不合情理的。问题就在于如果采用分段考虑利率的办法，那么第二段时期就不应该采用 2 个月期的利率，而应该采用"1 个月对 2 个月"的远期利率。要使 2 个月的利率达到 12%，"1 个月对 2 个月"的远期利率应该高于 12%。在这个例子中，第二个月的远期利率为

$$\text{FRA}=\left(\frac{1+60\times 12\%/360}{1+30\times 8\%/360}-1\right)\times\frac{360}{60-30}\approx 15.85\%^{①}$$

把这个远期利率作为前面分段计算公式中第二个月的利率，再计算 59 天期的利率，可得

$$\frac{30\times 8\% + 29\times 15.85\%}{59}\approx 11.86\%$$

这个结果和 60 天的利率 12%就比较接近了。

在实际交易中，由于非规则期限的拆借资金使卖方的资金期限配称管理难度增加，故为了补偿银行在保值方面的额外费用，作为卖方银行对不规则期限资金的报价会比根据上述式子算出来的数值会稍微高一些。

12.2.2　利用利率期货

1. 利率期货管理利率风险的机理

利用利率期货管理利率风险，就是利用利率期货进行"卖期保值"（先卖出开仓，后买入平仓）或"买期保值"（先买入开仓，后卖出平仓）的期货套期保值交易来管理利率风险，其基本原理在于利用套期保值交易的"一反三同"（方向相反；币种、金额、期限相同）原则，创造出将时间点还原的效果，以此来消除"时间差异"，破坏利率风险成因三要素的并存性，从而"对冲"利率风险。

2. 套期保值中保值比率的确定

利用期货交易进行套期保值操作时，由于期货合约设计中的"标准化"特性，使得期货合约中的标准化标的资产数量不一定与需要保值处理的实际风险标的资产的数量相一致，因此，为了满足"一反三同"原则中"金额相同"的要求，就需要计算出某个相应的保值比率，即通过相应的计算来确定究竟需要买卖多少份期货合约才能使保值交易资产组合的总值变动等于标的资产风险的变动值。

就利率期货套期保值而言，影响保值比率的因素有以下 5 个：①面临风险的本金金额；②风险的期限；③风险基础；④清算金额；⑤保证金流量。

其中，面临风险的本金金额、风险的期限是最重要、最基本的因素，风险基础、清算金额、保证金流量则是在构造完全套期保值方案时才起作用的。

如果最终保值比率用 HR 表示，则

$$\text{HR}=\text{基本保值比率}\times\text{高级保值比率} \quad (12-1)$$

---

① 该计算式可根据 5.2.1 节的内容推导出来。

式中：基本保值比率＝风险本金比×风险期限比；

高级保值比率＝风险基础×清算金额×保证金。

如果对保值精度要求不高，可以令高级保值比率等于1，即只使用基本保值比率即可。如果高级保值比率3个因素中的一个或两个特别重要，那么在计算高级保值比率时，也可以只对特别重要的因素进行准确计算而令其余因素为1。保值比率各个组成部分的计算公式为

$$\text{风险本金比} = \text{面临风险的标的资产的本金额} / \text{期货合同的名义本金额} \quad (12-2)$$
$$\text{风险期限比} = \text{标的资产面临的风险期限} / \text{期货合约的期限} \quad (12-3)$$

假设面临风险的标的资产是5 000万美元的借款。保值工具打算使用3月期欧洲美元期货合约，该合约的标准化名义本金是100万美元/份，则风险本金比就等于50。这个数值表示需要多少个期货合约的基本时期才能等于风险资产面临的风险期限。例如，用3个月期欧洲美元合约为一个一年期的借款进行保值，风险期限比就等于4。

现实中需要保值的标的资产不一定与利率期货中的货币利率直接相关，例如，借款是同银行利率或优惠利率相联系，或者是同商业票据利率相联系，或者借款计价货币没有相应的利率期货合约，在这些情况下使用利率期货合约进行套期保值时，就需要根据期货合约所关联的货币利率与实际标的资产有关的利率的关系来调整保值比率。

例如，现有一家美国公司以优惠利率为基础进行借款，而欧洲美元利率与优惠利率的变动方向相同，如果该公司打算用欧洲美元期货来保值，那么就需要准确地掌握这两种利率之间的相关程度，为此就要使用统计方法，通过对已往的欧洲美元利率与优惠利率做回归分析，去寻找这两者之间的关系。

这两者的关系可以表示为

$$\text{优惠利率} = \alpha + \beta \times \text{欧洲美元利率} \quad (12-4)$$

式中：α——不受欧洲美元利率影响的优惠收益率；

β——欧洲美元利率变动时优惠利率的变动程度。

人们可以利用具有回归分析功能的软件系统，根据近几年来欧洲货币利率与优惠利率每个月的观察值，得出上述优惠利率与欧洲美元利率之间的关系式。假设这个关系式为

$$\text{优惠利率} = 2.38 + 0.87 \times \text{欧洲美元利率}$$

这个关系式表示，当欧洲美元利率变动100个基本点时，优惠利率在相同方向上变动87个基本点。

风险基础的数值就是上述回归分析中的β系数，即

$$\text{风险基础} = \beta \quad (12-5)$$

因此，这家美国公司所需利率期货合同的份数就要按0.87的系数进行调整，否则就会造成保值过度。

在利用期货交易进行套期保值的时候，考虑到在期货合约到期的不同时间进行平仓而导致期货交易清算金额的不同，就需要利用清算金额去调整保值比率。期货交易清算金额的一般计算公式为

$$清算金额 = \frac{1}{t\left(\dfrac{B}{D} + 1 - \dfrac{P}{100}\right)} \tag{12-6}$$

式中：t——期货合约的名义长度（以年为单位）；

B——天数计算惯例（对美元为 360 天，对英镑为 365 天）；

D——期货合约的实际天数（通常是 91 天，但并非总是如此）；

P——目前的期货价格。

例如，欧洲英镑期货的交易价格为 93.72，合约期限为 91 天，代入式（12-6）可得

$$清算金额 = \frac{1}{0.25 \times \left(\dfrac{365}{91} + 1 - \dfrac{93.72}{100}\right)} \approx 0.9819$$

如果计划在合约到期前提前平仓结束保值，就需把上式修改为

$$清算金额 = \frac{1}{t\left[\dfrac{B}{D} + \left(1 - \dfrac{P}{100}\right)\left(1 + \dfrac{T}{D}\right)\right]}$$

式中：T——期货在到期日前提前平仓的天数。

期货市场价格的波动会涉及保证金流量的增减，而保证金流量变动又会引起利息收支额的相应变动，因此，考虑到在期货到期或结清前变动保证金会扭曲期货保值的效果，就有必要根据保证金的变动对保值比率加以调整。

假如某个用户把前面所述的各种调整因素都考虑在内，算出所需要的利率期货合同数为 N。如果不计算变动保证金的利息，到合约期满或结清时最终收到的保证金额为

$$\mathrm{VM} = N(F_r - F_0) \times \mathrm{TV} \tag{12-7}$$

式中：VM——收付和变动保证金总额（不计利息）；

N——期货合约份数；

F_0——初始期货价格；

F_r——到期或结清时的期货价格；

TV——合约的变动单位值。

如果期货价格从 F_0 线性地变动到 F_r，那么任意一天 T 的变动保证金流量为

$$\mathrm{VM}_t = \frac{N(F_r - F_0) \times \mathrm{TV}}{\mathrm{DH}} \tag{12-8}$$

式中：VM_t——t 天的变动保证金；

DH——保值期内的天数。

如果用户可以按利率 i 借款或投资，t 天的变动保证金流量可以在期满前的其余日子里产生利息额为

$$\mathrm{VM}_t \times i \times \left(\frac{\mathrm{DH} - t}{B}\right)$$

这里的 B 是天数计算惯例。

把保值期内的变动保证金流量及其产生的利息加总，得

$$\mathrm{VM}_{\text{total}} = \sum_{t=1}^{\mathrm{DH}} \left[\mathrm{VM}_t \left(1 + \frac{\mathrm{DH}-T}{B}\right) \right]$$
$$= N(F_r - F_0) \times \mathrm{TV} \left(1 + \frac{i}{2} \times \frac{\mathrm{DH}-1}{B}\right) \quad (12-9)$$
$$= \mathrm{VM} \times \left(1 + \frac{i}{2} \times \frac{\mathrm{DH}-1}{B}\right)$$

从式(12-9)可以看出，考虑利息因素之后，增加了实际收付的变动保证金，增加的系数相当于式(12-9)右边的括号里的数值。因此，保值比率应该按这一项数值相应缩小，即

$$\text{保证金} = \frac{1}{\left(1 + \frac{i}{2} \times \frac{\mathrm{DH}-1}{B}\right)} \quad (12-10)$$

式(12-10)中不含有 F_0 和 F_r，因为 HR 保证金这个数值只考虑保值比率的变动，无须对期货的价格的最终值进行估算，甚至不用考虑变动保证金是收入还是支出。这里需要考虑的因素是现行利率 i 和保值期长度 DH。虽然严格来说借入的利率与贷出的利率是不同的，但这里只用一个现行利率 i，对于计算 HR 保证金这个数值的影响是不大的。

3. 应用举例

【例 12-3】假设 2016 年 10 月 5 日某基金管理有限公司 A 正在制定它的英镑基金的经营策略。在 2017 年 3 月 14 日，A 公司将从一笔到期的投资中收到 2 500 万英镑，并打算把它投资于 6 个月期的短期存款中。A 公司根据与某家银行的协定，可以在整个存款期内获得比存款前两个工作日的银行基准利率低 25 个基本点的利率。但是 A 公司注意到在两周以前，银行的基准利率已从 10% 下调到 9%；在期货市场上，12 月合约已经被扣去半点，2017 年 3 月合约再被扣去半点。据此，A 公司断定英镑利率的下跌将比期货市场的预期更大一些。于是该公司决定运用 LIFFE[①] 的欧洲英镑期货来保值，它将根据下列具体条件来计算恰当的保值比率。

当前日期：2016 年 10 月 5 日（星期四）。

存款确定日：2017 年 3 月 12 日（星期一）。

存款起息日：2017 年 3 月 14 日（星期三）。

存款到期日：2017 年 9 月 14 日（星期五）。

存款额：25 000 000 英镑。

每份期货合同金额：500 000 英镑。

当前基准利率：9%。

当前期货价格(2017 年 3 月合同)：92.05。

保值期：158 天。

存款期：184 天。

期货到期日：2017 年 3 月 21 日[②]。

---

① LIFFE 是指伦敦国际金融期货交易所。

② 欧洲英镑期货于 3 月的第三个星期三到期。

期货期限(2017年3月合同):91天。

回归方程:基准利率＝－0.05＋0.988 9 欧洲英镑利率。

运用式(12-2)~式(12-6)以及式(12-10),可以得出以下保值比率。风险本金比＝50,风险期限比＝2.022 0,风险基础＝0.988 9,清算金额＝0.977 9,保证金＝0.983 2,基本保值比率＝101.100 0,高级保值比率＝0.950 8,HR＝96.125 8。

根据以上计算的数值,A公司以92.05的价格买了96份2017年3月的欧洲英镑合约,并在生息券中存款120 000英镑作为初始保证金。期货合约英镑的利率为7.95%,表示到那时候的基准利率应该是7.81%,那时候FMC的投资利率应该是7.56%。

如果几周以后,英国的基准利率跌至8%,2017年3月期的英镑合约价格稳定在94,即到合约到期时英镑利率将跌至6%。假设由于所购英镑期货合约的涨价,A公司收到200 000英镑的变动保证金,并在合约期满前把这笔保证金收入进行投资,获得4 463.02英镑的利息。到2017年3月11日,假设A公司以94.10的价格出售期货,与买进时的92.05相比,涨了205个基本点,每一个基本点值12.5英镑,故赚得了246 000(12.5×205×96)英镑,加上利息收入,期货保值的总利润为250 463.02英镑。显然,A公司由于采取了利率期货保值措施,使得在市场利率下跌的情况下,避免了由于下跌幅度超过期货市场预期所产生的损失。当然,A公司也将放弃市场利率下跌幅度小于期货市场预期可能带来的利益。

4. 基差风险

在期货交易中,某一时点上现货价格与期货合约价格的差称为基差(basis)。基差风险是指在利用期货交易对利率风险进行管理时,由于开仓时点的基差与平仓时点的基差变化不一致而产生的风险。期货合约远离到期日时,其交易价格与现货价格的差距较大,随着期货合约逐步接近到期日,其交易价格与现货价格的差距会逐步缩小,并在到期日那天基差为零。如果保值交易所设计的利率期货要求一直持有至到期日,那么在这段时期中存在的基差并不产生现实的风险。如果保值交易所设计的利率期货需要在正常到期日以前予以结清,这就有可能出现基差与预期不一致的风险,即基差风险。这种风险会对期货套期保值的效果产生一定的影响,出现完全的套期保值(现货交易的盈亏等于期货交易的亏盈)、有盈的套期保值(现货交易的亏损额小于期货交易的盈利额或现货交易的盈利额大于期货交易的亏损额)和有亏的套期保值(现货交易的亏损额大于期货交易的盈利额或现货交易的盈利额小于期货交易的亏损额)。又由于期货交易套期保值存在着"买期保值"和"卖期保值"两种相反的操作方式,可归纳出基差变动对套期保值的影响,具体见表12-2。

表 12-2 基差变动对套期保值的影响

基差变化	套期保值操作	保值效果
不变	买期保值	完全保值
	卖期保值	完全保值

(续表)

基差变化	套期保值操作	保值效果
变大(或增强)	买期保值	有亏保值
	卖期保值	有盈保值
变小(或减弱)	买期保值	有盈保值
	卖期保值	有亏保值

解决基差风险可以在使用基本期货保值措施之外，再增加一个保值价差(spread)头寸来将基差风险消除掉。要使基差风险最小化所需的基差头寸合约数可以由下式求出

$$N \text{ 基差头寸} = N \text{ 基本} \times \frac{T}{D}$$

式中：N 基差头寸——价差保值所需的合约数；

N 基本——基本期货保值所需的合约数；

T——在期货到期前结清保值所提前的时间；

D——期货合约的期限，通常是 3 个月或 91 天。

应当注意的是，基差头寸和基本期货保值的买卖方向是相同的，即对卖期保值而言，基差头寸也是卖出期货合约；对买期保值而言，基差头寸也是买入期货合约。

例如，某公司在 12 月中旬打算利用 3 月到期的期货合约为其在明年 2 月中旬开始借入期限为 3 个月的一笔 3 000 万美元资金进行卖期保值，并计划在期货合约到期前一个月时结清保值，若经相关计算得知其基本保值所需的合约数为 30 份，则 N 基差头寸＝30 份×(1 个月/3 个月)＝10 份合约。这就意味着该公司除了按照基本保值比率在 12 月中旬卖出 30 份 3 月到期的合约之外，还要同时卖出 10 份 3 月到期的合约，并买进 10 份 6 月到期的合约。

5. 期限风险

期限风险是指标的资产面临风险的期限与保值工具的期限不一致所产生的风险，如果标的资产面临的风险期限是保值工具期限的倍数时，可以通过采用叠加式保值方法或平列式保值方法去管理这种期限基础风险。所谓叠加式保值方法是指采用一组具有相同到期日的期货合约来保值，而平列式保值方法是指在标的资产面临的风险期限是期货合约期限的若干倍的情况下，采用几组到期日不同的期货合约来保值。由于平列式保值方法中不同到期日的期货合约的期限可以覆盖整个标的资产面临风险的期限，因此，市场利率在整个期限中变化不是那么有规律时，平列式保值方法可以使期限基础风险尽可能地减小，因此，它是一种比叠加式保值方法更为理想的方法。

6. 内插式保值

如上例所示，某公司在 12 月中旬要为它明年 2 月中旬开始借入期限为 3 个月的一笔 3 000 万美元资金进行保值，办法如下。

(1) 卖出 30 份 3 月期期货合约做基本保值。

(2) 卖出 10 份 3 月对 6 月的差价期货合约的差价套期保值(卖出 10 份 3 月期期货合

约，买进10份6月期期货合约）。

短期利率期货合约通常是在交割月的第三个星期三到期，3月期的期货合约计息时期是3~6月，但在3月第三个星期三固定利率确定之后就把全部利息贴现至3月，然后进行清算交割。因此，如果该公司开始保值的时间在12月的期货合约清算之后，那么套期保值方案只能是上述方法。如果在开始保值时12月期货尚未清算交割，则还可以采用另一种方案，即内插式保值法。

在标的资产面临的风险期较长，时间跨度在两个合约期或多个合约期，或者标的资产的风险期在两个或多个合约期限之间，需要把时间跨度不同的利率期货合约结合起来保值，称为内插式保值。比如前面的例子中，从2月中旬开始的期限为3个月的借款利率风险，1/3的风险期与12月期货合约期重叠，2/3的风险期与3月期货合约期重叠，如果12月期货合约尚未清算交割，就可以做一个内插式保值，即分别卖出10份12月期货合约和20份3月期货合约。这种组合实际上也可以看作以下两种方案的综合。

（1）卖出30份3月期货的基本保值。
（2）卖出10份12月对3月的差价期货合约的差价套期保值（卖出10份12月期货合约，买进10份3月期货合约）。

这两者的净头寸完全相同，这表明内插式保值法在原理上与基本保值加上价差保值的组合是一致的，所不同的是内插式保值法中内含的价差保值所涉及的期货合约到期日要早一轮。

当然，在12月卖出的12月期货合约很快就要清算交割，因此，到时候必须把保值展期至下一轮合约期，从而又会产生前面所提到的基本保值加差价保值的情况。由于内插式保值要包括保值展期的工作，因此，只要后面一轮的期货合约有足够的流动性，即在需要保值时随时能买到，并且在合约期间能够覆盖标的资产面临的风险期限，那么，通常来说更为简便的做法便是在一开始就用后面一轮的期货合约做基本保值和差价保值，而不一定采用相对麻烦一些的内插式保值法了。

可见，由于利率期货合约是标准化的，故对一个希望避免利率风险的交易者来说，他所遇到的利率风险与标准化的利率期货合约不一定完全吻合。因此，希望采用利率期货来套期保值的公司，就需要采用一些技术来解决这种不完全吻合所造成的风险。一个套期保值者是否有必要运用较为复杂的技术达到100%的保值效果，要看他所遇到的具体情况而定。对大多数公司来说，刻意追求这种完全的保值效果可能不一定经济合算，也许只要根据它们所面临风险的本金额与面临风险的期限计算出基本保值比率，然后据此进行利率期货交易，就可以抵消所面临的80%以上的风险。当然，对于面临巨大风险的公司，或者在极为窄小的利差空间内经营的银行来说，达到100%的保值效果常常是它们经营成功的必要条件。

12.3 利用互换管理利率风险

12.3.1 利用标准化的利率互换

1. 运用标准化利率互换管理利率风险的机理

关于互换交易的基本内容，本书已在第 7 章做了介绍。货币互换和利率互换是互换交易的两个基本类别，前者可用于管理汇率风险，后者可用于管理利率风险。然而以下两个重要观念往往被人们所忽视。第一，并非所有的利率互换交易都是可以用来管理利率风险的工具，在利率互换交易中可以当作管理利率风险工具加以运用的只是相同币种之间固定利率与浮动利率的互换和不同币种之间固定利率与浮动利率的互换，相同币种之间浮动利率与浮动利率的互换、不同币种之间浮动利率与浮动利率的互换则不属于管理利率风险的工具。第二，相同币种之间固定利率与浮动利率的互换交易和不同币种之间固定利率与浮动利率的互换交易均存在着两个相反的操作方向，将浮动利率换成固定利率和将固定利率换成浮动利率，只有将浮动利率换成固定利率的操作才属于利率风险管理的范畴，而将固定利率换成浮动利率，虽然可能增加未来的收益或降低借贷的成本，但是其性质是属于冒险投机。因此，利用利率互换管理利率风险的基本原理与利用远期利率协议管理利率风险的基本原理是相同的，即在存在着"时间差异性""融资债务性"的条件下，通过消除"利率水平变动的不确定性"来破坏利率风险成因三要素的并存性，从而消除利率风险。

2. 应用举例

当经济主体以浮动利率从资金市场筹措到一笔资金后，如果担心以后利率上升而加重借款的成本负担，就可以利用利率互换，把这笔借贷资金利率从浮动利率转化为固定利率，从而排除未来利率变动产生的风险。

【例 12-4】假设某公司按 6 月期 SHIBOR＋90 个基本点的浮动利率借入一笔 5 年期贷款，由于担心以后利率会上升，希望按现在的利率水平把这笔贷款的成本固定下来。那么，该公司应如何操作？

为了把这笔贷款的成本固定下来，该公司可以签订一个为期 5 年、每半年付息一次的互换。通过询价，该公司得到的互换报价是 7.50%～7.56%（SHIBOR 统一利率）。这个报价的含义是，要求互换的公司按固定利率 7.56% 每半年一次付息，同时收到按 SHIBOR 利率每半年一次付息，或者收到按固定利率 7.50% 每半年一次的利息，同时按 SHIBOR 利率每半年一次的付息。在本例中，该公司将按固定利率 7.56% 每半年支付一次利息，而收到按 SHIBOR 利率每半年一次的利息。浮动利率与固定利率互换的情况和结果如图 12-1 所示。

从图 12-1 可以看出通过互换以后，公司所借资金的实际成本为 7.56%＋90 个基本点为 8.46%，即从浮动利率变成了固定利率，避免了利率上升时带来的损失，当然，也放弃了利率下跌时带来的好处。

图 12-1　浮动利率与固定利率互换

当经济主体对它的具有固定利率的债务通过互换变为具有浮动利率的债务之后,如果市场利率的变化使其感到再换成固定利率是有利的话,这家公司可以再做一个互换,把已经变成浮动利率的债务再次变为固定利率的债务。

【例 12-5】 假设某公司在两年前按 8.65% 的固定利率借入一笔 5 年期贷款,同时做了一笔将固定利率负债变为浮动利率负债的互换交易,条件是该公司每 6 个月按 SHIBOR 付息,以 8.26% 的固定利率收取利息,从而使其借款的实际成本变为 SHIBOR+39 个基本点。如果现在的互换利率已有较大的下跌,银行对每 6 个月付息一次的 3 年期互换的报价为 5.80%~5.85%,那么该公司如果想把它的浮动利率债务变回固定利率债务的话,可以再做一个 3 年期互换。根据上述银行现行报价,该公司将每 6 个月按 5.85% 的利率付出利息,同时收到按 SHIBOR 支付的利息。如此一来,该公司的实际借款成本将变成固定利率 6.24%,这仍然要比当初的固定利率 8.65% 降低了 241 个基本点。固定利率与浮动利率互换之后再做与固定利率的互换组合情况如图 12-2 所示。

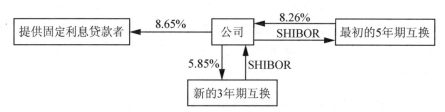

图 12-2　固定利率与浮动利率互换之后再做与固定利率的互换

众所周知,资产和负债是一件事的两个方面,债券对于发行者来说是债务,但对持有者来说却是资产。因此,既然人们可以利用利率互换来使自己的负债避免利率风险,同样也可以利用利率互换来使自己的资产避免利率风险。例如,在现实的债券市场上有不少浮动利率收益债券,它们的收益跟随市场利率的变化而变化。如果市场利率上升,浮动利率债券的持有者的收益就上升,反之则收益下降。对那些希望能有固定收益的债券投资者来说,他们运用利率互换交易就可以很容易地把浮动利率收益债券变为固定收益债券。其具体操作读者可参照例 12-5,这里不再赘述。

12.3.2　利用非标准化的利率互换*

在金融市场上,各大银行会对各种类型的利率互换报出它们的价格,按照这种价格进行的互换被称为标准利率互换。但是,需要互换的各个客户所面临的情况各不相同,标准互换不一定符合他们的情况,因此,需要对标准互换做一些调整才能满足他们的需求。事实上,利率互换交易相当灵活,只要交易双方都能接受,互换报价中的几乎每一项内容都允许进行调整。

案例 12-1

某公司目前正在按 12.12% 的固定利率偿还金额为 5 000 万元，期限为 5 年的债务。这笔钱是 3 年以前借入的，3 年以来市场利率下降了 2%～3%，现行 5 年期贷款的利率为 10% 左右。该公司根据自身业务发展情况预计两年后当目前的债务还清之时，还需要再借入为期 3 年的贷款，由于担心两年后利率又会上升，从而使融资成本提高，于是该公司就向一家提供利率互换业务的银行询价，希望银行能设计出一个非标准的互换，这个互换能达到以下两个目标：①使现有债务在剩下的两年内的利息负担应该降到 11% 以下；②两年以后按 SHIBOR+25 个基本点浮动利息借入的 3 年期贷款的成本也要控制在 11% 以内。

这个非标准互换的具体要求实际上是进行一笔为期 5 年的互换，在互换交易的开头两年中，公司能从银行那里每年得到按年息 12.25% 计算的利息，同时公司按某种固定利率向银行支付利息。在互换交易后的 3 年中，公司向银行支付按上述商定的固定利率计算的利息，同时从银行那里得到 SHIBOR+25 个基本点的浮动利息。只要公司在 5 年内向银行支付的固定利率低于 11% 就行了。因此，银行要做的就是设计出符合公司要求的双方互换中使用的固定利率。

假设当时银行公布的不同年限的标准互换的报价如下。

期限为 1 年的互换利率为 10.12%；期限为 2 年的互换利率为 10.00%；期限为 3 年的互换利率为 9.90%；期限为 4 年的互换利率为 9.82%；期限为 5 年的互换利率为 9.75%。

银行根据标准互换的报价，以及对非标准互换价格的计算，报出的固定利率为 10.91%，便可满足该公司的要求，即公司在今后 5 年的时期内都按此固定利率对外支付利息。

在互换的头两年中，这个利率水平比 12.25% 低了 1.34%。但在互换的后 3 年中，这个利率水平比市场上标准互换报价中的 9.75% 要高 1.16%，高出的这部分价格，其中，0.25%（25 个基本点）可以看作对后 3 年浮动利率 SHIBOR 的 25 个基本点的加息的反映，其余的 0.91% 则可以看作对前两年亏损 1.34% 的补偿。

关于银行在设计这个非标准互换时为什么报出 10.91% 的价格，而不是报出 10.98% 或 11% 的价格呢？这就涉及对互换这种金融工具的非标准形态的定价计算问题，而这并不属于本章讨论的内容，但有一点可以确定，那就是在给定的各种约束条件下，市场存在着一种非标准互换的合理定价，如果银行的报价偏高，那么在一个竞争性的金融市场上，该银行就将失去自己的客户，因为别的银行会用合理的报价去争取这些客户。当然，如果报价偏低，就意味着该银行将蒙受亏损。

12.3.3 利率互换交易的中止

大多数运用互换来为其资产或负债进行保值或避免利率风险的交易者，会把互换交易一直维持到互换期满为止。但是，在做了互换交易之后，市场行情的变化很可能会使交易者觉得原先的互换变得没有必要了，或者交易者本身对市场未来发展趋势的观点有了变化，或者是交易者的处境有了变化，以至于不再需要原先做的互换交易，这时候就需要设法中止已做的互换交易。可以有几种方法来中止已做的互换交易，现介绍如下。

第一种方法是通过做一笔新的互换交易来抵消第一笔互换交易。例如，有一家公司做了一个 8 年期的互换，它按固定利率 7.21% 每年付息一次，按浮动利率 SHIBOR 每年收息一次。3 年后这家公司认为已没有必要维持原来所做的互换了，这时候它就可以做一个新的互换来抵消原来的互换。原来的互换是以固定利率换浮动利率，那么新做的互换就应该是以浮动利率换固定利率。这家公司现在需要做的是一笔5年期的互换交易，收入固定利率的利息，支付按浮动利率SHIBOR计算的利息。这样，新的互换和老的互换就会起到抵消作用。

这种做法的优点是原先所做的互换交易并没有废除，因而操作起来比较简便，但是，缺点也比较明显。首先，在做新的互换交易时，应该是在第一个互换的周年日期那一天开始。如果不在周年日期开始，那么两个互换在时间上不能完全互相重叠，因而仍然会有几个月的互换存在；采用非标准互换，由银行专门设计互换，正好把第一个互换的时期覆盖掉，由于银行在设计非标准互换时涉及大量的定价计算问题，因此，会提出比标准互换更高的价格。其次，第二个互换与第一个互换的利率一般不会相同，因此，新的互换很难把原来的互换完全抵消掉。在前面讲的情况中，若第二个5年期互换的固定利率为6.56%，则这家公司在后5年内，每年还需要对外支付0.65%的利差。

第二种办法是要求互换交易的对方提出一个中止互换的报价，通过支付一定的代价，解除互换交易的合同约束。在现实中，银行通常是以互换交易的供给方出现，而要求中止互换的通常是公司。因此，中止互换的报价通常由银行报出。假设一家公司在还剩5年才到期的互换交易中按7.21%固定利率付息，但是，若现在市场上5年期的互换价格为固定利率6.50%换浮动利率SHIBOR，则这家公司要求中止互换，对互换交易的另一方银行来说，这就意味着每年要少得0.71%的利息（按目前的互换价衡量），因此，要银行提出中止互换的报价，实际就是银行算出中止互换给自己带来的损失，提出一个补偿价的问题。银行可以根据现在市场上不同年限互换的报价，以及影响贴现率的其他因素，算出未来不同年份的价值贴现的系数，然后把由于中止互换而使自己在以后各年中减少的收入量贴现为现值再加总，就可以提出一个合理的中止互换的报价。

如果目前5年期互换交易的市场价格不是6.50%换浮动利率SHIBOR，而是8.10%换浮动利率SHIBOR，那么这家公司要求提出中止互换对银行来说就有利。这时银行将按同样的原理，把由于公司中止互换而带给银行的各年的收益贴为现值，把这些现值加总得出中止互换的报价，不过在这种情况下，不是公司向银行支付一笔费用，而是银行向要求中止互换的公司支付一笔费用，这是对公司让出互换利益的一种补偿。当然，无论在何种情况下，银行应公司要求提出中止互换的报价都会在以上计算的基础上，考虑银行应该得到的手续费。毕竟银行是应公司的要求提出中止互换的报价。该报价需要经过许多计算，并且由于公司中止互换使银行的资产负债平衡要做重新调整，这也会涉及一定的风险问题，因此，银行把一定的手续费及其他一些补偿费考虑到中止互换的报价中去是合理的。

第三种方法是要求中止互换的公司把正在执行中的互换交易的权利义务转让给愿意接受的第三方，即由这个第三方来承担原来公司在互换交易中的角色。这种转让是应该进行估价的，办法就像第二种方法中银行提出中止互换报价那样。如果现在的互换市场价（固定利率换浮动利率SHIBOR）低于原先的互换交易中公司所付出的固定利率，那么这个转让互换的公司应该对接受转让的公司提供一笔补偿费，反之，则接受转让的公司应对出让互换的公司提供一笔补偿费。在现实中，一家要求中止互换的公司要找到一家正好愿意接受自己已经执行了一段时间的互换是很困难的，而且这也涉及信用风险问题，因此，一般很少采用这种方式。不过，如果恰巧有这种机会的话，不妨考虑采用这种方法。

12.4　利用期权管理利率风险

关于期权交易的基本内容，本书已分别在第 8、9、10 章作了介绍。各种类型的期权各有自己的特点，能适应各种不同偏好的使用者的需要。第 11 章介绍了如何利用期权对外汇风险进行管理，本章在介绍利率风险的管理策略时，同样要涉及如何运用各种不同的利率期权来管理利率风险。

利用期权交易进行利率风险管理与利用利率期货进行利率风险管理的基本原理是相同的，也是按照套期保值交易的"一反三同"（方向相反；币种、金额、期限相同）原则，创造出将时间点还原的效果，以此来消除"时间差异"，破坏利率风险成因三要素的并存性，从而"对冲"利率风险。由于期权交易的规则是期权合约的买入方拥有执行或放弃执行合约的权利，因此，无论是利用何种期权交易进行风险管理，在相应的期权交易中套期保值者都应充当购买者买入期权合约，因此，套期保值原则中"方向相反"的应用只能是体现在第二个层次上，即购买者买入的是未来买入标的资产的权利（看涨期权）还是买入未来卖出标的资产的权利（看跌期权），这是利用期权交易进行套期保值与利用其他工具（如远期利率协议、利率期货合约等）的重大不同之处。利用期权交易进行风险管理与利用非期权工具进行风险管理的另一重大不同在于未来的不确定性本身包含着两种可能性，就利率风险而言，利率在未来可能上升也可能下降，这意味着利率波动既可能会给面临风险者带来意外的损失，也可能会带来意外的收益，这就使得在现实中有人希望寻找这样一种方式去对付利率风险：当利率向不利方向变化时，能够避免由此带来的损失；当利率向有利方向变化时，则能够利用它从中获利。期权或以期权为基础的金融工具正是为了能满足这些要求而设计的。

12.4.1　利用远期利率协定期权

对计划在未来的某一个时期需要借入资金的人来说，他可以选择买入一份以某种利率水平作为协定利率的远期利率协定看涨期权，如果期权合约到期时的市场利率水平高于协定利率，那么就选择执行期权，按照协定利率借入自己所需要的资金，从而避免利率上升而造成借款成本增加的局面；如果期权合约到期时的市场利率水平等于或低于协定利率，那么就选择放弃执行期权，而按照当时市场上通行的较低利率去借入资金，从而享受市场利率下降带来的利益。

对计划在未来的某一个时期需要贷出一笔资金的投资者来说，他可以选择买入一份以某种利率水平作为协定利率的远期利率协定看跌期权。如果期权合约到期时的市场利率水平等于或高于协定利率，那么就选择放弃执行期权，而按照当时市场上通行的较高的利率贷出资金，以尽可能提高自己的投资收益率；如果期权合约到期时的市场利率低于协定利率，那么就选择执行期权，以保证自己的投资收益率不低于协定利率的水平。

【例12-6】某公司在6个月后需要借入一笔为期6个月的资金,如果该公司选择采用购买1份6×12远期利率协定看涨期权的办法,协定利率水平为8%,6个月后当远期利率协定期权合约到期,并且需要借入资金时,如果市场利率高于8%,该公司就可以执行期权,按照协定利率8%借入资金,避免市场利率上升造成的借款成本上升,如果市场利率低于8%,该公司就可以不执行期权,而按照较低的市场利率借入资金,获得市场利率下降的好处。在执行期权的情况下,该公司借入资金的实际成本等于协定利率与期权费率之和;在放弃执行期权的情况下,该公司借入资金的实际成本则等于市场利率与期权费率之和。

表12-3列出了某家提供远期利率协定期权的银行对于期权的报价,这个报价表是在市场上通行的6个月期的利率与6×12远期利率协定的利率都是8%的背景下提出来的。

表12-3中列出了协定利率为7%~9%的期权报价。例如,协定利率为8.5%的看涨期权的收费标准是名义本金数额的9.5个基本点,该期权对6个月期的借入资金提供了利率担保,年度期权费率为名义本金数额的19个基本点。

表12-3 6×12远期利率协定期权报价表

协定利率	看涨期权		看跌期权	
	6个月的实际期权费率	年度费率	6个月的实际期权费率	年度费率
7.0%	51	102	4.5	9
7.5%	32	64	8.5	17
8.0%	16	32	16	32
8.5%	9.5	19	33	66
9.0%	6.5	13	53	106

需要注意的是,套期保值者的实际借款成本并不能用表12-3中的数字简单相加得出。例如,协定利率为7.5%的看涨期权,期权的年度费率是64个基本点,因此,借款的利率上限似乎应该是8.14%,其实不然,这是因为期权费是在购买期权的初期就支付的,而借款利息是在一年后支付,所以需要把不同时期的现金流量贴现到同一时刻才能比较,把贴现因素考虑进去之后,实际借款的最大成本不是8.14%,而是8.19%,即7.5%+0.64%×(1+8%)=8.19%。

12.4.2 利用利率上限期权和利率下限期权

利率看涨期权又被称为利率上限期权,其可为期权合约的购买者锁定未来将要发生的借入资金的最高利率水平。合约到期时,如果市场利率水平大于合约的协定利率水平,期权合约将会被执行;否则合约将会被放弃。这时,筹资者可以按照当时低于合约协定利率的市场利率借入资金,从而使得无论在何种情况下,筹资者借入资金的利率水平都不会超过合约的协定利率水平。因此,通过购买利率看涨期权,购买者也就为自己在未来将要发生的筹资行为设定了一个以期权合约的协定利率为界线的最高保护价格。如果考虑到购买期权发生的费用,购买者的实际负担利率水平等于协定利率加上期权价格,两者之和即为期权购买者的盈亏平衡点。在市场利率等于盈亏平衡点的利率水平时执行期权的,购买者将不盈不亏；在市场利率大于盈亏平衡点的利率水平时执行期权的，购买者将获得利率向有利方向变动带来的好处；在市场利率既小于盈亏平衡点的利率，又大于期权合约的协定利率水平时执行期权的，购买者将有亏损，但此时的亏损一定小于购买者所支付的期权费。因此，上限期权是未来将要发生借入资金的筹资者所使用的利率风险管理工具。

利率看跌期权则正好与利率看涨期权相反，利率看跌期权又被称为利率下限期权，其可为期权合约的购买者锁定未来将要发生的贷出资金的最低利率水平。合约到期时如果市场利率水平小于合约的协定利率水平，期权合约将会被执行；否则合约将会被放弃。这时，投资者可以按照当时高于合约协定利率的市场利率贷出资金，从而使得无论在何种情况下，投资者贷出资金的利率水平都不会低于合约的协定利率水平。因此，通过购买利率看跌期权，购买者也就为自己在未来将要发生的投资行为设定了一个以期权合约的协定利率为界线的最低保护价格。如果考虑到购买期权发生的费用，购买者的实际负担利率水平等于协定利率减去期权价格，两者之差即为期权购买者的盈亏平衡点。如果购买者是在市场利率等于盈亏平衡点的利率水平时执行期权的，他将不盈不亏；如果购买者是在市场利率低于盈亏平衡点的利率水平时执行期权的，他将获得利率向有利方向变动带来的好处；如果购买者是在市场利率既高于盈亏平衡点的利率，又低于期权合约的协定利率水平时执行期权的，他将有亏损，但此时的亏损一定小于他所支付的期权费。因此，下限期权是未来将要发生贷出资金的投资者所使用的利率风险管理工具。

在金融市场上，银行通常作为期权的卖方出现，它向客户提供各种类型的期权。现代各种对风险估价的技术和数学方法，使人们能对各种期权得出合乎科学的定价公式或定价模型。因此，银行能够对所提供的各种期权进行合理的报价。如根据表12-4所显示的不同期限的互换利率、零息债券利率、远期利率以及易变性的数据，银行就可以计算出一组在不同协定利率条件下有代表性的上限期权（看涨期权）和下限期权（看跌期权）的价格。表12-5列出了这些上限和下限期权的价格（用基本点表示）的计算结果。这里的计算都是以6个月期的SHIBOR为基础，期权的期限为2～7年。

表12-4 不同期限的利率及易变性

时间（年）	互换利率	零息债券利率	远期利率	易变性
0.5	3.25%	3.25%	—	—
1.0	3.50%	3.53%	3.75%	15%
1.5	3.69%	3.73%	4.07%	14%
2.0	3.88%	3.92%	4.46%	14%
2.5	4.02%	4.08%	4.64%	13%
3.0	4.17%	4.23%	4.95%	13%
3.5	4.31%	4.39%	5.26%	12%
4.0	4.46%	4.55%	5.59%	12%
4.5	4.60%	4.71%	5.91%	12%
5.0	4.75%	4.87%	6.25%	12%

表 12-5 上限和下限期权的价格（用基本点表示）

	期限	上限期权的协定利率				下限期权的协定利率		
		4%	5%	6%	7%	4%	4.5%	5%
预付价格	2 年	43	7	—	—	66	137	222
	3 年	121	33	7	—	74	158	266
	5 年	413	191	80	31	79	174	303
	7 年	892	535	310	175	80	178	314
分期支付价格	2 年	22	3	—	—	35	72	116
	3 年	43	12	2	—	26	56	95
	5 年	93	43	18	7	18	39	68
	7 年	151	91	53	30	14	30	53

期权的价格（即期权费率）用两种方式给出，一种为预付价格，就是在购买期权的时候支付全部的期权费。例如，在表 12-5 中可以看出，有效期为 5 年、协定利率为 5% 的上限期权的预付价格便是名义本金的 1.91%。另一种为分期支付价格，是在期权的有效期内，按名义本金的 0.43% 每年定期支付，即每半年支付名义本金的 0.215%。在考虑上限期权的价格时，应该把期权的协定利率与同期限的互换利率相比较，而不应该把协定利率与短期利率相比较，否则就会得出错误的结论。例如，表 12-4 中显示，半年期利率为 3.25%，而协定利率为 5% 的 5 年期上限期权与之相比似乎是极度无利可图，但这个期权的预付价格却要 1.91%，会使人觉得太贵。如果把 5% 的协定利率与 5 年期互换利率 4.75% 相比，可以看出这个期权还是接近平价期权的。在未来的市场利率逐步升高的情况下，虽然开始时的短期利率比较低（如 3.25%），但是，在以后几年中市场利率就会升高。从表 12-4 可以看出，人们对 5 年期的远期利率预期值高达 6.25%，因此，对一个 5 年期的上限期权来说，虽然该上限期权在期权有效期的初期阶段可能是无利可图的，但是到期权有效期的末期可能就是有利可图的。

有一种方法可以帮助人们对未来时期的市场通行利率进行估算，图 12-3 显示了这种方法。图 12-3 中一条曲线是根据表 12-4 中的远期协定利率数据画出来的，另外两条则是表示两种极端的情况，即一条表示假如市场的实际利率每年比远期利率上涨快 50 个基本点，另一条则表示假如市场的实际利率每年比远期利率上涨慢 50 个基本点。这样到第 5 年后半年时，每年比远期利率上涨快 50 个基本点，就将达到 8.50% 的市场利率，而每年比远期利率上涨慢 50 个基本点，就将达到 4.00% 的市场利率。其他所有的利率变化都将在这两种极端的利率走势之间。

假定有一家公司打算借入一笔资金，使用期限为 5 年。贷款利率依据 SHIBOR 每隔 6 个月调整一次，根据图 12-3 所确定的实际市场利率变动范围，可以大体上确定若采用上限期权来保值时，不同协定利率所产生的不同结果。图 12-4 就显示了当上限期权的协定

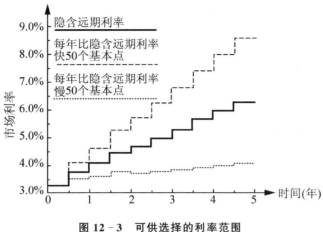

图 12－3 可供选择的利率范围

利率分别为 4％、5％、6％ 和 7％ 时，在各种市场利率走势（其偏离远期利率的范围不超过每年 50 个基本点）条件下，该公司的实际借款利率情况。为了便于比较，在图中也画出了如果采用利率互换方法以及不采用任何保值措施所产生的实际借款利率。

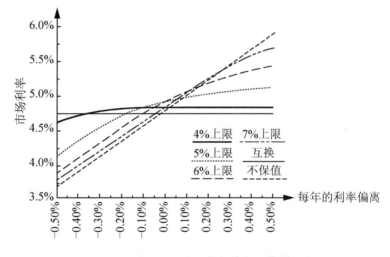

图 12－4 应用不同上限期权的实际借款利率

在图 12－4 中可以看出，内在价值最高的上限期权（协定利率为 4％），其实际借款成本的曲线相当平坦，十分接近用利率互换所形成的水平的借款成本线。这个上限期权能把实际贷款成本限制在一个较低的水平，无论市场的利率涨到多高，其实际借款利率都不会超过 5％。当然，如果市场利率下降的话，该期权被利用的机会很小。

极度无利可图的上限期权所造成的实际贷款成本的曲线，十分接近于不采取任何保值措施的情况，差不多是一条对角线。例如，在协定利率为 7％ 时，5 年期上限期权的起付价格很低，大约等于每年 7 个基本点，这种期权的保值功能很弱，即使市场利率每年比远期市场利率上涨 50 个基本点，也只有在最后 3 年时期，准确地说最后一年半的时间里，市场利率才会超过 7％，只有在这时，这种期权才变得有利可图。在市场利率低于 7％ 时，这种期权造成的实际贷款成本要比不采取任何保值措施时稍高一些，这是因为已付了一些期权费。

协定利率为5%和6%的上限期权造成的实际贷款成本的曲线介于以上两种极端情况之间。例如，协定利率为6%的5年期上限期权，预付的期权价格为80个基本点，采用分期付款方式则为18个基本点，这个上限期权的购买者只有在市场利率超过6%的时候才会执行期权。因此，这个期权就把实际借款成本的最大值限制在6.18%的水平上。一旦市场利率超过这个水平，期权的购买者才能切实地获益。在图12-4中这个期权的保值特点反映在图的右半边。

从前面的叙述中可以看出，随着协定利率从4%逐步提高到7%，上限期权从几乎是完全的保值变化到几乎是没有保值，在这个变化区间内的连续性特点与前面讲的用期权来对外汇风险进行管理的情况是类似的，但也有些区别。图12-4中反映上限期权保值作用的曲线是弧形弯曲的，而前面讲到用期权对外汇风险进行管理时，图中的曲线是呈直线折拗形的，有一个明显的折拗角。产生这种差别的原因在于用期权对外汇风险进行管理是单时期的，而用上限期权对利率风险进行管理却是多时期的。

在单时期外汇期权条件下，期权有效期结束时可以知道，要么这个期权是有利可图的，要么这个期权是无利可图的。如果是无利可图的，这个期权就不具备保值作用，标的资产的风险就像图12-4中的对角线所表现的；如果是有利可图的，就表示这个期权消除了标的资产所遇到的风险，其保值功能就像图12-4中的水平线所表现的那样。在水平线和对角线相交的地方，就形成了一个折拗的角。

在多时期的利率上限期权条件下，市场利率在每个时期可能都是不相同的，因而常常会出现这样的情况，在开头几个时期，这个上限期权呈现出无利可图的特征，而到后面几个时期又呈现出有利可图的特征。图12-3所示的市场利率走势的可能范围表明，协定利率为5%和6%的上限期权，就是这种情况。当然，这个上限期权也有可能在开始几个时期是有利可图的，但后面几个时期又呈现无利可图的特征。因而，从整个上限期权来看，并不存在这样一个利率水平，它可以成为上限期权是有利可图的还是无利可图的分野。因而，上限期权从无利可图向有利可图转变或者从有利可图向无利可图转变是一个逐步变化的过程，不可能找到在单时期外汇期权条件下那样的判别有利可图与无利可图的分野点或折拗点，所以图12-4中不同协定利率的上限期权所对应的曲线逐步弯曲，慢慢达到其最大的利率上限。

关于下限期权的具体运用，读者可自行参考并比照上限期权的运用举例去推敲。

12.5　利率风险管理策略的比较

如前面所述，管理利率风险的基本工具可以分为远期利率协议、利率期货、利率互换、利率期权等，这些工具各有特点，这些特点一般可以归纳为表12-6的情形。在实践中，人们通常会将这些工具加以组合应用，从而创造出各种独具特色、可以满足某些特定需求的金融产品，如期货与期权的组合、期货与互换的组合以及期权与期权的组合等，从而产生诸如上下限期权、分享上限期权、走廊期权、平均利率上限、壁垒上限、迟付上限等较为复杂的结构化金融产品，鉴于篇幅所限，故不在此阐述。

表 12-6 利率风险管理工具的比较

工具名称	主要优点	主要缺点
远期利率协议	①属于场外交易产品；②灵活、简便；③零成本；④可完全消除利率变动的不确定性	①信用风险较大；②不能灵活转手交易；③不能分享利率向有利方向变动的成果
利率期货	①属于场内交易产品；②流动性强，可灵活平仓对冲；③无信用风险；④有可能分享利率向有利方向变动的成果	①有一定的成本；②风险资产数量不一定能与标准化合约设计的数量匹配；③套期保值头寸调整计算烦琐；④保值效果有时有净损失
利率互换	①属于场外交易产品；②灵活、简便；③零成本；④可完全消除利率变动的不确定性	①信用风险较大；②不能灵活转手交易
利率期权	①属于场内交易产品；②流动性强，可灵活平仓对冲；③无信用风险；④可以分享利率向有利方向变动的成果	①成本费用高；②风险资产的数量不一定能与标准化合约设计的数量匹配；③套期保值头寸调整计算烦琐

在运用利率期货进行套期保值时，可以根据情况增加一些改进措施。例如，根据对保值比率的计算，可以更精确地计算需要多少标准化的利率期货合约才能适应风险基础、清算金额、保证金流量的特点；当标的资产面临的风险期限是短期利率期货期限的倍数时，可以使用平列式保值方法，即用时间上互相衔接的不同期的利率期货合约来覆盖标的资产面临的整个风险期限；当标的资产面临的风险期限在起止日期上与标准化的利率期货起止日期不一致时，可以采用基本保值措施加价差保值措施或者采用内插式保值措施。显然，这些改进保值的措施采用得越多，保值的效果就会越接近理想的水平。不过，与此同时花在设计和执行保值措施方面的成本也就越多了。

在对利率风险进行管理时，如果标的资产面临的利率风险时期比较短，其长度只相当于外汇期货的期限，那么远期利率协定与期货都是管理利率风险的好工具。但是，如果标的资产面临的风险期比较长，相当于通常外汇期货期限的几倍，那么采用互换这种工具更为理想，其功效相当于连续若干个时期的远期利率协定。

在运用期权工具进行利率风险管理时，如果风险管理者认为他在未来有很大的可能性要借入资金并需要使用期权工具预防利率上升带来的风险，那么直接购买组合期权（如延迟开始的上限期权）要比购买一份单纯的上限期权，再执行期权，更能节省费用。但是，如果某公司认为其在未来需要借入资金并预防利率上升的可能性不大，那么购买一份上限期权的期权就比较恰当，因为这种期权费用低廉，又能提供适当的保护，万一需要的话，还是能买到所需要的上限期权。

总之，由于风险管理工具的使用者各自存在不同的管理目标和不同的承受能力，因此，事实上并不存在一个对所有的使用者来说均是最优的风险管理工具。风险管理工具的使用者应该采用何种方法来避免利率风险，完全应该根据自己所面临的实际情况，以及自己对成本和效果之间的权衡来决定。

思考与练习

1. 一家公司有 2 000 万人民币的浮动利率贷款，每 6 个月支付一次利息，利率为 SHIBOR 加 1%，下一次利息支付在 6 个月后。公司的财务主管担心面临 6 个月 SHIBOR 上升的风险，并决定锁定下一次利息的支付金额。因此，公司从银行买入了一份 6×12 的远期利率协议，名义本金为 2 000 万人民币，固定利率为 6.20%。6 个月后，利率确定日 6 个月 SHIBOR 为 7.50%，名义计息期限为 182 天，人民币一年计息天数为 360 天。请问是公司应该向银行支付金额还是银行应该向公司支付金额？支付的金额是多少？公司实际支付的利率是多少？

2. 一家公司预期从现在起的 2 个月后，将收到 3 000 万人民币，并打算存入一家银行作为 3 个月的存款。公司预期获得的利率为 SHIBOR 减去 0.5%。公司希望对冲掉未来 2 个月内 SHIBOR 下降带来的风险，并安排卖出一份 2×5 的远期利率协议，名义本金为 3 000 万人民币，固定利率为 5.90%。2 个月后，利率确定日 3 个月 SHIBOR 为 6.80%，名义计息期限为 92 天，人民币一年计息天数为 360 天。请问是公司应该向银行支付金额还是银行应该向公司支付金额？支付的金额是多少？公司实际得到的存款利率是多少？

3. 假设银行打算通过借入短期资金为其较长时期的贷款筹资。它以年利率 6% 借入期限为 60 天的 500 万美元，同时按年利率 10%，贷出期限为 120 天的 500 万美元。于是，这家银行在 60 天之后，必须再借入 500 万美元的资金才行。那么，第二期的 60 天借款利率是多少时，才能使这家银行不亏不盈？

4. 现在货币市场上的报价如下。期限 30 天利率按 7% 计算，期限 60 天利率按 11% 计算，求银行对不规则期限 55 天的利率报价。

5. 如果 2 个月的 SHIBOR 为 6.375%，5 个月的 SHIBOR 为 6.5%，假设 2 个月计息天数为 61 天，5 个月计息天数为 153 天，英镑一年计息天数为 365 天。那么，2×5 的远期利率是多少？

【第 12 章 在线答题】

【第 12 章 小结】

第 13 章 股票风险的管理

▌学习目标及思维导图

本章主要介绍股票期货、股票指数期货、股票期权与股票指数期权的基本知识,以及如何利用股票期货、股票指数期货、股票期权及其组合和股票指数期权来管理股票风险。其中,利用股票指数期货、股票期权及其组合来管理股票风险是本章的重点,利用股票期权及其组合来管理股票风险是本章的难点。

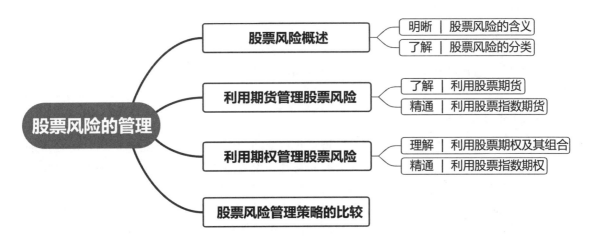

13.1 股票风险概述

【13-1 拓展视频】

股票市场风云变幻,股票价格的波动牵动着无数投资者的心。股票投资都是有风险的,股票风险是指股票价格波动而给投资者带来的不确定性影响。股票风险可简单地用预期收益率与实际收益率之间的离差(deviation)表示,也可以用股票被套牢后每股收益率与同期银行储蓄利率的离差表示。例如,预期股票投资收益率为30%,而实际收益率为18%,这12%的离差就反映了风险情况。再如,某只股票在2023年2月15日的开盘价为46.98元/股,随着股市的下跌,其价格不断下降,到2023年5月5日收盘价为28.59元/股,而该只股票2023年第一季度每股收益也只有0.2660元,因此,在46.98元购买该只股票的投资者就产生了风险:一是投资者不能在买入价以上将该只股票抛出;二是即使将所有的税后利润分红,其收益率都比不上一年期的储蓄利率,甚至都要低于活期储蓄利率。

股票风险通常以其影响的范围与能否分散为标志划分为两大类:系统风险和非系统风险。

1. 股票的系统风险

系统风险又称不可分散风险,它是指总收益变动中影响所有股票价格的因素所造成的那一部分风险。经济的、政治的和社会的变动是系统风险的根源,它们的影响使几乎所有的股票以同样的方式一起运动。例如,如果经济进入衰退,公司利润下降之势已很明显,那么股票价格就可能普遍下跌,几乎所有在纽约证券交易所上市的股票在一个较长时期内都与纽约证交所指数同方向运动。平均而言,一种股票价格的50%的变动可以解释为股市指数的变动,换句话说,典型的普通股票的总风险中大约有一半是系统风险。系统风险的诱因发生在企业外部,上市公司本身无法控制它,其带来的影响面一般都比较大。股票系统风险的主要特征有以下几方面。

一是由共同因素引起的。经济方面的因素,如利率、现行汇率、通货膨胀、宏观经济政策与货币政策、能源危机、经济周期循环等;政治方面的因素,如政权更迭、战争冲突等;社会方面的因素,如体制变革、所有制改造等。

二是对市场上所有的股票持有者都有影响,只不过有些股票比另一些股票的敏感程度高一些而已,如基础性行业、原材料行业等,其股票的系统风险就可能更高。

三是无法通过分散投资来加以消除。由于系统风险是个别企业或行业所不能控制的,是经济、政治、社会大系统内的一些因素所造成的,它影响着绝大多数企业的运营,因此,投资者无论如何选择投资组合都无济于事。

2. 股票的非系统风险

非系统风险又称非市场风险或可分散风险,它是与整个股票市场的波动无关的风险,是指某些因素的变化造成单个股票价格波动，从而给股票持有人带来的不确定性影响。股票非系统风险的主要特征有：一是由特殊因素引起的，如企业的管理问题、上市公司的劳资问题等；二是只影响某些股票的收益，是某一企业或行业特有的那部分风险，如房地产业股票，遇到房地产业不景气时就会出现暴跌；三是可通过分散投资来加以消除。由于非系统风险属于个别风险，是由个别人、个别企业或个别行业等可控因素所造成的，因此，投资者可通过投资的多样化来化解非系统风险。

13.2 利用期货管理股票风险

13.2.1 利用股票期货

股票投资的风险性较大，当政治、经济或企业的经营效益等因素发生变化时，股票的价格就会随之上下波动。为了规避风险达到套期保值的目的，1972年5月在美国芝加哥期货交易所，产生了股票的期货交易。股票期货是以单个股票为标的物的期货合约，是股票交易市场的衍生交易，合约的对象是单一的股票，也称个股期货。股票期货交易提供了一种相对便宜、方便和有效地替代和补充股票交易的工具，使投资者有机会增强其股权组合业绩，从而成为一种更灵活、更简便的管理风险和定制投资策略的创新产品。

1. 运用股票期货管理股票风险的机理

股票期货是一种新型的衍生金融工具，是顺应人们规避风险的需要而产生的，其操作机理主要体现在：第一，对股票现货头寸进行保值，例如，预测短期内股票价格会下跌，投资者可以通过卖出股票期货而不必实际出售股票现货来回避风险，股票价格下跌的损失可以由期货头寸的盈利抵消；第二，杠杆交易股票，买卖股票期货合约只需要缴付一定比例的保证金即可进行数倍的股票价值交易；第三，可以从股票价格下跌中获益，因为卖空机制的存在，所以投资者预测股票价格下跌，可以通过卖空股票期货合约而获利。股票期货交易过程的实质就是投资者把其对股票市场价格的预期风险转移到期货市场的过程，其风险是通过对股市走势持有不同判断的投资者买卖操作来相互抵消的。

2. 应用举例

【例13-1】某投资者从股票的现货市场上以10元/股的价格买进N手A种股票，由于银行利率存在上调的可能性，故未来几个月里股市行情可能下跌。为了避免股票价格因利率调整而贬值，该投资者应如何操作？

该投资者可在期货交易市场上与某投机者签订了一份期货合约，在3个月后将股票以10元/股的价格全部转让给投机者。在期货合约到期后将会有以下两种结果。

第一种是利率上调而导致股票价格的大幅下跌，如股票价格跌至8元/股，由于投资者已约定此时将股票以10元/股的价格转让与投机者，而市场上的现货价格只有8元，故投资者可将以10元卖出的股票在市场上补回，除了保持原有的股票数量外，每股还能盈利2元。由于投机者在3个月前对行情预测的错误，此时他将以高于现货市场的价格将投资者的股票合约买入，每股股票将损失2元。

第二种是在这一时段中利率没有调整，在期货合约到期时，股票的价格不跌反涨至12元/股，此时投资者仍将履行期货合约所规定的义务，将股票以10元/股的价格交给投机者，而投机者由于事先预测正确，故可将以10元买入的股票立即以市价卖出，在每股股票的期货交易中便获取了2元的利润。

在上面的期货交易中，合约到期后投资者与投机者之间不一定进行实物的交割，他们可以按照市场价格将其价差补齐。如果当股票价格涨至12元/股时，投资者也不一定非要将股票以10元/股的价格交出，他只需将2元/股的价差补给投机者就可以了，而对于手中的股票，投资者愿意继续持有就保留下来，愿意卖出也可以以12元/股的价格在现货市场抛售。

13.2.2 利用股票指数期货

股票指数是衡量和反映所选择的一组股票的价格变动指标。不同股票市场有不同的股票指数，同一股票市场也可以有多个股票指数。目前世界上影响范围较大、较具有代表性的股票指数有：道·琼斯平均价格指数、标准普尔500指数、英国金融时报股票指数、香港恒生指数。股票指数期货是以股票价格指数作为标的物的金融期货合约，是从股市交易中衍生出来的一种交易方式，是金融期货中产生最晚的一个类别。与外汇期货、利率期货和其他各种商品期货一样，股票指数期货也同样是顺应人们规避风险的需要而产生的。但是与其他各种期货不同，股票指数是专门为人们管理股票市场价格的风险而设计的。

1. 利用股票指数期货管理股票风险的机理

股票指数期货交易的实质是投资者通过对整个股市价格指数的预测进行该种股票指数的买和卖。如果投资者认为股票指数将上升，那么他就买进某种股票指数的期货合同；如果认为股票指数将下降，那么投资者就卖出某种股票指数的期货合同。通过这种买卖关系，投资者能将风险全部或部分地转移给其他同自己作相反推测的投资者。因此，投资者不仅能够实现套期保值的目的而且还能盈利，但若投资者预测错误，他也就将盈利的机会拱手让给了他人。

股指期货与商品期货有一个很大的差别。在商品期货中，期货合约交易的对象与现货交易的对象是一致的。例如，20t铜对应着4张期货合约（每张合约5t）。然而，在股指期货中，这种对应只有在罕见的情况下成立。例如，买卖指数基金或严格按照指数的构成买卖一揽子股票。但对绝大多数的股市投资者而言，是不可能按照指数的构成来买卖股票的，这就有一个问题：如何利用股指期货对投资者所买卖的股票或对那些与指数构成不一致的股票组合进行保值。要解决这个问题，必须引进"β系数"这一概念。

2. β系数

β系数通常用来表示系统风险，它是衡量一种股票价格受整个股市价格波动影响的幅度，该系数越大则系统风险越大，反之则越小。若该系数为负，则表示股票价格与整个股市的价格呈反方向变动。

(1)单个股票的 β 系数。

某股票的收益率为 R_i,理论收益率为 R_{i1},指数的收益率为 R_m,它们的关系可以用以下的方程表示:$R_{i1}=\alpha+\beta R_m$,其中,α 和 β 是直线方程的系数。直线的确定就转化为如何确定 α 和 β 了。由于 R_{i1} 是用来代替 R_i 的理论值,故显然它们之间的平均偏差越小越好。利用最小二乘法,求出 β 等于该股票收益率与指数收益率的协方差除以指数收益率的方差,α 等于该股票平均收益率(即 $\overline{R_i}$)减去 β 与平均指数收益率(即 $\overline{R_m}$)的乘积($\alpha=\overline{R_i}-\beta\overline{R_m}$)。如果 β 系数等于 1,那么表明股票的涨跌与指数的涨跌保持一样;如果 β 系数大于 1,说明股票的波动或风险程度高于以指数衡量的整个市场;如果 β 系数小于 1,说明股票的波动或风险程度低于以指数衡量的整个市场。β 系数是一个非常有用的数字,它将在套期保值交易的测算中发挥重要的作用。

(2)股票组合的 β 系数。

投资者拥有的股票往往不是一个,当拥有一个股票组合时,也面临着测度这个组合与指数的关系问题,其中最重要的就是计算这个组合的 β 系数,它表明了这个组合的涨跌是指数涨跌的 β 倍。

假定一个组合 P 由 n 个股票组成,第 i 个股票的资金比例为 X_i($X_1+X_2+\cdots+X_n=1$),β_i 为第 i 个股票的 β 系数,则有 $\beta=X_1\beta_1+X_2\beta_2+\cdots+X_n\beta_n$。根据 β 系数就可以计算套期保值所需要的期货合约的份数了。

$$买卖期货合约数=\frac{现货总价值\times\beta系数}{期货指数点\times合约乘子}$$

上式中,分母实际上就是一张期货合约的价值。不难看出,当现货总价值和期货指数点一定时,所需买卖的期货合约数就与 β 系数的大小有关,β 系数越大,所需的期货合约数就越多;反之则越少。

3. 应用举例

(1)多头套期保值。

【例 13-2】某单位 4 月 15 日确定于 6 月 10 日会有 300 万元资金到账。该单位看好 A、B、C 3 只股票,并打算对这 3 只股票各投资 100 万元。当天这 3 只股票价格分别为 20 元、25 元和 50 元,β 系数分别为 1.5、1.3 和 0.8;此时股指期货的价格为 1 500 点,合约乘子为 100 元。那么,该单位应如何防范股票价格上涨的风险?

为了防范股价上涨的风险,该单位可买入股指期货合约。

A、B、C 3 只股票各投资 100 万元,则由 3 只股票组成的股票组合的 β 系数为

$$1.5\times\frac{1}{3}+1.3\times\frac{1}{3}+0.8\times\frac{1}{3}=1.2$$

因此,该单位买进股指期货合约的数量=$\frac{3\,000\,000\times1.2}{1\,500\times100}$=24(张)

6 月 10 日,该单位如期收到 300 万元,这时股指期货涨到 1 650 点(上涨 10%),而 3 只股票分别上涨到 23 元(上涨 15%)、28.25 元(上涨 13%)、54 元(上涨 8%)。按 4 月 15 日的价格,A、B、C 3 只股票各投资 100 万元,则可分别买入 5 万股、4 万股、2 万股。

如果 6 月 10 日仍买进 5 万股、4 万股、2 万股，则共需要资金 336(23×5+28.25×4+54×2)万元。显然，资金缺口为 36 万元。

由于该单位在股指期货上做了多头保值，6 月 10 日那天将股指期货合约卖出平仓，共计可得 360 000[24×(1 650－1 500)×100]元，正好与资金缺口相等。可见，通过套期保值，该机构实际上已把一个多月后买进的股票的价格锁定在 4 月 15 日水平上，具体见表 13－1。

表 13－1　股票指数期货多头套值保值

日期	现货市场	期货市场
4 月 15 日	预计 6 月 10 日可收到 300 万元，准备买入 A、B、C 这 3 只股票，当天 3 只股票价格分别为 20 元、25 元、50 元。按此价，各投资 100 万元，可买 A、B、C 股票各 5 万股、4 万股、2 万股	买进 24 张 6 月到期的股指期货合约，期指点数为 1 500 点，合约总值为 24×1 500×100＝360(万元)
6 月 10 日	收到 300 万元，按市价买 A 股 5 万股、B 股 4 万股、C 股 2 万股，资金缺口 36 万元	卖出 24 张 6 月到期的指数期货合约平仓，期指为 1 650 点，合约总值为 24×1 650×100＝396(万元)
损益	－36 万元	＋36 万元

同样，如果到期股指和股票价格都跌了，实际效果仍如此，这时该单位在期指合约上亏了，但由于股价低了，扣除亏损的钱后，余额仍可以买到足额的股票数量。

(2)空头套期保值。

【例 13－3】某证券投资基金主要在美国股市上投资，在 9 月 2 日时，其收益率已达到 16％，鉴于后市不太明确，下跌的可能性很大，为了保持这一成绩到 12 月，决定利用 S&P500 指数期货实行保值。假定其股票组合的现值为 2.24 亿美元，并且其股票组合与 S&P500 指数的 β 系数为 0.9。假定 9 月 2 日的现货指数为 1 380 点，而 12 月到期的期货合约为 1 400 点。那么，该证券投资基金所进行的套期保值效果如何？

由题目给出的数据，可计算该基金应该卖出多少期货合约，才能使得 2.24 亿美元的股票得到有效保值，即

$$应该卖出的期货合约数 = \frac{2.24 \times 10^8 \times 0.9}{1\,400 \times 250} = 576(张)$$

如果到 12 月 2 日，现指跌到 1 242 点，而期指跌到 1 260 点，即都跌了 10％，但该基金的股票组合价值却跌了 9％，这时该基金买进 576 张期货合约进行平仓，则该基金的损益情况为现货价值亏损了 9％，即减少 0.201 6 亿美元，期货合约上盈利 0.201 6 亿美元，见表 13－2。

表 13－2　股票指数期货空头套期保值(现货市价下跌)

日期	现货市场	期货市场
9 月 2 日	股票总市值 2.24 亿美元 S&P500 为 1 380 点	卖出 576 张 12 月到期指数期货合约，期指为 1 400 点，合约总值为 576×1 400×250＝2.016(亿美元)

(续表)

日期	现货市场	期货市场
12月2日	S&P500 为 1 242 点,股票价值减少 $2.24×10^8×9\%=0.201\ 6$(亿美元)	买进 576 张 12 月到期的指数期货,期指为 1 260 点,合约总值为 $576×1\ 260×250=1.814\ 4$(亿美元)
损益	$-0.201\ 6$ 亿美元	$+0.201\ 6$ 亿美元

如果到 12 月 2 日,现指上涨了 5%,涨到 1 449 点;期指也上涨了 5%,涨到 1 470 点。这时该基金的股票组合上涨了 4.5%,则套期保值效果具体见表 13-3。

【13-2 拓展案例】

表 13-3 股票指数期货空头套期保值(现货市价上涨)

日期	现货市场	期货市场
9月2日	股票总值 2.24 亿美元 S&P500 为 1 380 点	卖出 576 张 12 月期货合约,合约总值为 $576×1\ 40×250=2.016$(亿美元)
12月2日	S&P500 为 1 449 点,股票价值增加:$2.24×10^8×4.5\%=0.100\ 8$(亿美元)	买进 576 张 12 月期货合约,合约总值为 $576×1\ 470×250=2.116\ 8$(亿美元)
损益	$+0.100\ 8$ 亿美元	$-0.100\ 8$ 亿美元

13.3 利用期权管理股票风险

13.3.1 利用股票期权及其组合

投资股票收益的大小取决于投资者对股价变动预测的准确程度,但是,任何人都不可能准确预料到市场会发生什么。投资者可以在持有股票或没有股票的情况下,根据自己的预测,在股价的波动中赚取一定的收益,但收益的不确定性也可能带来损失风险。股票期权为投资者提供了一种很好的规避风险的工具,可以通过不同的期权品种构成众多具有不同盈亏分布特征的组合。具体采用何种期权或期权组合交易方式,一方面取决于投资者对未来标的资产价格概率分布的预测,另一方面取决于投资者能够承受多大的风险。

1. 保值策略

保值策略主要包括买入看跌期权、买入看涨期权和买入双向期权。不管投资哪种期权,股票价格发生变动都能使投资者的收益得到保护。

(1)买入看涨期权。

购买看涨期权是因为投资者看好后市,当所选定的股票价格上涨以后,购买这种期权的投资者就可以获利,这也是它称为看涨期权的原因。

【例 13-4】某投资者想购买 A 公司的股票,其市价为 100 元/股。该投资者看好该公司的发展前景，预料其股票价格会升至 115 元以上，他就以 10 元/股的价格购买了 200 股、期限为 3 个月、协议价格为 105 元/股的看涨期权。当他购买期权后，可能的结果如下。

第一种情况：在约定的期限内，股票的价格上升至 115 元以上，其期权的价格也随之涨到不低于 10 元/股，此时投资者可行使期权，按 105 元/股的价格买进股票，再将股票以市场价卖出；或者卖出该期权赚取差价，两种操作的结果是保证不亏或有盈利。

第二种情况：在限定的 3 个月期限内，股票的行情并未像投资者预测的那样涨至 115 元以上，而是一直在其期望值下徘徊或掉头向下，此时投资者只有以低于 10 元/股的价格将期权出售或到期后放弃行使期权的权利，这时投资者就会发生亏损。

在买入看涨期权时，最关键的是投资者对后市的预测是否准确，如果股票的市价在协议期限内能涨到股票的协议购买价与期权价格之和以上，那么投资者购买期权就有利可图；若投资者的预测不准确，购买看涨期权的投资者就会亏损，但这种亏损是有限的，因为投资者有不行使期权的权利，所以其损失仅限于购买期权的费用，特别是在股市发生暴跌时，看涨股票期权的风险要远远小于股票的风险。

(2) 买入看跌期权。

投资者购买这种期权主要是对后市看空，购买这种期权就相当于买入了一个卖空的权利。

【例 13-5】A 公司股票市价现为 100 元/股，投资者预料股票会下跌，于是就以 10 元/股的价格购入了 200 股、期限为 3 个月、协议价格为 95 元/股的看跌期权。当投资者购入看跌期权后，其可能的后果如下。

第一种情况：在规定的期限内，股票的价格下跌，且跌至 85 元/股以下，这种看跌期权的价格也会随之涨至 10 元/股以上，此时期权的拥有者可将期权抛售直接获利，也可行使期权，即以市场价买入股票，再以 95 元/股的价格将股票卖与期权交易商。不论采取以上方式的哪一种，投资者都可获得一定的盈利而不会亏本。

第二种情况：在规定的期限内，股票的价格并没有下跌，或虽然下跌但没有跌至 85 元/股以下，此时投资者就只有将看跌期权以低于成本价在市场上抛售，或到期后放弃行使看跌期权。发生这种情况后，持有看跌期权的投资者将肯定要发生亏损，但其亏损额非常有限，也就限定在其购入看跌期权的成本之内。

(3) 买入双向期权。

这种期权既包括看涨期权又包括看跌期权，因此也称多空套作。在这种期权交易合同中，购买者同时买入某种股票的看涨期权和看跌期权，其目的是在股市的盘整期间，投资者对后市无法作出正确推断的情况下，在减少套牢和踏空风险的同时而获得利润，由于这种特点，购买双向期权的盈利机会最多，但其支付的费用也最大。

【例 13-6】A 公司股票市价现为 100 元/股，投资者预料股票会下跌，投资者同时购买了 A 公司股票的看涨期权与看跌期权，其中，每种期权的价格分别为 10 元，投资者为每股股票的期权所支付的费用上升到 20 元。现股票市价为 100 元，看涨期权购入股票的协议价格为 105 元/股，看跌期权卖出股票的协议价格为 95 元/股。因为投资者购入的是双向期权，在行使某种期权时就必须放弃另一期权，所以该投资者行使期权的成本就增加到了 20 元/股，这是投资者对后市难以看清所付出的代价。当股票的市价高于协议买入价格 20 元或低于协议卖出价格 20 元时，投资者才能获利，如果协议期内股票价格只在此范围内波动，投资者将会发生亏损。

2. 收益增加策略

若投资者已经拥有某种股票或预期将持有某种股票，则他可通过等待股票价格上涨来获益。持股情况下，若投资者很有把握股票价格要下跌，则其应趁早抛出该股票；若投资者认为该股票价格有很大可能会上涨，或不清楚股票未来的价格走势，则其应该继续持有该股票，同时可以采取一些办法来增加他的收益或减少损失。

(1) 出售抛补看涨期权。

对持有股票的投资者来说，出售所持有股票的看涨期权是一种常用的策略。如果到时期权溢价，那么投资者就需交割已持有的股票，这种操作策略称为抛补看涨期权的开出。如果套期保值者预计相关股票的价格有可能小幅下跌，并预计不会出现大幅度上涨时，他通过卖出看涨期权可以获得权利金收益，从而为现货交易起到保值的作用。当然如果股票价格大幅上涨，期货价格涨至看涨期的执行价格以上时，套保者可能会面临其买方要求履约的风险，这会给交易者带来较大的损失，因此，进行这种保值操作时需谨慎。

【例 13-7】某投资者持有 1 000 股 E 公司的股票，该股目前市价 100 元，该投资者打算继续持有该股票，为防范股价下跌，该投资者卖出所持股票的看涨期权，协定价格 100 元，期权费收入为 5 元/股，则其结果如何？

其结果可能有以下几种情况。

第一种情况：E 公司股票价格没有发生变化，期权到期时无价值。投资者获得 5 元/股的期权费，相应地提高了每股投资收益。

第二种情况：E 公司股票价格上涨，期权到期时溢价，投资者按协定价格 100 元交割所持有的 E 公司股票。5 元/股的期权费收入意味着投资者实际上是以 105 元的价格交割 E 公司的股票。

第三种情况：E 公司股票价格下跌，期权到期时无价值。投资者手中持有的股票不发生交割，此时虽然股票市场价格下跌，但 5 元/股的期权费收入一定程度上抵消了股价下跌的影响。

如果股价上升，出售看涨期权可构成一种有保证的获利价格；如果股价保持不变或下跌，出售看涨期权所收取的期权费可以使股票资产的价值有所增加。出售期权的协定价格越低，所确定的价格上限也越低，但这种价格上限所涵盖的股价范围也比较大，甚至包括股价下跌的情况。反之，出售期权的协定价格越高，建立的价格上限也就越高，但带来的期权费越少，这种价格上限所涵盖的股价范围也比较小。

在本例中，如果投资者分别出售 3 种协定价格的看涨期权，具体见表 13-4，则其效果如图 13-1 所示。

表 13-4 投资者出售的 3 种看涨期权

协定价格(元)	100	90	110
期权费(元/股)	5	12	1.2

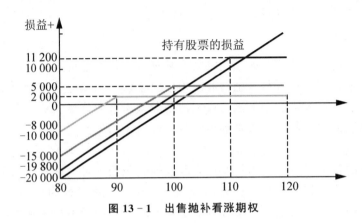

图 13-1 出售抛补看涨期权

(2) 按比例出售抛补看涨期权。

这种投资策略与第一种不同，出售的看涨期权与所持有的股票成一定比例。按这种投资策略期权费收入要少一些，但如果股价上涨超过协定价格，投资者可以从未抛补的部分股票资产中获益。

【例 13-8】某投资者持有 1 000 股 E 公司的股票，该股目前市价 100 元，该投资者打算继续持有该股票，为防范股价下跌，该投资者把所持股票的 50% 作为看涨期权卖出。该看涨期权执行价格为 100 元，期权费 5 元/股，该投资策略的盈亏状况如何？

这一投资策略的盈亏，如图 13-2 所示。

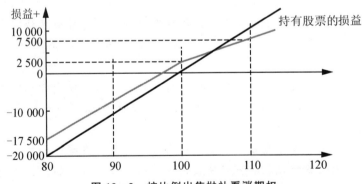

图 13-2 按比例出售抛补看涨期权

股价跌至 80 元，卖出 50% 股数的看涨期权，则综合损益为
$$500 \times (80+5-100) + 500 \times (80-100) = -17\,500(元)$$

股价涨至 110 元，卖出 50% 股数的看涨期权，则综合损益为
$$500 \times (100+5-100) + 500 \times (110-100) = 7\,500(元)。$$

从计算结果看，这种投资策略的收益增加的幅度仅为一半，但当股价上涨超过协议价 100 元时，投资者就可以按 50% 的比例参与利润分配，按比例出售看跌期权策略与按比例出售看涨期权策略相类似，这里不再展开，请读者自己分析。

(3) 卖出看跌期权。

如果交易者预计相关商品或资产的价格会出现小幅上涨，并且预计不会出现大幅下跌时，通过卖出看跌期权可以获得权利金收益，就可能避免现货商品或资产价格上涨的风险，从而起到保值的作用。

(4) 买进期权对冲。

【例 13-9】某投资者拥有 1 000 股 E 公司的股票，他买进 3 个月期的 1 000 股 E 公司股票的对冲：买进平价的看跌期权，卖出协定价为 105 元的看涨期权，期权费净值为 1 元/股。该投资者买进对冲后的综合损益如何？

股价跌破 100 元时，投资者损益为 −1 000 元；股价涨至 105 元时，投资者每股净赚 105−100−1=4(元)，共赚 4 000 元；股价超过 105 元时，投资者损益保持在 4 000 元。该投资者最终损益情况，如图 13-3 所示。

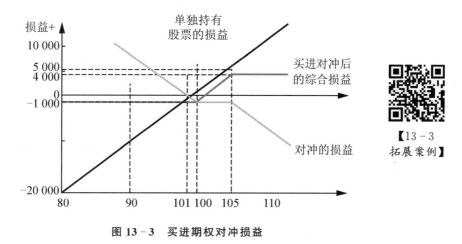

图 13-3 买进期权对冲损益

3. 运用期权差价组合策略

差价组合策略是指同时买进和卖出期限不同或执行价格不同的股票看涨期权或看跌期权的投资方法。在采用差价策略时，投资者既收入期权费用又支出期权费用。差价策略可以分水平差价(时间差价)和垂直差价(或称价格差价)策略，前者是指买进或卖出具有不同期限的看涨期权或看跌期权，后者是指同时买进和卖出具有不同执行价格的看涨期权或看跌期权。差价策略可以在投资者预测到股票市场价格上涨时使用，这种差价策略称为牛市差价，也可以在投资者预测到股票价格下跌时使用，这种差价策略称熊市差价。

(1) 垂直差价策略。

垂直差价的特点是买进期权和卖出期权的协定价格不同。根据在运用期权差价策略时协定价格的确定过程,可以把其称为向下滚动差价或向上滚动差价。下面分别以两个例子来说明向下滚动差价或向上滚动差价。

【例13-10】假定E公司股票市价为100元,某投资者认为它会上涨,因直接投资购买股票会产生融资成本,故该投资者可以买进期限为4个月的平价看涨期权,期权费为7元/股。但该投资者预测错误,一个月后E公司股价跌至90元,此时该投资者卖出两份期限为3个月的协定价为100元的看涨期权,期权费为2元/股,同时买进一份协定价90元、期限为3个月的看涨期权,期权费为5.5元/股。那么,该投资者最终的损益状况如何?

该投资者持有向下滚动的90~100元的差价期权,支付的净期权费为8.5元/股。其最终损益状况,如图13-4所示。

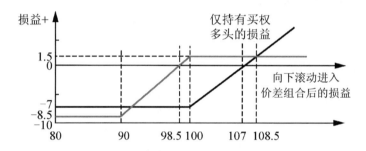

图13-4 向下滚动差价组合损益图

进入差价组合后,当股价小于90元时,所有的期权都不执行,此时该投资者的损益是-8.5元/股;当股价涨至100元时,投资者获得最大损益1.5元/股;股价超过100元,投资者的获利不再增加。

比较:进入差价组合,股价升至98.5元投资者可达盈亏平衡,而仅持有买权多头,股价升至107元时他才能达到盈亏平衡;股价超过100元,投资者获最大收益1.5元/股,而仅持有买权多头能获股价无限上升的好处。

【例13-11】假定E公司股票市价为100元,某投资者认为它还会上涨,因直接投资购买股票会产生融资成本,故该投资者可以买进期限为4个月的协定价为110元的看涨期权,期权费为3元/股,一个月后E公司股价涨至110元,此时该投资者卖出期限为3个月的协定价为120元的看涨期权,期权费为3元/股。那么,该投资者最终的损益状况如何?

该投资者现在的期权费的收付正好相抵,并持有向上滚动的110~120元价差期权。其最终损益状况,如图13-5所示。

(2)水平差价策略。

水平差价策略主要包括牛市看涨期权水平差价组合和熊市看涨期权水平差价组合。牛市看涨期权差价组合是指同时买进或卖出期限不同但执行价格相同的看涨期权,以获取股票市场价格趋于上升所造成的期权费差价扩大带来的收益;熊市看涨期权水平差价是指同时卖出

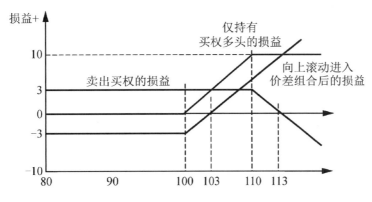

图 13-5 向上滚动差价组合损益图

和买进协定价格相同但期限不同的股票看涨期权,以获取股票市场价格趋于下降所造成的期权费用差价缩小所带来的收益。下面以两个例题分别来说明这两种水平差价策略。

【例 13-12】假设某股票 A 的市场价格是 55 美元/股,11 月到期的协定价格为 55 美元/股的此种股票看涨期权费是 3 美元,12 月到期的期权费是 4 美元,明年 1 月到期的期权费是 6 美元。投资者甲预测股票 A 的价格会上涨,因此,到期越晚的看涨期权费越高,上升得越快。于是他买进 1 份明年 1 月到期的看涨期权,支付期权费 6 美元,同时卖出 1 份 12 月到期的看涨期权,收入期权费用 4 美元,则其支付的期权费用差价为 2(6－4) 美元。那么,该投资者的损益状况如何?

如果过一段时间股票 A 的市价果然上升,从 55 美元/股上升到 58 美元/股,随着股票市价的上升,11 月到期的看涨期期权费仍为 3 美元,12 月到期的看涨期权费上升到 5 美元,明年 1 月到期的看涨期权的期权费上升到 9 美元。投资者卖出已购进的明年 1 月到期的看涨期权,收入期权费 9 美元,同时买进以前卖出的 12 月到期的看涨期权,支付期权费用 5 美元。他得到的期权费用差价是 4(9－5)美元,得失相抵,投资者的净收益是 2(4－2)美元。但是,如果股票市价下跌,那么期权费用的差价将会缩小,投资者将会遭受损失。

【例 13-13】假设某股票 A 的市场价是 55 美元/股,11 月到期的协定价格为 55 美元/股的此种股票看涨期权费是 3 美元,12 月到期的期权费是 4 美元,明年 1 月到期的期权费是 6 美元。某投资者预测这种股票的市场价格趋于下降,因而到期越晚的这种看涨期权的期权费下降得就越快。于是他卖出一份明年 1 月到期的看涨期权,得到期权费 6 美元,同时买进一份 12 月到期的看涨期权,支付期权费 4 美元,则其得到的期权费差价是 2(6－4)美元。那么,该投资者的损益状况如何?

假定过了一段时间以后,这种股票的市价下降,从 55 美元/股下降到 53 美元/股。随着股票市价的下跌,11 月到期的看涨期权费下降到 2 美元,12 月到期的这种股票看涨期权费下降到 3 美元,明年 1 月到期的这种股票看涨期权费是 4 美元。投资者买进先前已卖出的明年 1 月到期的看涨期权,收入期权费 4 美元。同时卖出他以前买进的 12 月到期的看涨期权,得到期权费 3 美元。他支付的期权费差价是 1(4－3)美元,得失相抵,投资者的净收益是 1(2-1)美元。但是，如果这种股票的市场价格趋于上升，那么期权费用的差价将会扩大，投资者将会遭受损失。

在差价交易里，期权合约一般是在到期日之前就脱手，其本质是利用期权价格的变动来投机获利。股票价格的变动与期权价格的变动之间有着密切的联系，看涨期权的期权费会随着股票价格的上涨而上涨，看跌期权的期权费会随着股票价格的上涨而下跌。差价组合交易最终的收益完全取决于股价的整体方向：如果股价上升，牛市差价最终都会有收益；如果股价下跌，熊市差价最终都会有收益，这就为期权套期保值提供了条件。

13.3.2 利用股票指数期权

1. 利用股票指数期权管理股票风险的机理

股票指数期权与其他普通期权原理一样，只不过相应的标的资产不是单个股票的价格，而是像 S&P500（标准普尔 500）这样的股票指数。

股票指数期权主要有两类：一类是以股票指数本身作为标的资产，期权到期时只能以现金进行结算，S&P500 股票指数期权就属于这一类；另一类是以股票指数期货作为标的资产，期权到期时可以转换成相应的期货合约，FISE100 指数（金融时报 100 指数）期货期权就属于这一类。以 S&P500 指数为例，就欧式期权而言，指数期权和指数期货期权的费用相同，但在美式期权条件下，如果是看涨期权，那么指数期货期权的价格要高于指数期权的价格；如果是看跌期权，那么指数期货期权的价格低于指数期货的价格。美式期权的价格差异产生的原因之一在于美式期权有可能被提前执行，另一个原因则是指数期货成交价格一般要高于即期指数价格，因而在同样的协定价格条件下，指数期货看涨期权比相应的指数期权溢价更多。

指数期权或指数期货期权在用法上与股票期权十分相似，即主要用于套期保值和投机。某投资者如果希望从股票价格水平上涨中获利，同时又要在市场下跌时止损，那么他就可以通过买入看涨期权或牛市看涨差价组合来达到目的。另外，一个资产管理者持有由多种股票构成的股票资产组合，他就可以应用指数期权或指数期货期权来构成上限、下限、对冲或其他金融组合来达到保值和增值的目标。

2. 应用举例

【例 13-14】某投机者对美国股票市场前景乐观。1993 年 2 月 22 日的 S&P500 指数为 435.25，该投机者认为今后两个月内将上涨 5%～10%，然后再下调。该投机者不想挑选单股，也不想建立持有时间较短的证券组合，因为这样会增加交易成本；同时他也不希望一旦其预测错误会面临市场下跌的风险。因此，该投机者买进 4 月到期的 S&P500 指数期权（又称 SPX 合约）的牛市买权价差组合，具体交易如下：买进 50 份 4 月执行价格为 440 的 SPX 买权，其价格为 5.5；同时卖出 50 份 4 月执行价格为 455 的 SPX 买权，其价格为 1.25，净期权费为 4.25。以每一指数点 100 美元计算，净期权费共为 21 250(4.25×50×100)美元。3 周后，市场涨至 451.37 点，该投机者决定轧平头寸，比预期提前获利。卖出 50 份 4 月执行价格为 440 的 SPX 买权，价格为 15；同时买进 50 份 4 月执行价格为 455 的

SPX 买权,价格为 4.75,净期权费为 10.25。取得收入为 51 250(10.25×50×100)美元,则该投机者获取净利润为 30 000(51 250－21 250)美元,3 周内盈利 141%(30 000 / 21 250)。

除了上面谈到的将头寸变现的技术外,投机者还可以应用向上滚动进入差价的技巧:卖出 50 份 4 月执行价为 440 的 SPX 买权,价格为 15;买进 100 份 4 月执行价为 455 的 SPX 买权,价格为 4.75,净期权费为 10.25;卖出 50 份 4 月执行价 460 的 SPX 买权,价格为 3.125。取得收入 43 125[(15＋3.125)×50×100－4.75×100×100]美元,净利润为 21 875(43 125－21 250)美元。

虽然投机者净利润下降,但是现持有"免费"的 455～460 牛市价差组合,使其能参与市价持续涨至 460 所带来的好处。

【例 13－15】假设构成组合的股票现值为 26 000 000 英镑。运用 FTSE100 指数期权进行套期保值,FTSE100 指数期权定义为每一指数点价值 10 英镑,若 FTSE100 指数当时位于 3 045 点,那么,运用 FTSE100 指数期权进行套期保值需要多少份期权合约?

若要计算该例中所要求的指数期权的数量是多少,则与股指期货相似。

本例所要求的合约数量为 854[26 000 000/(10×3 045)]份合约。

13.4 股票风险管理策略的比较

综上分析,股票风险管理的基本工具有股票期货、股票指数期货、股票期权和股票指数期权等,这些工具各有优缺点,见表 13－5。在实际运用过程中,人们通常会将这些工具加以组合应用,从而创造出各种独具特色的组合来规避风险。例如,期货与期权的组合构成期货期权,期权与期权构成水平差价组合、垂直差价组合,股指期权与股指期货组合来对冲股票风险,利用各种指数期权构造上限、下限、对冲或其他金融组合等。

表 13－5 股票风险管理工具的优缺点

工具名称	主要优点	主要缺点
股票期货	①交易成本低;②效率高;③交易便利;④流通量充裕;⑤透明度高	①受某些国家禁止;②有一定的成本;③保值效果可能有净损失
股票指数期货	除具有股票期货的优点外,还有:①能客观反映整个股票市场的变化趋势;②交易对象不是一般意义上的股票	①存在模拟误差;②套期保值系数计算烦琐;③现货资产不一定有与其相对应的股票指数期货合约,此时存在交叉保值风险;④交易者一旦预测失误,将承受无限的风险
股票期权	①买方的风险有限;②具有高度的潜在杠杆作用;③具有较大的灵活性;④期权使投资者进行股票远期交易成为可能;⑤期权交易工具品种多	①成本费用高;②期权费对股票价格的敏感性影响期权的份数;③DELTA 系数计算较烦琐;④需保值的风险资产的数量不一定能与标准化合约设计的数量相匹配

(续表)

工具名称	主要优点	主要缺点
股票指数期权	除具有股票期权的优点外，还有：①交易对象可以不是一般意义上的股票；②可以规避股市系统风险；③把风险控制在一定范围内	①现货资产不一定有与其相对应的股票指数期权合约；②可能出现剩余基础风险

在利用股票期货规避股票风险时，股票仅仅是一种象征，买卖对象只是期货交易合同而非股票现货。在期货合约的买卖过程中，交易双方并不一定需要持有股票，也无需全额的资金，就可以进行股票的买卖。只要交易双方确定了交割日期的价格，签订期货合同就算成交。到了结算日，交易双方只要根据股票行市的变动情况，对照股票期货事先的买入价或卖出价，进行差额结算即可。由于股票期货交易中买空卖空的投机性，故许多国家都在法规中对买空卖空特别是卖空交易进行限制。因为在卖空时，投资者手里无须有股票，只要觉得有利可图就可以从证券经纪商借入股票来卖空投机，这就有可能导致股市行情下跌，不利于股市的稳定、健康运行，也容易使其他投资者不敢轻易投资，从而影响资金筹集。

股票指数期货交易的实质是投资者将其对整个股票市场价格指数的预期风险转移至期货市场的过程，其风险是通过对股市走势持不同判断的投资者买卖操作来相互抵消的。它与股票期货交易一样都属于期货交易，都是股票交易市场的衍生交易。只是股票指数期货交易的对象是股票指数，是以股票指数的变动为标准的，以现金结算，交易双方都没有现实的股票，买卖的只是股票指数期货合约。股票期货比股指期货更容易设计、更容易试点。股指期货是一项系统工程，如果没有权威的指数，那么股指期货很难推出。而股票期货则不然，只要合约设计上考虑严密，许多股票都可以拿出来开设股票期货。

运用股票（或股指）期货与股票（或股指）期权来规避风险，主要区别在于：一是权利义务不同。股票（或股指）期货赋予持有人的权利与义务是对等的，即合约到期时，持有人必须按照约定价格进行现金结算；而股票（或股指）期权则不同，股票（或股指）期权的多头只有权利而不承担义务，而其空头只有义务而不享有权利。二是杠杆效应不同。股票（或股指）期货的杠杆效应主要体现为，利用较低保证金交易较大数额的合约；而期权的杠杆效应则体现期权本身定价所具有的杠杆性。三是风险程度不同。股票（或股票指数）期货是为了防止个股（或股市）价格波动带来损失的一种风险工具。一旦个股（或股市）走势与投资者的预测背道而驰，而且幅度剧烈时，对投资者来说，他要损失巨大的保证金和追加保证金；对交易所来说，要面临当投资者无法承担亏损时必须由交易所代为承担风险的责任，严重时，将使期货市场陷入危机。股票（或股票指数）期权交易可以避免上述事件发生，它使风险程度限定在可预见的范围内，因而更具有灵活性，并且可以稳定股市交易。

在股票风险管理过程中，投资者可以运用各种不同的金融工具，具体采用哪种或哪组合交易方式，一方面取决于投资者对未来标的资产价格的预期，另一方面取决于投资者能够承受多大的风险。投资者可以首选理想的风险收益模式，然后根据该模式选择不同的期权组合进行交易。

【第13章小结】

思考与练习

1. 如果投资者想在未来某一时间投资某股票，但又担心将来该股票价格上升。为了规避股票价格上升给他带来的成本上升，他可以采取哪些方法达到这个目的？如果他目前持有股票多头，那又该怎么办？

2. 试述股指期货的基本套期保值策略。

3. 试分析股票风险管理各种策略的异同。

4. 投资者 A 在 4 月买入了两份标准普尔 500 股票指数期货合约的看涨期权，6 月到期。他购入时的股票指数为 760.5 点，协议价为 762 美元，每点乘数为 500 美元，期权费为 15 点/份。假设 5 月份股票指数上涨为 780 点，投资者 A 执行期权，可获利多少？请画出其收益图。

5. 二十大报告指出，"高质量发展是全面建设社会主义现代化国家的首要任务"，而股票市场能否高质量发展直接影响金融服务实体经济的成效，请结合二十大报告，思考如何建设更加活跃开放的高质量的股票市场？

【第13章在线答题】

第 14 章 信用风险的管理

学习目标及思维导图

本章主要介绍信用衍生品的含义、种类、特点与作用,以及如何运用各种信用衍生工具管理信用风险。其中,运用信用衍生工具管理信用风险是本章的重点和难点。

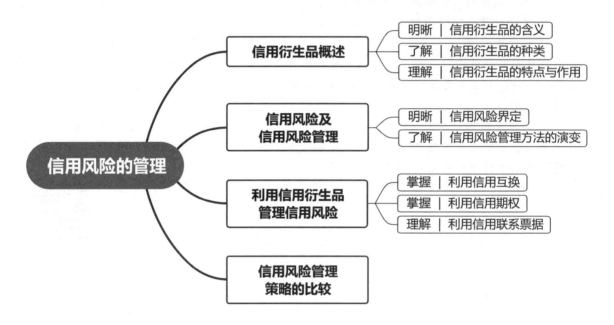

14.1 信用衍生品概述

14.1.1 信用衍生品的含义

信用衍生品(credit derivatives)是 20 世纪 90 年代在美国纽约互换市场推出的。1993 年,信孚银行和瑞士信贷银行金融产品部为了防止其向日本金融界的贷款遭受损失,开始出售一种偿还价值取决于具体违约事件的债券,成为最早的信用衍生品。由于该产品交易是否能完成受到质疑,以及标准普尔公司拒绝对信用衍生品评级,最初的几年(1993—1995 年)信用衍生品市场并未获得发展。1997—1998 年的金融危机证实了它能够在货币危机

【14-1 拓展视频】

期间支持债务市场的需求,并使银行等金融机构在危机中得到保护。因此,金融危机之后,信用衍生品市场得到了迅猛的发展。根据国际清算银行统计,1996 年全球信用衍生品交易为清偿交易的名义价值仅为 0.18 万亿美元,2007 年已高达 62.2 万亿美元,在 11 年时间里,整个市场规模膨胀了 345.6 倍。2008 年金融危机以来,信用衍生品遭受重创。根据国际清算银行的统计,在 2007 年年末信用违约互换(Credit Default Swap,CDS)的市场规模达到创纪录的 62.2 万亿美元之后,一路下滑,2008 年下半年信用违约互换流通规模降至 42 万亿美元。2009 年 CDS 继续延续下跌态势,上半年未偿付的 CDS 合同金额下降到 36 万亿美元,总市值在 2009 年上半年下跌了 42% 之后,下半年继续下跌 40%,2009 年年底只有 2008 年年底高峰时的 35%。根据美国证券存托与清算公司(Depository Trust Clearing Corporation,DTCC)的统计数据,截至 2009 年年底,CDS 相关产品的总规模降至 25 万亿美元左右。尽管如此,信用衍生品还是被称为 21 世纪最具潜力的金融风险管理创新工具。

信用衍生品(工具)是指通过交易当事人签订的,以转移与贷款、债券等资产的信用风险为目的的交易合约。在信用衍生品交易中,一方当事人(信用风险保护的买方)向对方当事人(信用风险保护的卖方)支付一定的费用,以换取卖方对参考资产(underlying assets 或 reference assets)或参考实体(reference entity)的信用保护,当参考资产或参考实体发生双方约定的信用事件时,卖方须向买方支付一定金额的补偿。参考资产或参考实体可以是贷款、债券,也可以是其他任何具有交易价格的资产。

通过信用衍生品的交易,特定资产的信用风险可以从其他风险中剥离,并进行单独的交易,从而使信用风险的管理和定价更有效率。此外,信用衍生品的交易属于场外交易(Over The Counter,OTC),具有较强的灵活性,交易双方可以自主设计交易结构,以达到各自的交易目的。如果银行希望既减少其客户的信用风险,又不至于因出售有关贷款损害其与客户的关系,银行则可通过信用衍生品的交易达到上述目的。

巴塞尔银行监管委员会于 2004 年 6 月正式发布的《新巴塞尔资本协议》已将信用衍生

品作为风险缓释工具之一,并且明确了其在商业银行信用风险管理及银行最低资本金监管中的地位,并规定:倘若信用衍生品以直接、明确、不可撤销及无条件方式提供,且银行能够满足关于风险管理程序方面的某些最低操作要求,监管当局则可允许银行在计算其法定资本金时考虑这些衍生产品的信用保护作用。

14.1.2 信用衍生品的种类

现有的信用衍生品有一个共同的特征,即期限一般比标的物的期限短。大多数信用衍生品采取的是互换、期权或票据的形式。其基本产品包括信用违约互换、总收益互换、信用差额期权和信用联系票据、信用中介互换等,在此基础上,又可以产生许多变异形式。

1. 信用违约互换

信用违约互换(credit default swap)最初是银行管理信贷风险的一种工具。例如,如果某家银行认为自己承担了过多通用汽车的信用风险,那么它可以把10亿美元的风险与另一家银行10亿美元的福特汽车风险互换。通过这个交易,两家银行都能慎重地分散各自的风险,与此同时也维持了与重要客户的关系。

信用违约互换是信用衍生品市场上使用最广泛的一种,可以把它看作对标的物所进行的一项保险,或是标的物的卖出期权。在一个典型的信用违约互换合约中,出售信用风险的一方(或者说是"保险的购买者")定期向"保险的出售者"付款,支付金额等于协商好的基本点乘以标的债券或贷款的面值。购买信用风险的一方(或者说是"保险的出售者")一般没有支付义务,除非标的债务或贷款的发行人违约。在发行人违约时,"保险的出售者"要向"保险的购买者"支付一笔违约金,金额等于标的物面值减去事先规定的回收因子。

信用违约互换的结构,如图14-1所示,信用风险卖方(受益方、银行)向愿意承担风险的购买方(投资者、保护方)在合同期限内支付一笔固定的费用;信用风险买方在接受费用的同时,承诺在合同期限内,当发生信用违约时,向信用风险卖方赔付违约的损失。只有当发生信用事件(credit event)时才支付,互换在信用事件到期时中止。

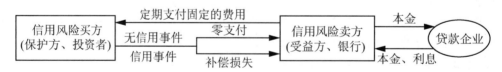

图14-1 信用违约互换的结构

因为信用事件(通常是违约)会引发支付,所以一般都会在合约中列明这些事件,以避免在合同执行过程中出现争议。信用违约互换合约通常包括一个"实质性条款",该条款规定由第三方作证即可以确认信用情况的变动。违约支付金额一般是由合约规定好的,不过更常见的做法是由面值扣除收益率。

2. 总收益互换

总收益互换(total return swap)合约的交易对象是标的工具(如债券、贷款、债券或贷款组合等)的收益。投资者利用总收益互换寻求银行贷款的风险暴露来增加其收益。在总收益互换中，投资者接受原先属于银行的贷款或证券（一般是债券）的全部风险和现金流（包括利息和手续费等），同时支付给银行一个确定的收益（如图 14-3 中的 SHIBOR），一般情况下会在 SHIBOR 的基础上加减一定的息差。与一般互换不同的是，银行和投资者除了交换在互换期间的现金流之外，在贷款到期或者出现违约时，还要结算贷款或债券的价差，计算公式事先在签约时确定。如果到期贷款或债券的市场价格出现升值，那么银行将向投资者支付价差；反之，如果出现减值，那么由投资者向银行支付价差。有时也会在双方每一次互换支付时结算价差。总收益互换一般期限在 1～5 年，以 3～5 年最普遍，其结构如图 14-2 所示。

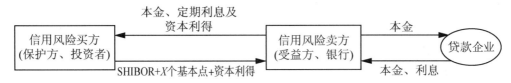

图 14-2　总收益互换结构

为了对总收益互换合约的标的资产的市场和信用风险进行套期保值，出售总收益互换的银行通常都会买进标的资产。这样，银行在总收益互换交易中只面临买方的违约风险，该风险的大小取决于交易所采用的杠杆融资水平。如果合约购买者为标的资产提供了全额质押，那么违约风险都将不存在，浮动支付额将等于银行的资金成本。如果合约购买者利用杠杆融资（假设 10 倍）来建立敞口，那么只需提供标的资产价值 10% 的质押品，浮动支付额等于资金成本和风险差价之和。风险差价与违约溢价相对应，用以抵补银行在总收益互换交易中承担的风险，其具体过程如图 14-3 所示。

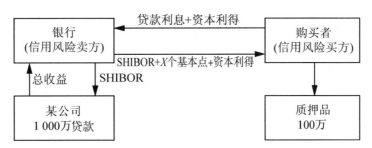

图 14-3　总收益互换的具体过程

从信用风险购买者角度来看，如果购买者的融资成本高于银行的融资成本，或购买者想通过杠杆融资来建立敞口的话，总收益互换合约就能够为购买者创造价值。例如，信用相关义务的股权部分很少出售，一般都是通过与衍生品交易所的杠杆融资总收益互换交易，出售给对冲基金。在图 14-3 中所描述的情形中，对冲基金（信用风险的购买者）只提供了价值 100 万元的质押品，而标的资产的总额为 1 000 万元。

3. 信用差额期权

信用差额期权是用以向投资者补偿基础资产违约风险的、高于无风险利率的差额，其计算公式是信用差额＝贷款或证券收益－相应的无风险证券的收益。正常情况下，在债券市场中，债券收益率同可比有效期的美国国债工具的收益率之间的差额称为收益率差额，它根据投资者针对市场信用风险的辨识而上下浮动。假设借款人当前的信用风险指示出，他应当支付债券与可比有效期的美国中期国债收益差 50 个基点。债券持有者很可能买进执行利率为 60 个基点的信用差额期权合约。在美式期权的提前执行日，如果信用差额超过 60 个基点，那么期权合约应当是有利可图的。当然，只有在市场确认信用风险升高的前提下这种情况才会发生。此时，持有者将提前支付权利金。因此，该工具类似于普通期权合约。但是，基础性工具是债券和另一笔可比有效期美国国债的收益率差额。该类信用衍生金融工具同样要求基础性债券有足够的流动性，从而获得信用差额的较可信的评估值。

信用差额期权(credit spread option)分为看涨期权和看跌期权，期权到期时，期权的买方可以单方面选择支付或不支付利差(该利差是依据相应条款而事先约定的)。若超出事先约定的利差，则由看涨期权的卖方支付给买方超出的部分利差。信用差额看涨期权的结构如图 14-4 所示。

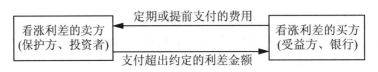

图 14-4　信用差额看涨期权的结构

4. 信用联系票据

信用联系票据(credit-linked note)是一种表内交易的工具，是为特定目的而发行的一种融资工具，其特性体现在该工具发行时往往要注明其本金的偿还和利息的支付取决于约定的参考资产的信用状况，当参考资产出现违约时，该票据偿还不到全额的本金。这实际是一个普通固定收益证券和一个信用衍生品的混合产品，是信用违约互换的证券化形式。信用联系票据发行者相当于信用保护购买者，他向信用联系票据购买者(即信用保护提供者)支付一定的利率。如果违约情况未发生，他还有义务在信用联系票据到期时归还全部本金给信用联系票据购买者；如果违约情况发生，他只需支付信用资产的残留价值给信用联系票据购买者，而不需归还本金，其结构如图 14-5 所示。

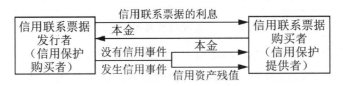

图 14-5　信用联系票据结构

5. 信用中介互换

在信用中介互换(credit illtermediary swaps)交易中，由于交易双方可能不愿直接进行交易，故由第三方(通常是一家 AAA 级的衍生品公司或其他特殊目的的公司)居中进行协调。图 14-6 描述了这种交易的结构。假定 A 和 B 希望交易一份标准的 10 年期利率互换合约，根据这个合约，B 获得固定利率(假设为 7%)的收益，同时支付银行同业拆借率

SHIBOR+5 个基本点的浮动利率利息。一个 3A 级的机构 X 被请来作为交易中介。在交易过程中，X 先向 B 支付 7% 的固定利率，并收取银行同业拆借率 SHIBOR+5 个基本点的浮动利率，然后再从 A 处收取 7% 的固定利率，并支付同业拆借率 SHIBOR−10 个基本点的浮动利率。在整个交易过程中，机构 X 虽然不承担任何市场风险，但是要承担交易双方的违约风险。为此，中介方机构 X 获得了 15 个基本点的收入。

图 14-6　信用中介互换的结构

除了以上 5 种常见的信用衍生品外，还有降级期权和动态信用互换等，读者可参阅相关书籍。

14.1.3　信用衍生品的特点与作用

1. 信用衍生品的特点

信用衍生品合约除了具有传统金融衍生品合约的特点外（如杠杆性、组合性等），还呈现出以下不同的特点。

【14-2 拓展视频】

（1）保密性。信用衍生品单独交易信用风险，银行无须直接面对交易的另一方，这不同于贷款证券化和贷款销售，从而保证了对客户记录的保密性，维护了银行与借款者的良好关系。

（2）交易性。信用衍生品拥有广泛的交易者，具有较强的可交易性，克服了传统信用保险、担保工具等缺乏可交易性、难以产生一个交易市场的缺陷。

（3）灵活性。信用衍生品可以在交易对象、期限、金额等方面，根据不同的需求灵活定制产品。另外，信用衍生品也可以与其他金融产品合成新的具有特定风险和收益结构的产品，从而加强对信用风险的期限、金额的可控性。

（4）债务的不变性。信用衍生品以信用风险为交易对象，处理的只是债务的结构成分，不需要实际运作贷款或债券资产，因此，对原债务的法律债权债务关系没有任何影响，从而简化了法律程序和其他一些相关程序，与其他金融产品相比它面临较低的成本和较少的管制。

2. 信用衍生品的作用

（1）分散信用风险。商业银行主要是通过发放贷款并提供相关的其他配套服务来获取利润的，这一点使其不可避免地处于信用风险持有者的地位。一家银行贷款组合的收益风险特征可以由两个参数表示：①预期收益，根据利差和预期贷款损失计算；②意外损失，根据最大可能损失计算。预期收益依赖利差和信用损失，而信用损失则是根据违约概率和挽回率计算的。意外损失的计算要基于许多贷款同时损失的假设。意外损失还常常和贷款的违约相关性有关。预期收益和意外损失的比是一个类似于股票基金夏普比率（sharpe ratio)①的指标,这一比率的增加可以提高贷款组合的预期业绩,这可以通过下面的两种策略来实现:①减少具有较高意外损失,较低预期收益的贷款;②添加新的资产,这些资产能对贷款组合的夏普比率产生正的贡献。在以前,银行只能通过购买或出售贷款资产实施这两种策略,而且这种贷款出售规模很小,缺乏流动性,然而,利用信用衍生工具,这些策略就能够很容易地实现。分散信用风险是信用衍生品最基本的一个作用。

(2)增强保密性。银行主要通过贷款出售来管理信用风险,但这往往是银行客户所不愿看到的事情,这种方法会对银行和客户的关系造成损害,银行可能会因此丧失以后对该客户的贷款机会以及其他一些业务,如获利颇丰的咨询业务等。利用信用衍生工具则可以避免这种不利影响,通过与信用保护者签订信用衍生合同,银行可以在客户不知情的情况下将信用风险转移。

(3)提高资本回报率。按照《巴塞尔协议》的规定,一家银行的总资本不能低于风险资产总额的8%。银行持有的低违约风险资产,如银行之间的贷款,其风险权重为20%;银行持有的高风险资产,如对企业的贷款,其风险权重为100%。这样,一家持有商业贷款的银行可以通过向另一家银行购买信用保护的方法来达到降低信用风险的目的,同时还能提高资本回报率。

案例 14-1

有甲、乙两家银行,甲银行的信用等级比乙银行高。甲银行的资金成本是 SHIBOR-0.20%,乙银行的资金成本是 SHIBOR+0.25%。现在,甲银行向企业发放利率为 SHIBOR+0.375% 的 1 000 万元的贷款,它必须为该笔贷款保持 800 000 元的资本来满足 8% 的资本充足率要求,假设 SHIBOR 为 5.625%。则,甲银行净收益:10 000 000×6%-(10 000 000-800 000)×5.425%=100 900(元)。甲银行资本回报率:100 900/800 000=12.6%。如果甲银行不愿意承担该笔贷款的风险,则与乙银行签订一个信用互换协议,乙银行每年从甲银行收取 37.5 个基点的费用,同时在合同违约后承担向甲银行赔偿损失的义务。这样,贷款违约的风险全部转移给乙银行,甲银行只承担乙银行违约的风险。甲银行 1 000 万元贷款的风险权重变为 20%,即甲银行只要为该笔贷款维持 160 000 元的资本就能达到资本充足率的要求,此时,甲银行净收益:10 000 000×(6-0.375)%-(10 000 000-160 000)×5.425%=28 680(元),甲银行资本回报率为 28 680/160 000=17.9%。从以上的分析可以看出,甲银行通过签订信用互换协议不仅避免了该笔贷款的违约风险,同时还使其资本回报率增加了(17.9%-12.6%)/12.6%=42%。

---

① 夏普比率是用基金净值增长率的平均值减无风险利率再除以基金净值增长率的标准差。它反映了单位风险基金净值增长率超过无风险收益率的程度。如果夏普比率为正值,说明在衡量期内基金的平均净值增长率超过了无风险利率。在以同期银行存款利率作为无风险利率的情况下,说明投资基金比银行存款要好。夏普比率越大,说明基金单位风险所获得的风险回报越高。

14.2 信用风险及信用风险管理

14.2.1 信用风险界定

20世纪90年代,在全球经济、政治、技术快速变化的背景下,信用正以指数方式增长着。中国银行业协会发布的《中国银行卡产业发展蓝皮书(2022)》认为,2021年我国银行卡产业总体向好,交易规模显著回升,整体风险有所缓和。中国银行业协会发布的数据显示,截至2021年年末,发卡

【14-3 拓展视频】

方面,我国银行卡累计发卡量达92.5亿张,2021年当年新增发卡量2.7亿张,同比增长3.0%;交易方面,全国银行卡交易金额1 060.6万亿元,同比增长33.8%;受理方面,我国境内受理商户累计2 798.3万户,同比下降3.3%,银联卡境外受理商户总数超过3 500万户,同比增长9.4%;风险方面,银行卡未偿信贷余额8.62万亿元,比上年增长8.9%;信用卡逾期半年未偿信贷总额860.4亿元,同比增长2.6%;银行卡欺诈率为0.32BP(1BP是万分之一),较上年下降0.43BP,实现连续五年下降。银行卡消费金额增长率持续显著高于社会消费品零售总额增长率,银行卡渗透率继续快速增加。

毋庸置疑,信用的可获得性以及人们从观念上对信用的接纳促进了现代社会的发展。信用使得一个人即使收入微薄也能买得起房子、汽车和其他消费品。这样反过来又创造出新的就业机会,促进了经济增长。信用能促使企业快速增长,如果没有信用的存在,那么企业仅凭自有资金的积累很难发展成国际性的大企业。信用还使得国家和地方政府能够满足公众对一些公共产品的需求。

但是,随着信用的迅速发展,各种信用风险也越来越引起人们的注意。从借款人个人不能按时还钱,到银行呆账、坏账的增多,一直到债务国不能偿还债务本息,这一切已经影响到了社会的正常经济秩序。

信用风险是指债务人不能或不愿履行债务而给债权人所造成的影响,或是交易一方不履行义务而给交易对方所带来的影响。信用风险可进一步分为本金风险和重置风险。例如,当一方不足额交收时,另一方有可能收不到或不能全部收到应得证券或价款,造成已交付的价款或证券的损失,这就是本金风险;违约方违约造成交易不能实现,未违约方为购得股票或变现需再次交易,因此,可能遭受因市场价格发生不利变化而带来的损失,这就是重置风险。

信用风险的来源是多方面的,从借款人的角度看主要分为以下两大类。

第一类是借款人的履约能力出现问题。贷款的偿还一般通过取得经营收入、出售某项资产或者通过其他的途径借入资金而实现。不过,最主要的还是通过生产经营,由其经营所得来偿还。因此,衡量借款人的履约能力最主要还要看其生产经营能力的大小、获利情况如何,这一点无论是对个人、企业还是国家而言都是如此。

第二类是借款人的履约意愿出现问题,这主要是由借款人的品格决定的。这就要求借款人(不论是企业还是个人)必须是诚实可信的,并且能够努力经营。对国家而言,一般不存在这方面的问题。不过,借款人的品格是难以用科学方法加以计量的,一般只能根据过去的记录和经验对借款人进行评价。如果存在完备的信用档案,那么借款人在过去时间里

违约的次数基本上可以反映出借款人的品格。从金融机构角度看，信用风险主要由以下原因造成。首先是商业银行的亲周期性（经济周期和信贷周期之间的关系），也就是银行业所具有的加剧经济波动放大经济周期的作用。在宏观经济繁荣期，信贷质量明显改善，而在萧条时期，信贷质量则会恶化，这样就增加了信用风险发生的可能性。其次，信用风险难以模型化且不易量化，金融机构只能用加强审查等有限管理手段承担此类风险，这也导致了信用风险发生的可能性。目前，国际上专业公司对公司信用风险的测量最常用的是对公司的信用评价，如穆迪公司的信用评价主要依据被评公司财务和历史状况分析，将被评公司的信用等级从 AAA 到 CCC 依次进行划分。随着市场风险管理模型的发展，把信用风险纳入模型化管理也得到了很高的重视并取得了不少进步。最近几年一些大银行认识到信用风险仍然是关键的金融风险，因此，开始重视运用信用模型来进行风险管理，很多基于 VaR 的模型运用到了商业银行风险管理的领域中。

14.2.2 信用风险管理方法的演变

【14-4 拓展视频】

近几十年来，国际银行业信用风险管理的发展历程大致经历了以下几个阶段。

(1)20 世纪 80 年代初，因受债务危机的影响，银行普遍开始注重对信用风险的防范与管理，其结果是《巴塞尔协议》的诞生。《巴塞尔协议》通过对不同类型资产规定不同权数来量化风险，是对银行风险比较笼统的一种分析方法。1999 年 6 月 3 日，巴塞尔银行委员会发布关于修改 1988 年《巴塞尔协议》的征求意见稿，该协议对银行进行信用风险管理提供更为现实的选择：一方面，对现有方法进行修改，将其作为大多数银行计算资本的标准方法，并且对某些高风险的资产，允许采用高于 100% 的权重；另一方面，巴塞尔银行委员会在一定程度上肯定了目前摩根大通集团等国际大银行使用的计量信用风险模型，但是由于数据的可获得性以及模型的有效性，信用风险模型目前还不能在最低资本限额的制定中发挥明显作用。巴塞尔银行委员会希望在经过进一步的研究和实验后，使用信用风险模型将成为可能。

(2)20 世纪 90 年代以来，一些大银行认识到信用风险仍是关键的金融风险，并开始关注信用风险测量方面的问题，试图建立测量信用风险的内部方法与模型。其中，以摩根大通集团的 Credit Metrics 信用风险管理系统最引人注目。1997 年 4 月初，摩根大通集团与其他几个国际银行——德意志摩根建富、美国银行、瑞士银行、瑞士联合银行和 BZW 共同研究，推出了世界上第一个评估银行信贷风险的证券组合模型——Credit Metrics。该模型以信用评级为基础，计算某项贷款或某组贷款违约的概率，然后计算上述贷款同时转变为坏账的概率。该模型覆盖了几乎所有的信贷产品，包括传统的商业贷款、信用证、固定收入证券、商业合同（如贸易信贷和应收账款）以及由市场驱动的信贷产品（如互换合同①、

---

① 互换和掉期在英文术语中都是用 swap 表示，但互换和掉期在金融领域中具有不同的含义和特定。掉期是一种外汇交易的方法，具体地说，掉期是指在外汇市场上对于不同期限但金额相等的同种外汇，做两笔反方向的交易。本质上，这样的交易不是金融衍生产品合约，因此，它就不是一种衍生工具。而互换是一种金融衍生产品的交易合约，是一种重要的衍生工具。

期货合同和其他衍生产品)等。

(3)1997年亚洲金融危机爆发以来,世界金融业风险出现了新的特点,即损失不再是由单一风险所造成,而是由市场风险和信用风险等联合造成的。金融危机促使人们更加重视市场风险和信用风险的综合模型以及操作风险的量化问题,由此全面风险管理模式引起人们的重视。所谓全面风险管理,是指对整个机构内各个层次的业务单位、各种类型风险的通盘管理。这种管理要求将市场风险、信用风险、各种其他风险以及包含这些风险的各种金融资产与资产组合,承担这些风险的各个业务单位等纳入统一的体系中,对各类风险再依据统一的标准进行测量并加总,且依据全部业务的相关性对风险进行控制和管理。这种方法不仅是银行业务多元化后银行机构本身产生的一种需求,而且是当今国际监管机构对各大金融机构提出的一种要求。在新的监管措施得到落实后,这类新的风险管理方法会得到更广泛的应用。继摩根大通集团推出 Credit Metrics 模型之后,许多大银行和风险管理咨询及软件公司已开始尝试建立新一代的风险测量模型,即一体化的测量模型,其中,有些公司已经推出自己的完整模型和软件(如 AXIOM 软件公司建立的风险监测模型等),并开始在市场上向金融机构出售。全面风险管理的优点是可以大大改进收益——风险分析的质量。银行需要测量整体风险,但只有在具有全面风险承受的管理体系以后,才有可能真正从事这一测量。

(4)随着全球金融市场的迅猛发展,一种用于管理信用风险的新技术——信用衍生品逐渐成为金融界关注的对象。简单地说,信用衍生品是用来交易信用风险的金融工具,在使用信用衍生工具交易管理信用风险的过程中,信用风险被从标的金融工具中剥离,使信用风险和该金融工具的其他特征分离开来。2008年的国际金融危机爆发以来,以 CDS(信用违约互换)为代表的场外衍生品遭受了国际社会的普遍质疑。特别在2010年5月欧洲主权债务危机高峰时,不少政府官员纷纷指责 CDS 市场的投机推高了国债收益率和政府融资成本,德国甚至单方面限制 CDS "裸头寸"(指不持有标的机构债务而购买相关 CDS 的行为)。

然而,不可否认的是 CDS 在揭示违约信息和为违约事件提供保险方面有着不可替代的功能,CDS 市场仍是一个非常有活力、创新力和自我修复能力的市场,不能简单地一笔抹杀。CDS 作为一种信用风险管理工具,在分散信用风险、提高市场运行效率方面发挥了积极作用,并且其发展是基于市场参与者的真实需求的。在 CDS 市场发展初期,其主要作用是向第三方转移贷款的违约风险,所以市场规模比较有限,一直处于平稳增长的阶段。随着 CDS 市场发展成熟,特别是在全球储蓄增加、持续低利率导致的流动性过剩宏观环境下,CDS 更多地被作为投机和套利工具,加之资产证券化的迅速发展及美国金融市场的繁荣,导致了该市场的急剧膨胀,并从2003年开始呈现出爆发式增长的态势。在短期投机利益驱动下,投资银行、对冲基金等机构也开始热衷于开发各种结构复杂的信用衍生品,这类产品往往杠杆率较高、市场基础薄弱、以满足投机和套利等需求为主要目的,与风险管理的基本原则相悖,不仅造成信用衍生品日益脱离实体经济需求,而且使市场系统性风险不断累积,并最终引发金融危机。因此,CDS 固然有其交易机制不透明、交易对手集中的缺陷,但流动性泛滥是使 CDS 从风险管理工具向投机工具转变的关键。

金融危机的爆发有助于 CDS 加速向其风险管理的基本功能回归。截至2009年年底,CDS 相关产品的总规模约为25.4万亿美元,其中,投机成分较高的 CDS 指数产品市场规模下降幅度最为明显,降至不足8万亿美元,各种复杂、高杠杆性的产品逐渐淡出市场,信用违约互换等简单产品重新占据了绝大部分市场交易份额[①]。

14.3 利用信用衍生品管理信用风险

14.3.1 利用信用互换

1. 利用信用互换管理信用风险的机理

信用互换是银行管理信贷风险的一个重要手段。信用互换主要有两类：总收益互换和信用违约互换。在总收益互换中，购买信用风险的一方需要进行定期付款，支付金额一般随同业拆借利率浮动。出售信用风险的一方则定期根据标的工具的收益情况进行支付，支付额中包括利息及标的工具市场价值的变动。总收益互换合约可以应用于任何类型的证券，如浮动利率票据、息票债券、股票或股票组合。在标的工具市场价值上升的情况下，升值的好处由互换合约的购买者（即信用风险买方）获得，而在标的工具市场价值下跌时，贬值的损失也会由信用风险卖方转移给信用风险买方。在信用违约互换中（具体操作见14.1.2），信用保护买方可以将参考资产相关的信用风险转移至信用保护卖方，但该参考资产除信用风险以外的其他风险，如利率风险等仍由信用保护买方承担。信用违约互换的交割，若以实物交割，信用保护卖方则须在发生信用事件后以初始面值实际受让参考资产（即由卖方支付面值，买入参考资产）；若以现金交割，信用保护卖方仅需向信用保护买方偿付参考资产之初始面值与发生信用事件后之现值间的差额。

2. 应用举例

【例14-1】假设一家银行以固定的利率15%给予某一企业1亿元的贷款。在贷款的生命周期内，如果该企业的信用风险增加，那么贷款的市场价值就会下降。在这种情况下，银行可以同其他金融机构达成一笔交易。在该交易中，银行以年利率 r 向作为交易对手的金融机构支付，该年利率 r 等于贷款承诺的利率。作为回报，银行每年从该金融机构收到按可变的市场利率支付的利息（如反映其资金成本的1年期的SHIBOR）。在贷款到期的时候，银行还要同其交易对手结算价差。

很显然，总收益互换可以对冲信用风险暴露，但是这种互换又使银行面临利率风险，如图14-7所示，即使基础贷款的信用风险没有发生变化，只要SHIBOR发生变化，那么整个总收益互换的现金流也会发生变化。

图14-7 总收益互换的现金流

---

① 资料来源：http://www.cnfinance.cn/blog/article.php?uid=21&id=358,2010-09-28.

【例 14-2】 为了剥离出总收益互换中的利率敏感性因素,需要开发另一信用互换合约,这就是违约互换,或称为"纯粹的"信用互换。利用信用违约互换可以成为银行释放资金的有效手段。假定在交易对手 A 违约时,银行从互换合约交易对手那里得到 2 500 万美元的支付。这 2 500 万美元正好等于为冲抵信用风险损失所需要提取的资本金。若假定按资产面值 5%提取资本金,则违约会提供一笔新的总额为 5 亿美元的交易机会(2 500 万美元是 5 亿美元的 5%),而无须提取额外资本金,如图 14-8 所示,最后可以释放这些资本的机会成本为两个基本点。

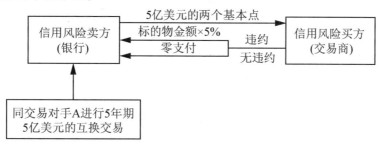

图 14-8 利用信用违约互换释放资金

现在来分析违约互换的现金流,如图 14-8 所示,银行在每一互换时期向作为交易对手的某一金融机构支付一笔固定的费用(如例 14-2 中的两个基本点)。如果银行的贷款并未违约,那么银行从互换合约的交易对手那里就什么都得不到;如果该笔贷款发生违约的情况,那么互换合约的交易对手就要向其支付违约损失,支付的数额等于贷款的初始面值减去违约贷款在二级市场上的现值或约定的比例(如例 14-2 中标的物金额的 5%)。在这里,一项纯粹的信用互换就如同购入了一份信用保险,或者是一种多期的违约期权。

【例 14-3】 利用信用违约互换合约的一种变体——"先违约先补偿"卖出期权来降低信用风险,如图 14-9 所示。假设银行持有的资产组合由 4 笔信用级别为 B 的高收益贷款构成,其中,每笔贷款的面值均为 1 亿美元,期限 5 年,利率为同业拆借利率加 200 个基本点。这些贷款的违约相关率很低,即在期权有限期内(如两年),一笔以上贷款同时出现违约的事情概率很小。"先违约先补偿"卖出期权能为这 4 笔贷款中任何一笔在两年内出现的违约损失提供补偿,从而降低了银行所面临的信用风险。若这段时间期内出现了 1 笔以上的贷款违约,则银行只能获得先发生违约的那笔贷款的补偿。

银行可能选择一个为期两年的期权使自己免除信用风险,而贷款的期限可能为 5 年。假定每笔贷款在两年中违约的概率为 1%。由于每笔贷款的违约是不相关的,则期权出售者在贷款违约时按贷款面值(1 亿美元)对银行进行补偿的概率为 4 笔贷款违约概率之和,或者说就是 4%。这接近于 B 级贷款的违约率,其违约差价为 400 个基本点。在进行这种交易后,银行所面临的违约风险会随贷款的数目呈几何级数下降,即出现 1 笔以上贷款违约的概率 $= (1\%)^2 \times \dfrac{4 \times 3}{2} = 0.000\ 6 = 0.06\%$[①]

---

① 1 笔以上贷款出现违约的概率等于 2 笔、3 笔和 4 笔贷款出现违约的概率之和。3 笔和 4 笔贷款在同一时间出现违约的概率非常小,所以在计算时忽略不计。此外,将一个由 4 笔贷款组成的组合,进行两两配对的方法有 6 种。

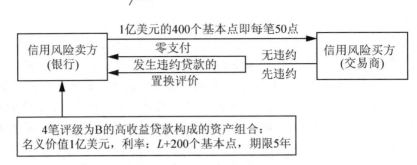

【14-5 拓展案例】

图14-9 "先违约先补偿"卖出期权

14.3.2 利用信用期权

1. 利用信用期权管理信用风险的机理

利用期权对冲信用风险的机理是银行发放贷款的收益，类似于出售以贷款者资产为标的资产的看跌期权的收益。这是因为，银行发放贷款时，其风险等价于出售该贷款企业资产看跌期权的风险，这样，银行就会寻求买入该企业资产的看跌期权来对冲这一风险。

2. 应用举例

最早运用这种信用风险对冲方式的是美国中西部的农业贷款。为了保证偿还贷款，小麦农场主被要求从芝加哥期权交易所购买看跌期权，以这一期权作为向银行贷款的抵押。如果小麦价格下降，那么小麦农场主偿还全部贷款的可能性下降，从而贷款的市场价值下降；与此同时，小麦看跌期权的市场价格上升，从而抵消贷款市场价值的下降。利用小麦看跌期权对冲贷款的信用风险如图14-10所示。

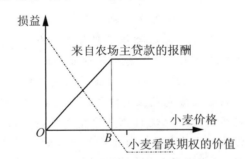

图14-10 利用小麦看跌期权对冲贷款的信用风险

如图14-10所示，当小麦价格为B时，农场主的资产（小麦）价值恰好保证能偿还银行贷款，同时小麦看跌期权的价值为零；当小麦价格从B下降时，银行贷款的报酬下降，但是同时小麦看跌期权的价值上升；当小麦价格从B上升时，银行贷款的报酬保持不变，同时小麦看跌期权的价值进一步下降。但是，小麦看跌期权是由农场主购买的，作为贷款的抵押，银行贷款的报酬并不发生变化，此时，农场主的最大借贷成本是购买小麦看跌期权的价格。

这种信用风险的对冲方法看上去很完美，但是存在以下两个问题。

(1) 农场主可能由于个人的原因,而不是因为小麦价格的下降而违约。也就是说,这种方法只保证了贷款者的还款能力,但是,对于贷款者的还款意愿却没有任何的保证。可是从前面内容可以知道,信用风险的产生是还款能力和还款意愿这两者共同作用的结果。

(2) 农场主要想获得贷款必须购买看跌期权,从而必须支付一定的期权费,使得农场主贷款的成本上升。从农场主的角度来看,他肯定不愿意这样做,如果银行强迫农场主购买期权,就有可能会损害银行和农场主的关系,如农场主可以不选择这家银行贷款。现在可以考虑一种更直接的对冲信用风险的方法——违约期权。这种期权在贷款违约事件发生时支付确定的金额给期权购买者,从而对银行予以一定补偿的期权。如图14-11所示,银行可以在发放贷款的时候购买一个违约期权,与该笔贷款的面值相对应。当贷款违约事件发生时,期权出售者向银行支付违约贷款的面值;如果按照贷款协议得以清偿,那么违约期权就自动终止。因此,银行的最大损失就是从期权出售者那里购买违约期权所支付的价格。这类期权还可以出现一些变体。例如,可以把某种关卡性的特点写入该期权合约中。如果交易对手的信用质量有所改善,如说从B级上升到A级,那么该违约期权就自动中止,作为回报,这种期权的出售价格应该更低。

另外,类似于与利率相关的期权,债券的发行也可以利用期权对平均信用风险贴水进行套期保值。

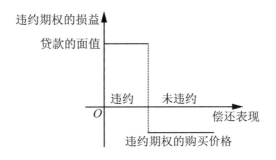

图14-11 违约期权的收益曲线

【例14-4】A公司信用评级为BBB+,它计划在两个月后发行总价值为100万元的1年期债券。如果在这两个月内该公司的信用等级下降,那么它付给投资者的信用风险贴水就会上浮,则该公司势必要以更高的利率发行债券,其融资成本必将升高。为了防止此类情况的发生,A公司可以购入一个买入期权,双方约定在信用风险贴水上浮到一定限度后,由期权的出售方弥补超出的费用。具体来说,若A公司买入一个在两个月后发行100万元债券的信用风险贴水的买入期权,期权价格为1万元,双方约定的信用风险贴水为1%,如果信用风险贴水升至2%,就会使A公司多付出1万元的融资费用,这些多付出的费用由期权的出售者负责偿付。同样,若信用风险贴水为0.5%,则买入期权无任何收益,但A公司可以用较低利率借款而较预定的借款费用节省了5 000元。因而,买入期权在信用风险贴水上升时可以使期权购买者以固定利率借款而避免损失,利率下降时也可以享有相应的好处。当然,享有这种权利的代价是要付出相应的期权费。

一、背景介绍

据港澳资讯数据中心统计：截至 2008 年 8 月 27 日的半年报显示。上市公司应收账款同比增加 23.4%。其中，木材家具、采掘业、机械设备仪表增加幅度最高，分别为 99.66%、66.46% 及 37.64%，木材家具最高。

现以木材家具行业的宜华木业（600978），公司名称（宜华木业股份有限公司）为例来说明，公司主要生产家具产品，生产的实木家具主要是出口。国外销售额占企业主营业务收入的 98.45%。

产品主要出口到美国、欧洲、日本、澳大利亚等地。其中，美国和澳大利亚是主要出口地。在国际上，美国次贷危机出现经济衰退等不利因素，据有关报道次贷危机使美国企业违约率大幅上升，这其中大部分债权人都是中国企业和供货商；宜华木业作为其中的一家。据 2008 年的半年报显示其净利润大幅增长 6.27% 的情况下，经营性现金流却下滑 −411.98%。其中，很重要的原因就是 2008 年上半年的应收账款为 89 093.19 万元，比去年的同期 40 505.14 万元增长 119.96%，应收账款周转率下降。由此可见，企业面临的风险很大，应收账款风险管理很重要，需警惕重蹈四川长虹覆辙。

二、分析与运用

根据公司现状用信用违约期权管理公司应收账款信用风险作个设想。

（1）公司根据客户档案资料及国内外评级机构的信息对当日发生的应收账款客户进行评级。按客户得分情况将其分成 3 个信用级别：A 级（80 分以上）、B 级（60～80 分）、C 级（60 分以下），将其结果进行存档。

（2）每周星期五将一周应收账款余额打包与银行订立半年期的信用违约期权合约，该信用违约期权为现金结算看涨期权。

假设公司上半年的应收账款 89 093.19 万元都属于 B 级客户。将上半年的应收账款 89 093.19 万元打包与银行订立信用违约看跌期权合约，设想信用违约期权合约内容如下。

买方：宜华木业股份有限公司

卖方：中国工商银行

标的物：6 个月到期的 B 级

应收账款总额：89 093.19 万元

结算日期：2008 年 6 月 30 日

执行日期：2008 年 12 月 31 日

执行价格：行业平均违约率 U_i 为 5%

期限：6 个月

① 假设因其意外原因，到期日发生应收账款 90% 的违约率，则企业可获得清偿支付额：

$$89\,093.19\,\text{万元} \times \max[(90\%-5\%), 0] = 75\,729.21\,(\text{万元})$$

这样使企业在面对突发事件时，应收账款信用风险也转移，对企业影响也不大。

② 假设到期日企业应收账款的违约率只为 3%，则企业可获得清偿支付额：

$$89\,093.19\,\text{万元} \times \max((3\%-5\%), 0) = 0$$

这时企业损失的是期权费，但是企业做这笔信用违约期权交易，锁定了风险，相对来说还是值得。

---

① 吴敏惠，马丽丽：《信用违约期权在应收账款信用风险管理中的应用》，《莆田学院学报》2010 年第 4 期。

通过分析当前应收账款信用风险管理和研究状况及当前信用衍生产品发展情况，借鉴国外衍生产品开展的成功经验，提出了信用违约期权在应收账款信用风险管理中的应用这一构想。尽管目前信用违约期权市场规模很小，仅限于一些金融市场和资本市场，参与者也比较狭窄，主要是一些商业银行和投资银行，但其成长速度很快。随着对信用违约期权的风险、信息不对称和监管等问题的不断深入研究，信用违约期权市场会越来越完善，吸引更多的投资者。转移风险的功能会使其成为企业管理信用风险不可或缺的衍生工具。

信用违约期权具有规避信用风险的积极作用，我国的市场是不完善的新兴市场，信用违约期权产品应用和推广虽然是迟早的事，但是需要国家更加完善的监管制度，同时它的实施还受到企业自身经营水平的限制，并需要企业领导和其他部门的重视与支持，以及需要专业的信用管理人员等。

14.3.3 利用信用联系票据

1. 利用信用联系票据管理信用风险的机理

如前所述，信用联系票据是指同货币市场票据相联系的一种信用衍生品。信用联系票据的购买者提供信用保护，一旦信用联系票据的标的资产出现违约问题，信用联系票据的购买者就要承担违约所造成的损失。信用联系票据的发行者，相当于信用保护的购买者，他向信用联系票据的购买者支付一定的利率。如果违约情况未发生，信用联系票据的发行者还有义务在信用联系票据到期的时候归还全部的本金；如果违约情况发生，他只需支付信用资产的残留价值。

银行可以利用信用联系票据来对冲公司贷款的信用风险。同时，它还可以作为一种融资手段，因为它还为其发行银行带来现金收入。从某种意义上说，信用联系票据是对银行资产的一种重组，但是同其他信用衍生品一样，贷款本身还保留在银行的账户上。

随着信用联系票据的发展，出现了专门从事信用联系票据业务的金融机构。这些金融机构通常以 SPV（Special Purpose Vehicles）的形式发行信用联系票据，发行 SPV 所得的收入用于购买安全性较高的资产，如国库券或者货币市场资产等。有信用风险对冲需求的机构可以同 SPV 的发行者签订一种"纯粹"的信用互换合约。当违约事件发生时，SPV 的发行者负责向购买者赔偿违约资产的损失，这一支付过程由 SPV 的发行者用发行 SPV 获得的收入所购买的安全性资产来保证。对 SPV 的发行者而言，这一交易过程不存在什么风险，它实质上是信用保护的需求者（如有信用风险对冲的需求银行等）和信用保护的提供者之间的中介机构。SPV 的购买者是信用保护的提供者，其收入就是安全性资产的利息以及 SPV 发行者从信用风险对冲机构那里收取的一部分费用，其具体交易过程如图 14-12 所示。

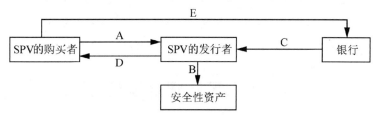

图 14-12 以 SPV 形式发行的信用联系票据

注：①. A—SPV 的购买者向 SPV 的发行者购买 SPV；
②. B—SPV 的发行者用发行 SPV 的收入购买安全性资产；
③. C—SPV 的发行者同有信用风险对冲需求的机构如银行签订信用互换合约；
④. D—SPV 的发行者向 SPV 的购买者支付安全性资产的利息以及一部分从银行收取的费用；
⑤. E—SPV 的购买者向银行间接提供信用保护。

与违约互换相比较，信用联系票据减少了交易对手风险，因此，有着对冲信用风险需求的机构更倾向于采取这种方式。

2. 应用举例

【例 14-5】某网上购物公司筹集资金发行债券，采取的是 1 年期信用联系票据的形式。若当全国的购物平均欺诈率低于 5% 时，则偿还投资者本金和 10% 的利息（一般高于同类债券利率）；若该欺诈率高于 5%，则只支付本金和本金 6% 的利息。据此可以看到，该公司利用信用联系票据相应地减少了信用风险。当欺诈率低时，公司收益很可能提高，因而可以付 10% 的利息；而当欺诈率高时，公司的收益会因此而降低，也就只需支付本金和 6% 的利息，具体如图 14-13 所示。该产品的利率一般高于同类债券，因此，投资者会为此而购买。

图 14-13 利用信用联系票据管理信用风险

【例 14-6】某信用卡公司为筹集资金而发行债券。为了降低公司业务的信用风险，公司可以采取 1 年期信用联系票据的形式。此票据承诺，当全国的信用卡平均欺诈率指标低于 5% 时，偿还投资者本金并给付 8% 的利息（高于一般同类债券利率）；该指标超过 5% 时，则给付本金并给付 4% 的利息。因此，信用卡公司就可以利用信用联系票据减少信用风险。若信用卡平均欺诈率低于 5% 时，则公司业务收益就有保障，公司有能力给付 8% 的利息；而当信用卡平均欺诈率高于 5% 时，则公司业务收益很可能降低，公司可以少付利息，这在某种程度上等于是从投资者那里购买了信用保险。投资者购买这种信用联系票据是因为有可能获得高于一般同类债券的利率。在这个例子中，债券购买者是保护的提供者，因为他在购买债券的同时就购买了债券附属的信用联系票据；债券的发行者（即信用卡公司）是保护的需求者；所要规避的信用风险是信用卡公司从事的信用卡业务。

【例 14-7】交易方 A 从交易方 B 那里买进信用联系票据，交易方 B 又持有交易方 C 发行的票据。如果交易方 C 无法对交易 B 做出清偿，那么后者可以减少其对交易方 A 的债务。在这方面，交易方 A 将承担交易方 B 和交易方 C 某些信用风险。交易方 B 通常是银行，因此，能够转嫁一部分不愿承担的信用风险。当然，交易方 A 作为信用联系票据的购买者，因承担风险而要求风险补偿，所以会收取更高的利息。

14.4　信用风险管理策略的比较

衍生品正成为信用风险管理中应用越来越多的工具。目前运用最多的有信用互换、信用期权和信用联系票据，在此基础上，又产生了许多变异形式。但不管是哪种信用衍生品，其基本思路都是一样的，即通过放弃部分收益，将风险转移给那些有能力并且愿意承担风险的人。每种工具都各有优缺点，见表14-1。

表14-1 信用风险管理工具的比较

工具名称	主要优点	主要缺点
信用互换	①属于场外交易的金融合约；②交易具有同一性和灵活性；③收益共享，风险分散；④卖方向买方承担的支付义务属于"或有支付"	①不能灵活转手交易；②信用互换交易中支付费用的一方面临交易对手无法或不愿履约的风险；③对冲信用风险的同时面对利率风险
信用期权	①属于场内交易产品；②流动性强，可灵活平仓对冲；③利率下降或上升都享有相应的好处	①交易成本较高；②保值结果受信用等级变动的影响；③预先支付期权费
信用联系票据	①是一种表内交易工具；②可作为一种融资手段；③减少了交易对手的风险	①有一定的交易成本；②存在一定的违约风险

总收益互换可以对冲信用风险暴露，但是，这种互换又使银行面对着利率风险。从信用风险购买者的角度来看，如果购买者的融资成本高于银行的融资成本，或购买者想通过杠杆融资来建立敞口的话，总收益互换合约就能够为购买者创造价值。总收益互换合约还可以为购买者提供进入流动性稍差的信贷市场的机会，在一般情况下，他们是无法涉足这类市场的。对缺乏贷款经验的投资者而言，总收益互换合约提供了一种很方便的投资机会。从出售方的角度看，总收益互换合约有利于资产多样化并进而降低了信用风险敞口。出售者在不通过公开市场交易的情况下，就可以出售贷款组合，而同时还能维持同公司客户间的良好业务关系。

在信用违约互换中如果发生"信用事件"，信用保护卖方须向信用保护买方进行信用违约支付；如果未发生约定的信用事件，信用保护卖方就是零支付。因此，卖方承担的支付义务属于"或有支付"。尽管如此，买方仍要承担一定的风险，如利率波动风险等。在为信用违约互换具体定价时，主要考虑违约的概率、违约的可能时间、回收价值及集资成本。尽管信用互换的定价技术已经很成熟，但是，违约的概率、违约的可能时间等的测定都影响其价格的准确性。

在利用期权对冲信用风险过程中，运用一般的看跌期权规避资产价格下降的风险存在一些问题，看跌期权只能保证贷款者的还款能力，但不能保证贷款者的还款信用。同时，贷款者想获得贷款必须买入看跌期权，从而增加了他的贷款成本。利用信用违约期权管理信用风险虽然在风险升水中可以避免损失和获得一定的好处，但要享有这项权利也是有代价的——付出期权费。

信用联系票据是一种附息票据，它是将信用风险证券化的结果，包括一张息票和与贷款情况相联系的赎回条款。与总收益互换合约不同，信用联系票据是一项有形资产，该资产的杠杆融资化比率可达到10倍。由于不存在追加保证金要求，对投资者来说，信用联系票据可能造成的损失是有限的，而收益则可能是无限的。有些信用联系票据还可以得到穆迪或标准普尔这类公司的信用评级。信用联系票据属于资产负债表内的金融工具，它的交易不会引起标的资产所有权的转移。与违约互换相比较，信用联系票据减少了交易对手风险，因此，有着对冲信用风险需求的机构更倾向于采取这种方式。

【第 14 章小结】

 思考与练习

1. 如何利用期权来规避信用风险？其原理是什么？
2. 试分析总收益互换和违约互换整个过程的现金流，说出它们的不同。
3. 信用联系票据的本质是什么？
4. 比较各种信用风险管理策略的优缺点。
5. 二十大报告指出，"防范金融风险还须解决许多重大问题"。要"强化金融稳定保障体系，依法将各类金融活动全部纳入监管，守住不发生系统性风险底线"。这为新时代管理信用风险、维护人民财产安全提供了重要遵循和根本指南。请结合二十大报告，从宏观和微观两个层面，思考如何更好地管理信用风险？

【第 14 章在线答题】

第 15 章 投机和套利

学习目标及思维导图

本章主要介绍运用金融衍生工具，如期货、远期、期权、互换进行投机和套利。其中，运用期货、期权进行投机和套利是本章的重点和难点。

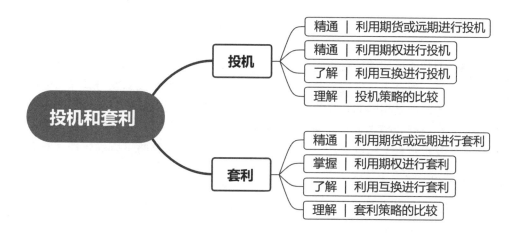

15.1 投　　机

在我国，金融市场是广大投资者和生产经营者进行风险转移活动的场所。套期保值、投机和套利都是金融市场上常见的交易行为。套期保值在前面的章节中已经提及，本章重点介绍在金融市场中如何运用金融工具进行投机和套利的。

15.1.1 利用期货或远期进行投机

1. 运用期货或远期进行投机的机理

【15-1 拓展视频】

期货或远期的基本内容参照本书第5、6章，在此不再赘述。投资者运用期货或远期进行投机是建立在投资者根据自己对未来价格变动的预期进行交易，通过承担风险而获取收益。从本质上看，期货或远期与其标的资产价格的风险源是相同的，只是交割时间不同，因而期货或远期与标的资产现货之间存在良好的替代关系。期货或远期的投机策略往往采用比较直接的方式：买入预期价格将上涨的资产（多头投机）或卖出预期价格将下降的资产（空头投机）。

2. 应用举例

【例15-1】某投机者通过分析，预测黄金期货看涨，于是在3月1日买入CBOT6月黄金期货合约100张，共计10 000盎司，每盎司1 817美元。在3月20日时，投机者会面临3种情况：一是价格上涨，投机者获利；二是期货价格不变，投机者不盈不亏；三是价格下跌，投机者亏损。（以下的分析均忽略交易成本、税收和其他费用）

第一种情况，由于俄罗斯等主要生产国宣布当年黄金减产，因而黄金供给紧张，导致黄金价格上涨，3月20日，CBOT6月黄金涨至1 821美元，该投机者抛出合约对冲，投机者盈利4［（1 821－1 817）×10 000］美元。

第二种情况，3月20日，6月份到期的黄金期货合约的价格不变，则该投机者在平仓时将没有盈利也没有亏损。

第三种情况，3月20日，由于大量的利空消息，黄金期货合约的价格跌至1 813美元/盎司，则该投机者亏损4((1 817－1 813)×10 000)美元。期货的多头投机损益如图15-1所示。

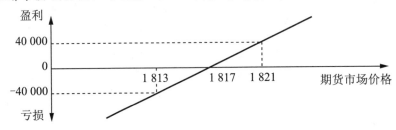

图15-1　期货的多头投机损益

投机者一旦建立了多头投机部位,则其盈亏将完全取决于期货市场价格的变动方向和变动幅度。如果市场价格上涨,那么投机者可获利。市场价格上涨得越高,则投机者获利就越多。反之,如果市场价格下跌,那么投机者会亏损。市场价格下跌得越低,则投机者亏损就越多。因此,期货的投机面临的风险和盈利都是对称的。

【例 15-2】某投机者预测原油价格可能下跌,于是在 5 月 25 日在纽约商业交易所卖出 9 月原油期货合约 10 张,共计 10 万桶,每桶价格 17.25 美元。5 天后,投机者会面临以下 3 种情况。

第一种情况,如果原油价格下跌至 16.25 美元/桶,该投机者买入原油期货合约对冲,投机者盈利 100 000[(17.25-16.25)×100 000]美元。

第二种情况,如果原油价格不变,则该投机者在平仓时将没有盈利也没有亏损。

第三种情况,如果原油价格上涨至 18.25 美元/桶,则该投机者亏损 100 000[(18.25-17.25)×100 000]美元。空头期货投机损益如图 15-2 所示。

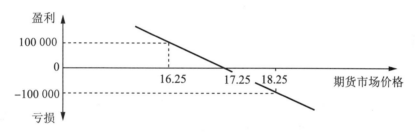

图 15-2 空头期货投机损益

15.1.2 利用期权进行投机

1. 运用期权进行投机的机理

这里主要介绍运用期权进行纯投机交易,它把期权当作单一品种来做。期权投机也可以分为多头投机和空头投机。多头投机是投机者买入看涨期权或看跌期权以期通过价格上升或下降,通过行权或对冲而获利。空头投机是投机者卖出看涨期权或看跌期权以期通过价格下跌或上升,买方放弃行权从而获得期权费。

【15-2 拓展视频】

2. 应用举例

【例 15-3】假设有一只看涨期权:标的物为玉米期货、行权价为 1 600 元/吨、到期日为 2023 年 1 月 1 日,假设当前的权利金为 50 元/手、行权比例数值为 10(针对买方而言,1 手期权可按行权价购买 10 吨玉米期货)。投机者预测玉米价格会上涨,买了 1 手该看涨期权。假设一个月后,玉米期货的价格涨到了 1 700 元/吨,该期权投机方案分析见表 15-1。

表 15-1　期权投机方案分析

	方案一	方案二
玉米期货现价为 1 700 元/吨	直接将手中持有的该期权按 1 700 元的市价卖出了结	可以按该期权的行权价 1 600 元/吨行权购入 10 吨的玉米期货，而这时的玉米期货的价格已经达到了 1 700 元/吨，那么他完全可以将行权购来的玉米期货再按 1 700/吨的市场价卖出，从中获利 100 元/吨×10 吨＝1 000 元
期权权利金	50 元	
投机结果	获利 950 元	

如果玉米期货现价为 1 580 元/吨，那么他完全有权利按 1 580 元/吨的市价购买 10 吨玉米期货，但会造成 200 元的亏损。因此，这个看涨期权此时就没有内在价值，也就是没有行权价值。这时他可以放弃行权也可以卖出了结，这时他最大的损失就是权利金 50 元。该期权投机效果如图 15-3 所示。

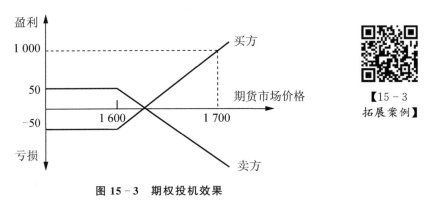

图 15-3　期权投机效果

15.1.3　利用互换进行投机

1. 运用互换进行投机的机理

互换投机以各种参与者在资本市场的不同融资来源的比较优势为基础。当投资者的交易目的不是降低融资成本、规避利率风险或匹配资产负债，而是获取点差收益时，人们就可以认为该投机者在进行互换投机交易。一般的互换投机者主要是机构投资者（如跨国公司、银行、基金公司等）。运用利率互换进行投机主要依靠对利率不同的预期，投机机构预期利率上涨，他们向银行购买一份以固定对浮动的利率互换合约，从而获取利率上涨带来的收益；相反，如果预期利率下跌，他们向银行购买一份以浮动对固定的利率互换合约，从而获取利率下跌带来的收益。

2. 应用案例

1997 年的亚洲金融危机席卷亚洲各国，泰国是第一个受害者。投机者运用各种金融工具和手段迫使泰铢贬值从而攫取巨额的投机利润。下面主要分析对冲基金是怎么运用互换进行投机的。

投机者主要利用中央银行的防御进行互换投机。泰国作为被投机国，其中央银行实行的是固定汇率制。面对汇率的贬值，中央银行有义务捍卫本国货币币值的稳定或"固定"。因此，不管是投机者刻意抛售本国货币，还是银行为保值而抛售本币，只要本币有大幅度贬值的迹象，中央银行就有义务采取相应措施维护本币。而中央银行一般采取的措施是直接入市买入被抛售的本币，以平衡市场供求关系，或间接地抬高本币利率以抬高投机者的融资成本。如果中央银行提高利率，投机者则可以通过利率互换合约①投机炒息，具体操作如图 15-4 所示。

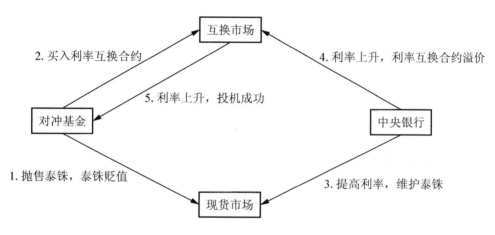

图 15-4 对冲基金利用互换投机

15.1.4 投机策略的比较

投机作为金融市场中重要的交易形式，它是一把双刃剑：一方面投机发挥了风险分散和提高市场效率等的作用；另一方面投机也加剧了市场波动和风险。投机策略主要运用期货或远期、期权和互换等金融工具，这些金融工具各有其优缺点，见表 15-2。在实际运用过程中，人们通常会将这些金融工具加以组合应用，从而创造出各种独具特色的组合策略进行投机获利。

---

① 利率互换合约在第 7 章有详细讲述。该案例选自西北大学《国际金融》精品课程中的案例。

表 15-2 投机策略的优缺点比较

工具名称	主要优点	主要缺点
期货或远期策略	①具有较高的流动性; ②交易成本较低,主要是经纪人佣金及手续费; ③具有高杠杆性,潜在收益高; ④投机所面临的风险和盈利是对称的	①投机风险高; ②投机者一旦预测失误,将承受巨大损失
期权策略	①买入期权策略损失有限,最大损失是期权费; ②买入期权策略风险相对较低; ③可获得价格往有利方向变动的收益	①需交纳一定比例的期权费,成本相对较高; ②卖出期权策略风险较高,潜在损失大
互换策略	①成本较低; ②手续较简,交易可迅速达成; ③风险较小	①投机性的互换机会少; ②利率、汇率波动幅度小,获利有限

总之,由于投机策略使用者的收益目标和承受能力不尽相同,所以,事实上并不存在一种适用于所有投机者的最优投机策略。投机者究竟采用哪种策略来进行投机,应根据自身所面临的实际情况以及自己对风险和收益之间的权衡来决定。

15.2 套 利

套利就是利用市场上两种相同或相关资产暂时出现的不合理的价格偏差,通过同时买进和卖出这两种资产或相关资产,从中赚取价格差的交易行为。套利是市场无效率的产物,套利的结果则使市场效率提高。根据金融市场上暂时存在的不合理价格关系①,套利可分为跨时间套利(包括期现套利)、跨商品套利和跨市场套利 3 种类型。理论上的套利没有风险,但在现实世界中,大部分套利存在风险,并且至少需要一些适量的投资。

15.2.1 利用期货或远期进行套利

由于期货的套利和远期的套利有些差别,因此,对其作分别讨论。期货套利的本质是利用现货市场和期货市场之间、不同品种的期货合约之间、不同交易时期的期货合约之间的价差来获利。套利的 3 种类型在期货市场上表现得非常明显,那么利用期货和现货市场,可以实现跨时间套利、跨商品套利和跨市场套利。

1. 利用期货进行套利

(1)跨时间套利。

跨时间套利是指套利者在同一市场利用同一种商品不同交割月份合约之间的价格差的变化,买进某一交割月份期货合约的同时卖出同一交割月份的同类期货合约,从而通过两份合约的对冲谋取利润。跨时间套利主要有 4 种交易形式。

---

① 具体可见第 1 章 1.3.3 节的内容。

①牛市套利。

牛市套利又称买空套利或多头套利,交易方式是买近卖远,其交易原理是利用近期月份在牛市中的领涨作用或抗跌性强的特点,买进近期交割月份期货合约的同时卖出远期交割月份期货合约,通过两份合约的对冲谋取利润。如果市场看涨,那么近期合约的价格上涨幅度会大于远期合约的价格上涨幅度;反之,如果市场看跌,那么近期合约的价格下跌幅度会小于远期合约的价格下跌幅度,这样投资者就可在将来对冲平仓时从中获利。

【例15-4】某交易商在1月初入市进行玉米套利交易。假如此时5月玉米期货价格为2 150元/吨,9月玉米期货价格为2 100元/吨;交易商认为这两种期货价格的价差异常,到3月时这两者的价差会扩大,于是该交易商下达套利指令:买入100手5月玉米期货合约,同时卖出100手9月玉米期货合约。3月的时候,5月玉米期货价格上涨为2 250元/吨,9月玉米期货价格上涨为2 150元/吨。该交易商将5月玉米期货和9月玉米期货全部平仓,套利分析见表15-3。

表15-3 牛市套利分析

交易	买进	卖出	价差
1月 建立套利	100手5月玉米期货合约价格为2 150元/吨	100手9月玉米期货合约价格为2 100元/吨	50元/吨
3月 完成套利	100手9月玉米期货合约价格为2 150元/吨	100手5月玉米期货合约价格为2 250元/吨	100元/吨
套利结果	5月:(2 250-2 150)×100×10=100 000(元) 9月:(2 100-2 150)×100×10=-50 000(元) 获利:100 000-50 000=50 000(元)		

注:1手=10吨。

从表15-3可以看出,5月期货合约价格比9月期货合约价格在1—3月期间上涨幅度快。从而两者之间的价差扩大,通过套利,交易商获利50 000元。

②熊市套利。

熊市套利又称卖空套利或空头套利,交易方式为卖近买远,其交易原理与牛市套利正好相反,投资者应该买进远期交割月份期货合约,同时卖出近期交割月份期货合约,通过两份合约的对冲来获取利润。如果市场看跌,那么近期合约的价格下跌幅度会大于远期合约的价格下跌幅度。反之,如果市场看涨,那么近期合约的价格上涨幅度会小于远期合约的价格上涨幅度,跨期交易者就可以从中获利。

【例15-5】某交易商5月进入市场。此时8月大豆期货价格为9.45美元/蒲式耳,12月大豆期货价格为9.15美元/蒲式耳。交易商认为这两者价差异常,3个月后价差会缩小,于是下达套利指令:卖出2手8月大豆期货合约,买进2手12月大豆期货合约。到了8

月,再将这两种期货对冲平仓,套利分析见表15-4。

表15-4 熊市套利分析

交易	卖出	买进	价差
5月 建立套利	2手8月大豆期货合约价格为9.45美元/蒲式耳	2手12月大豆期货合约价格为9.15美元/蒲式耳	0.3美元/蒲式耳
8月 完成套利	2手12月大豆期货合约价格为8.95美元/蒲式耳	2手8月大豆期货合约价格为9.15美元/蒲式耳	−0.2美元/蒲式耳
套利结果	8月:(9.45−9.15)×2×5 000=3 000(美元) 12月:(8.95−9.15)×2×5 000=−2 000(美元) 获利:3 000−2 000=1 000(美元)		

注:1手=5 000蒲式耳。

③蝶式套利。

蝶式套利是一种组合套利方式,它利用若干个不同交割月份合约的价差变动来获利,是由一手牛市套利和一手熊市套利组成。其方法有两种:一是买近月、卖中间月、买远月;二是卖近月、买中间月、卖远月。在蝶式套利中,居中月份合约等于两旁月份合约之和。

【例15-6】如表15-5所示,3月1日,某期货交易所的5月、7月、9月玉米期货合约价格分别为2 100元/吨、2 150元/吨、2 200元/吨。假如2个月后,5月、7月、9月玉米期货合约价格分别为2 220元/吨、2 230元/吨、2 280元/吨,问:交易商应该如何套利?

表15-5 蝶式套利分析

交易	5月玉米期货合约	7月玉米期货合约	9月玉米期货合约
3月1日 建立套利	买进2手5月玉米期货合约价格为2 100元/吨	卖出4手7月玉米期货合约价格为2 150元/吨	买进2手9月玉米期货合约价格为2 200元/吨
5月1日 完成套利	卖出2手5月玉米期货合约价格为2 220元/吨	买进4手7月玉米期货合约价格为2 230元/吨	卖出2手9月玉米期货合约价格为2 280元/吨
套利结果	盈利2 400元	亏损3 200元	盈利1 200元
	盈亏:2 400−3 200+1 200=400(元)		

注:1手=10吨。

④期现套利。

期现套利是根据同种商品现货市场与期货市场的价格差(即基差)在交易者扣除所有成本后,基差范围内仍存在交易利润的情况下,持有仓单现货,最后通过实物交割的方式,实现盈利的过程。同时,期货卖出仓位可以根据行情演变过程中基差变化对自身有利时平仓，多次转换（包括换月持仓），从而达到比预期更好的利润效果。期现套利既属于跨期套利的范畴又属于市场套利的范畴。其操作原理为期货价格与现货价格之间的价差（基差①）应该等于该商品的持有成本②。因此，期货价格应该高于现货价格，若基差与持有成本不相等，则出现了期现的套利机会。

期现套利主要包括正向期现套利和反向期现套利两种。正向期现套利是指当期货价格与现货价格的价差高于持仓成本时，套利者通过买进现货卖出远期期货，直到期货合约到期时用所持现货商品到期货市场交割。反向期现套利则是指当期货价格相对被低估时，即价差远远小于持仓费用时，套利者通过卖出现货买入相关期货合约，等到期货合约到期交割时期货与现货的价格必定会趋于一致。

【例15-7】假设1月15日时大连大豆5月期价在2 100元/吨，而组织产地现货运至定点交割库，注册成标准仓单，总成本为1 850元/吨，现货持有时间为2月25日—5月15日（其中，持有标准仓单时间为4月15日—5月15日）。则：持仓总成本30元/吨（现货占用资金利息按年银行贷款利率6%计）；仓储费28元/吨（0.6元/吨天×30天＋0.2元/吨天×50天）；增值税、交易交割费50元/吨；其他费用22元/吨。利用基差进行该期现结合交易方案的净利为120[（2 100－1 850－30－28－50－22）]元/吨。

该案例中，组织现货可以有两种途径：一是在1月18日前，即1月合约最后交易日之前直接在期货市场购买1月合约进行买方交割，盘面显示以1 800～1 830元/吨之间的平均价可以买到；二是从现在开始，直接去东北产地收购、整理、包装、运输至大连交割库，经检验入库注册仓单。

(2) 跨商品套利。

跨商品套利是指利用两种不同但相互关联的商品之间的期货合约价格差进行的套利交易。跨商品套利必须具备以下三个条件：一是两种商品之间应具有关联性或相互替代性；二是买进或卖出的期货合约的交割时间应是相同或相近的；三是交易价格受一些相同或相似的因素影响，从而使两种合约的价格变动方向是一致的。进行跨商品套利的具体操作为买入（卖出）某一交割月份某种商品的期货合约同时卖出（买入）与之相互关联的另一相同交割月份商品期货合约，在将来同时将这两种合约对冲平仓从而获利。

①相关商品间的套利。

相关商品间的套利广泛地应用于农产品和金融期货交易中，其中，小麦/玉米套利交易是较为流行的一种。

【例15-8】在农产品中，小麦、玉米有着大致相同价格变动趋势。在芝加哥期货交易所，5月1日时，9月小麦期货合约价格为4.9美元/蒲式耳，9月玉米期货合约为3.9美元/蒲式耳。交易商认为目前两者的价差偏小，3个月后价差会扩大，于是该交易商下达套利指令：买入2手10月小麦期货合约，卖出2手10月玉米期货合约。3个月后，再将其对冲平仓，套利分析见表15-6。

---

① 基差＝现货价格－期货价格。
② 持有成本是指商品的储藏成本加上为资产融资所需支付的利息再扣掉持有资产带来的收入。

表 15-6　相关商品间的套利分析

交易	小麦期货	玉米期货	价差
5月 建立套利	买入2手10月小麦期货合约 价格为4.9美元/蒲式耳	卖出2手10月玉米期货合约 价格为3.9美元/蒲式耳	1美元/ 蒲式耳
8月 完成套利	卖出2手10月小麦期货合约 价格为5.4美元/蒲式耳	买入2手10月玉米期货合约 价格为4.1美元/蒲式耳	1.3美元/ 蒲式耳
套利结果	获利0.5美元/蒲式耳	亏损0.2美元/蒲式耳	扩大0.3美元/ 蒲式耳
	获利：(5.4－4.9＋3.9－4.1)×5 000×2＝3 000(美元)		

注：1手＝5 000蒲式耳。

②原料与成品间的套利。

原料与成品间的套利也称可转换性商品套利，它主要利用原材料商品和它的制成品之间的价格关系进行套利交易。最典型的是大豆与两种制成品——豆油、豆粕之间的套利。3种商品之间有两种做法：大豆提油套利①和反向大豆提油套利。

大豆提油套利经常是大豆加工商在市场价格关系基本正常时进行的，目的是防止大豆价格突然上涨，或豆油、豆粕价格突然下跌引起的损失，或使损失降至最低。由于大豆加工商对大豆的购买和产品的销售不能够同时进行，因而存在一定的价格变动风险。大豆提油套利的具体操作为购买大豆期货合约的同时卖出豆油和豆粕的期货合约，并将这些期货交易头寸一直保持在现货市场上，购入大豆或将成品最终销售时才分别予以对冲。这样，大豆加工商就可以锁定产成品和原料间的价差，防止市场价格波动带来的损失。

反向大豆提油套利是指买入成品期货合约的同时，卖出原料期货合约，利用两者间价差的异常波动进行套利。它是大豆加工商频繁进行的套利交易。其具体操作为卖出大豆期货，同时买进豆油和豆粕的期货合约，同时缩减生产，减少豆粕和豆油的供应量，三者之间的价格关系会趋于正常，这时交易者再分别平仓。

(3)跨市场套利。

跨市场套利是指在某个期货交易所买入(或卖出)某一交割月份的某种商品合约的同时，在另一个交易所卖出(或买入)同一交割月份的同种商品合约，以期望在有利的时机分别对冲两份期货合约。在期货市场上，许多交易所经营着相同种类的期货商品。由于区域间的地理差别，各交易所中的相同期货合约间往往存在一定的价差关系。当这种价差关系受到某些因素影响从而使不同交易所里的期货合约价格发生异常变动时，套利者就可以购买价格低的期货合约，同时抛售价格高的期货合约，以期在价格关系趋于正常时再进行平仓，从而获得价差收益。

---

① 大豆提油套利在一些期货专门书籍中有此类表述，在中国期货理财网和百度百科等网站也有相关表述。

跨市场套利策略常用于贵金属商品（如铜、铝、黄金、白银等）的交易，也用于农产品（如玉米、小麦、糖、棉花等）的交易。目前，上海期货交易所、大连商品交易所、郑州商品交易所上市交易的品种都不相同，因此，国内期货市场上无法进行期货商品的跨市场套利。在国际市场中，能够经常进行跨市场套利的商品和交易所见表 15-7。

表 15-7 跨市场套利的商品和交易所

商　品	交　易　所
铜、铝	伦敦金属交易所和纽约商品交易所
黄金	伦敦黄金期货市场、纽约商品交易所、芝加哥商品交易所、芝加哥商品交易所国际货币市场分部、新加坡国际货币交易所等
白银	伦敦金属交易所、纽约商品交易所、芝加哥商品交易所
小麦	芝加哥商品交易所和明尼阿波利斯谷物交易所
糖	伦敦白糖期货交割中心和纽约咖啡、糖、可可交易所

【例 15-9】8 月初，受利空因素影响，伦敦黄金期货交易所 12 月黄金期货的价格为 1 750.00 美元/盎司，同时纽约商品交易所 12 月黄金期货的价格为 1 755.00 美元/盎司。某投资者注意到了这一异常状况，并判断价格还会下跌，于是果断入市进行套利。一周后，伦敦和纽约两市场的价格分别跌至 1 747.00 美元/盎司、1 749.00 美元/盎司。问：该投资者应该如何进行套利？（注：跨市场套利结果见表 15-8）

表 15-8 跨市场套利结果

交　易	伦敦黄金期货交易所	纽约商品交易所	价差
8月1日 建立套利	买入 1 份 12 月黄金期货合约价格为 1 750.00 美元/盎司	卖出 1 份 12 月黄金期货合约价格为 1 755.00 美元/盎司	5 美元/盎司
8月8日 完成套利	卖出 1 份 12 月黄金期货合约价格为 1 747.00 美元/盎司	买入 1 份 12 月黄金期货合约价格为 1 749.00 美元/盎司	2 美元/盎司
套利结果	亏损 3 美元/盎司 净盈利：3 美元/盎司	获利 6 美元/盎司	缩小 3 美元/盎司

2. 利用远期进行套利

远期套利是利用远期价格与标的资产现货价格的差异来进行套利。这里主要介绍外汇远期套利和利率远期套利。

【例 15-10】假设英镑现货汇率为 1.605 美元/英镑，6 个月英镑远期汇率为 1.610 美元/英镑，6 个月期美元和英镑无风险年利率（连续复利）分别为 6% 和 8%。问：套利者应该如何套利？（注：外汇远期套利结果见表 15-9）

表 15-9　外汇远期套利结果

	现货市场	远期市场
3月1日	① 以 6% 的年利率借入 1 605 万美元，期限为 6 个月； ② 按市场汇率将 1 605 万美元兑换成 1 000 万英镑； ③ 将 1 000 万英镑以 8% 的无风险利率贷出，期限为 6 个月	以 1.610 美元/英镑的远期汇率卖出 165 份英镑远期①，共计 1 031.25 英镑
9月1日	① 收回贷款本息共 1 040.81 万英镑； ② 将 1 031.25 万英镑用于远期交割，剩余 9.56 万英镑	① 交割远期得 1 031.25×1.61＝1 660.31 万美元； ② 用 1 653.88 万美元归还贷款本息，剩余 6.43 万美元
套利结果	9.56 万英镑＋6.43 万美元	

通过以上操作，套利者在现货和期货市场上都有盈利，套利结果为 9.56 万英镑＋6.43 万美元。

【例 15-11】假设现在 6 个月年利率为 8%（连续复利，下同），6 个月到 1 年的远期利率为 9%，1 年期的即期利率为 10%。问：套利者应该如何进行套利？

套利步骤：
① 从 8% 的年利率借入一笔期限为 6 个月、金额为 100 万元的款项；
② 按 10% 的年利率将 100 万元贷出 1 年；
③ 以多头身份签订一份 6×12 月远期利率协议，合同利率为 9%、金额为 104.08 万元；
④ 6 个月后，投资者可以按 9% 的利率借入 6 个月期金额为 104.08 万元，并将其用于偿还到期债务；
⑤ 1 年后，收回 1 年期的贷款，可获本息为 $100 \times e^{0.1 \times 1} = 110.52$ 万元，并将 108.87 万元用于归还到期债务，最终套利者获利为 1.65 万元。

15.2.2　利用期权进行套利

期权套利策略是同时买进和卖出一张或多张期权合约，利用相同品种或相互关联的现货（期货）商品但不同交割月份的合约价格趋于同方向运动的规律来获利。期权有买进看涨期权、买进看跌期权、卖出看涨期权、卖出看跌期权 4 种最基本的单一交易策略。在现实中，往往利用期权组合进行套期保值或套利交易。期权套利可分为垂直套利、水平套利和组合套利。垂直套利（vertical spread）是指两手期权的到期日相同但履约价（或执行价）不同的套利。根据买入是看涨还是看跌，也就出现了牛市看涨期权垂直套利和熊市看跌期权垂直套利；水平套利（horizontal spread）又称日历套利（calendar spread）或时间套利（time spread），是指同时买卖履约价格相同、类别相同但到期月份不同的两份期权进行套利，可分看涨期权水平套利和看跌期权水平套利两种；因为期权组合的方式很多，所以组合套利的种类很丰

---

① 每份合约规模为 6.25 万英镑。

富,有跨式(straddle)套利、宽跨式(strangle)套利,条式(Strip)组合套利和带式(strap)组合套利等。利用期权进行套利的具体内容可见第 8.3.3 节和 8.3.4 节,此处不再赘述。

15.2.3 利用互换进行套利

互换套利是以各种参与者在资本市场的不同融资来源的比较优势为基础。在互换交易中,互换双方各自将其在某一市场的比较优势进行交换,以达到各自融资或投资的目的。互换双方的比较优势主要表现在各自的税后成本或融资渠道方面。资本市场比较优势这一原则适用于包括利率互换和货币互换交易在内的所有互换交易。根据套利收益来源的不同,互换套利可大致分为信用套利、税收和监管套利两种。

1. 信用套利

(1)运用互换进行信用套利的机理。

从互换的本质上看,它具有明显的套利功能,这一套利功能源于不同等级的企业在不同的债务市场上(主要指固定利率和浮动利率市场)的利率差存在结构性差异。其套利原理为互换借助于不同市场给予不同公司信誉差的结构性定价差异,投机者通过在出现较低利率差的市场买入较低的利率差,在出现较高利率差的市场卖出较高的利率差,从而实现跨市场套利。

(2)应用举例。

【例 15 - 12】假设一家 A 公司是一家 AAA 级公司,可以按 SHIBOR+10 个基点的浮动利率(SHIBOR+10bp)借入 5 年期资金,或者按 11%的固定利率借入相同数量相同期限的资金。而 B 公司是一家 BBB 级公司,可以按 SHIBOR+50 个基点的浮动利率(SHIBOR+50bp)借入 5 年期资金,或者按 12%的固定利率借入相同数量相同期限的资金。其借款成本具体见表 15 - 10。

表 15 - 10　A 公司和 B 公司的借款成本

	固定利率筹资成本	浮动利率筹资成本	比较优势
A 公司	11%	SHIBOR+10bp	固定利率
B 公司	12%	SHIBOR+50bp	浮动利率
价差	100bp	40bp	

现假定 A、B 两公司以各自的比较优势去融资,但融资得到的收益分配不一定是平分的。一方面,A 公司按 11%筹措到所需资金并将其转手给 B 公司,即 A 公司定期从 B 公司收入 11%+X%的固定利息,同时按 SHIBOR+Y%向 B 公司定期支付浮动利率利息。另一方面,B 公司从 A 公司定期收取 SHIBOR+Y%浮动利率利息并向 A 公司定期支付 11%+X%的固定利率利息,如图 15 - 5 所示。

A 公司的实际筹资成本为 SHIBOR+Y%-X%;而 B 公司的实际筹资成本为 11%+X%+0.5%-Y%。于是,在互换交易中交易双方所获取的收益可分为以下两种情况。

(1)当互换交易双方所获互换收益均等时,则 A 公司的收益为 SHIBOR+0.1%-

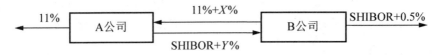

图 15-5　A、B公司利率利息互换结构图

$(SHIBOR+Y\%-X\%)=X\%-Y\%+0.1\%$，而 B 公司的互换收益为 $12\%-(11\%+X\%+0.5\%-Y\%)=Y\%-X\%+0.5\%$，则有 $X\%-Y\%+0.1\%=Y\%-X\%+0.5\%$，即有 $X\%-Y\%=0.2\%$。由于该式为不定式方程，故而其有无穷多组解。特取 $Y\%=0$，$X\%=0.2\%$ 时，则 A、B 公司可各获得 30bp 互换收益。

(2) 当互换交易双方所获互换收益不均等时，因为对 A 公司来说，由于其信用等级较高，故而其有理由在互换中获取较多的收益；另一方面，由于 B 公司的信用等级较低，故而其有理由接受较低的互换收益。于是，可以假定 A 公司的互换收益是 B 公司互换收益的某个倍数：A 公司的互换收益 = K 倍 B 公司的互换收益($K>1$)。那么，有 $X\%-Y\%+0.1\%=K(Y\%-X\%+0.5\%)$，即有 $(1+K)(X\%-Y\%)=K0.5\%-0.1\%$，从而又有 $X\%-Y\%=(K0.5\%-0.1\%)/(1+K)$。取不同的 K 值、X 值与 Y 值，可以得到相应的互换套利机会。在这种情况下，互换套利机会是无穷多的。

2. 税收和监管套利

税收和监管套利(tax and regulatory arbitrage)的产生，是由于存在对资本流动的人为限制或对资本流动的人为定价。资本税收和资本流动监管的主要类型有预扣税、投资资产选择限制(investment asset choice restrictions)、税收差异(tax differentials)和补贴融资来源(subsidy financing sources)等。投机者利用各国税收和监管要求的不同，运用互换规避税收，降低成本，获取收益。只要税收和监管制度的规定导致定价上的差异，投机者就可以进入定价优惠的市场，并通过互换套取其中的收益。总的来说，影响税收和监管套利的因素主要有：一是不同国家、不同收入、不同种类支付的待遇差异；二是人为的市场分割与投资限制；三是出口信贷、融资租赁等能够得到补贴的融资优惠。

【15-4 拓展案例】

然而，基于税收和监管待遇差异的互换套利是不稳定的。随着市场走向开放与完善，很大的套利来源可能会消失或变化。因此，从互换的发展来看，其重要的运用领域还是在于风险管理和创造新产品。

15.2.4　套利策略的比较

一般而言，套利策略具有比原先交易更低的波动率、有限的风险、巨额资金进出等优点，但也存在收益受限、套利机会少等缺点。对不同的套利策略而言，它们各有其不同的特点。在实际运用过程中，套利者应结合实际情况，充分运用不同套利策略的特点来进行套利。如何选择套利策略，套利者一般分析该策略所承担的风险、成本和收益，从而得出适合自身的套利策略。各种套利策略的比较见表 15-11。

表 15-11 各种套利策略的比较

套利策略	主要优点	主要缺点
期货或远期策略	①较低的套利风险。不同期货合约的价差变化远不如绝对价格水平变化剧烈,并且其交易策略回避了突发事件对盘面冲击的风险; ②交易成本较低,主要是经纪人佣金及手续费	①套利价差较小,好的套利机会少; ②对普通期货交易而言,收益受限制; ③套利信息难以获取
期权策略	①套利风险低; ②价格变动带来的损失有限,最大损失是期权费; ③收益稳定	①需缴纳一定比例的期权费,成本费用较高; ②套利头寸计算烦琐
互换策略	①套利风险低; ②具有绝对优势的公司可以分享更多的互换收益	①适合双方套利机会比较少; ②进行互换套利策略需要满足的条件较为复杂,往往是大型的投资机构

 思考与练习

1. 如何利用期货进行投机和套利?其原理是什么?
2. 如何利用期权进行投机和套利?其原理是什么?
3. 如何利用互换进行投机和套利?其原理是什么?
4. 比较各种投机策略的异同点。
5. 比较各种套利策略的异同点。

【第 15 章 小结】

【第 15 章 在线答题】

参 考 文 献

[1] 科索斯基，内夫特奇，2020. 金融工程学原理［M］. 3版. 王忠玉，等译. 北京：中国人民大学出版社.

[2] 许谨良，2015. 风险管理［M］. 5版. 北京：中国金融出版社.

[3] 纳坦恩伯格，2014. 期权波动率与定价：高级交易策略与技巧［M］. 韩冰洁，译. 北京：机械工业出版社.

[4] 凯宾斯基，扎斯特温尼克，2014. 金融数学：金融工程引论［M］. 2版. 佟孟华，译. 北京：中国人民大学出版社.

[5] 奥弗比，2015. 立体化交易时代：40种期权投资策略［M］. 李响，等译. 北京：中信出版社.

[6] 赫尔，2014. 期权、期货及其他衍生产品（原书第9版）［M］. 王勇，索吾林，译. 北京：机械工业出版社.

[7] 郑振龙，陈蓉，2016. 金融工程［M］. 4版. 北京：高等教育出版社.

[8] 林清泉，2016. 金融工程［M］. 4版. 北京：中国人民大学出版社.

[9] 克里斯托弗森，2015. 金融风险管理［M］. 2版. 金永红，等译. 北京：中国人民大学出版社.

[10] 陆静，2015. 金融风险管理［M］. 北京：中国人民大学出版社.

[11] 陆毅恒，王海婴，2016. 金融风险管理手册［M］. 李冬昕，郭培俊，译. 北京：机械工业出版社.

[12] 钱斯，布鲁克斯，2015. 衍生工具与风险管理（原书第9版）［M］. 丁志杰，等译. 北京：机械工业出版社.

[13] 喻平，2016. 金融风险管理［M］. 北京：高等教育出版社.

[14] 温红梅，姚凤阁，林岩松，2015. 金融风险管理［M］. 大连：东北财经大学出版社.

[15] 格利茨，2016. 金融工程：运用衍生工具管理风险［M］. 彭红枫，译. 武汉：武汉大学出版社.

[16] 陈工孟，等，2003. 金融工程［M］. 北京：清华大学出版社.

[17] 陈洪辉，2004. 利率期货投资［M］. 广州：暨南大学出版社.

[18] 陈世炬，高材林，2000. 金融工程原理［M］. 北京：中国金融出版社.

[19] 陈松男，2002. 金融工程学［M］. 上海：复旦大学出版社.

[20] 陈雨露，2000. 国际金融［M］. 北京：中国人民大学出版社.

[21] 范龙振，胡畏，2003. 金融工程学［M］. 上海：上海人民出版社.

[22] 方兴，2004. 金融工程学［M］. 北京：首都经济贸易大学出版社.

[23] 赖利，诺顿，2006. 投资学（原书第6版）［M］. 李月平，译. 北京：机械工业出版社.

[24] 傅元略，Yijian He，2007 金融工程：衍生金融产品与财务风险管理［M］. 上海：复旦大学出版社.

[25] 黄辉，2007. 金融工程学［M］. 北京：清华大学出版社.

[26] 瞿卫东，于研，2002. 金融工程简明教程［M］. 北京：经济科学出版社.

[27] 瞿卫东，1997. 金融工程学［M］. 北京：中国财政经济出版社.

[28] 卡思伯森，等，2004. 金融工程－衍生品与风险管理［M］. 张陶伟，彭永江，译. 北京：中国人民大学出版社.

[29] 李茂盛，2004. 金融工程学［M］. 北京：科学出版社.

[30] 李时银编译，2002. 期权定价与组合选择：金融数学与金融工程的核心［M］. 厦门：厦门大学出版社.

[31] 林清泉，2005. 金融工程［M］. 北京：中国人民大学出版社.

[32] 刘金宝，1998. 金融工程导论[M]. 上海：文汇出版社.

[33] 瞿卫东，1998. 金融工程核心工具——期权[M]. 上海：文汇出版社.

[34] 罗孝玲，2005. 期权投资学[M]. 北京：经济科学出版社.

[35] 格利茨，1998. 金融工程学：管理金融风险的工具和技巧（修订版）[M]. 唐旭，等译. 北京：经济科学出版社.

[36] 马歇尔，等，1998. 金融工程[M]. 宋逢明，等译. 北京：清华大学出版社.

[37] 毛二万，2006. 金融工程导论[M]. 北京：机械工业出版社.

[38] 茅宁，2000. 期权分析：理论与应用[M]. 南京：南京大学出版社.

[39] 聂皖生，2007. 期权[M]. 北京：中国经济出版社.

[40] 芒，2004. 实物期权分析[M]. 邱雅丽，译. 北京：中国人民大学出版社.

[41] 梅森，等，2001. 金融工程学案例：金融创新的应用研究[M]. 胡维熊，译. 大连：东北财经大学出版社.

[42] 宋逢明，1999. 金融工程原理：无套利均衡分析[M]. 北京：清华大学出版社.

[43] 唐菁菁，范利民，2005. 中国外贸企业运用远期外汇套期保值策略研究[J]. 上海金融（10）：43－44＋31.

[44] 王安兴，2006. 金融工程学[M]. 上海：上海财经大学出版社.

[45] 王光伟，2006. 金融工程学[M]. 北京：高等教育出版社.

[46] 吴冲锋，等，2005. 金融工程学[M]. 北京：高等教育出版社.

[47] 吴冲锋，等，2000. 金融工程研究[M]. 上海：上海交通大学出版社.

[48] 谢剑平，2004. 期货与期权：金融工程入门[M]. 北京：中国人民大学出版社.

[49] 谢为安，谢一青，2005. 金融工程：基本工具与原理[M]. 北京：中国计量出版社.

[50] 许承明，等，2006. 金融工程学[M]. 广州：中山大学出版社.

[51] 杨春鹏，2003. 实物期权及其应用[M]. 上海：复旦大学出版社.

[52] 叶永刚，郑康彬，2000. 金融工程概论[M]. 武汉：武汉大学出版社.

[53] 彭红枫，叶永刚，2002. 金融工程学[M]. 大连：东北财经大学出版社.

[54] 叶中行，林建忠，1998. 数理金融：资产定价与金融政策理论[M]. 北京：科学出版社.

[55] 郁洪良，2003. 金融期权与实物期权：比较和应用[M]. 上海：上海财经大学出版社.

[56] 赫尔，2006. 期货与期权市场导论[M]. 周春生，付佳，译. 北京：北京大学出版社.

[57] 赫尔，2000. 期权、期货和其它衍生产品[M]. 3版. 张陶伟，译. 北京：华夏出版社.

[58] 岳桂宁，张家寿，2002. 国际金融实务与理论[M]. 南宁：广西民族出版社.

[59] 张勇，2004. 金融工程技术[M]. 北京：中国财政经济出版社.

[60] 张志强，1999. 期权理论与公司理财[M]. 北京：华夏出版社.

[61] 郑振龙，2003. 金融工程[M]. 北京：高等教育出版社.

[62] 郑振龙，2005. 衍生产品[M]. 武汉：武汉大学出版社.

[63] 周洛华，2004. 金融工程学[M]. 上海：上海财经大学出版社.

[64] 叶振军，2022. 金融数学与金融工程[M]. 天津：南开大学出版社.

[65] 吴冲锋，刘海龙，冯芸，吴文锋，2021. 金融工程学（第三版）[M]. 北京：高等教育出版社.

[66] 郑振龙，陈蓉，2020. 金融工程学（第五版）[M]. 北京：高等教育出版社.

[67] 叶永刚，郑康彬，2020. 金融工程概论[M]. 武汉：武汉大学出版社.

[68] 张维，林炜，康俊卿，等，2023. 计算实验金融工程：大数据驱动的金融管理决策工具[J]. 管理世界，39(05)：173－190.

[69] 刘志洋，宋雨楠，2023. 金融衍生产品市场降低全球银行业系统性风险了吗？[J]. 世界经济研究

(02): 66-77+135.

[70] 纳坦恩伯格, 2000. 期权价格波动率与定价理论[M]. 寰宇财务顾问公司, 译. 北京: 经济科学出版社.

[71] 朱新蓉, 2010. 货币金融学[M]. 北京: 中国金融出版社.

[72] 万哨凯, 何育林, 2010. 金融学[M]. 北京: 北京理工大学出版社.

[73] 张启文, 2009. 金融学[M]. 北京: 科学出版社.

[74] 于平, 2008. 国际金融[M]. 北京: 中国商务出版社.

[75] 范利民, 唐菁菁, 阮青松, 2007. 我国商业银行外汇套期保值策略研究[J]. 国际金融研究(4): 69-73.

[76] 郑振龙, 陈蓉, 2008. 金融工程[M]. 2版. 北京: 高等教育出版社.

[77] ALLAYANNIS G, OFEK E, 2001. Exchange rate exposure, hedging, and the use of foreign currency derivatives[J]. Journal of international money and finance, 20(2): 273-296.

[78] DUFFIE D, SINGLETON K J, 2006. Credit rist: pricing, measurement, and management [M]. Princeton: Princeton University Press.

[79] DUFFIE D, 2007. Dynamic asset pricing theory[M]. 3版. 北京: 世界图书出版公司.

[80] JARROW R A, TURNBULL S M, 1995. Pricing options on derivative securities subject to credit risk [J]. Journal of finance(50): 53-85.

[81] HULL J, 2006. 期权、期货和其他衍生品[M]. 北京: 清华大学出版社.

[82] KOLB R W, OVERDAHL J A, 2000. Futures, options and swaps[M]. 3rd edition. Masssachusetts: Blackwell Publishers.

[83] MOREY M R, SIMPSON M W, 2001. To hedge or not to hedge: the performance of simple strategies for hedging foreign exchange risk[J]. Journal of multinational management(11): 213-223.

[84] JICANG W, 2023. Analysis of financial internal audit of institutions based on risk management perspective[J]. Financial engineering and risk management, 6(7): 96-100.